상생의 철학

相生의 哲學

학술총서
28

상생의 철학

相生의 哲學

문현병 · 박준건 · 이찬훈 · 권서용 엮음

동녘

상생(相生)을 위하여

I.

"버섯은 땅에서 나서 땅의 기운을 조화롭게 하여 온갖 초목을 살린다(芝生 於土 土氣和 故芝生草)."

『논형 論衡』에 나오는 이 구절은 현대 생물학이 입증한 사실이다. 자연 의 한 부분으로서 자연으로부터 온갖 생활 자료를 구하면서 자연에서 삶의 원리와 방식을 찾아 배우는 옛 철학자의 예지에 감탄할 뿐이다. 그러한 체 관은 소란스럽거나 번잡스러워 보이지 않는다. 자기의 출처를 이롭게 하 고, 그를 통해 자기도 보전하며, 나아가 주변의 모든 생명을 '살리는' 버섯 을 그래서 상서롭다(瑞芝)고 했나 보다.

역사와 사회를 모태로 삼아 나온 현대의 과학·기술과 그에 힘입어 탄생, 발달한 현대 자본주의가 오히려 역사와 사회를 거스르고, 그 주체인 인간 을 지배·억압하고 있는 오늘날의 현실을 배리(背理)요, 현대판 '부친 살 해'라 할 수 있을 듯하다. 오이디푸스의 운명! 자신의 고향인 줄 모른 채 고 향에 돌아가 아버지를 살해하고, 마침내 자신의 고향을 지배하여 왕좌에 올라 근친 상간이라는 처참한 말로를 맞게 될 운명을 예고하여 불행을 막 아 줄 예언자가 오늘에는 없는 것일까?

II.

이 책의 필자들 또래는 다음과 같은 어린 시절의 추억을 간직하고 있으리라.

추운 겨울날 해질 무렵, 온종일 얼음지치기로 언 몸을 녹이려고 아이들과 서로서로 어깨를 맞대어 바람막이를 하고서 조심스럽게 성냥개비를 그어대던 기억 말이다. 바람 때문에, 또는 눅눅해진 화약 때문에 좀처럼 불이 붙지 않고, 이제 남은 성냥개비가 한두 개 정도로 줄어들수록 초조해지고 긴장했던 기억 말이다. 그때처럼 불을 '살려야 한다'는 것이 절박하고 절실했던 적은 없었을 것 이다.

바람직하고 아름다운 미래의 모습은 과거의 추억 속에 있을 수 있다. 지금 우리가 뚜렷하게 기억하고 있지는 못해도, 어머니 태내에서 완전한 만족을 누렸던 과거에 대한 기억, 자유와 필연(또는 필요)이 일치된 상태에 대한 기억이 있지 않는가?

그렇다. 지금 누리고 있는 자들의 생각처럼 '어떻게든 나만 편하게 살면 된다'가 아니라, 과거 어린 시절의 추억처럼 얼어붙은 우리들의 몸을 녹이기 위해 성냥불을 반드시 '살려야만 한다'는 간절한 마음이 우리 가슴 저 깊은 곳에 아직 살아 있을 것이다.

III.

이 책을 함께 만든 이들은 대체로 부산대학교 철학과 학부·석사·박사 과정을 한 과정 이상 정도는 이수한 사람들이다. 우리 필자들은 공간적으로 제주도나 부산 및 그 인근 지역에서 자랐고, 지금도 그곳을 생활 터전으로 삼아 살아가고 있다. 자율과 독자성을 갖는 독립된 '지역'이 아니라, 중앙에 종속된 일개 '지방'으로서 부산이나 제주라는 삶의 터전이 우리에게는 의식적·무의식적으로 왜소하거나 공허한 곳으로 여겨졌다는 점을 고백해야겠다.

그런 의식의 공동화는 비단 우리들만의 문제는 아닌 듯하다. '지방'에서 생활하고 있는 많은 사람들이 중앙-지방 사이의 현실적인 정치 경제적·사회 문화적 격차에서 오는 불행과 고통을 체감해 왔다. 그런데 바로 그런 체험이 사태를 역전시키고 있다. 요컨대 이제는 삶의 모든 영역에서 자신의 권리를 찾아 자유와 행복을 추구하고자 하는 의식을 갖게 되었고, 나아가 그것을 구체적으로 실천하고 있다.

그것이 최근 초미의 관심사로 떠오르고 있는 '분권 운동'이다. 분산시켜야 할 권력은 정치·경제적 권력만이 아니다. 언론 권력·문학 권력·예술 권력·학문 권력 등도 그에 해당한다. 그런 차원에서 전개하는 분권 운동은 결코 배타적으로 권력을 분할 점유하는 식의 운동은 아니다. 과거처럼 권력을 전유하여 자신의 탐욕만 채움으로써 타인의 행복을 짓밟고, 마침내 자기 자신마저도 몰락의 길을 가는 그런 것은 아니다. 그렇기는커녕 오히려 나-너·남-여(여-남)·노동-자본·인간-자연이 하나의 세계 속에 있으며(共屬), 함께 살아가야 한다(共存)는 '상생(相生)'을 위한 운동이다.

처음부터 의도하여 기획한 것은 전혀 아니었고, 단지 각자 써야 할 주제나 분야만 정하고서 일을 시작했는데도 원고를 다 받고 보니 필자들이 한결같이 공존과 상생을 꿈꾸어 왔다는 사실을 확인하게 되었다. 대립과 분열, 그로 인한 '죽임'의 철학이 아니라, '살림'의 철학을 항상 생각해 왔던 모양이다. 그래서 우리는 이 책의 제목을 '상생의 철학'으로 정하기로 했다. 꼭 '살려야 한다'는 어린 시절의 염원에 대한 기억을 되살려 내었던 것이다.

그렇다면 우리는 공간적으로만 제주나 부산에 함께 살고 있는 것은 아니다. 이제 우리는 시간적으로도 과거의 추억 속에서, 그리고 공존과 상생을 꿈꾸는 미래에 대한 전망 속에서 함께하고 있는 것이다.

Ⅳ.

이 책은 Ⅳ부 15장으로 이루어져 있다. Ⅰ부 '살림'의 철학에서는 인간·자연·과학·생명의 문제를 다루되, 인간-자연·자기-타자 등이 더불어 살 수 있게끔 하는 관점의 전환이 필요하다는 점을 역설하였다. Ⅱ부에서는 새로운 삶을 위하여 현대인의 삶의 모습을 비추어 보고, 노동·성·여성의 해방에 대해 전망해 보았다. Ⅲ부에서는 현대인의 무분별하고 소모적인 소비 문화를 비판하면서 오늘날의 디지털 문명·예술·종교 등과 같은 문화 영역이 주체적이고 진정한 생활 세계로 전환되어야 한다는 점을 부각시켰다.

Ⅰ~Ⅲ부를 통틀어 평가하자면, 주로 서양 사람의 생활 양식을 닮아 가고 있는 우리의 삶을 논의의 대상으로 삼고, 서방의 이론적 분석 틀을 이용하여 현실을 진단하고 해부하여 적절한 치료와 처방을 한 것이라 할 수 있다. 한마디로 공시적(共時的) 차원에서 접근하였다.

Ⅳ부 '동양의 예지'는 상당히 고심한 끝에 이 책에 포함시킨 것이다. 수록한 내용의 적의(適意)나 충실 정도는 별도로 하더라도, 우리의 충심은 이제 동양의 예지와 선현의 통찰에 귀기울여야 한다는 것이었다. 동과 서를 넘나들며 삶의 지평을 확대해 온 우리 삶의 여정에서 이제 잠시나마 짐을 풀고서 지금껏 걸어온 생의 역사를 되돌아볼 수 있는 여유를 가져야겠다는 다짐에서 Ⅳ부를 신고자 했다. 다시 말하면 통시적(通時的)으로 역사를 관통할 수 있는 수직축을 세울 때가 되었다고 단정했던 것이다.

수평축과 수직축이 서로 교직(交織)할 때, 오직 그때에만 우리는 자신이 서 있는 좌표계를 확보할 수 있고 그릇된 '지금 여기'를 벗어나 초월적 상승을 꿈꿀 수 있을 것이다.

전체 15장 각각의 글에 관하여 간략하게나마 소개하는 것이 상례일 것이지만, 불민(不敏)한 필자들의 소견머리를 두고 농치는 것이 독자에 대한 예의가 아닐 성싶어 생략하고자 한다.

각장의 말미에 주제어, 용어 해설, 생각해 볼 문제, 참고 문헌 등을 수록하였는데, 약속한 출판 일정도 있고 해서 충실하고 풍부한 내용을 신지 못했다. 앞으로 필자들이 더 면밀히 연구하고 학생들과 함께 공부하면서 유익하고 적절한 내용으로 보충할 것을 약속한다.

V.

끝으로 감사의 말도 해야겠다. 처음 이런 책을 출판해 보자고 한 이는 우리 필자들이 아니었다. 오래 전부터 사귀어 온 도서출판 동녘의 이건복 사장

과 동녘의 기획위원으로 봉사하고 있는 박정하 선생이 그런 제안을 해 왔
던 것이다. 그때 앞에서 말한 '분권'의 뉘앙스를 내비친 것으로 기억한다.
그저 반갑고 고마울 따름이다.

　편집부 강봉아 씨에게도 이 기회에 감사의 말을 전한다. 본문에 실은 사
진을 선정해 준 김치완 선생에게도 감사한다. 그리고 본의 아니게 편집위
원이 되어 마음 고생도 많이 한 박준건·이찬훈·권서용 선생에게도 감사
한다. 진짜 수고한 이는 좋은 글을 정한 기일 안에 성실하게 써 준 필자들
이다.

2001년 8월

필자들을 대신하여 문현병 씀

상생의 철학 _{相生의 哲學}

차례

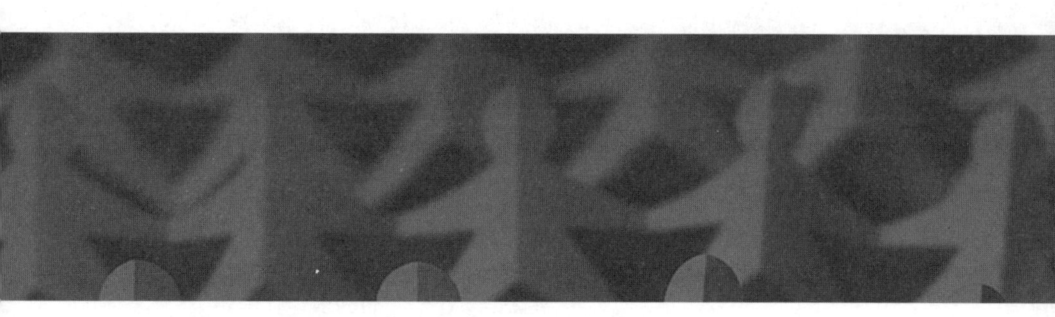

III. 건전한 문화, 아름다운 인생

IV. 동양의 예지

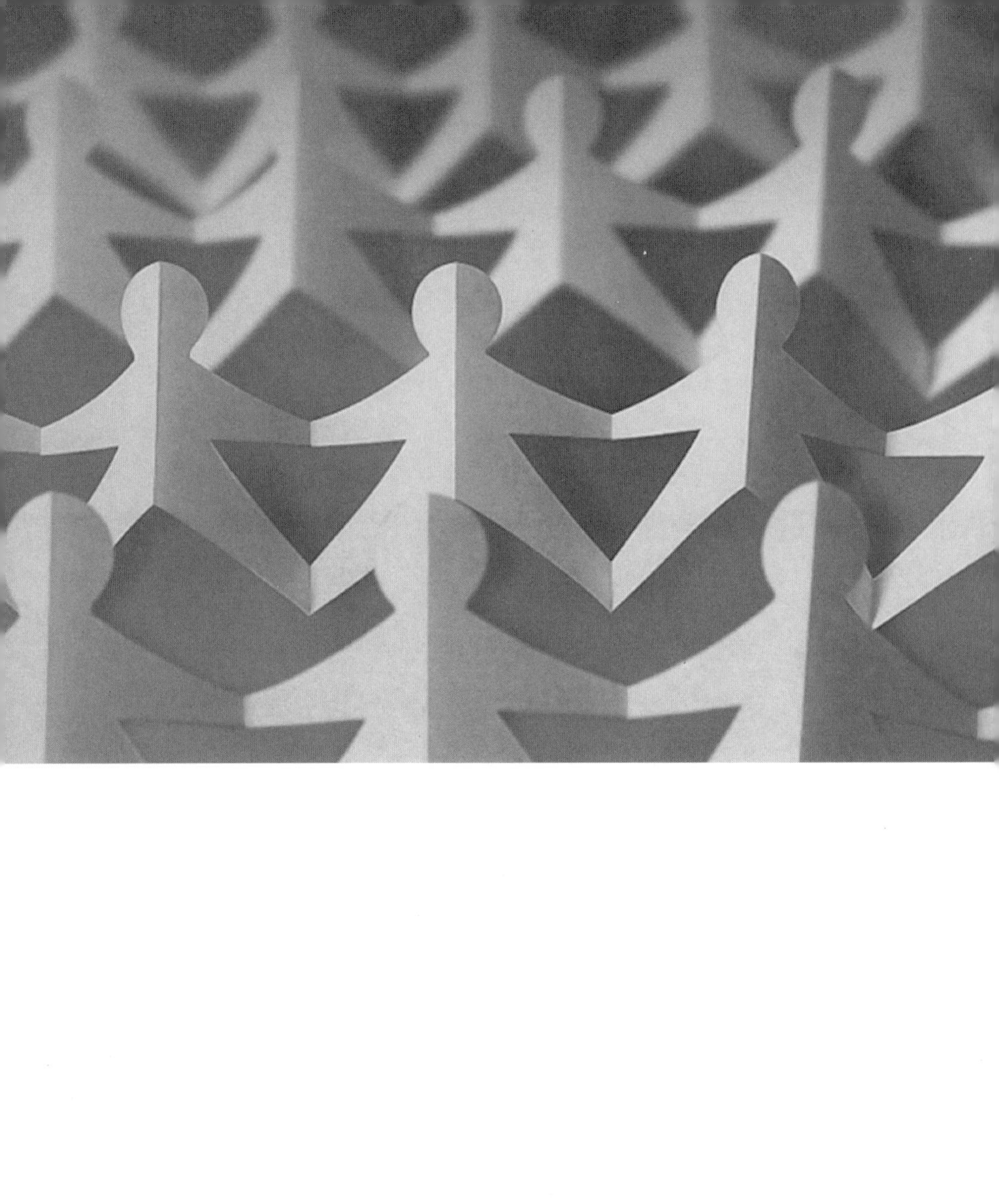

Ⅰ. '살림'의 철학

제1장 현대 사회와 주체

1. 주체에 대한 물음

누군가 다음과 같이 묻는다면 어떻게 답할 것인가? "당신은 자신의 생각에 따라 판단하고 행동을 결정하며, 자기 삶의 주인으로 살고 있습니까? 만약 그렇다면, 당신이 이성적 존재이기 때문입니까? 그리고 당신은 항상 변하지 않는 주체입니까?" 이에 대해 "예"라고 긍정적으로 답하는 사람이 있는가 하면, "아니오"라고 부정할 사람도 있을 것이다. 또한 제3의 응답도 가능하다. 당신은 어느 쪽인가? 왜 그런 대답을 하는가?

일반적으로 현대인은 자기 자신을 '스스로 사고하고 행동하며, 자율적인 삶을 이끌어갈 수 있는 존재', 즉 '주체'라고 생각한다. '나'는 하나의 인격체로서 인식 기능과 인식 능력을 지니며, 자신의 행위와 활동을 통해 환경을 변화시킬 수 있고, 그러한 변화를 통해 역사와 문화를 창조할 수 있다고 믿는다. 인간은 인식 주체인 동시에 행위의 주체로서 좁게는 자기 삶의 주인으로 살아가고, 넓게는 세계사의 진전에 참여하고 있다고 보는 것이다. 이렇게 볼 때, 나를 포함한 모든 인간은 주체성을 지닌 자유로운 존재, 즉 주체적 존재이다.

그러나 인간을 이성을 지닌 존재이며, 자율적 행위와 삶의 주체로 받아들인 역사는 그리 길지 않다. 르네상스 이후 계몽주의 시대에, 특히 데카르트(R. Descartes)가 이와 같은 주체 철학을 형성하여 인간의 고유한 존재론적·인식론적 권한과 지위를 확립하는 계기를 마련했다고 인정한다면, 인간이 주체적 존재로서 살아온 기간은 불과 3세기에 지나지 않는 셈이다. 수십만 년이 넘는 탈(脫)주체적·비주체적인 인류 진화의 역사에서 볼 때, 인간이 스스로 자기 삶의 주인으로서 자연과 세계를 지배했다고 생각하며 살아온 기간은 상대적으로 매우 짧다. 그러나 그 짧은 기간에 이성적 주체로서 인간이 이룩한 과학·기술 문명과 경제적 성취는 가히 눈부신 것이었다.

그런데 한동안 순조로웠던 현대적 주체화의 행진에 큰 제동이 걸리고 있다. 20세기 후반의 구조주의자나 포스트구조주의자 또는 포스트모더니스트로 불리는 일군의 탈현대론자들이 '주체가 죽었다'느니 '주체가 해체되었다'느니 딴죽을 건 것이다. 나아가 그들은 '인간이 죽었다'고 선언함으로써 이성적 인간이 주체라고 믿어 온 현대의 형이상학을 해체시키고자 한다. '주체' 또는 '자아'에 관한 인간학적 논의를 탈현대적인 관점에서 재구성할 것을 촉구하고 나선 것이다. 물론 주체에 대한 반성과 비판이 최근에 와서 일어난 것은 아니다. 근현대의 사유 안에서도 칸트(I. Kant)와 헤겔(F. W. Hegel), 니체(F. Nietzsche)와 프랑크푸르트 비판 철학자들의 주체 비판과 이성 비판은 줄곧 이어져 왔다.

어쨌든 21세기를 맞은 지금도 여전히 '주체가 죽었다'는 선언이 퍼져 있고, 이제 '주체가 죽어야 한다'는 주장도 무성하다. 그러므로 주체의 죽음에 대한 사실 증명과 함께 주체가 마땅히 죽어야 할 논리적 증거를 제시할 필요가 생긴 것이다. 대체 '주체'는 무엇이며, 왜 죽음을 맞아야 했는가? 인간이 주체임을 주장하는 담론과 주체 해체를 선언하는 담론의 특징과 의미는 무엇인가? 해체 후에 나타나는 주체는 어떤 모습이어야 하는가? 그리고 무엇보다도 '나'는 누구이며, 무엇인가?

2. 주체 개념의 형성과 의미

'주체(subject)'라는 개념은 라틴 어의 수비엑툼(subiectum)에 근원을 두고 있고, 그것은 그리스 어 히포케이메논(hypokeimenon)과 같은 뜻으로 '아래에 놓인 것' '근저에 놓인 것' '근거로서 모든 것을 자기에게로 모으는 것'이다. 그러던 것이 현대에 와서 '사유의 근저에 놓인 것', 즉 '사유 활동의 바탕에 놓인 것'으로 이해되었고, 나아가 '사유 활동의 근거가 되는 주체'를 의미하게 되었다. 이것은 문장상의 논리적 주어나 학문 탐구의 주제나 속성의 소유자 등으로 쓰이던 고대의 주체 개념이 현대에 접어들어 '사유 활동의 바탕이 되는 주체'로서 '존재하는 모든 것의 근거가 되는 기반'이라는 의미로 전화됨으로써 이성을 지닌 인간이 사유 활동과 존재 의미의 주체가 되었음을 뜻한다.

오늘날 주체의 해체 담론에서 논란이 되고 있는 주체 개념은 '이성적 인간' 외에도 인식 주체·도덕적 주체·정치적 주체·해석학적 주체·의지의 주체·개인·인격·자아·자기·자기 의식·저자·자서전의 주인공 등과 같은 개별적 주체를 지칭하기도 하고, 칸트의 선험적 자아나 헤겔의 세계 정신, 예술·도덕·역사와 같은 초개인적이거나 보편적인 주체를 의미하기도 한다. 이와 같이 다양한 대상을 지칭하고 있어 주체에 대한 일의적인 의미를 파악하기는 쉽지 않다. 그러나 개별적 주체든 보편적 주체든 현대의 주체 개념은 인간을 떠나서 성립하지 않고 인간 속에 그 뿌리를 두고 있으며, 인간의 다른 이름에 지나지 않는다.

전통 사회에서 주체의 지위에 놓였던 존재는 초월적 신이거나 하늘, 땅과 같은 자연이었다. 그때의 인간은 초월적인 운명과 외부적인 힘에 매여 있었던 것이다. 말의 의미 그대로는 아니지만 인간이 그나마 탈신화적이고 탈미신적인 관점에서 스스로 사고하는 이성을 가지고, 존재하는 모든 것의 근거가 되는 기반, 즉 주체가 된 것은 현대이므로 현대에 와서 실질적으로 인간이 주체가 되었다고 볼 수 있다.

　그러면 인간이 주체가 되었다는 것, 인간이 주체라는 것은 어떤 의미를 지니는가? 인간이 주체라 함은 존재하는 모든 것의 근거가 되고, 그에 대해 의미를 부여하는 것이 다름 아닌 인간이라는 것을 뜻한다. 인간이 주체가 됨으로써 지금까지의 자연과 세계는 다른 모습과 다른 지위를 부여받게 된 것이다. 인간 외의 모든 사물은 그 자체로서 의미 있는 것이 아니며, 주체로서 인간이 지각·인식·이해·이용할 때 비로소 존재 의미를 지니게 된다. 다음 시는 존재나 사물에 대한 인간의 주체적 지위와 의미 부여의 관점이 잘 표현된 예라 할 수 있다.

> 내가 그의 이름을 불러주기 전에는
> 그는 다만
> 하나의 몸짓에 지나지 않았다.
>
> 내가 그의 이름을 불러주었을 때
> 그는 나에게로 와서
> 꽃이 되었다.
> (김춘수의 「꽃」 중에서)

　주체로서의 인간이, 단순히 존재하는 사물의 의미를 찾아내어 확인하고, 또 이를 보증해 줄 수 있다는 생각은, 인간과 존재의 관계 그리고 그 관계를 바라보는 시각을 근본적으로 바꾸어 놓는다. 이를 우리는 인식의 주관적 전환으로 이해할 수 있다. 이러한 인식의 전환은 전통 사회 또는 현대 이전의 사회에서 현대 사회로 이행하는 과정에서 하나의 패러다임 역할을 수행한 것이다.

　현대의 인식 전환이 주체성의 확립을 통해 이루어진다는 면에서 주체에 관한 철학, 즉 주체 철학은 현대 철학의 중요한 부분을 형성하고 있다. "나는 생각한다. 그러므로 존재한다(Cogito, ergo sum.)"는 통찰 위에서 '생각하는 나'인 '코기토'를 진리와 인식의 기준으로 삼은 합리주의자 데카르트를 선두로, "존재는 지각되는 것(Esse est percipi)"이라고 함으로써 존재의 인식 근거가 자아, 즉 주체라고 주장한 경험론자 버클리(G. Berkeley), 인식의 코페르니쿠스적 전환을 수행함으로써 진리 인식의 선험적 권리를 주관성 속에서 확보한 비판 철학자 칸트, "주체성이 진리"라고 주장하며 객관적 세계의 논리 대신에 진리의 개별적·주체적 체험을 강조한 키에르케고르(S. Kierkegaard), "실존은 본질에 선행한다"고 주장하며 인간의 절대적 자유를 옹호한 사르트르(J. P. Sartre)를 위시한 실존 철학자들, 순수 자아의 본질 직관을 통해 엄밀한 인식의 성립을 주장한 후설(E. Husserl)과 현상학자들 등 대다수의 근현대 철학자는 인간이 모든 존재의 근거가 되고, 진리와 의미의 기준이 된다는 믿음, 즉 인간이 주체라는 인간학과 형이상학적 주장에 가담하거나 동조하고 있다. 요컨대 세계와 인식의 중심에 주체를 세우고, 주체의 합리화를 통해 현대성(또는 근대성, modernity)에 관한 담론을 펴고 있는 것이다.

하이데거(M. Heidegger)의 표현을 빌리면, 세계와 자연이 하나의 표상이나 그림으로 등장한 시대가 바로 현대(또는 근대, modern)이다. 이는 자연을 포함한 존재자 전체가 인간이란 주체의 대상물임을 의미한다. 그림의 소재가 화가의 구성과 작업을 통해 의미를 획득하게 되는 것처럼 여기서 화가는 물론 주체를 의미하며, 자연이나 역사를 비롯한 모든 존재자는 인간 이성의 눈을 통해 그림으로 표현되는 소재에 해당하는 것이다. 자연이나 세계가 이성을 통해 주체적 관점에서 구성되는 것이다. 마찬가지로 기술과 과학, 문화와 예술 그리고 종교와 도덕도 이성적 주체인 인간의 자기 표현이며, 나아가 현실과 환경을 반영하고 통제하는 주체의 지배 형식이라 할 수 있다.

이와 같은 이성의 자기 표현과 통제 형식 이면에는 세계를 합리적으로 설명하고 역사를 발전시킨다는 유토피아적 합리주의 또는 합리주의적 유토피아의 이념이 깔려 있다. 자기를 표현하고 자연을 지배하며 역사를 발전시키는 합리적 이성은 관조적·수동적 이성이 아니라, 실천적·능동적 이성이라는 점에서 힘의 이성 또는 권력의 이성이라 할 수 있다. 자신의 욕구에 따라 현실을 지배하고 환경과 자연을 이용한다는 점에서 이성은 권력을 본질로 하는데, 이러한 권력으로서의 이성을 형이상학적으로 표현한 것이 '주체'이다. 주체의 해체 문제는 여기에서부터 시작된다. 주체로서 인간 이성이 합리성을 내세워 권력으로 작용할 때, 그러한 이성이 주도한 합리화의 역사는 절대적이고 독단적인 이데올로기를 자신 속에 숨기고 있기 때문이다.

3. 주체화의 문제점과 해체 증후군

유구한 내외적 속박의 역사를 통해 어렵게 획득한 인간 주체의 지위이지만, 그 지위와 품위를 스스로 무너뜨리는 요인은 역설적이게도 주체의 형이상학 자체에 내재되어 있다. 주체화의 역사는 주체가 형성되고 해체되는 과정을 담고 있다. 그렇다면 주체의 형이상학이 지닌 난점은 무엇이며, 현대적 주체화의 기획이 지닌 한계는 무엇인가? 그리고 주체의 합리화 과정이 파생시킨 문제점은 무엇이며, 어떠한 사회·문화적 징후가 주체의 해체와 죽음을 알리고 있는가?

17~18세기 이후 주체는 의심할 수 없는 확실한 '나'로서, 모든 진리와 존재 의미의 근거로서 세계의 중심이라는 지위를 얻었다. 그리고 인식과 존재의 근거가 된 주체는 로티(R. Rorty)가 표현하듯 '자연의 거울'로서 자연이나 세계와 대면하여 맞서게 되고, 자연이나 세계는 주체와 마주 서 있는 객체로서 주체가 이용할 수 있는 물질적 대상으로 존재하게 된다. 이러한 물질적 대상으로서 자연이나 세계는 주체의 이성을 통해 합리적으로 파악된다. 다시 말해서 주체 앞에 마주 선 물질적 대상으로서 자연이나 세계는 관찰과 수학을 통해 체계적이고 합리적으로 설명되었다. 이러한 현상에 대해 후설은 '자연의 수학화'라 하고, 그것이 '서구 학문의 위기'를 초래했

다고 진단한다.

'생각하는 나'로서 이성적 주체는 스스로 사고하고 판단할 뿐만 아니라, 자율적으로 행동하는 존재라는 면에서 물질이나 육체와 구별되고 신으로부터 독립한 주체다. 나아가 현대의 주체 형이상학은 인간이 신으로부터 독립한 자유로운 존재임을 보여 줌과 동시에 세계 속의 다른 대상과 분리되고, 그러한 대상과의 관계에서 중심이 되었음을 보여 준다. 신으로부터 독립하여 스스로 사고하는 능력을 지닌 인간 주체의 절대성 그리고 다른 사물을 인식의 대상으로 삼는 근거가 되는 상대적 우월성은, 현대의 주체 형이상학이 지닌 본질적 특징이다. 주체 형이상학에서 인간은 절대적 자율성을 지니고, 세계의 중심에서 주체 외의 모든 대상을 타자로 규정할 수 있는 존재이다. 인간 중심주의·이성 중심주의·인식 중심주의·남근 중심주의·정신주의·영혼주의·주관주의·백인 중심주의·서양 중심주의 등과 같은 그릇된 현대의 주체 이데올로기는 이러한 주체 형이상학에 근거해서 형성되었다고 볼 수 있다.

데카르트로부터 확립된 현대 철학의 인식론은 '나'를 유일한 인식 주체로 인정함으로써 이전에 이데아나 신에게 부여했던 초월성과 자기 동일성을 '나'에게 넘겨주었다. 종전의 이데아나 신의 자리에 '나'가 들어선 것이다. 그리하여 인식 주체인 '나'는 사물과 인간을 포함하는 모든 대상을 객체로 규정하고, 객체의 의미를 주체의 입장에서 정의할 수 있게 되었다. 이것은 개별적인 나를 포함한 모든 인간이 현대에 와서 신으로부터 독립함과 동시에 세계 속의 모든 존재를 타자, 즉 대상이나 객체로 분리할 수 있는 힘을 지닌 주체가 된 것을 의미한다. 이렇게 성립된 절대 주체의 개념은 주체와 객체를 대립적으로 구분함으로써 객체에 대한 차별을 이념적으로 정당화한다.

그러므로 주체가 지닌 이성의 합리성을 통해 자기와 타자를 구분함으로써 모든 타자를 배제하고 지배하는 식민지화를 심화시켜 나간 것은 어쩌면 주체 역사의 당연한 귀결이라 할 수 있을 것이다. 이성 중심적 합리주의는 주체로부터 타자를 배제하고 지배하기 위해 비합리주의의 죄과를 크게 부각시켰다. 주체가 아니면, 그래서 주체의 합리성 잣대에 맞지 않으면 비합리적이라고 억압했던 것이다. 주체의 역사에서 비합리적이라는 말은 타자를 배제하기 위한 방편으로 전용된 것이다. 정신적이든 물질적이든 이성적 주체에 대한 타자로서의 자연과 세계 전체는 식민지화가 가능한 영토로 인정되었고, 심지어 자신의 몸·감정·욕망 등도 타자로 규정함으로써 그것을 식민지화의 대상으로 통제하는 강력한 주체가 탄생한 것이다. 따라서 이성적 주체인 인간의 편에서 볼 때 타자의 범주에 속하는 자연·감성·여성·몸·욕망 등은 폭력적 주체에 의해 배제되고 통제되며 소외당하는 대상으로 전락한 것이다. 이와 같은 맥락에서 푸코(M. Foucault)의 '권력의 미시 물리학' 개념이나 레비나스(E. Levinas)의 '타자의 철학' 등은 이성적 주체의 절대성과 폭력성을 비판·극복하기 위한 새로운 대안으로 제시되고 있다.

실제로 현대의 주체 이데올로기는 사회·정치적 현실 영역에서도 긍정적인 역할 못지않게 부정적인 역할을 수행해 왔다. 긍정적인 역할로는 중세의 봉건주의와 근대 초의 절대주의를 타파하여 시민 의식을 형성하는 데 기여했다. 특히 개인의 권리와 자율성에 바탕을 둔 민주주의를 발전시킴으로써 합리적인 정치와 복지 사회의 실현을 위한 제도적 기틀을 마련하는 데 한몫 했다. 반면에 주체 이데올로기는 부르주아의 지배나 제국주의의 지배, 절대 사회주의의 지배와 같은 여러 지배 형태를 통하여 타자에 대한 억압과 지배를 정당화하기도 했다.

또한 주체가 지닌 이성은 현실에서 도구적 이성으로 변질되어 폐쇄적인 경계선을 설정함으로써 타자를 지배하는 특성이 있다. 현대에 성행한 제국주의와 침략 전쟁, 파시즘과 폭력 지배, 경제·문화적 식민지화 등은 모두 주체의 합리화로 치장하여 나타난 현상이다. 나치즘은 말할 것도 없고, 오늘날 끊임없이 논란이 되고 있는 세계화·국제화, IMF 금융 지원, 세계무역 체제(WTO), 미국의 MD 전략과 다국적 유엔군 파견, 사이버 통신망, 신용 카드 결제, 인터넷 쇼핑, 사이버 증권 거래 등은 인류 공영의 가면 뒤에 주체 이데올로기를 숨기고 있는 것이다.

주지하다시피 인간의 주체화는 현대성의 기획이며 이념이다. 현대의 주체 철학과 함께 계몽주의는 중세의 종교적 속박으로부터 인간을 해방시키고자 하는 기획을 지니고 있었다. 그러기 위해 종교적 통합의 힘을 대체시킬 원리를 인간 내부의 힘인 이성에서 찾고자 했던 것이다. 인간을 외적으로 구속해 온 초월적 종교의 힘을 부인함으로써 인간 주체를 해방시키는 동시에 모든 사물에 대한 판단 기준을 인간 이성에서 구하고자 하는 기획은 현대화의 큰 줄기를 형성했고, 당대의 철학적 과제로 인식되었다. 그와 같은 과제를 떠맡은 주체 철학이 존재와 의미의 판단 기준을 인간 이성에서 찾았지만, 실제로 판단 기준이 된 것은 단지 '개인적 이성'이었다. 그런데 개인적 이성은 종전에 종교가 마련해 준 통합적 힘과 공동체 의식을 유지하지 못하고 오히려 분열과 소외를 야기했다. 민주주의는 개인이 스스로 사고하고 판단을 내리며 실행하는 주체가 되어 인류 공동의 선과 이상을 실현할 수 있는 이상적인 제도로 간주되었다. 그러나 오늘날 전 지구적으로 시행 중인 민주주의가 오히려 상대적이며 적대적이기까지 한 다양한 기준과 가치를 양산함으로써 그 주체인 개인이 중심을 잃고 소외되는 양상을 보이고 있다. 이와 같이 현대화 과정에서 이루어진 개인의 소외, 즉 탈주체화는 개인화·산업화·문화적 분화·도시화·상품화·관료화 등의 현상을 통해 더욱 가속화되고 있다.

또한 주체화와 한 몸을 이루고 있는 합리화도 현대성의 기획에 속하는데, 이것은 주체가 이성에 따라 세계를 합리적으로 설명함으로써 세계를 지배하는 것을 의미한다. 이성의 권력은 효율적인 통제를 위해 세계와 타자를 자체의 체계화 원리에 종속시키고자 한다. 이때 효율성을 원리로 삼는 이성은 다름 아닌 도구적 이성이다. 도구적 이성은 그 효율성에 따라 주·객 상호 연관을 단절시키고 세계의 복합성을 분할한다. 이에 따라 세계 속의 다양한 주체는 도구적 합리화의 대상으로 변화되는데, 이때 나타나는

현상이 사물화(事物化)이다. 더욱이 주체 자체도 주·객 상호 연관이 단절
되어 도구적 합리화에 종속되어 대상화됨으로써 사물화한다. 주체와 객체
의 단절과 그로 인한 주체의 사물화에 의해 주체는 자기 자신을 상실하게
되는 소외 현상이 나타났다. 이렇게 이성적 주체인 인간이 도구적 이성을
앞세워 합리화를 수행하지만, 결과적으로 주체 자신을 사물화하고 소외시
키는 과오를 범하게 되는 것이다.

일찍이 마르크스(K. Marx)는 인간 소외의 물질적 기초를 자본주의 사회
의 생산 구조에서 찾고, 생산물로부터의 소외를 포함한 노동자의 소외 문
제를 체계적으로 분석한 바 있다. 생산물로부터의 소외는 자기가 생산한
상품이 도리어 자기를 지배하게 되는 것을 의미한다. 따라서 자본주의 사
회에서 노동은 인간의 주체성을 실현하는 창조적 활동이 아니라, 다른 주
체인 자본가에 의해 강요되는 강제적 활동으로써 단순히 생존을 위한 수단
에 지나지 않는다. 오늘날 소외 문제는 경제적 영역에서뿐만 아니라 정
치·사회·문화의 영역에서도 광범위하게 나타나고 있다. 스스로 참여하여
구성한 의회 민주주의 체제 안에서 정책 결정과 집행 과정에서 소외되고
정보를 차단당하듯이, 명목상의 주체일 뿐인 수많은 개인은 익명성을 지닌
다수, 즉 대중으로서 통제되고 배제되며, 소외되고 있는 것이다.

그러나 오늘날 이성적 주체인 개인이 분열·소외되는 것이 오히려 축복
이나 은혜로 간주되기도 한다. 거대 자본과 절대 권력의 주체가, 실질적 주
체여야 할 개인의 분열이나 와해를 바라기 때문이다. 여기서 탈(脫)현대의
기획이 시작된다. 현대의 주체화와 합리화가 휘두른 폭력성과 획일성으로
부터 인간 해방, 인간 주체의 새로운 구성이라는 구호를 외치며.

4. 주체의 탈현대적 해체 담론

데카르트가 모든 존재와 인식의 근거가 되는 절대적 아르키메데스의 점으
로서 확립한 코기토, 즉 사유하는 자아는 칸트를 거쳐 키에르케고르, 후설,

사르트르에 이르기까지 현대의 주체 철학을 떠받치는 토대 개념으로 작용
했다. 생각하는 자아로서 주체의 자리에 선 인간은 기존의 존재 중심의 세
계관을 의식 중심의 세계관으로 전환시켰고, 그 의식 중심 세계관 속에서
인간은 역사와 문화 창조의 주인이 되었다. 그러나 인간 중심의 세계관은
전통적인 존재 중심의 세계관과 마찬가지로 세계와 인간을 주·객으로 분
절시키고, 타자에 대한 폭력을 합리주의라는 명분 아래 자행하였다.

이 같은 현실에서 어떠한 절대적 중심이나 토대도 인정하지 않는 반(反)
토대주의의 방향에서 인간과 세계의 관계, 특히 인간 주체를 재구성할 필
요가 있다. 탈현대의 주체 담론은 이러한 문제 의식 위에서 인간·이성 중
심적 주체를 비판하고, 나아가 해체하고자 한다고 볼 수 있다.

이제 니체와 흄, 구조주의, 프로이트(S. Freud)와 라캉(J. Lacan)의 정신
분석학 그리고 포스트구조주의자 푸코 등을 중심으로 주체에 관한 탈현대
적 담론의 몇 가지 기본적인 성격과 특징을 간단하게 살펴보고, 탈현대적

데이비드 린치, 「이레이저 헤드」(1978), 오프닝 컷 가운데 하나(위), 주인공 헨리의 혼외정사로 낳
은 미숙아(아래)

주체 해체의 기본 특성과 의미를 파악할 수 있는 계기를 마련해 보고자 한다.

왜 그들은 반(反)인간 중심주의와 반(反)이성 중심주의를 표방하며, 현대적 의미의 의식적 주체를 해체해야 한다고 주장하는가? 이성과 의식 중심의 주체를 해체함으로써 남는 주체는 어떤 모습일까?

잘 알려져 있듯이 포스트모더니즘의 선구자로 불리는 니체는 주체에 관한 탈현대적 해체의 포문을 연 철학자로 평가된다. 물론 니체보다 앞서서 자아나 주체의 통일성과 자기 동일성을 부정한 철학자가 없는 것은 아니다. 예컨대 경험론의 대표자인 흄(D. Hume)이 그에 속한다. 그에 따르면 자아로서 '나'는 지각의 다발에 다름 아니고, 지각은 모두 '인상'이나 '표상'으로 환원된다고 본다. 결국 자아는 인상의 집합이며, 습관에 의해 형성된 관념의 다발에 지나지 않는다는 것이다. 실제로 "나는 누구인가?"라고 자문해 보면, 나의 표상을 이루는 수많은 인상이나 관념이 떠오른다. 이를테면 도서관에서 열심히 공부하는 모습, 친구와 산책길을 걷는 모습, 강의 시간에 조는 모습, 술 마시고 노래하는 모습 등 수많은 인상을 떠올릴 수 있지만, 그 중에서 본질적이고 지속적으로 남아 있는 나의 모습이라고 할 수 있는 것은 없을지도 모른다. 그런 점에서 흄은 자아가 인상과 관념의 다발에 불과하며, 통일성을 지닌 자아가 있다는 주장을 허구라고 여겼던 것이다.

니체도 "신은 죽었다"라는 선언과 함께 '주체는 허구'에 지나지 않는다고 함으로써 서양의 전통적 형이상학을 해체하고, 인간에 관한 새로운 해석과 비전을 제시하고자 한다. 데카르트의 보편적 주체나 인식 주체는 존재하지 않고 자기 동일성을 지니며, 불변하는 이성·의식·정신이 존재한다는 주장도 서양의 형이상학이 낳은 허구라고 본다. 플라톤(Platon) 이래 강조되어 온 영원 불변하고 하나라는 주체 개념은 형이상학적 허구의 산물일 뿐, 현실의 주체는 하나의 고정된 중심점이 아닌 활동하고 사멸하는 다수로서 정념(情念)과 충동의 사회 구조를 끊임없이 반영하는 존재라고 본다.

니체가 생성·변화·다원성·정념을 속성으로 하는 디오니소스적 인간의 복원을 외치는 것도 이런 맥락에서다.

니체에게 논리적·보편적 주체가 해체된 뒤에 나타나는 주체는 스스로 자신을 창조할 수 있는 자율적인 존재이다. 니체는 그것을 이성이 아닌 신체성의 원리에 따르는 몸으로 보고, 이성과 육체를 통합하는 몸이야말로 새로운 창조적 주체임을 강조하고 있다. 실제로 '나는 누구인가?'라는 주체 물음은 내 속에 있는 가장 내면적인 충동과 욕구의 지배 질서가 어디에 근거를 두고 있는가를 묻는 것이라 할 수 있다. 그렇게 볼 때 충동과 욕구의 지배 질서는 몸에 기초를 두고 있고, 몸은 경험적 현실 속에서 자기를 형성한다는 것이다. 감각과 정신의 융합체인 자기는 몸에 그 기초를 두게 된다는 뜻이다. 이에 대해 니체는 『짜라투스트라는 이렇게 말했다』에서 다음과 같이 표현하고 있다.

> 나의 형제여, 그대의 생각과 느낌 배후에는 '자기'라는 이름을
> 가진 더욱 힘센 명령자, 알려지지 않은 현자가 있도다.
> 그대 몸에 그가 살고, 그대 몸이 바로 그이로다.

인간이 주체로서 자유로운 선택과 결정을 통해 자신의 내용과 본질을 형성할 수 있다는 주체주의 또는 주체 철학은 현대의 실존주의에서 만개하였고, 특히 사르트르에 의해 그 절정을 이루게 된다. 그러나 1950년대 전후에 등장한 구조주의는 실존주의가 옹호하고 있는 인간 중심주의와 주체 중심주의를 전면적으로 거부하였고, '주체 바깥의 구조'에 의해 주체의 인식과 행위가 전적으로 규정된다고 주장함으로써 반(反)인간 중심주의와 주체의 탈중심화를 천명하고 나섰다.

구조주의 이론의 언어학적 기초를 마련한 소쉬르(F. de Saussure)는 언어의 의미는 언어 외적 대상과 관계없이 언어 체계의 구조에 의해 결정되므로 인간은 의미화의 주체가 아니라, 오히려 언어 기능의 산물이라고 정

의한다. 의미화의 중심은 언어를 구성하는 요소들 간의 구조적 차이에 있기 때문에 언어 주체라는 개념은 주체주의의 환상에 다름 아니며, 의식적 주체인 인간은 의미화의 중심에서 추방되어야 한다는 것이다.

구조주의 인류학의 선구자인 레비-스트로스(C. Lévi-Strauss)는 소쉬르와 야콥슨(R. Jakobson)의 구조 언어학을 원용하여 구조주의 인류학의 고전인 『친족 체계의 기본 구조』에서 친족 체계를 기호 체계로 해명함으로써, 친족 체계가 구성하는 기호 체계와 호칭 체계에 의해 친족의 구성원인 개인이 자신의 지위·이름·역할을 부여받고, 그 의미도 인정된다는 것을 밝혀 냈다. 친족 체계는 상징 체계 또는 기호 체계로서 개인의 행위를 규정하는 무의식적 체계, 즉 구조이므로 개인은 구조를 창조하는 주체도, 구조의 원인도 아니며, 구조의 산물이거나 효과일 뿐이라는 것이다. 따라서 인간 주체는 무의식적 구조를 지닌 상징·기호 체계를 기본 요소로 하여 주조되기 때문에 데카르트의 코기토처럼 자명하게 존립할 수도 없고, 사르트르의 대자적(對自的) 존재의 자유처럼 스스로 대상 세계를 극복할 수도 없다.

구조주의 마르크스주의자인 알튀세르(L. Althusser) 역시 의식적 주체를 역사 발전의 구심점으로 생각하는 인간 중심주의를 거부한다. 그는 주체 철학이 주장하는 선험적 주체나 자율적·의식적 주체의 개념은 허구이며, 현실적으로 주체는 구체적인 국가 기구를 통해 시행되는 이데올로기의 실천에 의해 구성될 뿐이라고 한다. 역사는 인간이 아니라, 몰(沒)주체적인 경제 구조에 지배되며, 주체라는 것도 경제 법칙의 무의식적 규칙의 다원적 결정에서 파생된 결과에 지나지 않는다는 것이다.

이와 같이 구조주의 입장에서 볼 때 인간 주체의 자유는 허상일 따름이며, 주체는 그를 둘러싸고 있는 구조의 산물일 뿐이다. 따라서 주체는 폐기되거나 근본적으로 언어·문화·무의식 등의 단순한 효과로 탈중심화되고, 주체의 자율적·창조적 능력 등은 부정되어야 한다는 것이다. 주체의 의미와 지위가 언어·문화·정치·경제·사회와 같은 외적 구조에 의해 결정되고 구성된다는 점에서 인간 주체의 자유도 그 배후나 저변에 놓여 있는 무의식적 사태와 보편적 구조에 의해 형성되는 가능성을 조합하는 것에 지나지 않게 된다. 물론 인간 중심주의적 입장에서 보면 구조주의가 의식적 주체인 인간 실존의 기본 조건을 부정하고, 인간을 몰역사적이고 정태적인 사물의 굴레에 가둬 버리는 오류를 범했다고 할 수 있다.

한편 프로이트는 주체를 구성하는 구조를 주체 안의 저변에 숨어 있는 무의식이라고 가정한다. 이러한 가정하에 꿈의 해석과 언어를 통한 신경증 치료 등과 같은 인간 내부에 있는 무의식의 구조와 특징을 밝히는 정신 분석학적 작업을 통해 인간 주체의 정신적 메커니즘을 새롭게 밝히는 계기를 마련했다. 주체로서 인간은 이제 무의식적 사고에 의해 지배되고, 또 무의식적으로 구성된 언어로 환원됨으로써 의식적 주체의 지위와 역할이 축소되거나 위협받게 된 것이다. (후기 프로이트에 기초한 자아 심리학적 해석은 거부하면서) 무의식 개념을 정립한 중기 프로이트의 정신 분석학적 전통을 고수하는 라캉은 "무의식이 언어처럼 구조화되어 있다"며, 주체가 생성되는 과정을 소쉬르의 구조 언어학적 개념, 즉 기표(記表, signifiant)와 기의(記意, signifié) 개념을 원용하여 새롭게 분석·조망하고 있다.

라캉은 무의식 차원의 정신 내용은 그 자체로서 명료하게 드러나지 않고, 연쇄적인 기표를 통해서만 자신을 표현하기 때문에 기표의 연쇄를 해독함으로써 무의식의 구조, 나아가 주체의 구조를 밝힐 수 있다고 본다. 꿈·신체적 증상·무심한 행동 등으로 표현되는 무의식의 세계는 기표의 법칙을 따르므로 결과적으로 기표의 법칙이 주체를 구성한다. 라캉은 소쉬르와 달리 기의에 대한 기표의 우위를 주장하며, 주체는 기표의 효과로 나타난 결과임을 보여 주기 위해 다음과 같은 예를 들고 있다.

사막에서, 낯선 문자가 씌어진 판을 발견했다고 가정해 보자. 그러나 우리는 거기에 씌어진 내용이 무엇을 의미하는지 이해하지 못한다. 왜냐하면 이 판은 우리를 위해 씌어진 것이 아니기 때문이다.

이러한 상황에서 우리(주체)는 어린아이가 처음 다른 사람의 소리를 듣는 것처럼 의미를 알 수 없는 문자(기표)에 직면하지만, 이내 다른 주체에 의해 받아들여지는 의미를 가정하고, 그것을 배우게 된다. 이로써 우리는 기표의 법칙에 따르는 인간이 되는 것이다. 이처럼 따라 배우는 작업을 통해 처음에는 무의미한 기표가 의미 있는 기호로 전환되고, 주체도 따라서 변화하게 된다. 그러므로 주체는 통일성과 자기 동일성을 지닌 존재가 아니라, 기표의 연쇄가 변화함에 따라 끊임없이 변화·유동하는 불안정한 과정 속의 존재인 것이다.

이와 같이 라캉은 변화의 관점에서 주체의 생성 과정을 '상상적 단계(거울 단계)'와 '상징적 단계(오이디푸스 단계)'로 나누어 설명하고 있다. 이 두 단계를 거치면서 주체는 각각 다르게 구성되지만, 자기 자신이 아닌 타자, 즉 다른 주체와의 동일시를 통해 주체가 형성된다는 점에서 두 과정은 공통점을 갖는다. 먼저 생후 6개월에서 24개월 사이의 거울 단계에서 어머니와 분리되지 않은 아이는 아닌 거울에 비친 상, 즉 '자기 바깥의 모습'을 통해 자기의 존재를 확인한다. 이때의 자기는 물론 소외되고 잘못 인식된 자기이다. 이러한 상상적 거울 단계를 거치면서 아이는 어머니와의 2자적 관계를 떠나 아버지가 개입하는 3자적 관계를 형성하는 상징적 질서로의 이행을 경험한다. 아이는 이러한 이행 과정을 통해 오이디푸스 콤플렉스를 극복함으로써 더 성숙한 자아로 성장해 간다. 아이는 이제 언어와 문화의 사회적 규범이자 아버지의 표상으로 나타나는 상징적 질서에 편입됨으로써 타인과 구별되는 자신의 이름을 갖게 되고, 가족과 사회의 그물망 속에서 일정한 자리를 차지하게 된다. 바로 여기서 "무의식은 타자의 담론"이며, 또한 "무의식은 타자의 욕망"이라는 라캉의 명제는 의미를 얻는다. 타자는 부모를 포함하는 타인, 금지와 명령, 기대와 가치 판단 등을 포함하는 언어를 의미하므로, 그러한 '타자의 담론'과 '타자의 욕망' 속에서 아이의 삶과 행동이 무의식적으로 조절되고 구성된다고 보는 것이다.

그런데 라캉은 '현실 세계'에서 인간은 본질적으로 부족한 결핍 존재일 수밖에 없고, 결핍되어 있으므로 채워지기를 바라는 욕망이 또한 인간 주체에 근원적으로 내재해 있다고 본다. 욕망이 인간의 무의식 속에 그 자신을 은폐하고 있으면서 무의식의 구조를 형성하고 있다는 것이다. 그러므로 내 안에 있는 무의식도 타자이지만, 욕망도 타자가 되는 셈이다. 이런 점에서 라캉이 말하는 타자란 타인·언어·무의식·욕망을 모두 포함하는 개념이다.

결국 라캉에게 자아 또는 주체라는 것은 어떤 통일성이나 정체성도 갖고 있지 않은, 타자의 담론·욕망 그리고 무의식에 의해 형성되는 결과물에 지나지 않는다. 나의 욕망은 타자에 의해 지시되고, 타자로부터 생산된 욕망에 지나지 않는다는 것이다. 그래서 라캉은 "인간의 욕망은 타자의 욕망"이라고 표현하며, "나는 생각한다. 그러므로 존재한다"라는 데카르트의 의식적 존재의 관점을 "내가 존재하지 않는 곳에서 나는 생각하고, 내가 생각하지 않는 곳에서 나는 존재한다"라는 무의식적 존재의 관점으로 전환시키고 있는 것이다.

이렇게 볼 때 라캉이 분석하고 조망한 인간은 결핍과 욕망의 존재이지 선험적이고 통일적인 주체가 아니다. 인간은 타자의 상징 체계인 담론과 욕망에 의해 끊임없이 조절되고 변화하는 과정 속에 있는 존재가 된다. 그리고 자아나 주체라는 것도 무의식의 형태로 내면화된 욕망의 결과나 효과로 생성되는 것이다. 이런 점에서 라캉의 주체 담론을 반(反)인간주의적이고 구조주의적인 주체 비판이라고 평가할 수도 있을 것이다. 그러나 그의 입장은 인간 주체의 해체만 주장하는 것이 아니라, 역동적이고 복합적인 주체의 생성 과정과 특징을 새롭게 부각시키는 인간주의적 측면이 포함되어 있음을 보여 주는 것이기도 하다.

그런데 라캉의 정신 분석학과 다른 방식으로 '주체의 해체'와 '인간의 죽음' 또는 '저자의 죽음'을 현대 사회에 유포한 장본인은 구조주의적인 면을 다분히 지녔으면서도 흔히 포스트구조주의자로 불리는 푸코이다. 그는 왜 현대 사회에서 주체의 해체와 인간의 죽음이 시대의 그림자로 우리에게 다가오고 있다고 경고하는가?

　푸코는 '인문 과학의 고고학'이라는 부제를 단『말과 사물』에서 인류의 문화사를 각 시대의 고유한 사유 체계인 '인식소(認識素, episteme)'를 기준으로 구분한다. 16세기의 '르네상스', 17~18세기의 '고전주의', 19세기 초부터 20세기 초까지의 '현대' 그리고 그 이후의 '탈현대'가 바로 그 결과이다. 그는 르네상스와 고전주의의 인식소를 각각 '유사성'과 '표상'으로 정의하고, 19세기 초 이후 '현대' 사회의 인식소를 '인간 중심주의'로 규정한다. 그것은 19세기 이후의 현대라는 시대에 초월적인 인간 주체 개념이 형성되었다고 보기 때문이다. 푸코가 볼 때 고전주의 이전 시대에 인간은 '인간'이라는 특별 개념으로 분리되지 않았으며, 자연의 빈틈없는 연속과 질서 속에서 행복하게 지내던 존재였다. 그런 인간이 현대에 와서 초월적 존재라는 특별 지위를 부여받음으로써 불행해지기 시작했고, 인간 중심주의는 결국 탈현대에 와서 자신의 죽음을 증언하기에 이르렀다는 것이다.

　18세기 말, 특히 칸트에 이르러 확립된 초월적 주체로서의 인간은 자기 충족적인 자율적 주체이기에, 인간 자신을 위한 지식을 얻는 데 신이나 자연 등 외부의 도움이 필요 없게 되었다. 이제 베이컨(F. Bacon) 이래 '지식=권력'이라는 이념이 현실화된 것이다. 여기서 생긴 문제는 인간이 스스로 지식의 주체인 동시에 대상이 되었다는 것이다. 이는 지식의 주체인 인간과 그 객체인 사물이 분리되었을 뿐만 아니라, 인간 자신도 지식의 주체이면서 동시에 대상으로 분리되고 지배를 받게 되었다는 것을 의미한다. 이런 점을 주시한 푸코는 현대에 와서 초월적 주체인 인간이 지식을 권력으로 삼는 과정을 '계보학'을 통해 추적한다. 그리하여 정상/비정상(광기), 이성/비(非)이성, 감시하는 의사/감시 받는 환자, 주체/객체 등 종래에 없었던 엄정한 이원적 잣대를 적용하여 인간, 즉 이성적 주체를 지킨다는 명목 아래 비이성적 타자를 감시·처벌·억압하는 폭력적 역사가 이루어진 것이 바로 현대이며, 그것도 인간주의의 이름으로 행해지고 있음을 폭로하기에 이른 것이다.

　푸코는 현대에서 인간 자신에 대한 지식이 권력으로 변함으로써 인간은 초월적이고 자유롭고 창조적인 주체라는 현대의 인간주의적 이념을 확증해 나가기보다 오히려 그런 이념을 와해시킨다고 말한다. 나아가 초월적이고 창조적인 자유를 주장하는 사르트르의 실존주의 또는 인간 중심주의를 비판하면서 인간이라는 개념이 한 시대의 특수한 인식론적 구성물에 지나지 않는다고 주장한다. 그리고 인간이라는 이른바 초월적 주체의 담론도 언어 체계의 외적 작용이나 활동에 지나지 않는다고 한다. 다시 말하면 말(언어)은 사물을 지칭하는 것도 아니고, 인간 주체의 자기 표상도 아니다. 단지 말 자체를 의미할 뿐이며, 저자(주체)가 말하는 것이 아니라 언어가 스스로 말한다는 것이다. 인간 주체의 개별적 진술인 '파롤(parole)'은 언어 자체의 익명적 기호 체계인 '랑그(langue)' 속으로 해체된다는 것이다. 이러한 언어의 작용과 출현이 '저자의 죽음', 나아가 인간의 실종을 알리는 시대가 바로 '탈현대'라고 할 수 있다.

따라서 우리는 푸코의 인식소 개념을 유추해서 탈현대의 기본적인 인식소를 반인간 중심주의, 즉 '인간의 죽음'으로 특징지을 수 있을 것이다. 이런 맥락에서 푸코는 『말과 사물』에서 현대라는 극히 최근의 발명품인 인간은 마치 바닷가의 모래 위에 새겨진 얼굴처럼 서서히 사라지리라고 경고하고 있다.

5. 해체 후의 주체가 갖는 과제

주체로서의 인간이 푸코의 선언처럼 과연 역사와 사회 그리고 문화의 전면에서 사라져야 할 것인가? 그렇지 않으면 현대의 역사를 발전시켜 온 원동력이며 개별적 삶의 주체로서 앞으로도 같은 얼굴을 하고 계속 살아가야 할 것인가? 그도 아니면 현대 이전의 숙명적인 자세와 모습으로 돌아가 그냥 되는 대로 살아갈 것인가? 이도 저도 아니라면 어떠한 모습과 자세로써 주체적 삶을 살아가야 할 것인가?

지금까지 개관해 본 '주체' 문제는 최근에 현대성/탈현대성의 문제와 관련하여 현대 철학의 전면에 부상한 것이지만, 실제로는 2500년 전 소크라테스와 싯다르타의 가르침에서 구체화되었던 해묵은 화두에 다름 아니다. 오늘날 주체의 죽음·주체의 해체·인간의 죽음 등을 알리는 징후가 정치·경제·문화·예술·교육·환경·과학·기술 등 거의 모든 영역에서 발견되는 것도 알고 보면, 선현들의 자각과 권고를 진지하게 받아들이지 못한 인간 정신사의 당연한 귀결이라 할 수 있다. 주체의 죽음을 자초한 것은 바로 인간이고, 인간이 자기 자신을 제대로 알지 못한 것이 그 직접적인 원인이다. 인간 자신의 모습을 본래의 자기보다 크게 보고 역사 창조나 세계(자연) 정복을 주장하는 주체 철학적 담론이나 인간 자신을 너무 일면적으로 좁고 무력하게 보는 주체 해체의 담론 모두가 인간 자신에 대한 주체적 성찰을 게을리한 탓이 아닐까? 지금이야말로 개인적으로나 전체적으로 "너 자신을 알라"는 진부하면서도 절실한 철학적 권고를 진지한 자세로 새롭게 수용해야 할 때다.

어제나 오늘 그리고 내일에도 죽어야 할 주체는 자신의 위치를 벗어나 과도한 욕심을 부리는 인간이지, 자신의 본분과 자리를 제대로 알고 지키며, 나아가 타자를 자신처럼 껴안는 자비의 인간은 아니다. 진정한 의미의 주체는 타자를 배제하거나 무시하거나 짓밟는 지식·권력·폭력이 아니라, 타자를 주체로 인정하고 존중하며 함께 껴안는 배려와 사랑(자비)으로 살아가는 존재이다. 이런 점에서 사랑과 자비의 정신은 주체의 해체를 치유할 수 있는 강력한 백신이 될 것이다. 주체 상실의 시대에 진정한 주체를 회복할 수 있는 방도를 찾기 위해 '타자의 사유'를 펴는 레비나스의 사상도 그러한 방향에서 이해할 수 있을 것이다.

주체를 절대화함으로써 인간과 자연의 존재 전체를 주체의 권력과 폭력에 예속시키는 주체 중심주의와 마찬가지로 주체의 참여를 봉쇄하고 파괴하는 해체주의도 주체의 인격·타자적(他者的) 성격·박애 정신 그리고 자연과의 공존 등을 제대로 지켜 내지 못한다는 점이 드러났다. 그리고 주체의 위기 문제는 결국 인간이 풀어 가야 한다는 것 또한 분명해졌다.

주체-타자의 서로 '살림'과 인간-자연의 공존이 이루어져서 더 이상 일방적인 지배와 예속이 존재하지 않는 세계가 주체의 신격화 및 주체의 죽음 이후에 그려 볼 수 있는 바람직한 세계의 모습이 아닐까? 이제 그 길을 직접 가는 것은 우리의 몫이다. 우리에게 절실히 다가오는 물음, 즉 '진정한 주체는 무엇인가?'라는 화두를 갖고서.

■ 주제어

주체와 주체성, 현대와 현대성, 이성, 타자, 무의식, 욕망, 인간 중심주의, 주체 철학, 주체의 해체

■ 용어 해설

자아 인식·의욕·행위의 주체가 자기 자신을 외적 대상이나 타인과 구별하여 일컫는 개념이다. 일반적으로 자아는 객체와 구별되고, 시간의 경과를 통해서 동일하고 단일한 개체로서 의식을 수반한다고 볼 수 있다. 자아가 철학적 문제로 부각된 시기는 주로 데카르트 이후이다. 자아 이론에는 의식의 주체인 자아가 육체를 배제하고 성립한다는 심리적 자아론과 육체를 포함하는 심신 일원론적 자아론 등이 있다.

현대성(또는 근대성) 구시대와 구별된다는 의미에서 '새로운'이라는 뜻을 지니고 있는 현대(또는 근대: modern)가 특정한 시대를 지칭하는 것이라면, 그러한 '새로운 시대'를 한 시대로서 규정하는 규범적 방향과 시대 의식을 현대성(또는 근대성: modernity)이라 부른다(하버마스). 따라서 현대성은 현대라는 새로운 시대를 특징짓는 세계관을 함축하며, 현대 사회의 정신적 뿌리가 되는 시대적 이념 또는 시대 정신을 의미한다. 18세기 이후의 계몽주의 사상에 축약되어 나타나고 있는 현대성의 기본 특징은 인간이 이성적 사유의 주체일 뿐만 아니라, 세계 안에서 중심적 지위를 차지한다

고 보는 데 있다. 그러한 이성적 인간관에 기초한 현대의 정신은 목적론적·유기체적 세계관을 거부함으로써 기계론적·과학적 세계관을 주장하게 되고, 또한 진보와 발전의 교의를 신봉하는 역사주의와 함께 유토피아주의를 표방하고 있다.

탈현대성(포스트모더니티; postmodernity) '후기'나 '이후' 또는 '다음'을 뜻하는 '포스트(post)'라는 접두어로 인해 흔히 오해되듯이 '탈현대성'이라는 개념은 현대라는 시대가 종료된 이후의 시대, 즉 현대를 벗어난 시대의 의식이나 이데올로기를 의미하는 개념은 아니다. 오히려 이성 중심주의·과학적 세계관·거대 서사·진보의 유토피아 등으로 요약되는 현대성이 야기한 병리를 비판하고, 그것을 극복하려고 노력하는 방법론적 기획이라고 할 수 있다. 그러므로 탈현대성은 '현대성 비판'과 더불어 '현대성 해체'라는 방향과 특징을 지닌다. 이런 점에서 볼 때, 탈현대성의 정신과 이념을 인간의 거의 모든 문화 영역에 확대·적용하는 포스트모더니즘(postmodernism)도 현대성의 해체와 함께 비판 작업을 나름대로 수행하고 있다고 할 수 있다.

담론 생각이나 사유의 언어적 표현을 나타내는 말(롤랑 바르트의 정의). 담론은 '디스꾸르(discours)'라는 프랑스 어의 번역어로 본래 논증적 언어, 즉 학문적 체계를 갖춘 언어를 의미했으나, 현재는 거의 모든 언어에 포괄적으로 사용하고 있다. 예를 들어 일상적인 담화, 문학적·예술적·정치적·종교적 담론, 과학적 명제, 그리고 지식의 체계를 갖춘 언설 등을 포괄한다. 때에 따라 언설·언술·담화 등으로 번역하기도 한다.

타자 주체나 일자(一者)에 대립하는 개념. 철학의 형이상학적 전통은 신·이데아·실체·보편 등으로 부르기도 했지만, 실제로는 같은 이름이라고 볼 수 있는 '일자'의 원리를 동일성과 합리성의 기반 위에서 추구해 왔다. 그러므로 동일자 또는 일자(一者)에 대립되는 개념인 타자(他者)는 비동일 성과 비합리성의 이름으로 배제되고 억압되어 왔다. 현대에 와서 타자 개념은 더 다양해져서 '나와 다른 사람', 즉 타인(남)으로 한정하여 사용하기도 하고, '자기(나)와 다른 것' '주체가 아닌 대상이나 객체' 등의 의미로도 사용하고 있다.

기표와 기의 언어 기호를 형성하는 소리와 개념의 두 요소 중에서 소리를 기표라 하고, 개념을 기의라 한다. 현대 언어학과 구조 언어학의 창안자인 소쉬르는 언어의 기본 단위를 소리와 개념의 자의적인 결합, 즉 시니피앙(signifiant)과 시니피에(signifié)의 결합으로 이루어진 기호라고 생각했다. 소쉬르에 따르면 언어 기호는 음성적 이미지(청각 영상)인 시니피앙(기표)과 그 개념인 시니피에(기표)가 자의적으로 결합하여 형성된다. 기표와 기의의 자의적인 결합으로 언어 기호가 구성된다는 것은, 예를 들어 '사과'라는 말을 할 때의 소리(청각 영상)와 '장미과에 속하는 과일'로서 사과라는 개념 사이에는 필연적인 관계가 없으며, '사과'라는 소리가 '배'나 '포도'의 소리와 달라서 그 나름의 의미를 지닌다는 것이다. 소쉬르가 청각 영상인 소리만을 기표로 규정했다고 한다면, 다른 구조주의자들과 포스트구조주의자들은 소리 외에도 문자를 포함한 각종 상징 체계와 언어 체계를 기표로 확대 해석하고 있다.

■ 생각해 볼 문제

1) 주체적으로 산다는 것과 비주체적으로 산다는 것의 차이에 대해서 생각해 보고, 주체적으로 살기 위한 조건에 대한 자신의 견해를 이야기해 보자.

2) 주체 또는 자아 중심적 사고가 인간의 현실 생활과 역사에 미치는 긍정적인 면과 부정적인 면을 실례를 들어서 설명해 보자.

3) 현대 사회에서 주체가 해체되는 원인이 무엇인지 이론적인 측면과 구체적인 사례를 통해 살펴보고, 그것을 극복할 수 있는 이론이나 구체적인 방

법에 대해서 이야기해 보자.

4) 자기 자신이 주체적이라고 믿는다면 그 원인과 이유는 무엇이며, 만약 주체적이지 않다고 믿는다면 그 원인과 이유는 무엇이라고 생각하는지 밝혀 보고, 자신의 행위와 삶을 이끌어 가는 힘이 무엇인지 감정·욕망·몸·이성 등과 관련시켜 논의해 보자.

5) 현대성과 주체성 그리고 합리성의 특징과 관계에 대해서 이야기해 보고, 그것이 지닌 사회·정치·문화적 의미에 대해서 논의해 보자.

■ 참고 문헌

▶강영안, 『주체는 죽었는가』, 문예출판사, 1996.

현대 철학과 주체의 문제, 현대 철학과 포스트모던 경향을 개관하고, 데카르트부터 셸링·니체·키에르케고르·라캉을 거쳐 하이데거·레비나스·폴라니까지의 주체 담론을 객관적인 연구자의 관점에서 체계적이고 심도 깊게 연구한 논문들을 묶은 책으로 주체에 관한 문제 의식과 학문적 이해, 그리고 논지와 서술의 명료성 등이 현대 철학의 주체 담론에 가까이 다가서도록 해준다.

▶윤효녕 외, 『주체 개념의 비판』, 서울대 출판부, 1999.

탈현대적 주체 비판의 4인방이라고 할 수 있는 데리다·라캉·알튀세르·푸코가 행한 주체 비판의 논점과 입장을 각 사상가별로 비판적으로 고찰함으로써 절대 주체나 무주체(주체 해체)의 일방적 관점을 지양하고, 사회적이고 실천적인 상호 주관적 개별 행위 주체론을 대안으로 제시하고 있는 기획 연구서로 심도 깊은 안내서가 될 수 있다.

▶위르겐 하버마스, 『현대성의 철학적 담론』, 이진우 옮김, 문예출판사, 1994.

이 책은 현대에 내재하고 있는 계몽의 변증법에 대한 하버마스의 비판 사회 이론의 관점과 의지를 읽을 수 있는 대표적 저서이다. 헤겔·청년 헤겔파·니체·호르크하이머·아도르노·하이데거·데리다·바타이유·푸코·루만 등을 통해 이루어진 현대성의 철학적 담론을 비판적으로 규명함으로써 자신의 관점에서 현대를 역사적으로 재구성하고, 그러한 작업을 통해 포스트모던의 도전에 응답하고자 하는 문제 의식과 시대 정신이 정치하게 돋보이는 수준 높은 책이다.

▶알랭 투렌, 『현대성 비판』, 정수복·이기현 옮김, 문예출판사, 1995.

이 책은 현대성의 기원에서부터 그 부침의 역사를 추적하고, 현대성으로부터 야기된 인간 소외와 도구화를 비판적으로 진단함으로써 현대 사회가 직면한 위기로부터 대피할 수 있는 방안을 제시하려고 한다. 위기에 빠진 현대성을 재정립하기 위해 저자는 니체·프로이트·푸코로 이어지는 반합리주의 대신 창조적인 주체 개념을 제시함으로써 타락한 이성을 회복할 수 있다고 진단한다.

▶탁석산, 『한국의 주체성』, 책세상, 2001

이 작은 책은 한국에서 개인이 주체적으로 살아갈 수 있기 위해서 변화시켜야 할 정치·사회·경제적 환경과 그러한 환경을 변화시키는 방법에 대한 저자 특유의 주체적인 생각을 모은 것으로 부담 없이 읽을 수 있지만, 동시에 개인과 국가의 주체성이 보장될 수 있는 실질적 조건에 대해 비판적으로 생각하기를 요구한다.

제2장 생태계 위기와 새로운 세계관

1. 새만금 간척 사업, 어떻게 볼 것인가?

새만금 간척 사업은 전라북도 앞바다에 세계 최대 길이인 33km의 방조제를 쌓아 약 4만ha(여의도 면적의 140배)의 바다를 농업 용지 2만 8000ha와 민물 호수 1만 2000ha로 만드는 초대형 국책 사업이다.

이 사업 구상이 구체화된 것은 1986년부터이다. 당시 '호남 지역을 푸대접한다'는 지역 여론이 거세지자, 정부와 여당은 전라북도 지역에 대규모

새만금 방조제 가운데 공사가 끝난 1공구(19km) 모습

지역 개발을 추진키로 했다. 1987년 농림부에서 '서해안 간척 사업 추진 계획'을 발표하자, 경제기획원은 막대한 사업비를 들여 농지를 조성하는 것보다 식량을 수입하는 것이 훨씬 경제적이기 때문에 타당성이 없다며 이에 반대했다. 그러나 당시 여당의 대통령 후보가 "새만금 방조제 축조 사업을 임기 내에 완성하겠다"고 공약했고, 우여곡절 끝에 1991년 새만금 간척 사업은 착공되었다.

그 동안 간척지 용도를 둘러싸고 정부는 농업 용지 확보를, 전라북도는 공장 용지와 주거 단지가 들어서는 '복합 단지' 개발을 주장해 마찰이 일기도 하였다. 그런 가운데 1996년 시화호 오염 사건이 터지자, 환경 단체에서 새만금호도 결국 오염된 호수로 전락할 것이라고 경고하는 등 환경 논쟁이 본격화됨으로써 1999년 사업비 1조 3000억 원이 투입되고, 방조제 공사가 60% 진행된 가운데 사업이 일시 중단되었다.

한편 환경영향민관공동조사단에서 간척 사업에 대한 타당성 검토를 하였으나, 사업 재개에 대한 뚜렷한 결론을 내리지 못한 채, 농업 용지 확보와 지역 개발을 강조하는 농림부와 전라북도에서는 '사업 강행'을, 갯벌의 중요성을 강조하는 해양수산부와 환경 단체에서는 '사업 반대'를, 그리고 새만금호의 수질 오염을 우려하는 환경부는 '사업 유보'라는 서로 엇갈린 주장을 하였다. 그리고 학자들간에도 '간척 사업이 경제적 타당성이 있다'는 의견과 '갯벌을 그대로 보존하는 것이 경제적으로 이득이다'는 의견이 팽팽히 맞섰다.

개발이냐 보전이냐를 놓고 사상 유례없이 길고 첨예한 논란 끝에 2001년 정부는 새만금 사업을 중도 포기하는 것보다 강행하는 것이 경제적 이득이 크다고 판단, 동진강 유역을 먼저 개발하고, 만경강 유역은 수질 개선 작업과 병행하여 순차적으로 개발하기로 결정하였다. 새만금 간척 사업은 실패한 국토 개발 사업의 전형이 된 시화호 사업과 함께 다양한 측면에서 생태계의 가치와 개발의 이해 득실을 신중히 따져 보아야 한다는 교훈을 잘 보여 주는 예이다.

2. 개발과 보존의 이해 득실

자연을 개발할 것인가, 아니면 보전할 것인가 하는 문제는 '무엇이 중요하고, 무엇이 바람직한 것이냐' 하는 문제와 따로 떼어서 생각할 수 없다. 새만금 간척 사업의 경우도 찬성론자들은 간척 사업이 여러 모로 이득이라 주장하지만, 반대하는 쪽에서는 간척 사업은 궁극적으로 손해를 가져온다고 본다. 왜 동일한 사안을 두고 한쪽에서는 이득이 된다 하고, 다른 쪽에서는 손해를 가져온다고 하는 것일까? 그것은 가치의 기준이 서로 다르기 때문이다.

'자연(自然)'을 문자 그대로 해석해 본다면 인공이 가미되지 않은 '저 스스로 있는 그대로의 것'이라고 할 수 있다. 인구가 적었던 시절에는 자연 그대로의 상태에서도 살 수 있었다. 그러나 지금처럼 인구가 불어난 상황에서는 자연에 인위적인 변형을 가하지 않고는 도저히 살아갈 수 없다. 자연을 훼손하는 가장 큰 이유는 자연 상태 그대로 놔두는 것보다는 생태계가 파괴되더라도 그 자연을 개발하는 것이 경제적으로 이득이 많다고 여기기 때문이다.

농림부의 입장에 따르면 식량 자급률이 30%도 못 미치는 우리 나라의 실정에서 볼 때 새만금 갯벌을 그대로 두어 해산물을 채취하는 것보다는 쌀을 생산하는 것이 이득이라고 한다. 한국산업경제연구원과 세종연구원에서도 농지 가치가 갯벌 가치보다 약 두 배 정도 높다고 평가한다. 그리고 어떤 이들은 농업 용지보다 복합 단지를 만들어 공장을 짓거나 주거 단지를 조성하는 것이 경제적으로 훨씬 이득이라고 주장하기도 한다.

그러나 개발 반대론자들은 자연 그대로의 상태가 개발했을 때보다 훨씬 많은 이득을 가져온다고 본다. 그들이 개발을 반대하는 이유는 단순히 갯벌을 매립함으로써 주변 어민들이 해산물을 채취하기가 불가능해지기 때문만은 아니다. 숲이나 갯벌의 가치는 단순히 거기서 채취되는 임산물이나 해산물만으로 평가될 수 없으며, 잘 보전된 자연의 생태적 가치는 그보다 훨씬 더 크다고 주장한다. 그들에 따르면 숲이 지구의 허파라 한다면, 갯벌은 육지 생태계의 콩팥이요, 해양 생태계의 자궁에 해당한다.

새만금 갯벌과 같이 강을 끼고 있는 갯벌은 육지에서 쏟아 내는 각종 오염 물질을 정화하는 기능을 한다. 새만금 갯벌은 200만 명의 도시 인구가 배출하는 오염 물질을 정화할 수 있는 능력이 있는데, 이 정도의 정화 기능을 갖춘 하수 종말 처리장을 건설하려면 상당한 비용이 든다고 한다. 그리고 해양 생태계의 먹이 사슬이 시작되는 갯벌은 어패류와 어린 물고기의 서식 장소이기도 하다. 특히 새만금 갯벌은 국제적으로 보호되는 멸종 위기에 놓인 조류의 서식지로서 전 지구적 환경 네트워크의 관점에서 중요한 습지로 평가받고 있다. 이처럼 갯벌은 경제적·생태적 가치가 상당히 높다. 한국해양연구원과 해양수산개발원에서는 갯벌 가치가 농지 가치보다 약 3 ~60배 정도 높으며, 영국의 과학전문지 『네이처』는 갯벌 생태계의 가치가 농지 생태계의 가치보다 100배 정도 높다고 평가한다.

자연의 가치를 평가하는 경우, 현재의 단기적인 입장에서 가치를 평가하는 경우가 많은데, 이 때 자연의 가치는 당연히 평가 절하될 수밖에 없다. 자연 환경은 자원의 양으로 보나 공간적으로 보나 유한하고, 자원의 절대적인 양과 천연 환경은 줄어들 뿐 늘어나지는 않는다. 또 환경을 구성하는 영향 변수가 무한히 많고 상호 복합적으로 영향을 미치며, 시간의 변화에 따라 다르게 영향을 미친다는 점에서 정확하게 환경 영향 평가를 한다는 것은 대단히 어려운 일이다. 이러한 배경에서 우리가 불가피하게 자연을 훼손하면서 개발할 경우, 눈앞의 경제적 이익보다는 좀더 장기적인 안목에서 이해 득실을 생각해야 하고, 우리 세대만이 아니라 다음 세대를 생각하면서 결정해야 할 것이다. 장기적이고 포괄적인 측면에서 자연 환경과 생태계의 가치가 평가되어야 한다는 것이다.

어떤 야생종도 그것이 가져다줄 상업적 이익과 심리적 즐거움 모두에 대해 전체적으로 평가된 적은 없다. 훗날 그 생물종에 대해 제대로 알게 되면, 새로운 상품으로서 이용하는 것과 새로운 수준의 심미적 이해가 가능할지도 모른다. 이 같은 까닭에 윌슨(E. O. Wilson)은 각각의 생물종을 무엇과도 대체할 수 없는 인류의 자원으로 취급하여 그 비용이 감당할 수 없을 만큼 높지만 않다면 후세를 위해 보전하는 것이 바람직하다고 주장한다. 상호 의존적인 생물계를 보전함으로써 거대한 유전자 풀(gene pool)의 형성을 도와 인간을 포함한 여러 생명체의 생존 가능성을 높이고, 자연 세계의 다양성을 경험하는 것은 그 자체로 즐거운 일이다. 곧 야생종을 보호함으로써 생태계의 다양성을 유지하는 것은 인간에게도 가치 있는 일이다.

그리고 인간의 유용성의 측면에서 평가되는 가치 외에 자연의 심미적· 생태적 가치 등도 인간의 행복에 기여한다는 점을 생각할 때, 자연의 가치는 금전적 가치 이상으로 중요하게 평가되어야 한다. 다시 말해서 지금까지 손익 계산에 포함되지 않던 가치들도 경제적 가치에 포함시켜서 개발과 보전의 손익을 따져 보아야 한다는 것이다. 그렇게 된다면 자연의 금전적 가치와 함께 문화 및 환경상의 가치를 함께 고려하는 총체 경제학 (holoeconomics)이 전혀 불가능하지는 않을 것이다. 물론 환경의 가치를 금전적 가치로 환산할 때는 자연의 유일성, 생태계의 연관성, 자원의 유한성, 환경 위기의 심각성 등을 고려하여 다양한 각도에서 신중하게 평가해야 할 것이다.

3. 생태계와 인간

우리의 삶은 인간뿐만 아니라 다른 생명체와도 복잡하게 직간접으로 얽혀 있다. 환경 문제는 환경 과학·기술의 부족, 사회 구조적 모순, 자연과 생태계에 대한 그릇된 관점 등에서 비롯되는 경우가 많다. 따라서 생태 위기를 극복하기 위해서는 생태학·생화학·환경공학 등과 같은 과학·기술뿐만 아니라 사회의 구조적 모순을 해결하기 위한 정치·경제적 접근 그리고 인간과 자연에 대한 올바른 견해를 모색하기 위한 철학적 접근도 필요하다. 다시 말해서 생태계 파괴와 환경 오염의 궁극적 원인이 무엇인지를 밝히고, 그에 대한 적절한 처방을 내리기 위해서는 여러 학문들간의 공동 연구가 필요하다는 것이다.

환경 문제와 관련해서 논쟁이 끊이지 않는 이유로 여러 가지 사실에 대한 자료의 불일치를 들 수 있다. 앞에서 예로 들었던 '새만금 간척 사업'에 대한 의견이 서로 엇갈리는 것도 갯벌 보전과 개발의 경제적 타당성과 간척 사업으로 인한 수질 오염과 생태계 파괴 정도에 관한 자료의 불일치 때문이다. 이러한 문제는 그에 대한 좀더 과학적이고 합리적인 측정 방법을 개발한다면, 서로 합의에 도달할 수 있고, 시시비비를 가릴 수도 있다.

그러나 환경과 생태계 문제의 쟁점 중에는 가치관이나 규범과 관련된 것도 많다. 특정한 자연을 보전할 것인가 아니면 개발할 것인가를 결정하는 경우에 어떤 선택이 진실로 효율적이고 가치 있는 것인가? 금전적 가치로 따질 수 없는 자연의 심미적·문화적·생태적 가치 등은 어떻게 평가할 것인가? 그리고 생태계 속에서 인간이 차지하는 위치는 어떠한가? 인간이 다른 생명체보다 더 존귀하다면, 그 근거는 무엇인가? 환경과 생태계의 보전과 개발로 생기는 이익과 손해를 어떻게 공정하게 조정할 것인가? 이는 특정 기업과 일반 대중, 선진국과 후진국, 현 세대와 미래 세대, 개인과 공동체, 인간과 생태계 속의 다른 생명체 사이의 분배적 정의 문제이기도 하다.

'환경(environment)'이란 문자 그대로 한 생명을 둘러싼 조건이다. 특히 최근에 환경 오염이니 환경 파괴니 할 때의 환경이란 바로 '인간을 둘러싼 것', 즉 '인간의 삶의 조건'을 말한다. 반면에 '생태계(ecosystem)'는 원래 '가족/집(oikos)'을 의미하는 'eco'와 '체계'를 의미하는 'system'이 결합된 것이다. 따라서 '환경'이 '중심'을 중요시한다면, '생태계'는 '관계'를 중요시한다고 할 수 있다. 다시 말해서 생태계를 중시하는 입장은 모든 생명은 뗄 수 없는 상호 의존성을 지닌다는 세계관에 토대를 두고 있다. 따라서 이 입장에 따른다면, 환경 문제는 생태계의 맥락에서 더 폭넓은 다른 생명체와의 관계 속에서 파악되어야 한다.

생태계의 각 구성원은 서로 유기적 관계를 맺고 있다. 인간을 포함한 살아 있는 모든 유기체는 자신보다 상위 위계 구조(hierarchy)에서 본다면 '부분'이고, 하위 위계 구조에서 본다면 '전체'가 된다. 따라서 모든 유기체는 두 가지 상반되는 경향, 즉 더 큰 전체의 부분으로 '통합하려는 경향(협동)'과 개체로서의 자율성을 유지하려는 '자기를 주장하려는 경향(경쟁)'을 갖는다. 이 두 경향은 상반되지만 서로 보완적이다. 건강한 사회나 생태계는 협동과 경쟁 사이에 역동적 평형이 유지된다.

인간은 다른 생명체와 함께 생태계의 한 구성원이다. 그리고 생태계 속의 모든 생명체는 '먹이 사슬' 관계를 넘어서 '생명의 그물' 관계를 이룬다. 이런 점에서 생태계 속의 생명체는 서로 경쟁적 관계이면서도 공생적 관계를 갖는다. 다시 말해서 모든 생명체는 서로 의존적이라는 것이다. 따라서 생태계의 경우 어느 한 종이 지나치게 번성하거나 소멸하게 되면, 나머지 다른 종도 심각한 영향을 받게 된다. 생태계가 파괴되고도 인간이 온전하기를 바랄 수는 없다. 생태계의 위기는 생태계의 다른 구성원에 대한 배려 없이 인간의 이익만을 지나치게 먼저 챙기다 보니 생긴 측면이 많다.

그런 점에서 장회익은 온생명론을 주장한다. 즉 각각의 생명체는 더 큰 생명 단위인 '온생명(global life)'의 입장에서 볼 때 '개체 생명(individual life)'이 되고, 한 개체 생명의 생존은 자체를 제외한 온생명의 나머지 부분에 결정적으로 의존한다. 그런 점에서 온생명에서 특정한 개체 생명을 제외한 그 나머지 부분은 그 개체 생명의 '보생명(co-life)'이다. 그렇게 본다면 '나'의 보생명에는 '너'가 포함되고, '너'의 보생명에는 '나'가 포함된다. 오늘날 생태계 위기는 '인간'이 자신을 제외한 나머지 부분을 '보생명'으로 보지 않고, 단순히 인간을 위한 '환경'으로만 생각해서 무분별하게 이를 파괴한 데서 비롯된 것이다.

오늘날 인간은 파괴적으로든 창조적으로든 자연 환경과 생태계를 바꿀 수 있는 엄청난 힘을 지니게 되었다. 인간은 생태계에서 하나의 구성원에 불과하지만, 다른 어떤 구성원보다도 생태계에 긍정적으로든 부정적으로든 막대한 영향을 미칠 수 있는 존재이다. 그리고 생태계 내에서 반성적 사고를 할 수 있는 유일한 존재이다. 따라서 생태계 위기가 인간의 행위에서 비롯된 것이라면, 인류의 생존을 위해서라도 생태계의 관점에서 인간의 행위를 반성해 보아야 할 것이다.

그리고 오늘날 자원을 개발하는 경우에 현 세대만의 이해 득실을 중심으로 논의하고, 미래 세대에 대한 배려는 거의 없는데, 생태계 문제를 다루는 경우, 그 고려 대상의 폭을 미래 세대까지 확장해야 한다. 요나스(H. Jonas)는 미래 세대에 대한 윤리는 권리에 바탕을 두기보다는 책임에 바탕을 두어야 한다고 주장한다. 신생아를 보호해야 할 책임이 부모에게 있듯이, 미래 세대의 창시자인 현 세대는 미래 세대의 권리를 존중해야 할 특별한 책임이 있다는 것이다.

그리고 현 세대와 미래 세대는 연속적인 관계에 놓여 있으므로, 미래 세대는 현 세대와 함께 도덕 공동체의 일원으로 간주되어야 할 것이다. 만일 미래 세대도 현 세대와 마찬가지로 고통(불행)을 피하고 즐거움(행복)을 추구하는 존재가 분명하다면, 현 세대의 행복을 극대화하기 위해서 미래 세대에게 고통을 요구하는 것은 옳지 않다. 어떤 정책이 현 세대의 행복을 극대화시켜 줄지라도 그로 말미암아 미래 세대에게 엄청난 고통을 가져다줄 것이 확실하다면, 그것은 세대간의 분배 정의 원칙에 어긋난다. 따라서 미래 세대가 살아갈 환경과 생태계를 심각하게 위협할 것이 예상된다면, 그런 정책을 시행해서는 안 된다.

4. 생태계 위기의 원인

생태계가 급속히 파괴되기 시작한 것은 산업 혁명 이후라고 할 수 있다. 산업화의 길을 걷게 되면서 인류는 이전보다 더 많은 상품을 생산하고 소비하게 되었고, 그 결과 자연은 심각하게 훼손될 수밖에 없었다. 왜냐하면 상품을 생산하고 소비하는 과정에서 그만큼 많은 천연 자원이 고갈되고, 오염 물질과 폐기물이 배출되는 것은 당연하기 때문이다. 그렇기 때문에 어떤 사람은 더 이상의 생태계 파괴를 막기 위해서는 다시 농경 사회로 돌아가야 한다고 주장하기도 하고, 또 어떤 이들은 산업화를 가능하게 한 과학·기술과 근대의 합리주의적 세계관 자체에 반대하기도 한다.

특히 심층 생태주의자들은 생태계 위기의 근원을 다음과 같은 근대적 세계관에서 찾는다.

· 세계(자연·인간·사회)가 거대한 기계처럼 움직인다는 기계론
· 전체는 부분의 합이기 때문에 분석적인 방법을 통해 이해될 수 있다는 환원주의
· 원인과 결과는 선형적(linear) 관계를 이룬다는 선형적 인과론
· 이성을 가지고 모든 것을 이해할 수 있다는 합리주의
· 과학·기술을 통해 모든 문제를 해결할 수 있다는 과학·기술주의
· 인식 주체(인간 또는 정신)와 인식 대상(자연 또는 물질)을 구분하는 이원론
· 자연에 대한 인간의 우월성을 강조하는 인간 중심주의
· 이용할 수 있는 자원과 공간이 무궁무진하다는 자원 무한론
· 불어나는 인구를 먹여살리기 위해 경제 성장이 필요하다는 확장주의

카프라(F. Capra)와 네스(A. Naess) 등은 바로 이러한 근대적 세계관의 영향으로 인류는 자연을 마음대로 지배하고 생명체를 마음대로 조작하게 되었으며, 정치·경제에서 개인주의와 자유 방임주의를 정당화해 줌으로써 양적 성장을 추구하는 사회가 되었다고 주장한다. 그리고 드볼(B. Devall)과 세션즈(G. Sessions)는 "자연은 인간을 위한 자연 환경이기 때문에 인간은 자연을 지배할 수 있으며, 불어나는 인구를 먹여살리기 위해서는 물질적·경제적 성장이 필요하고, 그것을 위한 자원은 풍부하게 남아 있을 뿐만

아니라 문제가 생기면 얼마든지 과학·기술 발전을 통한 해결책이 있기 때문에 소비를 많이 해도 허용되고, 이를 위해 중앙 집중적 공동체가 필요하다"는 세계관이 생태 위기를 유발했다고 주장한다. 따라서 심층 생태주의자들은 근대적 세계관을 대신할 수 있는 새로운 세계관이 필요하다고 주장한다.

한편 사회 생태주의자인 북친(M. Bookchin)은 생태계 위기의 원인이 잘못된 사회 구조에 있다고 본다. 다시 말해서 자본주의 과학 기술과 부르주아 사회가 지금까지 추구해 온 기계화와 노동의 지나친 전문화, 자원의 거대 기업 집중, 거대 도시의 인구 집중, 생활의 계층화 및 관료화, 자연과 인간의 대상화 등이 생태계 위기를 불러왔다는 것이다. 따라서 북친은 도덕적·영적 변화가 무의미하거나 불필요한 것은 아니지만, 근대 자본주의는 '구조적으로' 비도덕적이기 때문에 어떤 도덕적 호소도 먹혀들지 않는다고 주장한다. 그렇기 때문에 그는 인간과 자연이 공존하는 생태 사회로 나아가기 위해서는 왜곡된 사회 구조가 바뀌어야 한다고 주장한다.

과학·기술의 발전에 바탕을 둔 근대적 세계관이 긍정적 측면에서든 부정적 측면에서든 인류에게 미친 영향은 심대하다. 과학·기술이 발전함으로써 산업화가 촉진되고 인류 복지가 증진되었으며, 그와 더불어 인구는 급속히 증가하였다. 그러나 그것이 자원 고갈과 환경 파괴 그리고 생태계 위기라는 부정적인 결과를 가져온 것도 사실이다. 문제는 근대적 세계관의 부정적 측면 때문에 생겨난 생태계 위기를 어떻게 해결하느냐 하는 것이다. 여기서 우리는 근대적 세계관을 고수해야 하는가, 수정해야 하는가, 아니면 정반대의 길로 가야 하는가라는 갈림길에 놓인다.

5. 여러 가지 대안들

환경과 생태계 위기에 대한 해결책은 여러 가지 관점에서 생각해 볼 수 있다. 첫째로 앞에서 제시했던 근대적 세계관을 고수하는 입장이다. 이들은 비록 환경 위기가 과학·기술 발전의 부정적 측면에서 비롯되었다 하더라도 과학·기술을 더욱더 발전시키면 해결할 수 있다고 주장한다. 이들은 인류가 이용할 수 있는 자원과 공간이 무궁무진하며, 불어나는 인구를 먹여 살리기 위해서는 경제 성장이 필요하다고 본다. 그리고 대체 에너지와 신소재를 개발하고 첨단 생명·환경 공학 등 과학·기술을 발전시킨다면 환경과 생태계 위기를 얼마든지 해결할 수 있으며, 환경을 인공이 가미되지 않은 자연 상태로 놓아두는 것은 바람직하지 않기 때문에 자연을 합리적으로 개발해야 한다고 주장한다.

둘째, 무분별한 개발을 반대하면서도 인간 중심주의를 고수하는 입장이다. 이들은 "오늘날 생태 위기가 인간 중심적 세계관이나 거기에 바탕을 둔 정치·경제적 구조 등에서 비롯된 것이 아니라, 생태계의 원리에 대한 이해 부족, 무분별한 탐욕 그리고 멀리 내다보지 못하고 눈앞의 이익만을 추구하는 데서 비롯되었다"고 본다. 따라서 그들은 환경과 생태계 위기의 문제를 해결하기 위해서는 "환경과 관련된 법을 제정하고, 정책과 조세법을 바꾸고, 토지 공개념을 도입하고, 환경 교육을 강화하고, 미래 세대에 대한 도덕적 책무를 강조하고, 현명한 청지기처럼 자연을 관리하고, 자연 자원을 좀더 사려 깊게 사용하고, 자연의 가치를 동식물이 제공하는 음식물로부터 사람의 손때가 묻지 않은 아름다운 자연 경관이 제공하는 심미적 즐거움에 이르기까지 확장하라"고 주장한다.

셋째, 생태계 위기를 근본적으로 해결하기 위해 세계관과 사회 구조가 급진적으로 바뀌어야 한다고 보는 입장도 있다. 이른바 급진 생태주의자들이다. 이들은 오염 물질 배출을 강력하게 통제하고 재활용을 강조하는 식의 처방은 생태 위기를 해결하는 데 단기적으로는 도움이 될는지 모르지만, 장기적인 측면에서는 근본적인 해결책이 될 수 없다고 본다. 이러한 급진 생태주의에는 인간 중심적인 세계관을 생태 중심적 세계관으로 바꾸어야 한다는 심층 생태주의(deep ecology), 한 부류의 인간이 다른 부류의 인간을 지배하는 사회의 위계 구조가 타파되어야 한다는 사회 생태주의

(social ecology), 경쟁을 강조하는 남성 본위의 가부장적 제도가 타파되어야 한다는 생태 여성주의(ecofeminism) 등이 있다.

심층 생태주의자들은 "인간과 지구상에 존재하는 모든 생명체의 번성은 본래의 가치를 지니며, 인간은 생명을 유지하는 데 반드시 필요한 것을 제외하고는 생명의 풍요로움과 다양성을 축소시킬 권리가 없다. 그리고 인간은 자연과 다르지 않고 분리될 수도 없기 때문에 모든 자연을 통일된 전체로 보고, 인간의 행위가 환경에 미치는 영향을 평가할 때도 인간의 이해 관계에 어떤 영향을 미치는가에 국한하지 않고, 자연 전체에 어떤 결과를 미치는가를 놓고 평가해야 한다"고 주장한다. 이들은 이러한 세계관으로 전환하기 위해 동양의 노장사상과 선불교(禪佛敎) 그리고 기독교의 영성주의(spiritualism) 등이 필요하다고 주장한다. 그들의 슬로건은 한마디로 "개체적 자아(self)를 실현하는 데 그치지 말고, 그러한 자아의 배후에 자연과 함께 하는 더 큰 자아(Self)를 실현하라"는 것이다. 그러한 생태학적 깨달음이 있으면 환경 문제는 자연스럽게 풀린다는 것이다.

그들이 주장하는 대안적 세계관을 근대적 세계관과 대비해 본다면 다음과 같이 도식화할 수 있다.

근대적 세계관	대안적 세계관
기계론	유기체론
분석적 사고	종합적 사고
환원주의(reductionism)	전일주의(holism)
선형적 인과론(linear causality)	비선형적 인과론 또는 순환적 인과론
합리주의 또는 이성주의	신비주의 또는 영성주의
과학·기술주의	반(反) 또는 적정 과학·기술주의
인간 중심주의	생태 중심주의 또는 생명 중심주의
자원 무한론	자원 유한론
확장(경쟁·지배)주의	보존(협동·협력)주의

그러나 인간보다 생태계의 우위를 강조하다 보면 자칫 인간 혐오주의로 전락할 수도 있다. 사실 생태계 파괴의 원인을 인간 전체의 탓으로 돌리는 것은 환경 문제를 호도하는 측면이 있다. 전세계 인구의 5%를 차지하는 미국이 전세계 에너지의 33%를 소비하고 있고, 어느 사회를 막론하고 일부 계층이 나머지 계층에 비해 엄청난 에너지와 자원을 소비하고 있는 현실을 무시한 채, 생태계 파괴를 무조건 '인간' 전체의 탓으로 돌리는 것은 설득력이 부족하다. 만일 건전한 생태계를 유지하기 위해 일부의 인간이 불가피하게 희생될 수밖에 없다면, 아마도 그 대상은 저개발 국가의 민중이거나 소외받는 계층일 것이다. 그런 점에서 생태 중심주의는 자칫하면 일부의 인간이 나머지 인간을 지배하고, 다른 인간의 희생을 정당화하는 윤리로 악용될 수 있다.

그리고 생태 중심주의자들이 이성에 대한 혐오를 넘어서 신비주의로 나아가는 것도 문제로 지적된다. 물론 신비주의를 통해 자연 세계와 상호 연관성을 느끼고 자연을 돌보는 태도를 가질 수는 있다. 그러나 신비주의 자체는 애매하고 임의적이어서 이성적 논증이 불가능하다. 따라서 반(反)지성주의와 연결되어 전 사회 영역에서 합리적인 비판을 질식시킬 수 있다. 따라서 분석적 이성에 한계가 있다고 해서 그 동안 성공적이었던 분석적·비판적 접근을 버리고, 곧바로 신비주의·원시주의·권위주의로 돌아가자는 움직임이 과연 생태 위기 해결에 도움이 될지는 의심스럽다.

한편 사회 생태주의자인 북친은 생태계 파괴가 통제와 지배라는 사회 구조적인 문제와 연계된 것이기 때문에 생태계 위기를 해결하기 위해서는 모든 인간이 지배와 억압에서 자유로운 사회를 이루어야 한다고 주장한다. 북친이 사회의 위계 구조에 관심을 많이 보이는 이유도 바로 이 때문이다. 그에 따르면 한 부류의 인간이 다른 부류의 인간을 지배·통제하는 사회 구조가 바로 자연을 지배·착취하는 동기와 수단이 되는 심리적·물질적 조건을 제공한다고 한다. 그리고 위계 구조가 심화된 사회는 자연을 파괴할 가능성이 높다고 본다. 따라서 북친은 자연에 대한 지배이든 인간에 대한 지배이든 일체의 지배가 없는 사회야말로 정의로운 공동체라고 주장한다. 그런 사회는 탈(脫)중심적이고 다양성이 존중되는 조화로운 사회일 것이고, 생태계에도 적합하리라는 것이다.

그리고 생태 여성주의는 남성이 여성을 억압하는 구조가 곧 인간의 자연에 대한 착취를 정당화하고 있다고 본다. 그런 점에서 생태 여성주의자들은 가부장적 문화로 인해 생태계 위기가 막다른 골목에 와 있는 이상, 돌봄(care)과 관계(relations)에 바탕을 둔 생태 윤리가 서야 한다고 주장한다. 다시 말해 문화적 생태 여성주의자들은 인간과 자연의 관계를 어머니와 자식의 관계로 보고, 남성보다는 여성이 자연을 더 잘 이해하며 더 잘 관리할 수 있다고 본다. 여기서 경쟁·공격·착취 등을 지나치게 강조하는 문화가 생태계의 위기를 가져왔으므로 협동(함께 함)·보존(지킴)·상생(돌봄)을 강조하는 문화가 필요하다는 주장은 분명히 설득력이 있다. 그러나 남성에 비해 여성이 자연과 생태계 관리에 더 적합하다는 여성 생태주의자들의 주장은 설득력이 부족해 보인다.

6. 지속 가능한 개발은 가능한가?

오늘날 세계 인구는 60억을 넘어섰고, 성장 위주의 경제 정책과 과학·기술의 발달은 천연 자원의 고갈과 생태계 파괴를 부채질하고 있다. 인간도 생태계의 구성원인 이상 생태계를 파괴하고서 인간이 온전하기를 바라는 것은 자기 모순이다. 그런 점에서 '환경 차원에서 건전하고 지속 가능한 개발(Environmentally Sound & Sustainable Developement)'이 이 시대의 지상 과제로 제기되고 있다.

우리의 생태계인 지구는 유한하다. 그리고 자원과 에너지 측면에서 볼 때, 지구는 닫힌 시스템이다. 따라서 자원을 지구 바깥에서 가져오거나 지구의 쓰레기를 지구 바깥으로 반출한다는 것은 거의 불가능하며, 단지 태양열 에너지만 받아들이고, 그 일부를 외부로 방출할 수 있을 뿐이다. 만일 인류가 사용할 수 있는 공간과 자원이 한정되어 있다는 게 분명하다면, 대량 생산과 대량 소비를 전제로 하는 성장 위주의 경제 정책은 재고되어야만 한다.

일찍이 로크(J. Locke)는 "자연 자체는 인간의 노동을 통해 재화로 되기 전까지는 무가치한 것이고, 누구나 자연에 노동력을 가하여 자기 소유로 만들 수 있다"고 주장하였다. 그런 로크의 주장은 서구 정치 경제학의 토대가 되었고, 인간의 노동을 대신할 수 있는 기술 개발을 정당화해 주었다. 다시 말해서 과학·기술을 통해 짧은 시간에 많은 것을 생산해 내면, 그만큼 많은 이윤을 얻을 수 있다는 말이다. 그러나 그것은 역으로 과학 기술로 인해 짧은 시간에 많은 자원과 에너지를 소비하고 되었고, 많은 폐기물을 배출하게 되었다는 것을 뜻하기도 한다. 그래서 리프킨(J. Rifkin)은 생태계 위기가 심각해진 지금에 와서 짧은 시간에 많은 것을 생산하는 것을 강조하는 고전 경제학은 재검토되어야 한다고 주장한다.

지금까지의 경제학은 얼마나 빨리, 그리고 많이 생산하고 파느냐 하는 점에만 초점을 맞춰 왔다. 그러나 우리가 이용할 수 있는 공간과 자원이 한정되어 있다면, 그 한정된 자원을 얼마나 가치 있게 쓰느냐에 경제의 초점을 맞추는 것이 합당하다. 그런 점에서 리프킨은 효율성(생산성)의 정의가 "얼마나 짧은 시간에 많은 것을 생산해 내느냐"가 아닌, "얼마나 적은 자원과 에너지를 가지고 생산해 내느냐"가 되어야 한다고 주장한다. 자원과 에너지를 적게 사용할수록 오염 물질을 적게 배출하게 되고, 환경도 덜 파괴한다는 것이다. 그래서 그는 많은 자원과 에너지를 소비하며 많은 쓰레기를 배출하는 고(高)엔트로피 사회에서 가능하면 규모가 작으며 적게 소비하는 저(低)엔트로피 사회로 나아가야 한다고 주장한다.

환경을 희생한 개발은 형식적인 GNP는 올려놓을지 모르지만, 실질적인 삶의 질은 떨어뜨린다. 그런 반면 환경에 부담을 끼치지 않는 산업 구조로 전환하게 되면, GNP는 과거에 비해 줄어들어도 삶의 질은 더욱 개선될 것이다. 성장 위주의 경제학은 경쟁·확장·지배를 강조하지만, 생태학은 상호 의존성, 자원의 순환적 흐름 그리고 협력 등을 강조한다. 그런 점에서 카프라는 생태학적 원리를 경제에 적용할 것을 다음과 같이 강조한다.

생태 과정의 순환적 특성은 생태학의 중요한 원리다. 전체 생태계를 볼 때, 모든 생명체가 남겨 놓는 찌꺼기는 다른 생명체가 살아갈 영양분이 되어 생태계 전체로는 아무런 찌꺼기도 남지 않고 돌아간다. 경제와 환경이 충돌하는 이유는, 산업 구조는 직선적(linear)인 데 반해, 자연은 순환적(circular)이기 때문이다. 생산 과정의 초기부터 소비 과정의 맨 끝까지를 보면, 시작과 끝이 있고, 그 가운데 생긴 것은 모두가 쓰레기인 셈이다. 우리의 산업 구조가 직선적이기 때문에 쓰레기는 계속 나올 수밖에 없다. 따라서 직선형의 산업 구조를 생태계의 원리를 이용하여 순환적으로 만들어야 한다. 다시 말해서 각 공장에서 나오는 찌꺼기, 즉 폐열(廢熱)과 쓰레기를 에너지와 원료로 쓰는 또 다른 공장을 만들자는 것이다. 물론 거기서도 또다시 찌꺼기가 나올 텐데, 그 찌꺼기를 이용하는 또 다른 공장을 만들면 된다. 그렇게 된다면 찌꺼기는 최소화될 것이고, 산업 폐기물 문제는 많이 해소될 것이다.

그리고 카프라는 소비자가 상품을 소비한 이후에 배출하는 쓰레기 문제를 근본적으로 해결하기 위해서는 기업과 소비자가 상품을 판매하고 구입하는 관계가 아니라, 상품을 일정 기간 대여해 주었다가 사용 기간이 끝나면 회수해 가는 관계로 바뀌어야 한다고 주장한다. 예를 들어 가전 제품이나 자동차가 노후되어 더 이상 사용할 수 없다면, 그것을 만든 회사가 회수해 가야 한다는 것이다. 이는 많이 생산하고 많이 소비한다는 관점에서 벗어나 가능한 한 적게 만들고 적게 소비한다는 관점으로 전환한다는 것을 뜻한다. 물론 그것은 성장 위주의 경제 정책과는 전혀 다른 길이다.

북친은 다음과 같은 인간과 자연이 공존하는 생태적 사회를 제시한다.

생태계에서 인간은 먹이 연쇄 속에 살아 있는 구성 요소이고, 변화를 초래하는

역할을 수행한다. 초식성 어류의 배설물이 수초에 의해 재순환되어 그 어류에게
먹이로 공급되고, 그리하여 인간 공동체에 단백질을 공급함에 있어 완전히 폐쇄
된 자급 자족적인 생태적 순환을 만들어 낸다. 태양열, 풍력, 가축, 복합 경영 농
업, 지역 사회의 폐기물을 토양의 영양으로 순환하는 혼합 기술 등등. 실제로 이
것들은 하나의 구성 요소가 다른 것과 상호 작용하여 인간의 요구를 만족시키면
서 자연 생태계 전체를 풍요하게 만드는 생태적인 복합체이다.

그리고 환경 정의(environmental justice)가 이뤄지지 않은 것도 환경과
생태계 위기의 커다란 원인이다. 분배적 정의의 관점에서 볼 때, 개발을 통
해 얻는 이득과 환경을 파괴함으로써 생기는 손해 사이의 비대칭이 개발과
환경 오염을 부추기는 면이 적지 않다. 따라서 환경의 보전과 개발로 인한
이익과 손해가 분배적 정의의 측면에서 제대로 할당된다면, 지금과 같은
무분별한 개발로 인한 생태계 파괴는 많이 시정될 것이다.

예를 들어 기업에서는 상품을 팔아 이윤을 남기지만, 우리는 자원 고
갈·생태계 파괴·환경 오염이라는 대가를 치르게 된다. 그러나 그 대가는
기업이 아닌 불특정 다수가 지불해야 한다. 즉 자원 고갈과 생태계 파괴로
인한 손해는 공동체 전체가 대가를 치르고, 환경 오염으로 인한 의료비 등
은 피해 당사자가 지불하고 있다. 이것은 환경을 훼손함으로써 이익을 얻
는 자가 거기에 대한 대가를 정당하게 지불하지 않는 것으로, 무임 승차와
같다. 따라서 환경 정의의 차원에서 볼 때, 환경 파괴를 통해 이익을 얻는
자에게 환경이 파괴됨으로써 생기는 사회적 비용을 직접 생태세(eco-tax)
로 부과해야 한다. 이는 삶의 질을 높여 공동체 전체의 진정한 행복을 추구
하려 한다는 점에서 공리주의 정신과도 일치한다.

그리고 다수의 행복을 위한 환경 정책일지라도 만일 그 정책으로 인해
희생되는 소수가 있다면, 정의의 측면에서 볼 때 그 정책은 정당하지 못하
다. 따라서 그린벨트와 열대림의 경우처럼 개발을 유보함으로써 국가적 차
원에서 또는 전 인류 차원에서 이득이 더 많을 경우, 그로 인해 경제적 손

실을 입고 있는 피해 지역이나 피해 국가에게 어떤 식으로든 적절한 국가적 또는 국제적 보상을 해주는 것이 옳을 것이다. 생태계를 파괴하거나 보전하는 일 모두에 있어 환경 공동체의 구성원에게 그에 합당한 대가가 돌아간다는 것을 보여 주는 것이야말로 환경 정의에 부합할 뿐만 아니라, 무분별한 생태계 파괴를 막는 데도 꼭 필요한 일이다.

■ 주제어

생태계 위기, 개발과 보전, 미래 세대, 근대적 세계관, 대안적 세계관, 인간 중심주의, 생태 중심주의, 지속 가능한 발전, 고·저엔트로피 사회, 환경 정의

■ 용어 해설

환원주의(reductionism) 복잡한 자연 현상을 단순한 몇 개의 요소로 분해하여 전체를 설명하려는 시도를 말한다. 부분을 알면 전체를 알 수 있다는 환원주의는 근대 과학이 태동한 이후에 과학계의 주류 입장이 되고 있다. 원자를 규명하면 물체를 이해할 수 있고, 유전자를 규명하면 생명체를 이해할 수 있다는 태도도 일종의 환원주의이다. 환원주의는 기계론과 연결되어 물체나 생명체를 조작하는 쪽으로 나아가게 된다.

전일주의(holism) 세계는 기계적으로 구성된 요소들의 집합체가 아니라, 여러 가지 상호 관계가 복잡하게 얽혀 있는 그물과 같다고 보는 입장이다. 즉 전체를 이루는 각 요소는 독자적으로 존재하는 것이 아니라 각 개별 요소들 사이에 유기적 관계를 이루고, 그들 모두가 내면적으로 이어져 있다는 것이다. 전일주의는 세계는 분리된 부분들의 집합이 아니라 하나의 통합되어 있는 전체로 파악해야 한다고 주장한다.

선형(linear)과 비선형(nonlinear) 시스템에서 입력 x1에 대한 출력이 y1, 입력 x2에 대한 출력이 y2일 때, 입력 x1＋x2에 대한 출력이 y1＋y2인 시스템의 입출력 관계를 선형 시스템이라 하고, 그렇지 못할 때 비선형 시스템이라 한다. 선형 시스템에서는 작은 원인은 작은 결과를 가져오고 큰 원인은 큰 결과를 가져오지만, 비선형 시스템에서는 작은 원인이 큰 결과를 가져올 수도 있고 큰 원인이 작은 결과를 가져올 수도 있다. 현실의 시스템은 일반적으로 비선형 인자를 가지고 있기 때문에 진정한 선형 시스템은 존재하지 않는다. 그러나 현실 시스템에서 입력의 변화가 작을 경우 선형으로 간주될 수 있는 경우는 적지 않다.

심층 생태주의(deep ecology) 생태계 위기의 근본 원인이 모든 가치를 인간적 측면에서만 평가하고, 자연을 인간의 욕망을 충족시키기 위한 물질적 자원으로만 파악하는 인간 중심적 세계관에 있다고 보는 입장이다. 이런 입장은 생태계 위기를 해결하기 위해서는 개인적·사회적 관행을 바꾸는 정도로는 부족하고, 생태 중심적 세계관으로 전환되어야 한다고 주장한다. 그런 반면 인간 중심적 관점에서 환경 문제를 해결하려는 입장을 표층 생태주의(shallow ecology)라 한다.

시스템 이론(system theory) 시스템(전체)은 각 요소(부분)의 단순한 집합체도 아니고, 각 요소들을 초월한 추상적 총체도 아니며, 상호 연관되는 각 요소들에 의해 구성된 통일체이다. 따라서 시스템의 성질은 각 요소들의 상호 연관에 의해 생겨난 것으로서, 각 요소들의 성질과는 다른 것이다. 사회나 생태계와 같은 조직체는 모두 살아 있는 시스템이다. 시스템 이론은 세계의 현상들은 상호 연관되어 있다고 파악한다.

위계 구조(hierarchy) 살아 있는 시스템의 대부분은 " … → 세포 → 조직 → 기관 → 기관계 → 유기체 → …" 등과 같은 조직 패턴을 이루며, 각각의 시스템들은 상위 시스템과 하위 시스템 사이의 매개자로서 존재한다. 시스템 이론가들은 이러한 조직 패턴을 위계 구조라 부른다. 그러나 본래 위계 구조의 의미는 상하 질서 관계가 성립하는 피라미드형 조직을 말하며, 독재 사회나 정치 구조를 정당화하는 데 사용되기도 한다.

온생명(global life) 세포도 하나의 생명(1차 개체 생명)이지만, 세포로 이루어진 동·식물체도 생명(2차 개체 생명)이고, 그 동·식물체가 속한 생물 종도 생명(3차 개체 생명)이라 할 수 있다. 그러나 그러한 개체 생명들은 불가피하게 에너지를 외부로부터 얻을 수밖에 없는 의존적 생명 단위가 된다. 따라서 태양-지구계처럼 항속적인 자유 에너지 원천을 그 안에 품고 있는 자족적인 생명 단위도 생각해 볼 수 있는데, 이를 '온생명'이라 한다.

■ 생각해 볼 문제

1) 지난 몇 년 동안에 우리 지역에서 가장 쟁점이 되었던 환경 문제는 무엇인가? 그에 대한 입장을 정리해 보고, 대안을 생각해 보자.

2) 자신이 살고 있는 지역에 혐오 시설을 설치하는 데 대해 반대하거나, 문화 시설을 적극 유치하려는 집단 이기주의(NIMBY 현상과 PIMFY 현상)의 사례를 수집해 보고, 환경 정의의 관점에서 대안을 제시해 보자.

3) 특정한 환경 문제를 놓고 환경 보전론자와 개발론자 사이의 갈등의 원인은 어디에 있다고 보는가? 둘 사이에 대립되는 의견을 해소하거나 해결할 수 있는 방안은 무엇인지에 대해 생각해 보자.

4) 근대의 과학·기술은 자연 법칙을 파악하여 자연을 이용하는 것이고, 동양의 노장 사상은 자연 법칙에 따라 자연에 순응하는 것이라고 한다. 이 둘 사이에 같은 점과 차이점은 무엇인지 생각해 보자.

5) 야생, 즉 인간의 손이 닿지 않은 저 그대로의 자연 상태는 바람직한 것인가, 그렇지 못한 것인가? 이에 대한 자신의 생각을 밝히고 왜 그런 생각을 하게 되었는지 이야기해 보자.

■ **참고 문헌**

▶장회익, 『삶과 온생명』, 솔, 1998.

현대 과학을 배경 지식으로 하여 우리 전통 학문의 성격과 생명, 인간 그리고 문명에 대해서 다루고 있다. 저자는 우리 전통 학문이 '삶'을 지향하고 있음을 통찰하고 있고, 서구 과학의 성과들을 바탕으로 새로운 개념인 '온생명'을 제안하고 있다. 이 두 과정을 통해 미래의 삶의 모습을 제시해 주고 생태계 위기를 극복할 수 있는 새로운 과학 문화를 모색하고 있다.

▶프리초프 카프라, 『생명의 그물』, 김용정 외 옮김, 범양사, 1999.

카프라는 이 책에서 환경과 생태계의 위기를 해결하기 위해서는 역학적 세계관에서 생태학적 세계관으로 전환해야 한다고 주장한다. 생명, 인간 그리고 생태계를 이해하려면 살아 있는 시스템들의 구조와 과정을 이해하는 것이 필요하다. 물리학·화학·생물학·인지 과학 등에서 이뤄진 최근 연구 성과를 바탕으로 생명에 대한 새로운 이해를 시도하고 있다.

▶J. R. 데자르뎅, 『환경윤리』, 김명식 옮김, 자작나무, 1999.

환경 문제를 풀기 위한 철학자들의 노력이 잘 나타나 있다. 구체적인 환경 문제 사례들을 분석해 봄으로써 철학적 문제 의식을 자연스럽게 유도한다. 환경 문제는 생태학·환경 공학 등 자연 과학에 국한된 문제가 아니라, 정치학·문학·철학 등 모든 학문의 대상이라는 것을 깨닫게 해준다.

▶제레미 리프킨, 『엔트로피』, 김명자 옮김, 두산동아, 1998.

지구상의 자원과 에너지는 유한하기 때문에 점차 고갈될 수밖에 없다. 저자는 엔트로피 법칙을 바탕으로 고속화·대형화·산업화 사회로 치달으며 고에너지 사회를 구가하는 현대 물질 문명에 대해 통렬하게 비판하고 있다. 지속 가능한 사회가 되기 위해서는 물질 만능, 과학·기술 만능의 오만에서 벗어나 조화로운 삶을 사는 것이 필요하다는 것을 보여 준다.

▶로빈 에트필드, 『환경윤리학의 제문제』, 구승회 옮김, 따님, 1997

환경 문제를 해결하기 위해서는 기존의 윤리 규범을 가지고는 안 되고, 형이상학적 사유의 틀을 바꾸어야 한다는 주장들이 만만치 않다. 그러나 저자는 전통 윤리학의 이론과 원칙을 가지고도 미래 세대와 다른 생명종에 대한 도덕적 지위 등과 같은 환경 문제의 다양하고 복잡한 문제들을 처리할 수 있다는 것을 잘 보여 준다.

■ 인터넷 사이트

농림부, 환경부, 해양수산부, 환경운동연합 등의 홈페이지

제3장 과학·기술의 인간화

1. 과학·기술의 빛과 그림자

회사원인 당신은 어느 날 아침, 잠에서 깨어 화장실에서 양치질을 한다. 잇몸에서 피가 흘러 세면대에 묻는다. 순간 화장실에 설치된 컴퓨터가 '1년 안에 치주염에 걸릴 확률이 50%입니다. 55살이 되면 당신 치아의 절반이 빠져 버릴 것'이라고 경고한다. 세면대에 들어 있는 소프트웨어가 하수구로 빠져나가는 물질의 화학 성분을 분석해 낸 뒤 반응한 것이다. 자동 요리 소프트웨어가 만들어 준 아침 식사를 먹던 당신은 식사가 끝날 무렵 부엌의 벽에 나타난 비디오스크린을 통해 5분 정도 원하는 내용만을 선택한 뉴스를 보게 된다. 집을 나서 차를 몰고 출근하던 당신은 회사의 컴퓨터로부터 메시지를 받는다. 아침 회의 장소가 바뀌었다는 것인데, 당신은 가 본 적도 없고 길도 모른다. 당신은 자동차의 자동 운행 소프트웨어에 방향을 물어 본다. 자동차는 자체에 내장된 도시 지도와 GPS 시스템으로부터 정보를 받은 수신기를 통해 회의 장소를 찾아간다. 회사 일이 끝난 뒤 당신은 원격 시스템으로 집의 컴퓨터에 저녁 식사를 지시한다. 컴퓨터는 스스로 부엌의 가스레인지를 켜 밥을 준비하고, 실내 온도를 적당히 맞춘다. 컴퓨터는 당신이 도착하기 5분 전쯤 정원과 대문의 전등을 켜 아늑한 분위기를 연출하고 주인을 기다린다. 저녁 식사를 끝낼 무렵 화상 전화가 울린다. 부엌의 스크린에 외국에 가 있는 여자친구의 얼굴이 나타난다. 애인은 오스트리아에서 열리는 빈 필 오케스트라의 가상 현실 음악회에 가자고 제안한다. 제안에 응한

당신은 가상 현실 안경과 보디슈트를 입고 애인과 함께 가상 현실 속의 오스트리아로 날아간다. 애인과 함께 극장 복도를 지나 콘서트홀로 들어선다. 물론 실제로는 거실 안이다. 하지만 당신 집의 컴퓨터는 집안 구조를 샅샅이 알고 있어, 어느 것에도 거치적거리지 않고 집안을 콘서트홀인 것처럼 돌아다닐 수 있다. (『한겨레21』, 1999년 1월호)

위의 글은 수년 전 매사추세츠 공과대학 더투조스(M. Dertouzos) 교수가 『미래는 어떻게 될 것인가?(What Will Be?)』라는 책에서 21세기의 생활을 예견한 내용의 일부이다. 그가 예측한 일은 부분적으로 이미 실현되었거나 머지않아 실현될 수 있는 것들이다. 이보다 더 놀라운 일도 실현되고 있다. 사람의 전체 유전체(인간 게놈)가 이미 해독되었고, 이제 인간 복제를 허용해야 하는가 아닌가에 대해 논쟁중이다.

현대는 이처럼 이전에는 상상도 할 수 없었던 일을 첨단 과학·기술이 가능하게 하는 시대이다. 과학·기술 덕택으로 오늘날 인류는 헤아릴 수 없이 많은 혜택을 입고 있다. 식량 소비·평균 수명·질병 치료 및 예방·재화 소비·정보 통신 활용·문화 활동·여가 생활 등 모든 면에서 역사상 어느 때보다 편리하고 풍요한 삶을 가능하게 해주고 있다. 그러나 과학·기술은 이러한 밝은 빛만을 가져다준 것은 아니다. 그에 상응하는 어두운 그림자도 동시에 드리우고 있다.

지구상에는 지금 전 인류를 20번 이상 전멸시킬 양의 핵무기가 숨겨져 있다. 각종 생화학 무기와 파괴력이 엄청난 재래식 무기도 지구 곳곳에 배치되어 있고, 지금도 생산중이다. 다른 한편 재생 불가능한 자원의 무절제한 사용, 무분별한 자연 파괴, 환경 오염 등으로 심각한 환경 위기도 맞고 있다. 지구 온난화로 인한 이상 기후는 더 이상 남의 일이 아니며, 금수 강산은 마음놓고 마실 물도 흔치 않은 곳으로 변했다. 게다가 인구의 폭발적 증가, 자원 고갈과 식량 부족, 도시의 거대·과밀화, 소비 문화의 홍수……등과 같은 심각한 문제도 우리 앞에 놓여 있다.

오늘날의 물질적 풍요라는 것도 실은 과잉 생산과 소비를 통한 것이어서 또 다른 문제를 낳고 있다. 전문가의 계산에 따르면, 현재의 부존 자원으로 오늘날 선진국 중산층이 향유하는 삶의 질을 유지할 수 있는 최대 인구는 세계 인구 60억 중 고작해야 7억 정도라고 한다. 이미 개발 한계선에 도달했다는 말이다. 이것이 사실이라면, 선진국 빈곤층과 대다수 후진국 사람들은 결코 현대의 첨단 과학·기술이 제공하는 풍요를 누릴 수 없을 것이다.

비록 지구의 재앙이 내일 당장 닥치지는 않겠지만, 이제 전문가는 물론 일반인도 그러한 어두운 그림자에 대한 점증하는 불안감을 피부로 느끼기 시작했다. 인류의 행복을 위한 최선의 수단으로 선택된 과학·기술이 오히려 인류의 생존을 심각하게 위협하는 괴물로 변하고 있는 것이다.

결론은 분명하다. 지금과 같은 방식의 개발이나 발전 전략을 지속해서는 안 된다는 것이다. 아무 대안 없이 과학·기술 발전을 전면적으로 중지시킬 수는 없겠지만, 변화를 위한 진지한 대응이 반드시 필요하다. 지금부터라도 그림자의 실체를 파악하여, 진정으로 인류에게 빛이 될 수 있는 과학·기술 발전을 위해 노력해야 한다. 재앙은 예상보다 더 빨리 닥쳐올지 모른다.

2. 과학의 특성과 한계

'과학'이란 말은 원래 '앎' 또는 '지식'을 뜻하는 라틴 어 'scientia'에서 유래한 것이다. 이는 지성의 올바른 사용을 통해 얻은 세계에 대한 체계적 믿음을 뜻한다. 넓은 의미의 과학은 자연에 관한 합리적 이해를 추구했던 고대 그리스 철학에서 그 단초를 찾을 수 있지만, 엄밀한 의미의 과학은 16~17세기의 서구 근대 과학에서 시작한다. 물리학을 시초로 여러 과학이 성립함으로써 오늘날 많은 분야를 과학이라 부르고 있지만, 일반적으로 과학이라 하면 자연 과학을 지칭한다. 물론 자연 과학의 방법을 원용하는 여타 학문도 과학의 범주에 포함시킬 수 있다.

자연 과학은 간단히 말해 보편 타당성이 인정된 사실·법칙·이론으로 자연 현상을 설명하는 것이다. 과학이란 이런 방법으로 얻은 믿음 체계를 일컫는다. 그러나 한 믿음 체계가 과학인지 아닌지를 구분할 수 있는 결정적인 기준은 없다. 그렇지만 과학 또는 과학적 지식은 내용의 다양성에도 불구하고 일반적인 형식적 특성을 지닌다. 과학 철학자 파이글(H. Feigl)은 그런 형식적 특성으로 객관적 검증 가능성(verifiability), 확실성(reliability), 분명함·상세함(definiteness and precision), 정합성(coherence), 체계성(systematic character), 포괄성(comprehensiveness) 또는 진보성(progressiveness)을 제시한다.

이 중에서 가장 중요한 특성은 '검증 가능성'과 '확실성'이다. 이 두 특성을 잘 만족시키는 과학은 대체로 나머지 특성도 만족시킨다. 과학적 지식은 경험적으로 그 참됨을 입증할 수 있어야 하고 입증 사례가 충분해야 한다. 즉 '확실해야' 한다. 그러나 입증 가능성만으로 충분한 것은 아니다. 역술가나 점술가의 예측은 종종 객관적으로 입증될 수 있다. 그러나 적당한 보조 장치를 마련하여 어떤 예측도 반증(反證)할 수 없게 만들 수 있다. 예컨대 정성 부족이나 기도와 부적의 효력 등을 핑계로 삼아 반증을 무력화할 수 있는 것이다. 그 때문에 철학자 포퍼(K. Popper)는 '반증 가능성(falsifiability)을 과학적 지식의 필요 조건이라고 보았다. 원리상 결코 오류로 판명될 수 없는 믿음 체계는 과학이 될 수 없는 것이다.

일반적으로 잘 입증된 과학적 지식은 형식적 엄밀성과 개념적 명료성을 가지고 내적으로 일관되고 모순이 없으며, 통일적 체계를 갖추고 있다. 나아가 그것은 끊임없는 '자기 보완'과 '자기 수정'을 통해 설명 대상을 확대하고, 설명의 정확도를 높이려 한다. 그래서 과학은 계속적으로 변화·발전한다. 불변적이고 교조적인 믿음 체계는 과학이 아닌 것이다.

다른 한편으로 현상을 과학적으로 설명하는 데 필요한 사실·법칙·이론은 어떻게 산출되는가? 그것은 흔히 '가설 연역법(hypothetico-deductive method)'이라 일컫는 방법에 의해 산출되는 것으로 알려져 있다. 이 방법은 다음과 같이 간단히 정리할 수 있다.

설명을 필요로 하는 중요한 현상이 있다. 과학자는 맨 먼저 그 현상을 그럴듯하게 설명할 수 있는 가설을 제시한다. 그런 다음 각 가설이 사실이라면 당연히 발생할(한) 다른 현상을 각 가설로부터 연역적으로 추론한다. 그리고 추론된 현상이 실제로 발생하(했)는가를 검증한다. 검증 결과가 충분히 긍정적이어서, 즉 입증 사례가 충분해서 확실성이 증명된 가설에 대해 사실·법칙·이론의 지위를 부여한다.

그런데 한 가설로부터 추론할 수 있는 사례의 수는 논리적으로 무한하다. 따라서 가설의 참은 결코 완벽하게 증명될 수 없다. 그래서 수학이나 논리적 지식과 달리 과학적 지식은 결코 필연적으로 참일 수 없다. 그렇다면 하나의 가설이 사실·법칙·이론의 지위를 인정받는 데는 얼마나 많은 입증 사례가 필요할까? 그 절대적 기준은 없지만, 일반적으로는 '합리적 의심의 여지가 없는 정도'라고 할 수 있다. 이때 '정도'란 해당 과학의 특성과 각 시대의 지적 요구 수준에 따라 상대적이다. 예컨대 현대 물리학과 같은 정밀 과학은 매우 엄격한 기준을 요구할 것이고, 약리학이나 의학과 같은 응용 과학은 상대적으로 덜 엄격한 기준을 요구할 것이다.

또한 비록 어느 시점까지는 입증 사례만 나왔다고 하더라도, 언제 어디서나 반증 사례가 나타날 가능성이 있다. 그래서 아무리 잘 입증된 이론이라 하더라도 때로는 소수의 결정적인 반증 사례를 설명하지 못해 결국은 새로운 이론에 자리를 내어 주기도 한다. 뉴턴의 고전 역학이 수성의 근일점 이동이라는 반증 사례를 설명하지 못해 마침내 상대성 이론에 자리를 내어 주게 된 것이 그 좋은 예이다.

이상을 종합해 보면, 과학은 반증 사례가 없으면서 합리적 의심의 여지가 없는 정도로 잘 입증된 믿음 체계를 지칭한다. 과학은 입증된 만큼만 참이고, 명백한 반증 사례가 나타나면 기꺼이 그 내용이나 주장을 수정하거나 포기해야 한다. 이 점에서 과학은 다음과 같이 말할 수 있다. 첫째, 인간이 만들어 낸 가장 확실하면서도 가장 겸손한 인지 기획이다. 오늘날 인간이 자신의 기원과 우주의 모습에 대한 지식까지 갖게 되고, 기술이 엄청난 위력을 갖게 된 것도 바로 과학의 이러한 특성 때문이다. 둘째, 그렇지만 과학은 불완전하다.

앞에서 보았듯이 과학은 고도로 개연적인 믿음 체계일 뿐, 결코 완전한 확실성을 갖지 못한다. 그뿐만 아니라 경험적 증명이 불가능한 현상에 관해서는 어떠한 지식도 제공하지 못한다. 이런 불완전성은 과학 자체가 더 나은 지식을 부단히 추구하려는 노력을 지속함으로써 극복해야 한다. 그러나 과학이 아무리 진보한다고 해도 그 속성상 자연이나 우주의 전체에 관해 결정적이고 완전한 지식을 제공할 수는 없다. 자연을 넘어서 인간이나 사회에 관해서는 더욱 그렇다. 그렇기 때문에 과학적 지식만으로 모든 문제를 다 해결하여 행복한 삶을 영위할 수는 없다.

과학이 지닌 이와 같은 두 가지 특징은 우리가 과학을 신뢰하고 추구하되, 다른 지혜를 겸비하지 않으면 안 된다는 점을 시사한다. 그것은 바로 인문학적·메타 과학적 지혜이다. 자연·인간·사회·우주에 관한 폭넓은 이해와 삶에 대한 올바른 시각을 갖추기 위해서는 그에 관한 과학적 지식을 탐구하되, 그와 관련된 철학·역사·종교·예술의 지식, 즉 인문학적·메타 과학적 지혜와 함께 탐구해야 한다. 오늘날 과학의 현실적 적용이 우리에게 심각한 위협이 되고 있는 것은 과학이 그러한 지혜와 함께 이해되거나 사용되지 않고 있기 때문이다. 왜 그렇게 되었는가?

3. 과학, 기술 그리고 자본주의

흔히 생각하는 것과 달리 과학과 기술은 뜻이나 기원에 있어서 원래 매우 상이한 말이다. 과학이 세계에 관한 체계적 지식을 뜻하는 데 비해, 기술은 우리의 생활에 도움을 주는 방법상의 지식을 뜻한다. 오늘날 기술을 뜻하는 '테크놀로지(technology)'는 그리스 어 '테크네(techne)'와 '로고스(logos)'의 합성어이다. 테크네는 인간의 제작 활동 일반 또는 생활에 필요한 물건이나 기능을 산출하는 데 요구되는 솜씨를 뜻하고, 로고스는 진리나 학문을 뜻한다. 따라서 테크놀로지는 고도로 전문화된 기술을 말한다.

고대 그리스와 16~17세기 유럽에서 시작한 과학과 달리, 기술은 인류 문명과 함께 시작했다. 또한 학자의 이론적 지식인 과학과 기술자의 실천적 지식인 기술은 역사상 오랫동안 분리되어 있었다. 고대 그리스에서 중세에 이르기까지 과학은 철학자나 승려가 독점해 왔고, 기술은 오로지 노예나 직인의 일이었다. 르네상스 시대로 들어오면서 시민 사회에서 성장한 예술가나 기술자가 제한적으로나마 그 장벽을 허물기 시작했다. 그러나 그 때까지도 기술에 대한 과학의 관심은 주로 자연에 관한 지식을 얻기 위한 도구를 획득하는 데 있었을 뿐, 자연을 변화시키는 데 있지 않았다. 근대 과학의 성립·발전도 시민 사회 및 자본주의의 성립·발전을 그 배경으로 하고 있지만, 과학이 직접 산업에 활용되거나 산업이 과학 발전에 영향을 미친 경우는 극히 드물었다. 과학의 진보는 우연히 나타난 천재에게 맡겨졌고, 과학자는 상아탑에서 연구의 자유를 마음껏 누릴 수 있었다. 대략 18세기 이전까지 과학은 실용적 기술과 거의 무관하게 독자적으로 발전해 온 셈이다.

이처럼 서로 별개이던 과학이 기술과 결합하고, 본격적으로 산업에 활용되기 시작하는 데 가장 큰 기여를 한 것은 무엇보다도 19세기 산업 혁명기의 산업 자본주의다. 산업 혁명은 수공업과 농업 위주의 생산 양식에서 기계를 사용한 공업 위주의 생산 양식으로 급격하게 변화해 온 과정이다. 그것은 기본적으로 식민지 개척과 해외 무역에 종사하는 상인 계층이 세계 시장 확대와 산업 자본의 축적 등에 따르는 경제적 필요에 따라 촉발시킨 것이다. 르네상스와 지리상의 발견 이후 이윤 추구를 경제 활동의 궁극 목표로 삼는 자본주의적 생산 방식이 점차로 성립해 가면서 산업과 무역이 발흥하게 되었고, 당연히 수공업 이상의 생산력을 갖는 새로운 생산 양식으로의 변혁이 뒤따라야 했던 것이다.

그러나 과학을 기술에 활용하는 일이 산업 혁명 초기부터 있었던 것은 아니다. 산업 혁명을 가능하게 한 기술적 계기는 기계의 발명이지만, 그것이 모두 순수한 과학적 발견의 영향을 받은 것은 아니다. 사실상 당시의 발명가는 대부분 과학자가 아니라, 실제 문제에 부딪히면서 문제 해결에 노력한 기술자나 장인이었다. 그러나 19세기 말에 이르러 자본가들간의 경쟁이 더욱 치열해지면서 새로운 상품을 더욱 값싸고 신속하게 생산해야 했고, 그것을 위해 생산 방식의 지속적인 고도화가 요구되었다. 당시 눈부시게 발전하고 있었던 과학이, 한계를 드러내고 있었던 장인의 기술을 강화시켜 줄 구원자로 등장했다.

화학 공업을 필두로 과학의 성과가 근대 산업에 도입되기 시작했고, 곧이어 전기·전자 공업과 같은 본격적으로 과학의 성과에 바탕을 둔 산업이 출현하게 되었다. 20세기로 접어들면서 과학을 바탕으로 한 새 기술 분야가 급증했고, 지금은 과학의 성과를 활용하지 않는 기술 분야가 거의 없다시피하다. 이제 과학과 기술은 자본주의의 막강한 생산력을 가능하게 해주는 일등 공신이 되었다.

20세기에 이처럼 현저한 변화가 일어나게 된 것은 자본주의가 독점 자본주의 시대로 이행하고, 과학·기술의 군사적 효용이 매우 커졌기 때문이었다. 이 무렵 국가 권력과 자본의 지원 아래 신기술 개발을 위한 과학·기술 연구의 조직화가 진행되었다. 독일을 필두로 진행된 이러한 움직임은 미국과 영국에도 파급되었고, 자본주의의 발전과 함께 과학·기술의 비약적 발전을 가능하게 하는 기본 조건이 되었다. 과학과 산업의 관계는 급속히 긴밀해지고 대기업이나 정부에 소속된 연구 기관이 계속 설립되었다. 특히 제2차 세계 대전 중의 맨해튼 계획을 시초로 하여 냉전 시기를 거치면서 과학은 이른바 '대과학(big sciences)'의 단계로 접어들었다. 과학자의 수는 급격히 증가하고 고가의 실험 장치가 출현하는 등 과학·기술의 대규모화가 급진전되었다. 미국과 소련은 군비 경쟁에 온 힘을 기울였고, 그런 과정에서 과학·기술은 열강의 국력 경쟁 수단으로 등장하여 인간의 행복 증진이라는 본래의 목표로부터 멀어져 갔다.

세계 대전 동안 독점 자본은 정부에 군수품을 판매함으로써 막대한 이윤을 거둬들이는 '죽음의 상인'으로 변신하였고, 과학의 연구도 새로운 무기 개발에 집중하게 되었다. 자본과 권력에 의한 과학의 군사화는 군산 복합 체적 자본주의 경제 체제를 성립시켰으며, 전후 냉전 체제는 이를 더욱 강화시켰다. 군사 기술 개발을 위해 대규모의 예산이 투입되었고, 독점 자본이 개발·생산한 무기는 막대한 국가 예산으로 구입되었다. 일정 시간이 지나면 군사 기술은 다시 민간용으로 전환되어 새로운 상품을 시장에 쏟아 내었다. 핵 산업·우주 항공 산업·기계·자동차 산업·제어 자동화 산업·정보 통신 산업·제약 산업 등 주요 산업이 모두 세계 대전과 냉전 시기의 군산 복합 경제의 산물이다.

1980년대 말 사회주의 진영의 몰락으로 냉전 체제가 끝나자, 신자유주의 이데올로기가 전면에 등장하였고, 자본주의 시장 확대 전략은 더욱 진전되었다. 그 결과 과학·기술에 대한 국가 권력의 지배력은 약화되고, 자본의 지배력은 다시 강화되었다. 그에 따라 과학·기술이 '행복한 삶의 실현'이라는 '삶의 논리'보다는 '시장을 통한 이윤의 극대화'라는 '자본의 논리'에 지배되는 측면도 그 어느 때보다도 강화되었다. 시장은 엄청난 규모로 확대되었고, '소비'가 삶의 전면에 부상했다. '촌놈' 소리를 듣지 않으려면, 엄청나게 쏟아지는 새로운 상품을 열심히 소비해야 하는 시대가 되었던 것이다.

4. 과학·기술과 소외

과학도 다른 인간의 활동과 마찬가지로 인간만이 만들어 낼 수 있는 문화의 한 부분이다. 그리고 다른 문화와 마찬가지로 과학 역시 사회의 산물이

다. 비록 과학이 내적으로는 세계에 대한 순수한 지식의 탐구를 목적으로
하고, 자체의 논리에 따라 변화·발전하는 측면이 있지만, 그 형태와 결과,
변화의 속도·방향·과정 등은 사회적으로 결정되는 측면도 있다. 지구 중
심설에서 태양 중심설로, 아리스토텔레스의 물리학에서 뉴턴의 물리학으
로, 창조 이론에서 진화론으로 발전한 것은 세계를 더 잘 그리고 더 합리적
으로 설명하는 이론으로 발전한다는 측면에서 정당화될 수 있다. 동시에
그것은 기독교와 귀족 중심의 봉건적 세계관에서 시민 중심의 자유주의적
세계관으로 변화한다는 사회적·역사적 발전의 측면에서도 정당화될 수 있
다. 그렇다면 '과학의 중립성'이란 과학적 지식의 논리적 또는 형식적 측면
에만 한정될 뿐, 하나의 문화 현상으로서 과학에 적용되기는 힘들 것이다.

자본주의 체제 아래 기술과 결합한 과학은 어떤 다른 문화보다 급속한
발달을 거듭했고, 그와 함께 사회와의 관련성도 크게 높여 왔다. 과학적 성
과의 사회적 영향력이 커질수록 과학에 대한 사회의 영향력도 함께 커지기
때문이다. 자본주의는 시장을 통한 자유 경쟁과 이윤 추구를 기본 원리로
한다. 따라서 자본주의에서 과학·기술은 행복의 실현이라는 본래의 목적
보다는 이윤 추구라는 자본의 목적에 봉사한다. 이윤 추구가 행복의 실현
을 충분히 보장한다면 문제될 것이 없겠지만, 역사와 현실이 보여 주는 것
은 그렇지 않다. 현대 과학·기술이 이룩한 화려한 업적의 이면에는 다음과
같은 심각한 문제가 자라나고 있다.

첫째, 대중의 이익을 반영해야 할 과학·기술이 독점 자본이나 그와 밀착
한 국가 권력의 이익을 더 많이 반영하고 있다. 그 결과 과학·기술자와 대
중은 과학·기술로부터 소외되고 사회적 책임감에 둔감하게 되며, 체제 순
응적인 인간이 된다. 오늘날 과학·기술자는 거대한 조직에 소속된 극히 작
은 부분으로서 노동력을 팔아 생계를 유지해 가는 다수 집단으로 변하고
있다. 또한 대중은 과학·기술의 산물을 부단히 소비하도록 쉴새없이 강요
받는 수동적 인간이 되었다. 요컨대 과학·기술자가 자기 자신과 대중을 더
교묘하게 억압하고 조종할 수 있는 수단을 자본가와 권력자에게 제공해 온

셈이다.

둘째, 과학·기술은 '대량 생산과 대량 소비'라는 반(反)자연적 생활 양식을 일상화한다. 자본주의는 부단한 시장 확장을 통한 이윤 확대를 기본 전략으로 하기 때문에 상품의 지속적 확대 생산과 소비가 필수적이다. 대량 생산·소비는 불가피하게 재생 불가능한 자원과 에너지의 무절제한 사용, 폐기물의 대량 산출, 맹목적 재화 사용 등으로 연결되고, 이는 다시 자원 고갈·환경 파괴·생활비 증가 등과 같은 심각한 문제를 낳는다. 이러한 생활 양식에서는 생산과 소비가 인간을 위해 존재한다기보다 인간이 생산과 소비를 위해 존재하는 것으로 되어 버린다.

셋째, 과학·기술은 과속·과잉 성장을 수반한다. 이윤 추구라는 동기만 중시되기 때문에 새로운 발명이나 발견은 장기적으로 인류의 행복에 미칠 영향에 대한 고려도 없이 곧바로 상품 생산으로 연결된다. 막대한 기술 개발비와 이윤을 조속히 회수해야 하기 때문이다. 상품화는 속도가 생명이다. 조금만 늦으면 손해를 보기 때문이다. 경쟁이 치열해지고 기술이 첨단화할수록 그 속도는 빨라지기 때문에 당연히 갈수록 가속도가 붙는다. 따라서 과학·기술의 급속한 발달에 상응하는 지혜를 가질 여유가 없고, 새로운 상품 사용이 가져올 잠재적 위험은 무시된다. 발전의 속도가 빠른 첨단 분야일수록 잠재적 위험성 또한 크다. 지혜가 미치지 못하는 정도가 그만큼 더 크기 때문이다.

넷째, 과학·기술은 인간의 본질을 왜곡시킬 수 있다. 과학·기술은 인간이 풍요한 삶을 누리기 위한 수단이어야 한다. 그러나 자본주의 체제 아래 인간은 과학·기술의 산물인 상품을 소비함으로써 이윤을 낳게 하는 존재, 즉 수단으로 전락하였다. 과학·기술은 자본이 저지르는 인간 소외의 공범자가 되는 셈이다. 그뿐만이 아니다. 자본주의에서 상품 생산 과정의 공장화·기계화·자동화는 인간의 편리나 복지를 위한 것이 아니라, 값싼 상품의 생산을 위한 것이다. 따라서 그것은 많은 경우 대량 실업으로 이어진다. 인간은 일(노동)을 통해 자아를 실현하는 존재이기 때문에 실업은 곧바로 인간의 자아 상실을 초래한다.

다섯째, 과학·기술은 인간 관계를 심각하게 왜곡한다. 언뜻 보기에 과학·기술의 발전이 사람과 사람 사이를 더욱 가깝게 해주는 듯이 보이지만, 사실은 그렇지 않다. 과학·기술의 발전은 사람과 사람 사이에 기계나 기계를 이용하는 조직이 끼어들게 하기 때문에 서로를 더욱 소원하게 만든다. 휴대 전화기나 컴퓨터는 언제 어디서나 누구와도 그리고 어떤 정보와도 연결시켜 주는 놀라운 기계이다. 그러나 그 때문에 우리는 다른 사람과 직접 만나서 인격적 교류를 할 기회를 잃어버린다. 과학·기술의 발전이 인간과 인간 사이의 물리적 거리는 획기적으로 가깝게 했지만, 인격적·정서적 거리는 오히려 더욱 멀게 만들고 있는 것이다.

여섯째, 과학·기술은 현대 사회의 독점 구조를 심화시킨다. 현대의 대규모화·첨단화된 과학·기술을 소유·사용할 수 있는 자는 오직 거대 자본뿐이다. 따라서 부유한 나라만 현대 과학·기술을 소유할 수 있다. 과학·기술

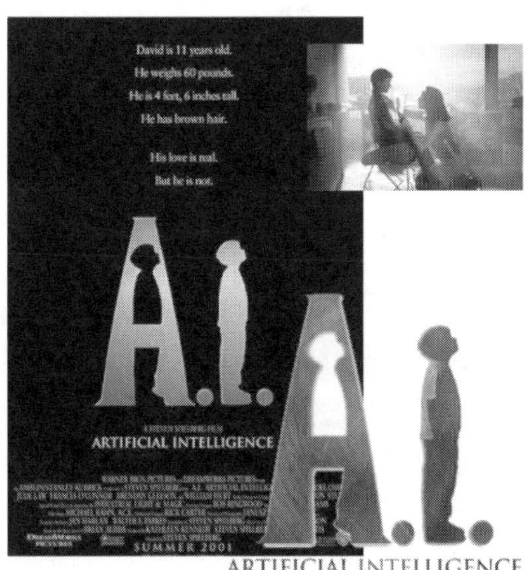

스티븐 스필버그, 「A. I.」(2001)

의 대규모화·첨단화가 가속화되고 있다는 점을 감안하면, 오늘날 세계의 가난한 나라들이 선진국의 과학·기술을 따라잡을 가능성은 사실상 없다. 오히려 그 격차가 점점 더 커지고 있는 실정이다. 부유한 나라에서도 값비싼 첨단 과학·기술의 산물은 부유층이 독점한다. 이처럼 오늘의 과학·기술을 소수가 독점함으로써 국제적·국내적 차원에서 지식 및 빈부의 격차를 심화시키고 있다.

5. 반성과 새로운 대안

과학·기술 문명의 어두운 그림자는 1930년대 헉슬리(A. Huxley)의『멋진 신세계』와 오웰(G. Orwell)의『1984년』에 뛰어난 상상력으로 묘사된 적이 있다. 그러나 과학·기술의 위험성을 대중에게까지 널리 경고한 역사적 사건으로는 1945년 히로시마와 나가사키 원자 폭탄 투하를 들 수 있다. 많은 과학자들이 핵무기가 가져올 가공할 결과에 대해 큰 우려를 표명하고, 핵무기 개발 반대 운동을 벌이기 시작했다. 일부 과학자는 과학의 왜곡과 악용을 방지하고, 과학의 성과를 인류의 행복에만 활용하도록 하기 위한 조직적 활동을 시작했다. 과학이 전쟁·혁명·공황·파시즘·냉전 등에 악용되는 것을 반대하기 위해 1946년에 '세계과학자연맹'이 결성되었고, 1955년에는 전 인류를 파괴할 핵전쟁 방지를 위해 '퍼그워시(Pugwash) 운동'이 시작되었다. 특히 1958년 제3회 퍼그워시 회의에서는 과학과 평화 문제에 관한 역사적인 성명인 '빈 선언'이 발표됐다. 여기서 학자들은 전쟁 위험을 제거하는 것이 인류의 존속에 절실하며, 전면적인 군축이야말로 그것을 달성할 현실적 방법이라고 주장하였다.

핵무기 반대에 이어 카슨(R. Carson)은 1962년에『고요한 봄』에서 과학·기술이 가져온 또 하나의 재난을 밝혔다. 해충을 잡기 위해 뿌린 DDT가 어떻게 곤충과 거미 등을 죽이고, 또한 지렁이를 통해 종달새까지 죽이게 되는가를 보여 준 이 책은 농약을 비롯한 화학 제품이 유발하는 환경 공해 문제에 대해 큰 관심을 불러일으켰다.

그로부터 정확히 10년 뒤에 로마 클럽의 환경 문제에 관한 연구가 『성장의 한계』라는 제목으로 출판되어, 과학·기술 문명이 초래할 총체적 위기에 대해 대중의 관심을 불러일으켰다. 연구자들은 세계가 직면하고 있는 다섯 가지 문제, 즉 인구 팽창·식량 부족·급속한 공업화·환경 오염·자원 고갈 문제를 들어 인류가 오랫동안 지상에 살아남기 위해서는 성장 지향이 아니라 '제로 성장'을 목표로 해야 한다고 주장하였다. 이 무렵 베트남 전쟁에 대한 반대 운동을 계기로 단순히 과학·기술의 올바른 이용뿐만 아니라, 새로운 과학·기술에 대한 모색이 필요하다는 주장까지 구체화되기 시작했다.

이상과 같은 배경에서 1960년대 말에서 1970년대 초 이후 대안 과학·기술 운동과 시민 참여 운동이 활발히 전개되었다. 전자는 과학·기술 자체의 파괴적 성격을 변화시키려는 운동이고, 후자는 과학·기술에 대한 시민의 주체성을 확립하고자 하는 운동이다. 이제 이에 대해 간단히 살펴보자.

(1) 대안 과학·기술 운동

① 적정 기술(appropriate technology) 운동

'적정 기술' 또는 '중간 기술(intermediate technology)'이라는 개념은 1960년대 '작은 것이 아름답다'는 표어를 내걸고 대안 과학·기술 운동을 주창한 슈마허(F. Schumacher)의 노력에서 비롯되었다. 그는 복잡하고 정교하며, 자본 집약적·노동 절약형이고 에너지 과잉 소비적인 대량 생산 기술은 본질적으로 파괴적·낭비적이며, 인간의 잠재력을 둔화시켜 질적으로 저하시키는 속성이 있다고 보고, 따라서 저렴하고 유지하기 쉬우며 노동 집약적인 대중적 기술 체계를 개발할 것을 제안했다.

슈마허는 대중적 기술은 인간이면 누구나 갖고 있는 고귀한 자원, 곧 영특한 두뇌와 재간 있는 손과 같은 노동력을 활용하는 기술로서 거액의 자

본을 필요로 하지 않으며 소규모화·분산화에 이바지할 뿐만 아니라, 생태계의 법칙·질서에 부응하며 인간의 진정한 필요를 충족시켜 주는 속성이 있다고 주장했다. 이러한 대중적 기술을 그는 '중간 기술' 또는 '자조 기술(self-help technology)'이라 불렀다. 그는 또 비싸고 자본 집약적인 기술은 모든 나라에 적합한 것이 아니기에 개발 도상 국가는 서방의 선진 기술을 각 지역에 적합한 중간 기술로 대체해야 하며, 지역의 자원과 숙련공을 활용하고 지역 시장을 겨냥하는 소규모 산업 위주의 개발 전략을 추구할 것을 강조했다.

그의 활동에 힘입어 영국의 럭비(Rugby)에서는 '중간기술개발그룹(ITDG)'이 결성되어 제3세계를 중심으로 '대안 기술(AT: Alternative Technology)' 프로젝트를 추진하게 되었고, 선진 산업 국가에서도 많은 대안 과학·기술 운동 집단이 자발적으로 형성되었다. 또한 1960~1970년대에 군국주의 부활·실업 증가·환경 파괴·도시 과밀화 등을 직접 목격하면서 자본주의의 미래에 대해 의문을 제기해 왔던 중간 계급과 청년 세대가 그의 주장을 호의적으로 받아들였고, 그후 반자본주의 운동·반문화 운동·환경 운동 등으로 발전하였다.

② 급진 과학 운동(radical science movement)
대안 과학·기술의 모색이라는 제한된 목표를 넘어서 '민중을 위한 과학·기술'이라는 더 적극적인 태도를 취하는 입장이 급진 과학 운동이다. 이 운동이 가장 활발했던 1930~1940년대의 20년간과 1960년대 말에서 1970년대 말까지의 10년간은 모두 과학·기술의 군사적 사용이 크게 문제가 된 시기였다. 원폭과 네이팜탄이 가져다준 공포는 국가가 과학·기술을 사용하는 것에 대해 근본적인 윤리적·정치적 의문을 갖게 했다.

당시 유럽과 미국의 많은 과학자들은 권력 집단이 과학·기술을 잘못된 방향으로 사용하고 있으며, 과학·기술을 통해 자연과 인간(특히 노동 계급)을 지배하고 있다고 인식하기 시작했다. 또한 과학·기술이 지속적인 불황이나 전쟁과 같은 문제를 해결하기보다는 오히려 사태를 더욱 악화시키고 있다는 점 그리고 불평등·파괴·권위주의적 국가 통제 등을 정당화하는 전문가들이 과학·기술을 이용하는 경향이 있음을 간파했다. 학자들은 이러한 문제의 원인을 이윤을 중시하는 자본주의적 생산 양식으로 보고, '이윤' 대신 인간에 대한 '봉사'를 중시한다는 사회주의적 과학·기술을 대안으로 제시하였다.

서구 과학자의 사회주의 과학에 대한 열광은 제2차 세계 대전 후 소련에 스탈린 체제가 등장함으로써 곧 위축되었고, 리센코(T. D. Lysenko) 사건으로 된서리를 맞았다. 소련의 대표적인 유전학자인 리센코는 당시 대부분의 과학자가 수용하고 있었던 멘델·모건 유전학을 부르주아 학문으로 매도하여 관련 학자들을 추방하는 등 과학을 이데올로기의 틀에 억지로 맞추려 했다. 이 사건은 사회주의에서 과학의 민주화가 이루어질 것으로 기대했던 많은 진보적인 과학자를 낙심시켰다.

1950~1960년대에 침체되었던 급진 과학 운동은 1960년대 말에 다시 활기를 되찾기 시작했다. 베트남 전쟁·제3세계 독립 투쟁·마오쩌둥주의적 사회주의 출현 등 다양한 정치적 사건으로 자본주의와 제국주의에 대한 비판이 활기를 띠게 된 것이 그 계기였다. 이 운동의 옹호자는 자본주의 체제하의 과학·기술의 이데올로기적·계급적 성격을 폭로하고, 사회 전체에 봉사할 수 있는 프롤레타리아 과학을 그 대안으로 제시했다. 그러나 1970년대의 급진 과학 운동은 중도파·급진파·극좌파 등으로 분리되어 통일성을 확보하지 못하고 사회주의 진영 붕괴 이후 다시 침체 상태에 접어들었다.

③ 신과학 운동(new age/wave science movement)
신과학 운동은 데카르트·뉴턴 과학 패러다임에 바탕을 둔 기계적 결정론과 물리적 환원주의의 세계관을 비판하고, 상대성 이론·양자 물리학·비평형 열역학·체계 이론 등에 바탕을 둔 비(非)결정론적이며 전체론적인 세계관으로 전환할 것을 주장하는 과학 사상 운동이다. 이 운동의 지지자는

결정론적이고 환원주의적인 세계관이 과학 만능주의, 자연에 대한 착취의 정당화, 이성에 대한 과도한 믿음 등과 같은 문제를 낳았다고 본다. 사회주의도 자본주의도 데카르트·뉴턴 과학 패러다임에 입각하고 있기 때문에 양자 모두 잘못된 세계관에 입각하고 있다고 본다. 이런 이유로 신과학 운동은 사회주의로 전환하는 것 이상의 더 근본적인 변화를 요구한다. 이를테면 자연과 인간을 불가분의 '하나'로 간주하는 동양적 또는 불교적 삶을 이상으로 내세운다.

신과학 운동 형성에 영향을 준 것은 1960년대의 '반(反)문화(counter culture)' 운동이다. 반문화 운동은 제2차 세계 대전 이후 더욱 첨예해진 핵 전쟁 공포와 환경 오염 문제를 비판하면서 일기 시작한 반전 반핵 평화 운동·여성 운동·생태계 보호 운동 등을 포함한다. 이 운동은 기존 문명을 황폐하게 만든 책임이 자본주의에만 있는 것이 아니라 과학·기술 자체에도 있음을 지적하고, 과학의 사회적 역할에 대해 의문을 제기하거나 과학 자체를 거부하기까지 하는 등 반(反)과학적 경향도 띠고 있다.

그와 같은 경향은 1960년대에 일반 대중은 물론 과학자들에게도 확산되었고, 1970년대에 이르러 미국을 중심으로 마침내 '신과학' 운동이 주창되었다. 카프라(F. Capra), 얀츠(E. Jantsch), 프리고진(I. Prigogine) 등의 저작을 중심으로 전개된 신과학 운동은 초기에 물리학을 중심으로 진행되다가 나중에는 화학 및 생물학 분야까지 확대되었다. 그러다 마침내 심층 생태학(deep ecology)과 밀접한 연관을 맺으면서 현대 사회의 정치·경제 구조의 새로운 전환을 도모하는 사회 운동 성격을 띤 이론 및 사상 체계로 발전했다. 현재 가장 활발하게 전개되고 있는 대안 과학·기술 운동이라고 평가할 수 있다.

④ 여성주의(페미니스트) 과학

과학·기술과 자본주의에 관한 논쟁에서 급진 과학 운동이 간과한 다른 하나는 성(gender)과 과학의 관계에 관한 것이다. 1980년대에 접어들어 일부 여성주의 학자는 현대 과학·기술이 지니고 있는 근본적 문제가 자본주의 체제의 특성 때문만이 아니고, 그보다 더 뿌리깊고 만연해 있는 가부장적 질서 때문이라고 주장하였다. 그들의 주장은 다음 몇 가지로 요약할 수 있다.

첫째, 여성 과학자의 수는 남성 과학자 수에 비해 미미하다는 점이다. 대부분의 과학계에서 여성이 높은 지위나 안정된 지위를 확보하는 경우는 매우 드문데, 그것은 뿌리깊고 조직적인 남성 중심적·가부장적 사회 질서의 산물이라는 것이다.

둘째, 과학이 전통적으로 묘사해 온 여성의 이미지, 즉 여성은 전반적으로 남성보다 생리적·심리적·지적인 면에서 열등한 존재라는 이미지는 근거 없는 편견이라고 본다. 인간의 성은 생리적 또는 심리적으로 규정되는 것이 아니라, 사회적으로 규정된다는 점을 강조한다.

셋째, 전통적인 과학의 방법은 법칙·보편성·검증·논리성·정합성·진보성 등과 같은 남성적 개념을 중심으로 하는 자연에 대한 공격적 탐구라는 점이다. 과학 이론을 구성하거나 선택할 때 그러한 남성 중심적 요소만을 고려함으로써 과학 이론에 '지배와 공격의 원리'가 우세해졌고, 그 결과 자연을 적대시하고 착취하는 방향으로 과학이 발전해 왔다고 본다. 그러한 남성 중심적 과학은 '이해' '직관' '느낌' 등과 같은 여성적 감수성 또는 인식론적 기질을 통해 자연을 탐구하는 새로운 과학으로 보완되어야 한다고 주장한다. 이 새로운 과학은 모든 사람에게 골고루 혜택이 돌아가게 하고, 자연과 조화를 이루는 과학·기술을 산출해 내는 데 본질적인 도움을 준다는 것이다.

넷째, 과학·기술의 개발과 사용은 남성에 의해 지배되어 왔으며, 남성이 과학·기술 변화의 형태와 방향을 결정해 왔다는 점이다. 예컨대 생식 기술도 진정으로 여성을 위한 것이 아니라, 여성의 고유한 영역인 생식 과정마저 남성이 지배하려는 불순한 의도의 산물이라고 본다. 정상적인 산모는 스스로 출산할 수 있지만, 대부분의 문명 국가의 산모는 '대부분' 남자가 소유한 병원에 가서 '대부분' 남자인 산부인과 의사의 도움으로 아이를 낳고 있다.

(2) 시민 참여 제도

시민 참여 제도는 기존의 시민권 개념을 과학·기술 영역에까지 확대한 '기술 시민권(technological citizenship)'에 입각한 제도이다. 기술 시민권이란 지식 또는 정보에 접근할 수 있는 권리, 합의에 따른 의사 결정을 주장할 수 있는 권리, 과학·기술 정책의 결정 과정에 참여할 수 있는 권리, 집단이나 개인을 위험에 빠뜨릴 가능성을 제한할 수 있는 권리 등으로 이루어진다. 과학·기술에 대한 시민권의 확보는 관련 정책의 투명성과 정당성을 높여 잘못된 과학·기술 투자로 인한 엄청난 환경 비용과 사회 갈등을 최소화할 수 있게 한다. 또한 과학·기술의 사회적 구성 과정을 자본·권력·전문가가 통제하는 것으로부터 시민이 민주적으로 통제하는 것으로 변화시켜 과학·기술을 더 인간적이고 환경 친화적인 것으로 발전시킬 수 있는 계기를 마련할 수 있게 한다. 이러한 목적으로 이미 선진국에 정착되어 있는 대표적인 시민 참여 제도 세 가지를 살펴보자.

① 기술 영향 평가(technological assessment)

기술 영향 평가는 현재 또는 미래의 기술 변화가 가져올 긍정적·부정적 영향, 이익과 비용, 이점과 위험 등을 가능한 한 객관적으로 평가함으로써 사회적으로 바람직한 기술 변화를 유도하는 절차 및 제도이다. 이는 활동 유형에 따라 크게 전통적 기술 영향 평가와 구성적 기술 영향 평가로 나눌 수 있다. 전자는 기술 자체를 주어진 것으로 받아들이되, 다만 기존 기술이 야기할 수 있는 문제점을 최소화하는 데 초점을 둔다. 그러나 이것은 전문 기술자가 기술의 발전과 사회적 영향을 가장 잘 분석할 수 있다는 엘리트주의 관점을 갖고 있기 때문에 기술에 대한 통제가 제한적이고 비민주적이라는 한계를 갖는다.

　그런 반면에 후자, 즉 구성적 기술 영향 평가는 관심 있는 사람의 의식적 개입으로 기술 변화의 속도와 방향이 변화될 수 있다는 자각에서 출발한다. 요컨대 기술 변화 과정의 시작 단계부터 적극적으로 개입하여 부정적인 효과를 예방함으로써 기술 변화의 방향 자체를 조절하고자 한다. 그러기 위해 구성적 기술 영향 평가 단체는 전문적인 과학·기술자에게 기술 개발을 전적으로 위임하지 않고, 기술 개발 초기 단계에서부터 이해 당사자를 포괄적으로 참여시킴으로써 사회적으로 유용한 기술을 개발하려고 한다. 동시에 사회적으로 바람직한 기술이 선택될 수 있도록 정책적으로 개입하고, 기술의 사회적 영향을 추적·감시하여 기술의 부정적 영향을 사전에 최대한 방지하려고 한다. 인간 중심적 기술 체계의 구축, 청정 기술의 개발, 주민의 요구가 반영되는 교통·통신 체계의 개발 등이 그 주요 프로그램이다.

　선진 자본주의 국가는 오래 전부터 기술 영향 평가 활동을 적극적으로 시행해 왔다. 1972년에 설립된 미국의 '기술평가국(OTA; Office of Technology Assessment)', 1986에 설립된 '네덜란드 기술평가국(NOTA)' 등이 대표적이다. 우리 나라도 1999년에 '한국과학기술평가원(2000년에 '한국과학기술기획평가원'으로 개편)'을 설립했으나, 아직 평가 체계 구성, 평가 대상 기술의 범위, 평가 절차 등 평가에 필요한 기본 사항이 제대로 마련되지 않고 있는 실정이다. 그런 중에도 2001년에 생명 공학 관련 기술 평가위원회가 구성되어 배아 복제 기술에 관한 기본 지침을 마련한 적이 있다.

② 합의 회의(consensus conference)

합의 회의는 일군의 선정된 보통 사람들이 정치적·사회적으로 문제가 되는 과학·기술 관련 사항에 대해 전문가에게 질의하여 답을 들은 다음, 주제에 대한 내부의 의견을 통일하고, 최종적으로 기자 회견을 통해 자신의 견해를 발표하는 하나의 공개 토론회(포럼)이다. 합의 회의는 조정 위원회 구성, 일반인·전문가 패널 구성, 예비 모임 그리고 본회의의 단계를 거치며, 그 과정은 대략 6개월 정도 소요된다. 합의 회의는 1987년 덴마크에서 시작된 후 유럽 전역으로 확산되었고, 미국과 일본에서도 1997년에 조직되었다.

합의 회의 제도는 여러 가지 장점을 갖는다. 첫째, 특정한 기술 개발을 추진하기에 앞서 일반인과 전문가가 모여 해당 과학·기술에 대해 집중적으로 검토하고, 이를 과학·기술 정책에 반영할 수 있는 기회를 제공한다. 둘째, 일반인과 전문가의 상호 학습을 통해 과학·기술에 대한 인식의 차이를 좁혀 준다. 일반인은 과학·기술에 대해 더욱 깊이 이해하게 되고, 전문가는 더 친근하게 일반인에게 다가갈 수 있다. 따라서 이 제도는 일반적이고 획일적인 과학·기술 대중화에 비해 전문성과 상호성을 더 잘 살릴 수 있는 새로운 모델로 간주되고 있다. 셋째, 한 정책의 정당성을 미리 판단할 수 있는 통로가 되며, 장기적으로는 토론과 학습을 통해 문제를 해결해 나가는 민주적 문화를 구축할 수 있는 계기가 된다.

우리 나라에서도 1998년 참여연대 시민과학센터가 출범하였고, 그해 9월에 총 17개 단체가 참여한 '생명안전윤리연대'가 결성되어 생명 공학의 위험성과 윤리적 문제를 시민 사회 운동 현안으로 부각시켰다. 이어서 유네스코 한국위원회 주관으로 1998년과 1999년에 유전자 조작 식품과 생명 복제 기술에 관한 최초의 합의 회의가 개최된 바 있다. 이 회의에서 만들어 낸 시민의 패널 보고서가 크게 주목받았다. 오랫동안 논란이 되어 온 새만금 개발과 같은 대형 사업은 몇몇 전문가와 정치인의 독단적 결정에 따른 것이었다. 만약 합의 회의와 같은 합리적이고 민주적인 의사 결정 과정을 사전에 거쳤더라면, 지금과 같은 파행적인 사업 강행은 생각할 수도 없었을 것이다.

③ 과학 상점(sciences shop)
과학 상점은 정부와 기업에 일방적으로 끌려 다니던 과학·기술 연구를 대

중을 위해 봉사하는 것으로 만들고자 하는 과학·기술 대중화 운동의 하나로, 1970년대 중반 네덜란드에서 급진 과학 운동의 일환으로 시작되어 전 세계적으로 확산되고 있다. 이는 주로 대학의 연구자(교수·연구원·대학원생)가 대학이 속해 있는 지역의 주민이나 공익 단체의 과학·기술 수요를 발굴하여, 이를 연구·제공하는 제도이다. 과학 상점은 해당 지역의 환경·안전·교육·노동·여성·장애인·복지 등과 관련한 문제를 해결할 수 있는 연구를 하고, 그 결과는 무료로 제공한다. '상점'이라는 말을 쓴 것은 상업적 의미보다는 지역 사회의 주민이 필요로 하는 것을 부담없이 드나들면서 스스로 구할 수 있다는 의미를 강조하기 위한 것이다.

최초의 과학 상점은 네덜란드의 위트레흐트(Utrecht) 대학에 세워졌는데 베트남 전쟁에서 미국이 무자비한 화학전을 벌이는 데 회의를 느낀 화학과 학생과 연구진이 '인간과 사회를 위한 화학'이라는 기치를 내걸면서 시작되었다. 그후 유럽과 미국 대학으로 확산되었다. 우리 나라에서도 1998년 서울대학교 공과대학생을 중심으로 '과학상점운동 학생특별위원회'가 결성되어 준비 작업에 들어간 데 이어, 1999년에는 전북대학교에 과학 상점이 설치되어 시험적으로 운영되고 있다.

대표적인 사례를 살펴보자. 위트레흐트 대학의 화학 분야 과학 상점은 1994년 심한 가솔린 냄새를 해결해 달라는 지역 주민의 요청에 따라 대학생 자원 봉사자와 석·박사 과정에 있는 연구진이 문제 해결에 나섰다. 문제의 원인은 해당 지역의 오래된 주유소 지하 탱크에서 가솔린이 새어 나와 낡은 하수관을 타고 각 가정으로 냄새가 스며들었던 것으로 판명되었다. 이에 과학 상점 연구진은 땅에 스민 가솔린을 제거하는 새로운 공법을 개발한 뒤, 지방 정부가 이 문제의 해결에 나설 것을 촉구했다. 지방 정부는 이러한 요청을 받아들여 대대적인 토질 개선 작업을 추진했다. 네덜란드에서는 전국의 각 대학에 과학 상점이 설치되어 있고, 대학 당국의 제도적 지원을 받고 있다. 이 제도는 연구를 통해 평소 과학·기술로부터 소외된 지역이나 사람들에게 꼭 필요한 정보를 제공해 줄 수 있을 뿐만 아니라,

연구자도 연구 실적을 올릴 수 있어서 널리 확산되고 있다.

과학 상점을 통해 연구자는 사회적으로 필요한 문제가 무엇인가를 깨닫고, 그것을 자신이 탐구해야 할 연구 주제로 삼을 수 있다. 그리하여 상업적 연구나 호기심 만족을 위해 연구를 하지 않고 일반 시민의 필요에 따라 연구하는 '인간적 연구자'로 거듭날 수 있다. 또한 지역 사회는 단지 수동적으로 기술적 원조를 받는 것을 넘어서 시민의 관점에서 무엇이 중요한지를 전문 연구자에게 가르쳐 주는 역할을 함과 동시에 스스로 문제를 해결할 수 있는 능력을 배양하게 된다.

이상에서 소개한 대표적인 대안 과학·기술 운동과 시민 참여 운동은 아직은 그것을 뒷받침하는 이론의 정밀성·체계성·통일성이 부족하고, 전문가나 대중으로부터 충분한 지지를 받고 있지도 못한 형편이다. 그리고 아직은 주류 과학·철학·사회학 등에 단지 부분적으로만 편입되거나 그로부터 인정받고 있는 실정이다. 그렇지만 '(모든) 사람을 위한 과학·기술' 그리고 '자연과 조화하는 과학·기술'을 모색하고 실천한다는 점에서 이들 운동은 매우 중요한 시대적 의의를 갖는다. 지치고 메마른 현대인의 삶을 신나고 풍요롭게 만들 지혜로운 과학·기술을 찾지 않으면, 세계를 재앙으로부터 구할 수 없을 것이기 때문이다.

6. 맺는 말

출신으로 보든 근세 이전까지의 역사로 보든 과학은 본래 인문학과 한 부류에 속했다. 그러나 오늘날의 과학은 인문학으로부터 지나치게 멀어진 반면, 기술과 지나치게 가까이 있다. 과학이 얻어낸 지식은 깊이 검토할 여유도 없이 곧바로 기술에 적용될 뿐만 아니라, 기술적 필요에 종속되어 과학 연구가 행해지는 경우도 허다하다. 그리고 그러한 기술은 대부분의 경우 독점 자본과 권력에 봉사하는 기술이 되고 있다. 요컨대 과학 자체가 주로 자본과 권력이 필요로 하는 전문·첨단 기술을 제공하는 일을 주업으로 삼고 있다는 말이다. 과학과 관련되는 극히 중요한 가치 판단이 인문학적 지혜가 결여된 채 이루어짐으로써 인류 문명의 향방에 커다란 위험이 닥쳐오고 있는 것이 오늘의 상황이다.

이제 과학은 기술의 시녀 노릇을 그만두어야 한다. 또한 과학·기술도 자본과 권력의 시녀 노릇을 그만두고, 인류의 봉사자가 되어야 한다. 그러기 위해서 과학은 철학·역사·문학·예술 등을 포함한 인문학적·메타 과학적 지혜와 다시 만나야 한다. 그리하여 자연과의 조화 속에 모든 인간의 행복을 추구하는 과학 및 과학·기술로 거듭나야 한다.

"이 놀라운 응용 과학은 노동을 절감하고 생활을 더 편리하게 해주면서도, 어째서 우리에게 진정한 행복을 안겨 주지 못하는가? 해답은 간단하다. 우리가 그것을 의미 있게 이용할 수 있도록 되어 있지 않기 때문이다." 아인슈타인의 말이다. 이제 우리의 몫이 남아 있다.

■ **주제어**

과학, 기술, 과학·기술, 인문학적 지혜, 자본주의, 이윤 추구, 대안 과학 운동, 시민 참여 제도

■ **용어 해설**

검증 가능성 하나의 진술(사실·법칙·이론 등)을 경험, 즉 실험이나 관찰 등을 통해 그 참을 검사할 수 있는 가능성. 검증 가능성이 '원리적으로' 없는 진술은 적어도 과학적으로는 무의미한 진술, 즉 비과학적 진술로 간주된다. 사후 세계에 관한 진술은 원리적으로 경험을 통한 확인이 불가능하기 때문에 비과학적 진술이다.

반증 가능성 하나의 진술을 경험, 즉 실험이나 관찰 등을 통해 그 거짓을 검사할 수 있는 가능성. 그런 가능성이 '원리적으로' 없는 진술은 과학이

아니라고 볼 수 있다. 검증 가능성이 없는 진술은 모두 반증 가능성도 없다. 그러나 검증 가능한 진술이라고 해도 모두 반증 가능한 것은 아니다. 점성술이나 역술은 물론이고, 엄밀히 적용한다면 프로이트와 아들러의 심리학도 반증 불가능한 방식으로 사용될 수 있어서 자연 과학에서처럼 엄밀한 과학성을 갖지 못한다.

맨해튼 계획(Manhattan Project) 1942~1945년까지 수행된, 최초의 원자 폭탄을 만들기 위한 미국 정부 연구 계획 암호명. 초기의 연구가 맨해튼에 있는 콜럼비아 대학교에서 많이 이루어졌고, 연구를 위한 건설 사업 책임을 육군 공병단의 맨해튼 관구가 맡았던 데서 그런 암호명이 유래한다. 20억 달러라는, 당시로서는 천문학적인 연구비가 든 이 계획의 결과, 1945년 7월 16일 오전 5시 30분 뉴멕시코 주 로스앨러모스의 공군 기지에서 최초의 원자 폭탄이 성공적으로 폭발했다. 다음달에는 역시 이 계획에 의해 생산된 다른 두 개의 원자 폭탄이 각각 히로시마와 나가사키에 투하되었다.

군산 복합체(軍産複合體) 군부와 독점 대기업의 상호 의존 체계. 이 용어는 미국의 아이젠하워 대통령이 1961년 1월 퇴임사에서 미국의 군산 복합체들이 자유와 민주주의를 파괴할 것이라고 강력하게 경고한 것에서 기원한다. 제2차 세계 대전 이후 세계를 지배하게 된 미국의 독점 자본은 전후의 불황을 극복하고 지속적인 확대 재생산을 위해 군부 및 정치 집단과 결탁하여 군수 산업을 확장했다. 이후 군부·권력·독점 자본이 서로 결합한 군산 복합체가 미국 사회를 지배하는 세력으로 성장하게 되었고, 1970~1980년대에 걸쳐 경제 국제화 현상과 결합하여 강화되는 새로운 양상을 띠고 있다.

성(gender) 사회적으로 구성되는 남녀의 정체성을 나타내는 말. 일반적으로 말하는 '성'은 생물학적 성을 나타내는 '섹스(sex)', 사회적 성을 나타내는 '젠더(gender)', 그리고 성적 욕망·정체성·실천 등과 같은 성 문화를 나타내는 '섹슈얼리티(sexuality)'로 구분된다. 젠더는 남성과 여성의 정체성을 결정하는 것이 생물학적 특성이 아니고 사회적 권력 관계라는 점을 강조하기 위해 등장한 개념이다.

인문학(humanities, liberal arts) 인간과 인간의 문화에 관심을 갖거나 인간의 가치와 인간만이 지닌 자기 표현 능력을 인식하기 위한 분석적·비판적 연구 방법에 관심을 갖는 학문 분야. '인문학'은 '인간성'을 뜻하는 라틴 어 '후마니타스(humanitas)'에서 유래했다. 고대 그리스와 중세 유럽에서는 일반적으로 문법·수학·언어학·시·역사·철학·과학 등이 포함된 문예와 학술 활동을 말했다. 19세기에 이르러 자연 과학 배후에 있는 인간의 의도나 목적에 관한 연구, 즉 메타 과학적 연구가 새로운 관심 분야로 추가되었다.

■ 생각해 볼 문제

1) 2절에 있는 내용을 참고해서 과학·비과학(과학이 아닌 믿음 체계)·사이비 과학(과학이 아니면서 과학이라고 주장하는 믿음 체계)·메타 과학(과학에 대한 역사적·철학적·사회적·종교적 반성이나 함축)에 해당하는 예를 각각 하나 이상 들고, 자신의 선택에 대해 타당한 이유를 제시해 보자.

2) 오늘날 과학·기술의 산물은 너무 성급히 상품화되고 있다. 그 때문에 그것을 사용하는 사람들이 잠재적 위험에 노출되고 있다. 1950~1960년대의 DDT나 1970년대의 피임약으로 전세계에 많은 기형아를 탄생시킨 탈리도마이드 같은 경우에서 볼 수 있듯이, 이런 위험은 단시간에 많은 사람들에게 큰 피해를 끼칠 수 있다. 과학·기술이 한층 더 첨단화된 오늘날에는 그 위험성이 한층 더 커졌다. 우리가 지금 편리하게 사용하고 있는 첨단 상품들 중에서 장차 우리에게 커다란 위험을 초래할 것이라고 생각되는 사례

들을 되도록 많이 찾아 서로 토론해 보자.

3) 영화「쥬라기 공원」은 현대의 분자 유전학 및 관련 기술(유전 공학)을 기초로 한 상상력의 산물이다. 이 영화를 참고로 하여 현대의 유전 관련 과학·기술이 연구 개발에서 활용에 이르기까지 어떤 방식으로 자본의 영향을 받는지를 생각해 보자.

4) 현대 과학은 서구의 산물이다. 과학이 동양에서는 발생하지 않고 서양에서 발생한 이유를 생각해 보고, 과학·기술의 폐해가 문제되고 있는 오늘날 동양적 지혜가 서구 과학에 줄 수 있는 것이 무엇인지도 생각해 보자.

5) 흔히 자연은 여성에 비유되고, 반면에 문화와 문명은 남성에 비유된다. 이런 점을 과학·기술 우월주의 및 과학·기술 오남용 문제와 관련지어 비판해 보자.

6) 브라질의 '꾸리찌바' 시와 같이 과학·기술이 민주적·인간 중심적으로 활용된 사례를 찾아 분석해 보고, 그것을 바탕으로 과학·기술의 올바른 사용을 위해 우리가 지금 할 수 있는 일들을 구체적으로 제시해 보자.

■ 참고 문헌

▶장회익,『과학과 메타 과학』, 지식산업사, 1990.
다양한 메타 과학적 주제에 관해 저자가 그 동안 발표한 논문을 체계적으로 엮은 책으로 현대 물리학과 생명 과학이 갖는 다양한 철학적 함축에 관한 저자의 깊이 있는 통찰과 지혜를 가득 담고 있다.

▶프리츠 슈마허,『작은 것이 아름답다』, 김종우 옮김, 범우사, 1986.
현대 과학·기술 문명을 그 근저에서부터 비판하여 대안 과학 운동과 환경 운동의 효시가 된 책으로 현대의 대규모적이고 노동·자원·기술 집약적인 과학·기술과 경제를 적정 규모의 대중 중심적 과학·기술로 대체하여 자연과 인간이 중심으로 되는 사회로 나아갈 것을 주장하는 문제작이다.

▶앤드루 웹스터,『과학기술과 사회: 새로운 방향』, 김석환·송성수 옮김, 한울아카데미, 1998.

과학 사회학의 주요 관심 영역을 폭넓게 검토하고 있는 책. 특히 과학의 연구 방법, 과학과 기술 상호간의 관계, 과학·기술의 산업적 활용, 과학·기술에 대한 국가와 대중의 규제 등에서 현대의 과학·기술이 겪고 있는 심각한 변화에 관해 중점적으로 논의하고 있다.

▶홍성욱, 『생산력과 문화로서의 과학기술』, 문학과지성사, 1999.

과학·기술의 특성, 과학·기술과 사회의 관계에 관한 글모음 책으로, 사회 구성주의 과학 사회학의 현황과 주요 쟁점 및 성과, 문화로서 과학, 여성주의 과학, 현대 과학의 실천적 쟁점 등을 다루고 있다.

▶칼 프리드리히 폰 바이츠제커, 『과학의 한계』, 송병옥 옮김, 민음사, 1996.

자연과 우주의 역사를 서양의 기독교와 그리스 문명의 유산에 바탕을 두고, 과학과 인간 본성의 관계와 성격을 밝힌 책. 과학의 학문적 특성, 과학의 장단점, 과학의 한계, 과학과 기술의 관계, 현대 사회에서 과학과 기술의 위상 등에 관해 깊은 통찰을 담고 있다.

▶일리아 프리고진, 『확실성의 종말』, 이덕한 옮김, 사이언스북스, 1997.

자연의 복잡성을 수용한 새 물리 법칙을 제시하고 있는 책. 프리고진은 기계론적 근대 과학이 천명한 자연의 평형과 안정성은 자연 현상을 극도로 단순화하고 이상화함으로써 얻어진 예외적 현상이고, 자연은 오히려 비평형성과 불안정성, 그리고 요동을 일반적 속성으로 갖고 있다고 주장한다. 요컨대 '복잡성의 과학'을 상세히 소개하고 있다.

▶강좌 「현대」편집위원회, 『과학기술과 현대자본주의』, 박기영 옮김, 화다신서, 1984.

현대 과학·기술과 자본주의의 관계를 역사·철학·사회 사상·사회 운동·사회 제도 등의 다양한 측면에서 체계적으로 분석한 책. 특히 이 책은 양자의 관계를 진보적인 시각에서 상세하게 분석하고 있다.

제4장 '대결'의 의학에서 '사귐'의 의학으로

1. 여럿의 하나

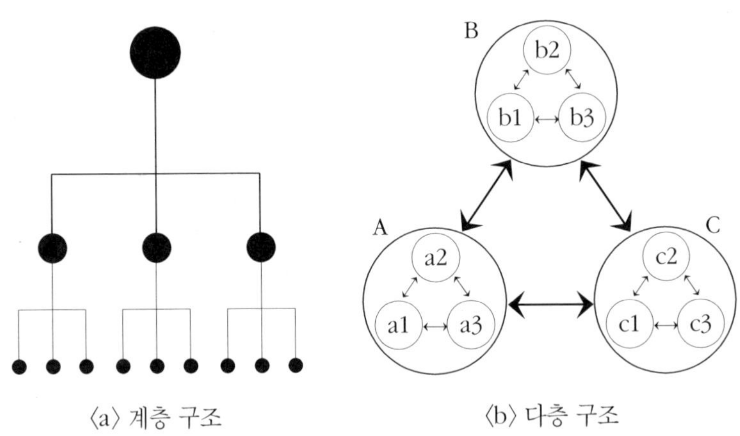

〈a〉계층 구조　　　　　　〈b〉다층 구조

위 그림은 두 종류의 조직 시스템을 보여 주고 있다. 〈a〉는 '계층 구조 (hierarchical system)'를 그린 것으로, 여기서 정보는 '위에서 아래로(up-down)' 흐른다. 명령이 위에서 아래로 일사 불란하게 내려온다는 점에서 군대 조직을 연상시킨다. 이것은 기계의 작동 방식이기도 하다.

〈a〉는 일사 불란하게 작동한다는 점에서 〈b〉보다 능률적이지만, 위기에 직면했을 때 유연성이 부족하다는 단점이 있다. 〈a〉는 항상 중심에서 주변으로 움직인다. 중심이 있다는 것은 효율성의 측면에서는 장점이 되지만, 중심이 파괴되면 주변이 즉각 무력화된다는 면에서는 단점으로 작용한다.

여기에는 상하 관계는 있지만, 상호 관계는 없다. 상호 관계가 있다면, 그
것은 오로지 상하 관계에 의해서 조율된 것일 뿐, 진정한 의미에서의 상호
관계는 아니다. 예를 들어 시계의 태엽이 서로 맞물려 관계를 맺고 있지만,
그것은 사실상 전체의 설계에 따라 일어나는 상하 관계의 변형일 뿐이다.

그런 반면 〈b〉는 '다층 구조(multilevel system)'를 도식화한 것으로 여기
서 정보는 '아래에서 위로(down-up)' 흐른다. 이때 중요한 것은 상하 관계
가 아니라, 동류 사이의 상호 관계다. 여기에는 명령하는 주체도 없고, 중
심도 없다. 장사꾼들 저마다 소리를 지르고 있는 저자거리와 닮았다. 이는
그런 만큼 비능률적이지만, 특별한 중심이 없기 때문에 어떤 부분이 손상
되어도 치명적 피해를 입지 않는다. 그만큼 유연하다는 것이다.

〈b〉에도 부분과 전체의 관계가 있지만, 전체는 부분이 만든 어떤 상태일
뿐이다. 그러므로 여기서는 진정한 의미에서의 상하 관계는 없으며, 그것
은 상호 관계가 만들어 내는 자발적인 조직화일 뿐이다. 그 우두머리는 군
의 사령관보다는 시장 번영회 회장에 가깝다.

이 두 모델에는 우리가 간과하기 쉬운 또 하나의 중요한 차이가 있다.
〈a〉에는 하나의 차원밖에 없다. 거기에는 하나의 '이야기'만 있다. 그런 반
면 〈b〉에는 여러 차원이 중첩되어 있다. 구성원 사이의 '이야기'도 있고,
구성원이 결성한 전체 조직과 조직 구성원 사이의 '이야기'도 있고, 조직끼
리의 '이야기'도 있다. 장군은 장군일 뿐 사병이 될 수 없지만, 번영회 회장
은 회장이면서 그 시장에 자기 점포를 갖고 있는 한 상인이기도 하다. 〈b〉
에서 조직은 구성원을 떠나 따로 존재하는 것은 아니지만, 마치 그런 것처
럼 다른 조직과 관계를 맺는다. 이 다층 구조에서 구성원은 여러 매개를 통
해 여러 차원과 관계를 맺고 있다.

〈a〉는 본질상 '하나'지만, 〈b〉는 '여럿의 하나'다. 여럿의 하나란 여럿이
기는 하지만, 하나의 성격도 지닌다는 것을 의미한다. 그런 면에서 이는 단
순한 '여럿'과 구별된다. 그것은 여럿의 단순한 '이름'이 아니라, 다른 차원
에서 실재성을 갖는 '하나'이다. 그것은 여럿이 만든 것이지만, 그 여럿을

구속할 수 있는 힘을 가진다.

이상과 같은 점은 패션의 유행에서도 찾아볼 수 있다. 패션을 만들어 내는 데 고차원적인 계획이 있는 것은 아닐 것이다. 디자이너는 패션을 유도하지만, 그 성공 여부는 자신도 알 수 없다. 먼저 임의의 소수가 그 패션에 매력을 느끼고 옷을 사서 입기 시작한다. 이 옷이 유행을 탄다면, '자기 되먹임'이 성공한 것이다. 갑자기 그 옷을 입는 사람이 증가하고, 그게 다른 사람을 끌어 모으는 자기 되먹임을 시작하여 유행이 퍼져 나간다. 이제 이 패션은 개인의 선호 문제가 아니고, 옷의 양식을 구속하는 강제성을 갖는다. 이는 전체가 요소(부분)에 가하는 되먹임이다. 이 단계에 도달하면, 패션은 자신의 정체성을 유지하기 위해 투쟁하는 유기체를 닮아 간다. 요소의 교란은 항상 있지만, 그것은 신속하게 저지되어 계(系)의 평형 상태가 유지된다. 예컨대 그런 유행을 못마땅해하는 사람이 있겠지만, 그럴 경우 그는 '촌스럽다'는 눈총을 받게 된다. 그는 촌스러움을 면하기 위해 그러한 강제에 복종한다. 그는 자기 체형에 어울리지 않는 옷을 울며 겨자 먹기로 입게 된다. 또는 그런 옷에 무관심한 사람도 기성복 시장에는 그런 스타일의 옷밖에 없기 때문에 어쩔 수 없이 그 옷을 입게 된다. 결과적으로 그는 부지 불식간에 그 계를 강화시켜 주는 역할을 한 셈이다.

실재하는 것은 항상 여럿의 하나지, 여럿 자체나 하나 자체는 없다. 하나라고 여기는 것도 깊이 들어가 보면 여럿으로 되어 있고, 여럿이라 여기는 것도 시야를 넓혀 보면 하나로 수렴되고 있음을 알 수 있다. 이 여럿의 하나를 케슬러(A. Kestler)는 '홀론(holon)'이라 불렀다. 이는 그리스 어로 전체라는 의미를 지닌 '홀로스(holos)'와 조각이나 부분을 나타내는 접미사 '온(on)'의 합성어이다. 실재는 전체이면서 부분이고, 부분이면서 전체인 홀론의 속성을 지니고 있다. 케슬러는 『야누스』에서 다음과 같이 말하고 있다.

위계 구조의 각 구성 요소는 각개의 차원에서 그 고유한 권리를 지닌 전체, 즉 홀론이라는 것이다. 그것은 자기 규제적인 장치를 갖추고 상당한 정도의 자율성 또는 자기 통제 능력을 지니고 있는 안정되고 통합적인 구조로 되어 있다. 세포·근육·신경·기관 등의 모든 부분은 자체의 고유한 리듬과 활동 양상을 지니고 있으며, 종종 외부의 자극 없이 자발적으로 나타나기도 한다. 그것은 부분으로서 위계 구조상 더 높은 중앙에 종속되어 있지만, 그와 동시에 준(準)자율적인 전체로서 작용하기도 한다. 그것은 야누스(Janus)이다. 더 높은 차원을 향해 위를 쳐다보고 있는 얼굴은 종속적인 부분의 얼굴이고, 자체의 구성 요소를 향해 아래를 보고 있는 얼굴은 놀랄 만큼 자기 충만함을 지닌 전체의 얼굴이다.

화이트헤드(A. N. Whitehead)는 하나이면서 여럿인 존재만 있을 뿐, 하나 또는 여럿은 그릇된 추상화의 오류에 지나지 않는다고 말한다. 그는 이 여럿의 하나를 '현실적 존재'라 부른다. 그의 저서 『과정과 실재』의 한 구절을 보자.

궁극적인 형이상학적 원리는 이접적으로 주어진 존재와 또 하나의 다른 새로운 존재를 창출해 내는, 이접(離接, disjunction)에서 연접(連接, conjunction)으로의 전진이다. 이 새로운 존재는 그것이 찾아내는 '다자(多者)'의 공재성(共在性, togetherness)인 동시에 그것이 뒤에 남겨 놓은 이접적 다자 속의 '일자(一者)'이기도 하다. 즉 그것은 그 자체가 조합하는 많은 존재 가운데 이접적으로 존재하게 되는 새로운 존재인 것이다. 다자가 일자가 되며, 그래서 다자는 일자만큼 증가된다. 존재는 그 본성상 접합적 통일로 나아가는 과정에 있는 이접적인 다자인 것이다.

이 여럿의 하나는 화엄 철학에서도 찾아볼 수 있다. 법장(法藏)은 『화엄오교장 華嚴五敎章』에서 다음과 같이 말한다.

문 : 이미 일(一)이라고 말한 것이 어찌 일 속에 십(十)을 지닐 수가 있다는

말인가?

답 : 이른바 일이라는 것은 자성(自性)으로서 일이 아니고, 연(緣)을 이루기 때문이다. 그런고로 일 속에 십이 있다는 것은 그것이 연을 이루는 일인 것이다. 만일 그렇지 않은 것이라면 자성이 있으므로 연기(緣起)됨이 없을 것이며, 일이라고 부를 수가 없을 것이다. 나아가 십이라는 것도 모두 자성의 십이 아니고, 연을 이룸으로 인한 까닭으로 이 때문에 십 속에 일을 지니는 것은 그것이 자성이 없는 연을 이루는 십인 것이다. 만일 그렇지 않다면 자성인 것으로 연기를 이루지 않으니 십이라고 부를 수가 없다. 그런고로 모든 연기는 다 자성이 아닌 것이다. 무슨 까닭인가 하면 하나의 연이 사라짐에 따라 바로 일체가 성립되지 않는 것으로서 이런 이유로 일 속에 바로 다(多)를 갖춘 것을 그대로 연기의 일이라 할 따름이다.

지금까지의 논의를 '질병'에 초점을 맞춰 논의해 보자. 앞의 그림에서 〈a〉는 기계의 모델이며, 〈b〉는 생명의 모델이라 할 수 있다. 그런데 근대 기계론이 등장한 이후 생물학과 의학은 대체로 〈a〉 모델에 따라 생명체를 다루어 왔다. 〈a〉 모델에 따르면 질병은 몸에 발생하는 고장이고, 그것은 어떤 경우든 제거해야 할 '악'이다. 〈b〉 모델에 따르면 질병은 다자(多者)가 만들어 내는 어떤 상태다. 전자에 따르면 질병은 일자(一者) 속에 다른 일자가 침입하는 예외적 현상이지만, 후자에 따르면 질병은 생명의 본래 모습이다. 다시 말하면 질병은 생명체의 근본적인 삶의 양상이다. 질병 자체가 생명이라 할 수 있다. 질병이란 다름 아닌 다자의 관계 맺음을 의미하는 것이기 때문이다.

이러한 관점의 차이는 실천에서 차이를 낳는다. 〈a〉 모델에서 문제는 질병을 어떻게 신속히 제거하는가 하는 것이지만, 〈b〉에서 문제는 새로운 하나로 이행해 가기 위해 여럿이 만들어 내는 소란스러움을 어떻게 조율할 것인가 하는 것이다. 전자의 경우 질병은 가능한 한 피해 가야 할 불행한 사건이지만, 후자의 경우 새로운 창조를 이끌어 낸다는 적극적 의미를 지닌다. 창조는 서로 개성이 다른 다자의 만남에서 출발하기 때문이다.

질병은 새로운 진화의 시발점이 되기도 한다. 예를 들어 생명의 진화 과정에서 원핵 세포 생물체가 진핵 세포 생물체로 이행하는 획기적인 하나의 사건을 살펴보자.

2. 적과의 동침 Ⅰ

1920년대에 오파린(A. Oparin)은 최초의 생명체는 코아세르베이트라는 안과 밖을 구분하는 막을 만들어 냄으로써 시작되었다는 가설을 내세웠다. 이 막을 통해 생존에 필요한 것은 받아들이고, 불필요한 것은 방출함으로써 최초로 생명 대사(代謝)가 시작되었다는 것이다. 이것이 안과 밖, 자기와 비(非)자기라는 차별을 만들어 낸다. 이 막이 붕괴되어 바깥과 차별을 더 이상 유지할 수 없을 때 죽음이 따라온다.

그러한 과정을 통해 오늘날 박테리아라고 부르는 원핵 세포(prokaryote)가 최초로 지구상에 출현했다. 이 세포는 우리 몸을 이루는 진핵 세포(eukaryote)와 달리 유전 정보를 담고 있는 DNA가 핵 속에 따로 보관되어 있지 않고, 다른 세포 기관과 함께 세포질 안에 흩어져 퍼져 있다.

1960년대 후반 마굴리스(L. Margulis)는『진핵 세포의 기원』에서 당시로는 터무니없어 보이는 가설을 제시했는데, 진핵 세포는 하나의 원핵 세포 박테리아 속에 다른 원핵 세포 박테리아가 기생한 결과 생긴 것이라는 내용이었다. 그후 여러 가지 증거가 축적됨에 따라 이는 학계에 널리 공인된 이론으로 인정받게 되었다.

그의 이론은 자기와 비자기에 대한 아주 흥미 있는 함축을 지니고 있다. 숙주 생물체를 X, 기생 물체를 x라고 하자. 사건은 x가 X 속으로 들어감으로써 시작된다. X가 x를 포식한 결과이든, 아니면 x가 X에 기생한 결과이든 상관없다. 전자를 우리는 소화라고 하고, 후자를 감염이라 한다. 정상적인 경우(전자)라면 x의 자기 동일성이 와해되면서 X로 바뀔 것이고, 후자라면 그 역으로 될 것이다. 아직은 자기와 비자기 사이에 아무런 불분명한 문제가 없다.

그런데 X가 x를 소화하지 못해 소화 불량 상태에 빠졌을 때나, X의 완강한 저항을 받아 x가 X 속에서 증식하는 데 제동이 걸렸을 때는 중대한 사건이 된다. 이때 어느 쪽의 자기화 시도도 여의치 않게 된다. 이 경우 x는 X에게 불편하나 치명적이지 않은 만성 질환이 된다. 이 시점에 양자가 타협함으로써 진화는 새로운 국면을 맞게 된다. 이제 X는 x를 마지못해 받아들이게 되고, x는 X 속에 둥지를 트는 것이 나쁘지 않다는 것을 알게 된다. 불안한 떠돌이 생활을 청산할 수 있게 되었기 때문이다.

이제 x는 X에 대한 공격을 멈출 뿐만 아니라, 자체가 가진 모든 재능을 X의 생존을 위해 사용한다. 그것이 자기에게도 유리하기 때문이다. 이제 자기와 비자기가 통합함으로써 더 큰 울타리 속의 '자기'가 출현한다. 증오는 연민으로 바뀐다. '미운 정'이라는 우리말만큼 이러한 아이러니를 잘 표현해 주는 말도 없을 듯하다.

마굴리스에 따르면 이상과 같은 과정이 진핵 세포의 기원이다. 진핵 세포는 태고에 일어났던 원핵 세포의 합종(合從)과 연횡(聯橫)의 산물이며, 우리의 몸 속에는 그와 같은 태고의 역사가 들어 있다. 진핵 세포의 핵은 핵막에 둘러싸여 있는데, 그 막은 태고의 전쟁이 얼마나 치열했던가를 알려 주고 있다. 그것은 침입자에 대항해서 자기를 지키려고 스스로 둘러친 목책이다. 이제 전투는 끝났지만, 그 침입자에게 핵 속은 여전히 출입 금지 구역이다. 그리고 이제 x는 순치되어 세포 속의 하나의 부속 기관으로밖에 보이지 않아 그 원형을 찾기란 쉽지 않다. 그것이 태고에는 하나의 독립 개체였다는 사실을 알려 주는 것은 숙주 세포·독립적인 유전 기구·단백질 합성 기구 등을 갖고 있다는 점, 그리고 숙주 세포에게는 없어진 이분법적 체세포 분열을 통해 증식한다는 점이다.

그러면 이러한 기생 원핵 세포 x는 무엇인가? 세포 속의 에너지 발전 기관인 미토콘드리아와 에너지 합성 기관인 엽록체가 바로 x이다. 그것은 태초에 숙주 세포로 침투해 들어온 이른바 병원성 박테리아였다. 그러나 이제 이것 없이는 숙주 세포가 생존할 수 없다. 마찬가지로 기생 박테리아도 세포 환경을 떠나서 독립적으로 살아갈 능력을 상실했다. 이 단계에 이르면 자기와 비자기를 구분하는 것은 무의미하다. 이제 이들은 하나다. 마굴리스는 이처럼 철저한 다자 사이의 합병을 '내(內)공생(endosymbiosis)'이라 부른다. 이는 다자의 독립성이 여전히 유지되고 있는 낮은 정도의 연합인 '공생'과 다르다.

이상과 같은 사건은 단지 태고에 일어났던 일회적 사건인가? 그렇지 않다. 테네시 대학의 전광우 교수는 하나의 놀라운 사실을 발견했다. 거의 20년 동안 계대(繼代) 배양해 온 아메바가 거의 전멸하는 사고가 1966년에 그의 실험실에서 발생했다. 배양 접시가 박테리아에 감염된 것이다. 그런데 다행히도 아메바 가운데 소수는 감염되었으나 살아 남아 있었고, 그는 그것만 골라 다시 계대 배양했다. 세대가 바뀜에 따라 감염된 아메바는 다시 건강을 회복했다. 아메바 속의 박테리아가 사라지지는 않았지만, 그 독성은 상당히 약화되어 있었다. 5년 후 아메바 속의 박테리아를 제거했더니, 아메바는 죽고 말았다. 그야말로 그 박테리아가 아메바의 일부가 되어 있었던 것이다. 오랜 세월이 지나면, 이 둘을 구분할 수 없게 될 것이다.

이러한 사건의 본질을 본다면, 숙주 세포에 미토콘드리아가 침투한 것이나 아메바에 박테리아가 침투한 것은 영화「에얼리언(Aliens)」에 나오는 혐오스러운 장면과 크게 다르지 않다. 현대 의학의 질병에 대한 관점의 전형이 이 영화에 잘 드러나 있다. 요컨대 거기에는 생사를 건 정면 대결 외에는 다른 것이 없다. 그러나 진화는 좀 다른 결말을 맺는다. 본래의 영화 내용과 좀 다르긴 하지만, 진화에 대하여 붙일 수 있는 적당한 제목은 '적과의 동침(Sleeping With the Enemy)'이 아닐까 싶다.

이제 우리 몸 속에서 벌어지고 있는 '적과의 동침' 장면을 한 번 보자.

2. 적과의 동침 II

우리의 면역계 안에서 자기와 비자기는 정교한 방식으로 구분되고 있다. 면역학에서 사용하고 있는 자기와 비자기라는 개념은 버넷(F. M. Burnet)이 1940년에 출간한 『감염 질환의 생물학적 양상』에서 면역의 관용 현상을 설명하기 위해 처음 도입하였다.

생물의 경우 자기를 아는 것은 생존을 위해 가장 기본적이다. 그렇다면 인간처럼 면역계도 자기 의식이 있어야 한다는 말인가? 인간의 자기 의식은 '나는 무엇이다'라는 식으로 자신에 대한 직접적 규정을 통해 표출되지만, 모든 의식이 꼭 그런 식으로 드러나야만 하는 것은 아닐 것이다.

자기를 탐지하는 다른 방식이 있다. 자기 아닌 것에 대한 인식을 통해 반사적으로 자기를 인식하는 것이다. 이 경우 자기를 알기 위해서 자기를 전면적으로 통찰할 필요는 없다. 자기 아닌 것의 표식을 인지하는 것만으로도 충분하다. 여기서 자기란 자기 아닌 것을 뺀 모든 것이다. 헤겔의 용어로 표현하자면 전자는 즉자·대자(卽自·對自)적 의식에 해당하고, 후자는 즉자적 의식에 해당한다. 즉자적 의식의 자기 규정은 다음과 같다.

나는 B가 아니다.
나는 C가 아니다.
나는 D가 아니다.
⋮
⋮

이러한 과정은 무한히 되풀이될 수 있을 것이다. 물론 그로부터 '나는 무엇이다'라는 적극적인(positive) 자기 의식이 표출되는 것은 아니다. 그런데 소극적(negative) 의미에서긴 하지만, 위에서 예시한 것과 같은 자기 의식의 가장 원형적 형태가 면역계에서 나타나고 있다.

몸 속이 이물질로 감염되었을 때, 몸은 이물질이 자기가 아니라는 것을 알고 항체(antibody)를 만들어 이를 침입자(이물질)와 화학적으로 결합시킴으로써 상대를 무력화한다. 그런데 이는 자기를 전면적으로 통찰하는 '나는 무엇이다'라는 의미가 아니라, 타자의 표식을 인지한 것에 지나지 않는다. 달리 말하자면 항체는 비자기에 대한 총체적 목록이고, 항체의 반사면(反射面)이 바로 자기이다.

이때 자기와 비자기의 구분이 그다지 분명한 것은 아니다. 즉 비자기를 자기로 착각하기도 하고, 자기를 비자기로 착각하기도 한다. 전자와 같은 착각이 일어나면, 암세포가 창궐하게 된다. 후자의 경우도 흔히 일어나는데, 사실 대부분의 불치병은 이러한 종류의 것이다. 예컨대 당뇨가 그렇고, 류마티스성 관절염이 그렇다. 특정 음식에 대해 면역계가 반응함으로써 생기는 질병도 있다. 알레르기성 질병으로 무시해 버리면 될 것을 지나치게 민감하게 반응함으로써 일어나는 병이다. 사실 따지고 보면 모든 음식은 바깥에서 들어오는 비자기인 이물질이 아닌가?

이와 같은 사실은 어떤 경우에는 착오의 위험을 감수하더라도 자기와 비자기를 구분하는 데 엄격해야 하고, 어떤 경우에는 관대해야 한다는 것을 알려 준다. 더 엄격해야 할 경우는 몸 안에서다. 몸에 들어오는 이물질은 대부분 해로운 비자기로 보아도 무방하다. 혈관 속에서는 이런 원칙이 지켜진다. 그 속에서는 자기를 나타내는 특별한 ID를 갖고 있지 않는 한, 모두 비자기로 간주한다. 혈관 주사를 맞고서 급작스러운 쇼크로 죽는 사람이 있는 것도 바로 이 때문이다. 그런 반면 장(腸)은 음식을 비롯한 온갖 이물질이 드나드는 곳이다. 그러므로 이 곳에서는 자기와 비자기를 엄격하게 구분해서는 안 될 것이다. 달리 말하자면 수배자 명단에 들어 있지 않는 한, 혐의를 가져서는 안 된다.

이상과 같은 차이 때문에 혈관에 분포해 있는 항체와 소화계에 분포해 있는 항체는 서로 다른 것이어야 할 것이고, 실제로도 다르다. 가차없는 반응은 주로 면역 글로불린 G와 M에 의해 일어나고, 관용적인 면역 반응은

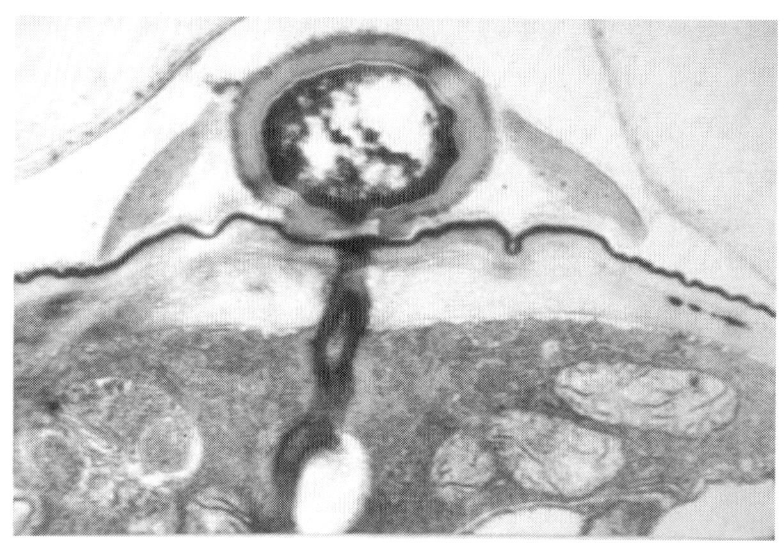

세이르, '식물에 기생하는 기생충인 선충'

항체 A에 의해 일어난다. 항체 A의 80%가 소화관에 분포되어 있다. A는 G나 M처럼 항원 파괴, 백혈구 이동, 염증 등과 같은 작용을 전혀 하지 않는다. 즉 염증도 일으키지 않고, 파괴하지도 않는다. 다만 분비액 중에 다량으로 존재함으로써 해로운 항원을 중화시키고, 세균이 지나치게 늘어나는 것을 억제할 뿐이다. A의 역할은 소화관 내부에 늘 존재하는 세균과 공존하기 위해 낮은 장벽을 쌓는 일뿐이다.

우유 1 *l* 를 마시면, 꽤 농도 짙은 소의 알부민 단백질(이물질)이 혈액 안으로 들어온다. 이것이 입을 통하지 않고 정맥 주사로 직접 혈액 안으로 들어왔다면, 그것은 틀림없이 아나필락시 쇼크를 일으킬 만한 양이다. 그러면 입을 통해 들어온 항원은 어떤 역할을 하는 것일까? 쥐에게 달걀 흰자에서 추출한 알부민 1000분의 1mg 정도를 적당한 조건으로 주사로 투입하면, 알레르기를 일으키는 면역 글로불린 E 항체가 생산된다. 그러나 미리 달걀 흰자의 알부민을 입으로 섭취하게 하면, 항체가 만들어지지 않는다. 몸이 전혀 면역 반응을 일으키지 않는다는 것이다. 이미 입으로 섭취한 뒤여서 쥐는 닭의 단백질을 이물질로 인식하지 않게 되었기 때문이다. 이런 방식을 알레르기에 대한 식이 요법으로 많이 사용하고 있다.

이처럼 자기와 비자기를 구별하는 학습을 하는 곳이 우리의 장이다. 장 속에서는 자기와 비자기를 구분하는 경계가 분명하지 않다. 양자는 끊임없이 유동한다. 그 구분이 지나치게 엄격하다면, 우리는 모든 음식에 대해 거부 반응을 일으키게 될 것이다. 아주 느슨하다면, 온갖 병원균이 체내로 침투해 들어오는 낭패를 당할 것이다. 따라서 자기에 대한 가장 적절한 규정을 끊임없이 해 나가야 한다.

장은 몸의 안일까, 바깥일까? 해부학적으로 보아 위 내부나 장 내부는 어디까지나 몸 바깥이다. 사람은 피부와 감각 기관을 통해 외계와 접할 뿐만 아니라, 소화관 내강(內腔)의 점막을 통해서도 외계와 접하고 있다. 위와 장은 안과 밖이 만나는 장소이며, 자기와 비자기가 충돌하고 타협하는 장소이다. 합종과 연횡이 수시로 이루어지는 공간이다. 자기와 자기 아닌 것이 만나서 새로운 자기를 만들어 가는 실험장이다. 특히 대장은 인간의 몸과 외계가 낮은 울타리를 치고 공존의 틀을 만들고 있는 장소다. 여기가 바로 '적과의 동침'이라는 간통(?)의 현장이다.

이 공존의 틀이 유연성을 잃을 때, 우리 몸은 병들게 된다. 결국 유동적인 안과 밖의 균형을 어떻게 잘 유지하느냐가 건강의 핵심이다. 이런 의미에서 병이 없다는 것 자체가 곧 병이다. 실제로 무균(無菌) 사육된 동물의 경우 면역계 발달이 두드러지게 저해되고, 면역 글로불린의 농도도 낮다. 그뿐만 아니라 소화관의 해부학적 구조도 박테리아가 없으면 제대로 형성되지 않는다. 무균 사육된 동물의 경우 소화관 벽의 점막층이 제대로 발달하지 않는다. 바깥과 관계함으로써 내가 만들어지고, 그 안과 밖의 유동적 균형 속에 있을 때만 내가 존재할 수 있다.

질병은 다자가 서로 관계를 맺는 데서 나타나는 현상이다. 다자의 관계 맺음은 또한 생명 과정이기도 하기 때문에 질병도 삶의 한 부분이다. 이것은 앞의 모델 〈b〉가 보여 주는 모습이다. 그러나 모델 〈a〉에는 결코 융합할 수 없는 일자만 있을 뿐이다. 거기에서 건강과 병은 양립할 수 없으며, 삶과 죽음은 완전히 다른 것이다. 이제 「에얼리언」의 전사 시고니 위버를 만나 볼 차례가 되었나 보다.

3. 에얼리언

데카르트의 철학과 화엄 철학을 비교해 보면, 세계를 보는 눈이 적나라하게 대립된다는 점을 발견할 수 있다. 실체는 연장(延長, extension)을 가지며, 이 연장으로 인해 불가입성(不可入性, impenetration)을 지닌다. 이것이 데카르트의 기계론 철학을 성립시키는 기본 축이다. 그런 반면 화엄의 존재론의 기본 축은 상입(相入, interpenetration)이다. 삼라 만상은 동시에 발생·발현하며(동시 돈기, 同時頓起), 서로 침투해 들어가 있으며(동시 호입, 同時互入), 타자를 자신 속에 포섭하고 있다(동시 호섭, 同時互攝). 전자는 서로를 용납하지 않는다는 것이며, 후자는 그 반대로 서로가 서로 속에 포섭된다는 것이다. 전자는 상호 불가입성을, 후자는 상호 가입성을 바탕으로 한다.

이러한 데카르트의 존재론에서 나온 질병에 대한 관점이 어떠하리라는 것은 충분히 예상할 수 있는 일이다. 각설하고, 「에얼리언」의 소굴로 쳐들어간 시고니 위버의 가공할 만한 무기는 항생제이다.

항생제는 본래 인간의 발명품이 아니고, 균류가 박테리아에 대항하기 위해 진화시킨 무기다. 1929년 플레밍(A. Fleming)이 우연히 배양 접시 속의 세균이 페니실린균류 주변에서는 제대로 자라지 못한다는 것을 발견함으로써 알려지게 되었다.

수많은 균류와 세균이 만들어 내는 물질은 결핵·폐렴, 그리고 그 밖의 많은 질병을 유발하는 세균을 근절시킬 수 있었다. 지난 몇십 년 동안 이런 항생 물질 덕분에 세균성 질병에 대해 근심 없이 살아왔다. 공중보건기구와 항생 물질의 만남은 감염성 질환에 의한 사망률을 급격히 떨어뜨려,

1969년에 미국의 공중위생국 장관이 "이제 감염의 시대는 끝났다"고 거리낌없이 선언할 정도였다.

그러나 현대 의학은 우리의 몸이 30억 년이라는 장구한 시간에 걸쳐 합종과 연횡을 통해서 만들어진 진화의 산물임을 간과하고 있다. 인간의 몸은 60조 개의 세포로 구성되어 있으며, 그 열 배에 해당하는 박테리아나 원생 동물이 서식하고 있는 거대한 생태계다. 달리 말하면 인간은 그 모두를 실어 나르고 있는 거대한 숙주인 셈이다. 균총은 우리의 몸에서 영양분을 섭취하며 살아가고 있다.

이 가운데 장내 균총은 우리 몸 속에 늘 거주하고 있는 상주균이다. 이것은 과거 어느 때인가는 몸에 침입하여 치명적인 질병을 일으켰겠지만, 오랜 세월의 합종과 연횡을 통해 그 독성을 순화시켜 우리 몸 생태계의 일부가 된 박테리아다. 장내에 기생하는 대장균이 그 대표적인 것이다. 이것은 병원성 박테리아가 아니다. 요컨대 대장균의 장내 상주는 숙주에게 큰 손상을 주지 않는 '만성 질환'이다.

병원성 박테리아란 외부에서 침투해 들어온 최근의 신참을 일컫는 말이다. 아직 타협이 이루어지지 않은 상태이기 때문에 숙주에 치명적인 위해를 가할 수 있다. 인간은 이에 대한 효과적인 대항 수단을 만들어 내었는데, 그것이 바로 항생제다. 항생제는 박테리아의 세포벽을 뚫어 버림으로써 무력화시킨다. 그런데 다세포 생물체의 세포는 세포벽이 없다. 그러므로 항생제는 우리 몸의 세포에 대해서는 손상을 입히지 않는다. 이 선택적 파괴력을 통해 항생제는 박테리아를 다스리는 효과적인 무기가 되었다.

그런데 항생제가 몸 안에 투입되면, 외래 침입자만 선택적으로 죽일 수 있는 것은 아니다. 항생제는 정확한 표적을 향해 작동하는 우리의 면역계와 달리, 무차별 투하되는 폭탄과 같다. 외래 침입자도 죽이지만, 몸 안의 토박이 박테리아도 죽인다. 몸 안의 박테리아 역시 세포벽을 가진 박테리아이기 때문이다.

외래의 병원성 박테리아뿐만 아니라 상주 박테리아도 치명적 손상을 입게 된다는 게 어떻다는 말인가? 덕분에 식객들도 함께 몰아내게 되었으니, 꿩 먹고 알 먹는 격이 아닌가 생각할지 모르겠다. 앞에서 언급했던 전광우 박사가 한 실험을 다시 한 번 생각해 보자. 아메바에 침입한 박테리아가 상주균으로 바뀌었을 때, 그것을 제거하니 아메바도 죽지 않았던가! 질병이었던 것이 오히려 삶의 일부로 자리잡았던 것이다. 대장에 서식하는 박테리아는 이제 우리 몸 건강의 핵심이 되었다. 활력 있는 장내 균총을 갖고 있을 때만, 우리는 건강한 삶을 유지할 수 있다. 장내 균총이 붕괴되면, 숙주는 곧 소화 불량과 변비에 시달리게 된다.

상주균의 붕괴가 외래 병원균에 대한 우리 몸의 방어계를 약화시킬 수도 있다. 앞서 보았듯이 우리 몸의 외부 기생자에 대한 방어는 우리의 면역계에 의해 이루어지고 있다. 그러나 충분히 인식되어 있지는 않지만, 이 방어에는 장내 균총도 중요한 역할을 하고 있다. 의학에서는 이것을 몸의 1차 방어계라 한다. 이것은 일종의 선점권이다. 즉 몸 속의 박테리아는 자기의 거주 영역을 지키려 할 것이고, 이것이 외래 신참자의 침입을 막아 주는 역할을 한다. 몸을 영양분으로 이용하려고 하는 박테리아인데, 기득권을 갖고 있는 토박이든 신참이든 무슨 관계가 있느냐고 생각할지 모른다. 그러나 그렇지 않다. 토박이 균총은 우리 몸과 장구한 기간의 진화를 통해서 숙주의 일방적인 공격이나 기생자의 일방적인 착취가 서로에게 이익이 되지 못한다는 데 인식을 같이 하고 있다. 달리 말하면 몸 안의 균총은 자신의 숙주에 대해서 상당한 자제력을 발휘하고 있다고 할 수 있다. 숙주의 몰락은 곧 자신의 몰락을 의미하기 때문이다. 그러나 신참에게는 이러한 의식이 없다. 일단 몸을 장악하면, 가능한 한 모든 수법을 동원해서 숙주를 착취하려고 한다. 거기서 번식한 다음, 다른 숙주를 찾아 이동하면 그만이기 때문이다. 우리의 병원성 질병은 대부분 이 외래 침입자가 일으키는 전쟁이다. 이들의 침입을 막고 있는 1차 방어계가 바로 우리 몸 속의 박테리아다. 그런데 항생제가 그 방어선을 붕괴시키는 것이다. 오랫동안 약제 내성을 경고해 온 라페(M. Lappe)는 이 점을 다음과 같이 지적하고 있다.

임상 의사는 치료를 위해 항생제를 투여할 때마다, 표적이 되고 있는 병원균뿐만 아니라 우리 몸의 자연 균총에 대해서도 엄청난 선택 압력을 부과하고 있다는 점을 의식하고 있어야 한다. 통상 자연적으로 형성되는 박테리아와 효모균은 균형 속에 존재하며, 비교적 일정한 상태와 조성 비율을 유지하고 있다. 이처럼 공생 관계에 있는 미생물의 대사 활동은 병원 미생물이 입·목·장관 등에 군집을 형성하는 것을 막아 준다. 이 장내 균총은 영양분과 장소를 놓고 병원 미생물과 경쟁한다. 휘발성 지방산과 같은 항균 물질을 분비함으로써 이 불청객 박테리아의 수를 제어한다.

항생제는 한편으로는 우리 몸의 생태계를 붕괴시키면서, 또 다른 한편으로는 독성의 병원균을 진화시켜 주는 결과를 가져온다. 이 점은 농약의 남용이 저항성이 더 강한 잡초를 진화시켜 온 아이러니컬한 결과를 생각해 보면 잘 알 수 있다. 약을 뿌리면, 저항성이 약한 잡초는 다 죽는다. 그러나 그 중 독성에 견디어 낼 수 있는 일부 잡초는 그럭저럭 살아 남는다. 다음 해에 이 잡초는 다른 경쟁자가 사라진 무주 공산의 노다지를 차지한다. 이 잡초는 더 왕성하게 번식하고, 우리는 더 독한 농약을 개발해서 이에 대응한다. 결과적으로 농약이 독초를 선택하는 셈이다.

이러한 현상은 항생제에서도 똑같이 재현되는데, 바로 이것이 오늘날 심각한 문제로 대두되고 있는 항생제의 약제 내성 문제다. 항생 물질이 작용하기 위해서는 박테리아 세포 속으로 들어가야 하는데, 많은 경우 박테리아가 이미 갖고 있는 수송계를 이용해서 들어간다. 따라서 박테리아는 그러한 성장 저해 물질에 수송계를 제공함으로써 자멸하게 된다. 페니실린에 대한 최초의 저항성 메커니즘은 약물의 수송을 방해하는 플라스미드(plasmid)의 출현이었다. 또 다른 방식은 항생 물질이 들어오는 대로 세포 밖으로 배출시키는 것이다. 이것은 테트라사이클린 저항성 박테리아가 개발한 방식이다. 이것은 아주 효율적이어서 치사량의 100배나 되는 농도에서도 박테리아는 살아 남을 수 있다. 또 다른 방식은 항생 물질의 독성을 화학적 변화를 통해서 중화시키는 것이다. 이 방법은 스트렙토마이신과 같은 아미노배당체(amminoglycoside) 등의 항생 물질에 대한 대응 방법으로 진화한 것이다. 이 외에도 공격 표적을 속인다든지 자기를 변형시켜 항생 물질이 더 이상 효력을 갖지 못하도록 하는 등 여러 저항 방식이 있는 것으로 알려져 있다. 이와 같은 진화가 항생제 개발 이후의 최근 몇십 년 사이에 이루어진 것이라는 점을 생각하면 두렵기까지 하다.

항생제에 대한 새로운 저항성 메커니즘은 플라스미드의 교환을 통해서 박테리아 전체로 신속하게 퍼져 나가기 때문에 새로운 약물도 조만간 그 효력을 상실해 버리고 만다. 게다가 이런 교환이 계속되다 보면, 모든 병원성 박테리아가 기존의 모든 항생제에 대한 저항 메커니즘을 플라스미드에 내장하게 되는 사태가 생긴다. 이것이 요사이 공포를 불러일으키고 있는 복합 약물 저항성이다. 항생제 가운데 어떤 것은 안 듣고 어떤 것은 듣는 그런 것이 아니라, 일체의 항생제가 더 이상 듣지 않는 것이다.

아직 더 큰 문제가 남아 있는데, 사실 이미 현실로 나타나고 있다. 우리의 몸과 장내 균총 사이의 장구한 기간에 걸친 타협이 무너져 버렸다는 점이다. 항생제 투여라는 위기에 직면한 장내 균총은 침입 박테리아로부터 저항성 플라스미드를 받아들임으로써 스스로 독성을 획득해 가고 있다. 우리에게 지금까지 무해한 것으로 알려져 왔던 장내의 대장균들이 독성 병원균으로 변한 사례가 보고되고 있는데, O-157 대장균과 같은 것이 그 대표적인 예다.

3. '질병'은 없다

항생제가 왜 문제인가? 역설적이게도 지나치게 효과적이라는 점 때문이다. 데모를 단시간에 진압할 수 있는 가장 효과적인 방법 중의 하나는 탱크를 동원해서 시위 군중을 향해 발포하는 것이리라. 그런데 그렇게 하지 않고 있다. 그 대신 효과나 약발이 훨씬 떨어지는 최루탄을 사용한다. 왜일까? 무기가 치명적이면 치명적일수록 거기에는 타협의 여지가 없기 때문이다. 생사를 건 싸움으로 돌입하는 수밖에 없다? 그것은 문제를 푸는 방법이 아니고, 더 복잡하게 꼬이게 하는 방법이다.

에이즈에 대항하는 효과적인 방법은 더 강력한 약제를 개발하는 것이 아니라, 콘돔을 사용하는 것이다. 이를 이해하기 위해서는 '에이즈의 입장'에서 생각해 보아야 한다. 여성의 질은 기능상 감염되기 쉬운 부위이다. 매독이나 임질은 이 경로를 이용한다. 그러나 진화는 그에 대해 잘 대비해 왔고, 그리하여 감염에 대한 방어 메커니즘을 진화시켜 왔다. 월경도 감염을 막는 중요한 기능 중 하나다. 그런데 질이 아닌 항문 점막 접촉을 통한 성교는 우리의 몸이 전혀 예상하고 있지 못한 경로이다. 직장, 결장과 같은 곳은 장내 박테리아가 군집을 이루어 살도록 주어진 면역의 치외 법권 지역이다. 에이즈 바이러스는 이 새로운 통로를 찾아내었다. 요컨대 면역계의 아무런 제재도 받지 않고 전파될 수 있는 새 루트를 개발한 것이다.

전파가 용이하면 용이할수록 균은 독성을 띠게 된다. 균의 독성은 숙주를 죽이려는 의도에서 나오는 것이 아니다. 단지 급속히 번식하는 과정에서 숙주에 대한 착취의 강도가 높아지기 때문에 결과적으로 숙주가 치명적 피해를 입게 되는 것이다. 그러나 숙주가 죽으면, 그에 대한 착취도 끝나고, 마침내 함께 사멸할 수밖에 없다. 그러나 그것은 다른 숙주가 없을 때 이야기다. 다른 숙주로 신속하게 옮겨갈 수만 있다면, 문제는 다르다. 다른 숙주에게 전파되는 것이 어려워지면, 숙주를 신속하게 파괴하는 강한 독성을 가진 균은 자멸할 수밖에 없다. 이 경우 조금씩 착취하면서 시간을 버는 것이 유리하다. 이 과정에서 독성이 약한 균이 선택되고, 약한 쪽으로 진화한다. 그 반대로 전파가 용이할 경우 독성을 가진 균이 유리해지고, 자연히 선택은 그 쪽을 더 선호하게 된다. 변태적인 항문 접촉을 통한 성행위는 그 자체가 위험한 데다, 변태적 성행위가 급속히 증가함으로써 에이즈 바이러스의 전파를 용이하게 했다. 이것이 독성 균의 진화를 가속화시킨 것이다.

독성이 강한 약으로 에이즈를 전멸시키려는 시도는 더 강한 내성을 가진

에이즈 바이러스를 진화시킬 뿐이다. 그보다는 그 전파를 어렵게 만들거나 차단시킴으로써 독성을 순화시키는 방법이 장기적으로 더 효과적이다. 그런 점에서 콘돔은 효과적인 에이즈 길들이기 수단이 된다.

말라리아의 경우도 마찬가지다. 말라리아라는 치명적인 질병은 모기를 통해 전염된다. 말라리아와의 싸움에서 인간은 1960년대에 반짝 성공을 맛보았을 뿐, 계속해서 패퇴해 왔다. 인체에 이미 들어와 있는 말라리아 자체를 죽이는 약제의 개발·사용은 데모에 대한 과잉 진압처럼 우리의 면역계가 오히려 우리를 공격하는 참담한 결과를 가져왔다.

그보다는 경로를 차단함으로써 말라리아를 근절시키는 방법을 찾아야 한다. 모기가 서식하는 물웅덩이를 메우고, 모기장을 치는 것이 효과적인 방법이다. 이 방법은 에이즈 자체를 괴멸시키려고 하거나 말라리아 자체를 괴멸시키려고 하는 것과 같은 방법은 아니다. 그들도 삶의 일부이다. 그들과 공존할 수 있는 낮은 목책을 세우는 것, 바로 그것이다. 우리 몸의 진화 과정이 그랬고, 우리의 면역계 또한 그러하다.

진화의 넓은 맥락에서 볼 때, '질병'은 실체가 아니다. 그것은 다자가 관계 맺는 동적 과정을 일컫는 말이다. 길항(拮抗) 또는 보완 관계 속에서 새로운 관계를 창출하고, 이 과정에서 '자기'는 끊임없이 유동한다. 다른 측면에서 보면, 진화란 바로 질병의 역사이다.

이 우주에 순전한 '나'란 존재하지도 않고, 또 존재할 수도 없다. 모든 것은 다른 것과의 관계 속에서 존재하고, 오직 그럴 때만 의미를 가질 뿐이다. 불교에서는 이를 '모든 존재자의 연기(緣起)의 원칙'이라고 한다.

이것은 또한 동양의 음양 오행설의 '상생 상극(相生 相剋)의 원리'이기도 하다. x와 y가 상극 관계에 있을 때, x가 살기 위해 y를 괴멸시킨다면 x의 번성도 보장된다고 볼 수 없다. 그것은 또한 y와 상극 관계에 있기에 y를 견제해 온 z의 번성을 가져오고, 그것이 마침내 x의 괴멸로 귀결될 수 있다. 다음 그림은 그런 과정을 도식화한 것이다.

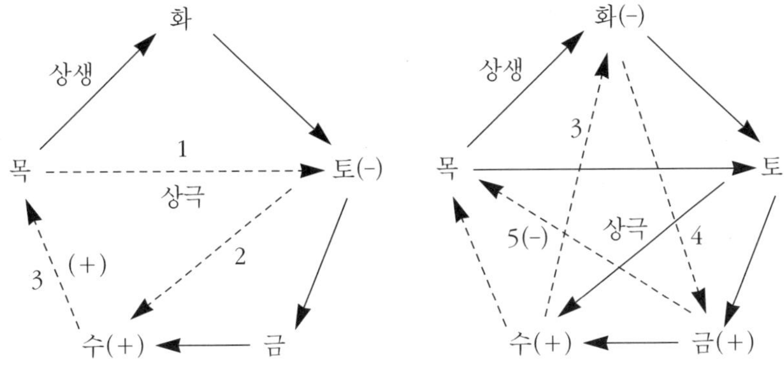

위의 왼쪽 그림에서 보듯이 목을 강화하기 위해 토를 억제하면, 그와 상극 관계에 있는 수가 강화되어 결과적으로 목이 강화된다. 그러나 무조건 토를 억제한다고, 목이 강화되는 것이 아니다.

위의 오른쪽 그림은 그 점을 보여 주고 있다. 수는 그와 상극 관계에 있는 화를 억제하고, 그것이 금을 강화시켜 금과 상극 관계에 있는 목을 약화시킨다. 좋은 것이 항상 좋은 것은 아니고, 나쁜 것이 항상 나쁜 것은 아니다. 그것은 전후의 문맥에 의존하는 고도의 비(非)선형적 현상이다.

몸을 생태적으로 사고한다는 것은 무엇을 의미하는가? 서양 의학의 몸에 대한 기계적 사고 방식은 질병을 근절해야 할 대상으로 생각하도록 했다. 그리하여 암 정복처럼 감히 '정복'이라는 용어를 사용해 왔다. 암은 분명히 치명적 질병이지만, 그것 또한 자연의 일부다. 그것은 생물체가 복잡하게 되는 과정에서 불가피하게 생긴 진화의 음영이다. 그것은 근절되지 않을 것이며, 근절될 수도 없다. 그것 역시 우리 존재의 일부이기 때문이다. 바이러스나 박테리아 같은 병원성 세균도 자연의 이상(異常) 현상이 아니고, 그 역시 자연의 엄연한 일부이다. 그것은 다스림의 대상일 뿐, 근절의 대상은 아니다. 그것을 근절시키고자 하는 시도는 결국 모두의 파멸을 초래할 것이라는 점을 항생제로 인한 오늘날의 의료 위기가 잘 보여 주고 있다.

　이제 다음 글로써 이 글을 끝맺고자 한다. 생태 운동가 고 장일순 선생에 관한 이현주의 회상 한 토막이다.

　병 이야기하니까 생각납니다만, 장일순 선생님이 암으로 진단받았습니다. 제가 병원으로 찾아가 '투병'이라는 단어를 썼습니다. 그랬더니 아주 정색하시면서 "자네 입에서 그런 이야기가 나오다니, 암세포는 내 세포가 아닌가? 잘 모시고 가야지." 그러시더라구요. 그리고 "지구가 지금 암을 앓고 있는데, 지구 땅덩어리가 앓고 있는데, 나는 '아프다'고 소리나 지르지. 나 좀 아프니까 후배들이고 뭐 사람들이 이렇게 여럿 와 주는데, 땅덩어리가 아프다고 누구 좀 울어 주지도 않고, 땅은 신음도 하고 있지 않지 않은가?" 그러시면서 우시더라구요. 그런 식으로 자기 몸의 병을 모시고 사셨다가 암하고 같이 가셨지요. 투병이라고 하는 것은 사실 생태적 삶을 사는 사람들의 입에서 나올 수 없는 단어가 아닌가? 뭐하고 싸우자는 건가? 생태적 삶이란 다 내 몸인데, 모든 것이 내 몸인데, 내 몸하고 내가 어떻게 싸운다는 것인가? 나에게 이익을 준다고 판정되는 것들만 내 친구가 아니라, 지금 당장 나에게 상처를 주고 손해를 주는 것같이 판단되어도 결국 내 몸이라는 의식을 가지고 산다면 투병이란 말이 점차 사라지고, 어떻게 하면 병과 함께 병을 잘 다루면서 병을 통해서 내가 얻을 수 있는, 내가 배울 수 있는 부분을 잘 간직할 수 있을까, 오히려 이걸 생각하는 것이 성숙한 사람이 아닌가, 저는 그렇게 생각합니다.

■ 주제어

다층 구조와 계층 구조, 홀론, 일즉다 다즉일(一卽多 多卽一), 합생(合生), 내공생(內共生), 적극적 의식과 소극적 의식, 자기와 비자기, 약제내성(藥劑耐性), 숙주와 기생자, 상생과 상극의 원리

미토콘드리아와 엽록체(mitochondria, chloroplast) 미토콘드리아는 진핵 세포의 세포질에 들어 있는 세포 내의 소기관으로 세포의 생화학적 에너지인 ATP를 생산하는 기관이다. 엽록체는 녹색 식물 잎에 들어 있는 세포 내의 소기관으로 빛에너지를 흡수하여 광합성을 행하는 기관이다. 둘 다 자체 유전자 DNA와 단백질 합성 기구 리보좀(ribosome)을 갖고 있는 것으로 보아 숙주 세포와 별도의 것으로 존재하다가 뒤에 합병된 것으로 보인다.

야누스와 홀론(Janus, holon) 야누스는 로마 신화에 등장하는 신. 문은 들어가는 것과 나가는 것 두 방향이 있으므로, 문의 수호신은 보통 두 개의 머리를 가지고 있는 것으로 표현된다. 1월은 새해로 들어가는 문으로 1월을 가리키는 January는 Janus에서 온 말이다. 케슬러는 존재하는 것은 모두 전체와 부분의 두 얼굴을 가지고 있다고 주장한다. 아무리 작은 것도 그것을 분해해 보면 더 작은 어떤 것들이 모여서 만들어진 것이라는 것을 알 수 있다. 그래서 그것은 전체로서의 성격을 갖는다. 아무리 큰 것도 더 넓은 시야에서 보면 어떠한 것의 일부로서, 부분으로서의 성격을 갖는다. 그는 이 부분이면서 전체인 것을 홀론이라고 부른다. 홀론은 전체를 의미하는 holos와 조각이나 부분을 뜻하는 접미사 on의 합성어다. 이것은 야누스가 두 얼굴을 갖고 있듯이 부분과 전체라는 두 개의 얼굴을 갖고 있다. 이것은 '하나의 여럿', '여럿의 하나'인 일즉다 다즉일(一卽多 多卽一)의 화엄 철학과 상통하고 있다.

원핵 세포와 진핵 세포(prokaryote, eukaryote) 우리 몸의 세포의 가운데는 핵이 있고 여기에 유전 정보인 DNA가 들어 있다. 핵이 핵막으로 둘러싸여 있는 세포를 진핵 세포라고 한다. 다세포의 생물체는 이러한 형태를 취하고 있다. 이러한 종류의 세포를 진핵 세포라고 한다. 반면 박테리아

나 남조류와 같은 단세포 생명체는 핵이 따로 존재하지 않고 세포 내에 산
포되어 있다. 이것을 원핵 세포라고 한다. 원핵 세포는 진핵 세포에는 없는
세포벽이 있다. 이것은 외부의 충격에서 자신을 보호하기 위한 일종의 '피
부'에 해당한다. 다세포 생명체의 세포(진핵 세포)는 바깥과 바로 접촉하
는 것이 아니므로 이러한 세포벽이 필요 없다. 페니실린과 같은 항생 물질
은 세포벽을 뚫어 박테리아의 기능을 무력화시킨다. 우리 몸을 이루는 세
포는 이 세포벽이 없으므로 항생 물질에 의한 파괴를 면할 수 있다. 박테리
아에만 작용하는 이 선택성으로 인해 항생 물질은 박테리아에 대항하기 위
한 강력하고 유효한 약물이 되었다.

자성과 무자성(自性, 無自性) 자성은 사물을 그 사물이게끔 하는 사물의 본
질적 성질을 의미하는 불교 용어다. 그러나 불교에서는 이것은 사물에 대
한 추상화에 지나지 않는다고 비판한다. 사물은 고정되어 있지 않으며, 끊
임없는 유동 속에 있다. 자기란 것이 불변적인 것이라면, 자기(自己)와 비
자기(非自己)가 만나서 새로운 자기로 통합되는 과정은 있을 수 없을 것이
다. 그런 면에서 무자성, 즉 사물의 공(空)함은 창조적 진화(새로운 자기의
창조)를 가능하게 하는 존재론적 기초가 된다.

장내 균총 또는 상주균(enterobacteria) 우리의 장 속에 상주하고 있는
박테리아의 무리. 장내 균총은 장내의 환경이나 세균 상호간의 작용에 의
해서 그 수가 변동할 수 있으나 대체로 균형을 유지하면서 서식하고 있다.
우리 몸의 세포의 총수(60조)의 10여 배에 해당하는 상주균이 우리 몸 안
에 서식하고 있다. 이들은 단지 우리 몸에 기생하고 있는 것만 아니라, 유
익한 면도 갖고 있다. 본문에서 기술한 1차 방어계로서 역할뿐만 아니라
우리 몸에 필요한 영양소를 합성하기도 한다. 예를 들면 혈액 응고에 중요
한 역할을 하는 비타민 K는 이 장내의 세균들에 의해서 생산된다. 항생 물
질을 다량 투여하면, 이 장내의 세균이 감소하여 비타민 K의 부족으로 혈

액 응고가 늦어질 수 있다. 비피더스균과 같은 유산균도 우리 몸에 유익한 역할을 한다.

항체와 면역 글로불린(antibody, immunoglobulin) 몸 안에 자기 것과 다른 물질(항원이라 함)이 침입하면 그 물질과 결합하여 그 물질을 배제하는 기능을 가진 단백질이 만들어지는데, 이를 항체 또는 면역 글로불린이라 부른다. 항체에는 A·D·E·G·M의 다섯 종류가 있는데, A는 몸 전체에 걸쳐 활동하고, D는 소화관·폐·비뇨기 등의 점막, 말하자면 안과 바깥이 만나는 경계 지역에서 활동한다. M은 감염 초기에 관여한다. E는 기생충의 감염에 특화된 면역 반응을 보이나 천식이나 꽃가루 알레르기 등의 부작용을 일으키는 주범이기도 하다. 이 알레르기를 몸 안 기생충의 소멸로 인해 기능을 잃어버린 결과로 나타난 이상 반응이라고 보는 학자들도 있다.

플라스미드와 약제 내성(plasmid, drug-resistance) 박테리아 게놈의 본체 DNA와 별도로 세포 내에 존재하는 자기 복제 능력을 가진 DNA 조각들. 박테리아의 기생체이지만, 항생 물질의 독성을 중화시키거나 차단시킴으로써 박테리아에 내성을 부여하는 역할, 즉 항생 물질에 대항해서 박테리아가 살아 남는 데 중요한 역할을 하고 있다. 약물 복합 저항성 또는 다제 내성은 박테리아가 여러 가지 항생 물질에 대항할 수 있는 여러 종류의 플라스미드를 내장하고 있을 때 발생한다. 박테리아는 이 플라스미드를 다른 박테리아에게 전달함으로써 내성이 사람들 사이에 급격하게 증가하게 된다. 특히 항생제의 사용량이 많으면 많을수록 내성은 급격하게 증가한다. 피부·근육·관절에 감염을 일으키는 포도상구균은 1941년에 모두 페니실린으로 치료되었다. 그러나 지금은 페니실린으로 치료 가능한 포도상구균은 거의 없다. 이 페니실린에 대한 대체약이 메티실린인데, 지금 우리 나라에서 검출된 포도상구균의 70~80%가 이 메티실린에 대한 내성을 보이고 있다. 이에 대한 유일한 대체약이 반코마이신인데, 이마저도 1996년 일본에서 내성균이 등장해서 전세계적으로 급격하게 퍼지고 있다. 물론 우리나라도 예외는 아니며, 반코마이신 내성균주의 일곱 번째 발견국이라는 영예(?)를 안았다. 이것이 슈퍼 박테리아라 불리는 포도상구균으로 '항생제의 종말'을 의미하는 불길한 조짐으로 받아들여지고 있다.

■ 생각해 볼 문제

1) 계층 구조와 다층 구조의 차이는 무엇인가? 또 그 장점과 단점은 각각 무엇인가? 여러 가지 일상적인 예를 들어 생각해 보자.

2) 독성이 강한 제초제 사용 효과는 일시적일 뿐이다. 그 다음해 더 무성한 잡초와 대면하지 않으면 안 된다. 이것을 항생제의 문제와 관련해서 생각해 보자.

3) 다음은 2000년 5월 인간 게놈 지도가 완성된 뒤 한 과학자가 일간지에 기고한 글이다. 이것을 읽고 질병에 대한 이 과학자의 관점이 무엇인지, 그 관점에는 어떤 문제점이 있는지 생각해 보자.

미래 의학의 혁명은 이미 시작되었다. 우리의 관심은 이 혁명이 어디를 향해 갈 것인가에 있다. 쓰기에 따라서는 길몽이 될 수도 있고 흉몽이 되기도 할 생명에 관한 완벽한 지식 정보는 과연 어떻게 이용될 것인가?

잊지 말아야 할 것은 이와 같은 정보가 이미 질병에 걸린 많은 사람들에게는 자신들의 오랜 염원을 실현할 수 있는 유일한 해결책이라는 사실이다. 태어나서 한번도 생명의 즐거움을 누려 보지 못한 유전병 환자들이나 암·고혈압·당뇨병에 걸린 환자들은 이 기술을 절실하게 기다리고 있다.

미래 의학에 엄청난 재원과 노력을 쏟아야 하는 이유는 그것만이 아니다. 죽음을 앞두고 자신의 존재 의미를 정리하면서 허무와 싸우는 노인들에게 의학은 가능한 한 수명 연장의 꿈을 실현시켜 주어야 할 것이다. 나아가 더 행복한 삶을 위해 유전자를 임의로 선택하는 맞춤 인간을 시도하는 것도 거부할 만한 일은 아니다. 이제 생명 복제 기술에 의한 자가줄기 세포 치료법으로 120세까지 수명을 연장하는 것은 어렵지 않게 되었다.

그러나 무엇보다도 중요한 것은 생명의 비밀이 완전히 풀리게 되면 인간과 영성(靈性)에 대한 새로운 이해에 도달할 수 있다는 점이다. 21세기 영성의 시대를 맞아 생명의 완벽한 이해가 가능해져 질병 해방과 수면 연장의 꿈을 실현하고, 끝으로 인간의 영성 회복까지도 가져올 수 있다면, 이것이 선인들이 말하는 '물질 개벽'이 될 수 있지 않을까? (『중앙일보』, 2000년 5월 22일자)

4) 글 ①은 『장자 莊子』의 「응제왕 應帝王」편에 나오는 유명한 구절이다. 혼돈에 구멍을 뚫어 질서를 부여했는데, 오히려 죽어 버렸다. 이것을 글 ②와 함께 읽으면서 질병의 의미가 무엇인지 생각해 보자.

① 남해의 신을 숙(儵)이라 하고, 북해의 신을 홀(忽)이라 하며, 중앙의 신을 혼돈(混沌)이라고 한다. 숙과 홀이 어느 때에 혼돈의 땅에서 서로 만났는데, 혼돈은 그들을 위해 융숭한 대접을 하였다. 그래서 두 신은 혼돈의 은혜를 갚으려고 의논했다.

"사람들은 모두 일곱 구멍이 있어서 보고·듣고·먹고·숨쉬는데 홀로 이 분만이 없으니, 우리 시험삼아 구멍을 뚫어 줍시다."

이렇게 하여 날마다 한 구멍씩 뚫었더니, 칠일째가 되자 혼돈은 그만 죽고 말았다.

② 기생충을 제거한 경우, 알레르기와 같은 다른 면역성 질병의 원인이 된다. 산업 국가의 경우 25%가 알레르기로 고생하고 있다. 그러나 다른 지역에서는 이런 질병을 발견하기 어렵다. 닐 린치(Neil Linch)라는 면역학자는 베네수엘라에서 이 패턴에 대한 정교한 연구를 시행했다. 상류층의 43%가 알레르기를 갖고 있었지만, 10%만이 장내 기생충에 감염되어 있었다. 하류 빈곤층의 경우 알레르기는 상류층의 반에 지나지 않았지만, 기생충은 두 배였다. 또 그가 열대 우림에 살고 있는 인디언 원주민들을 조사했을 때, 그 결과는 훨씬 더 뚜렷한 것이었

다. 그들의 88%가 기생충에 감염되어 있었지만, 알레르기는 한 명도 없었다. 기생충이 없으면, 우리의 면역계는 고양이의 털이나 곰팡이의 포자와 같은 무해한 것에 과잉 반응하기 쉽다.

이러한 질병과 싸우기 위해서는 우리는 기생충들과의 긴 유대 관계를 이해해야 한다. 다른 대안을 찾지 못하는 경우가 아니고는 트리키닐라의 알을 먹으라고 말하는 것은 아니다.

그러나 기생충이 우리의 면역계를 조작하기 위해서 사용하는 화학 물질은 현대 생활로부터 우리를 보호해 줄 수도 있다. 아마 앞으로 홍역 백신과 함께 우리의 면역계가 통제 없이 날뛰지 않도록 하기 위해서 기생충의 알에서 추출한 단백질을 먹어야 할지 모르겠다. 그것은 아마 인간 속에 기생하는 기생충의 기능에 대한 역전이 될 것이다. 그것들이 항상 질병이 되는 것은 아니다. 경우에 따라서는 그것이 치료제일 수도 있다.(Carl Zimmer, *Parasite Rex*, The Free Press, 2000, 214~215쪽)

■ 참고 문헌

▶아서 케슬러, 『야누스』, 최효선 옮김, 범양사, 1993.
'여럿의 하나', '하나의 여럿'이라는 개념은 화엄 사상이나 화이트헤드의 과정 철학, 더 나아가 생명의 철학을 이해하는 데 상당히 중요한 개념이지만 이해하기가 쉽지 않은 개념이다. 케슬러는 이 개념을 비교적 쉬운 언어로 잘 설명해 주고 있으므로 일차적으로 이 책의 숙독을 권한다. 그는 이 개념을 기초로 해서 예술의 창조 개념을 생명 진화의 영역으로 확장하고 있다. 이 개념을 좀더 잘 이해하기 위해서는 화이트헤드의 『과정과 실재』(민음사, 1991)를 권하지만, 이것은 읽기 쉬운 책이 결코 아니다. 그 중간 다리로서 스티브 오딘의 『과정형이상학과 화엄불교』(이문출판사, 2000), 까르마 츠앙의 『화엄철학』(경서원, 1998)을 읽어 보기를 권한다.
▶린 마굴리스, 『마이크로코스모스』, 홍욱희 옮김, 범양사, 1987.
다세포 생물의 세포가 단일 생명체가 아니라 여러 생명체의 합병의 산물이라는 것을 보여 주는 고전적인 저서. 일반인을 상대로 쓴 책이므로 그렇게 어렵지 않다. '여럿'이 어떻게 '하나'로 이행해 가는가에 대해 미토콘드리아와 엽록체의 생성 과정을 추적하면서 그 진상을 보여 주고 있는데, 마치 한 편의 추리 소설을 읽는 느낌이다.

린 마굴리스의 책은 이 외에 몇 권 더 국내에 번역되어 있다. 『생명이란 무엇인가?』(지호, 1999), 『섹스란 무엇인가?』(지호, 1999) 등은 『마이크로코스모스』에 있는 개념을 더 확장시킨 것인데, 주제가 확장됨에 따라 뒷심이 달리는지 『마이크로코스모스』에 비해서 급이 좀 떨어지는 책이다. 이와 더불어 리차드 도킨스의 『이기적 유전자』(을유문화사, 1995)를 읽기 바란다. 관점은 약간 다르지만 '여럿' 사이의 갈등 구조가 어떻게 '하나'로의 통합을 일으키는가를 아주 솜씨 있게 보여 주고 있다. 특히 6장, 10장, 12장을 읽어 볼 것.

▶조지 윌리엄스, 『인간은 왜 병에 걸리는가?』, 최재천 옮김, 사이언스북스, 1999.

감기에 걸리면 나는 열은 바이러스에 대한 신체의 방어 기제이지, 그 자체가 질병의 증상이 아니다. 따라서 해열제를 처방하는 것은 오히려 신체의 방어 기구를 무력화시켜 바이러스의 증식을 도와주는 꼴이 된다. 한 예에 지나지 않지만, 질병을 진화적 관점에서 접근함으로써 현대 의학이 빠져 있는 여러 가지 오류를 날카롭게 밝혀내고 있다. 새로이 대두되고 있는 '진화 의학'의 개척자적인 저서. 저자는 금세기 최고의 진화 생물학자 가운데 한 사람이다. 놀라운 통찰력으로 가득 찬 책이다. 흥미로운 것은 그 결과가 한의학의 결론들에 상당히 유사하게 접근해 가고 있다는 점이다. 이것은 어떻게 보면 당연한 것인데, 진화 의학이란 질병을 병원론적 관점이 아니라 생태론적 관점에서 접근해야 한다는 입장에서 출발하고 있기 때문이다. 그런 관점은 한의학의 기본 관점이기도 하다.

윌리엄스의 진화론적 관점에 대한 포괄적 이해를 위해서는 윌리엄스의 『진화의 미스테리』(두산동아, 1997)를 권한다. 질병이 단순한 '부작용'이 아니라, '여럿'이 '하나'로 이행해 가는 생명 과정의 본질이라는 것을 이해하기 위해서는 질병의 역사에 대한 포괄적인 이해가 필요하다. 이에 대한 좋은 책으로 윌리엄 맥닐의 고전적 저서 『전염병과 인류의 역사』(한울, 1992), 아노 카렌의 『전염병의 문화사』(사이언스북스, 2001)를 권한다.

▶타다 토미오, 『면역의 의미론』, 황상익 옮김, 한울, 1998.

번역자가 부제로 '자기란 무엇인가?'라는 적절한 제목을 붙여 놓았다. 이 책은 면역 과정에서 '자기'란 무엇인가를 탐색하고 있다. 면역에서 자기 개념은 프랭크 버넷의 연구에서 출발하며, 오늘날 면역학의 기본 패러다임이 되었다. 이 책은 그러한 기본 입장에서 면역계 내에서 '자기'가 얼마나 유동적이며 변화하고 있는가를 잘 보여 주고 있다. 특히 폐와 장을 바깥으로 보는 입장은 한의학의 입장과 잘 부합한다. 그곳은 자기가 끊임없이 유동하는 곳이며, 그러한 자기가 고정되면 오히려 병이 된다. 이 점은 면역학이 제기하는 철학의 문제인데, 이에 대한 좋은 소개서로 타우버의 『면역학적 자기(Immune Self)』라는 책이 있다. 유감스럽게도 아직 번역되지 않았다.

▶스튜어트 레비, 『항생제 이야기』, 남두현 옮김, 전파과학사, 1995.

항생제 남용에 경종을 울린 유명한 책. 항생 물질 개발의 역사에서 그것이 박테리아에 어떻게 작용하는가 하는 메커니즘에 이르기까지 쉽고 친절하게 기술하고 있다. 그리고 항생제에 의한 박테리아의 적응 과정에서 어떻게 약제 내성이 생겨나는가를 전문적인 용어를 사용하지 않고 평이하게 기술하고 있다. 나아가 우리의 약물 사용 행태가 약제 내성을 퍼뜨리는 데 어떻게 작용하고 있는지를 보여 준다. 약제 내성에 대한 우려의 소리는 많지만, 일반인을 상대로 그것을 차근차근 쉬운 언어로 설명해 주는 책이 국내에 거의 없다시피 한 가운데 이 책은 어쩌면 유일한 책인지 모르겠다. 우리 문명의 한 단면을 보여 준다는 점에서 의학적 문제에 관심이 없는 사람이라도 문명 비판적 관점에서 읽어 보기를 권한다.

■ **인터넷 사이트**

▶http://chaos.inje.ac.kr/Alife/note – menu

이것은 필자의 홈페이지다. 필자는 생명의 진화를 '자기'와 '비자기'의 대립과 합병의 과정으로 보며, 이것은 세포에서 시작해서 우리의 문명에 이르기까지 재현되고 있는 테마들이라고 본다. 이런 관점에서 여러 분야에서 발생하는 이 대립과 통합의 과정을 추적해 왔다. 이와 연관해서 필자가 쓴 글들을 필자의 홈페이지에 올려놓았다. 특히 '공생·합생·창발성'(세포 수준), '숙주, 기생자, 복잡성의 진화'(개체 수준), '땅, 몸 그리고 신토불이'(문명 수준) 등을 참조해 보기를 바란다.

II. 새로운 삶을 위하여

제5장 현대 사회의 어두운 이미지

1. 「메트로폴리스」와 「모던 타임즈」

랑(F. Lang)의 「메트로폴리스(Metropolis)」는 75년 전에 새로운 밀레니엄 시대인 오늘을 그린 영화이다. 뉴욕을 모델로 하여 표현주의 시각으로 미래 도시를 그리고 있지만, 실상은 기계 문명과 자본주의의 미래를 묘사하고 있다.

메트로폴리스는 지상 도시와 지하 도시로 이루어져 있다. 지상 도시는 유한 계급의 거주지이고, 지하 도시에는 노동자들이 산다. 지하 도시는 거대한 기계들로 가득 차 있으며, 노동자들은 기계의 부속품이 되어 꼼짝없이 거기에 매달려 있다. 마르크스의 말처럼 "생명 없는 메커니즘이 노동자로부터 독립하여 존재하고, 노동자는 살아 있는 부속물로서 그것에 결합되어 있다". 마치 '달팽이가 그 껍질과 연결되어 있는 것'과 같은 모습이다.

한마디로 메트로폴리스는 '기계의 미학'을 추구하고 찬양할 뿐만 아니라, 기계의 위대한 힘을 현실 속에 구현하고 있는 도시다.

그런데 이상한 일이다. 지상 도시의 위대한 영광이 지하 도시의 노동을 통해 창조되고 있다. 천지 창조의 전도이다. 천상이 천하를 창조하는 것이 아니라, 지하가 지상을 창조하고 있는 것이다. 그 전도의 실체는 무엇인가? 이 도시의 지배자 요한 프레데센의 '전제적 지배'와 미치광이 과학자 로트왕을 통해 표현되는 '과학 기술의 광기'다. 다시 말해 메트로폴리스는

‘전제’와 ‘광기’의 합작품이다.

그러나 전반적으로 첨예한 대립 구도로 짜여 있음에도 불구하고, 이 영화는 지상과 지하를 화해시키는 ‘해피 엔드’로 끝난다. 물론 그 화해란 뒤집어진 세상을 다시 뒤집는 것이다. 거꾸로 된 세상을 뒤집지 않고서는 바로 세울 수가 없기 때문이다. 그 전도의 주인공은 이 도시의 지배자 요한 프레데센의 아들 프레더. 그가 아버지에게 반기를 든 것이다.

우연히 지하 도시 노동자의 딸인 마리아를 만나 사랑에 빠진 프레더는 그녀를 통해 지하 도시의 실상을 알게 되고, 아버지에게 묻는다. “아버지, 아버지의 도시를 만든 그들은 지금 어디에 있습니까?” 지하와 지상으로 분리된 이 도시의 불합리한 구조를 염두에 둔 물음이다. 그리고 아버지에게 노동자의 삶을 개선해 줄 것을 요청하나 프레데센은 이를 단호히 거절한다. 오히려 마리아가 주도하는 지하 도시의 집회를 목격한 프레데센은 더 강력한 통제·조종의 체계를 강구하게 된다. 과학자 로트왕에게 마리아와 똑같이 생긴 로봇을 만들게 한다. 그 로봇을 이용하여 노동자를 선동하고 조종하기 위해서다.

그러나 지하 도시의 노동자들은 그 로봇이 진짜 마리아가 아니라는 것을 알게 되고, 마침내 자신을 구속하고 있는 지하 세계를 파괴한다. 그리고 지상과 지하, 인간과 기계, 지배와 피지배의 땅을 화해시킬 수 있는 중재자가 다름 아닌 프레더라는 것을 깨닫는다.

찰리 채플린의 「모던 타임즈(Modern Times)」는 「메트로폴리스」보다 10년 늦게 제작된 영화다. 제작의 시차는 불과 10년이지만, 그 시점은 전혀 다르다. 「메트로폴리스」가 기계 문명과 자본주의의 ‘미래’를 그리고 있다면, 「모던 타임즈」는 제목처럼 기계 문명과 자본주의의 ‘현재’를 묘사하고 있다.

주인공 찰리는 전기 철강 회사에서 일하는 노동자다. 그가 하는 일은 볼트를 조이는 단조로운 작업이다. 이 회사 사장은 사장실에서 모니터를 통

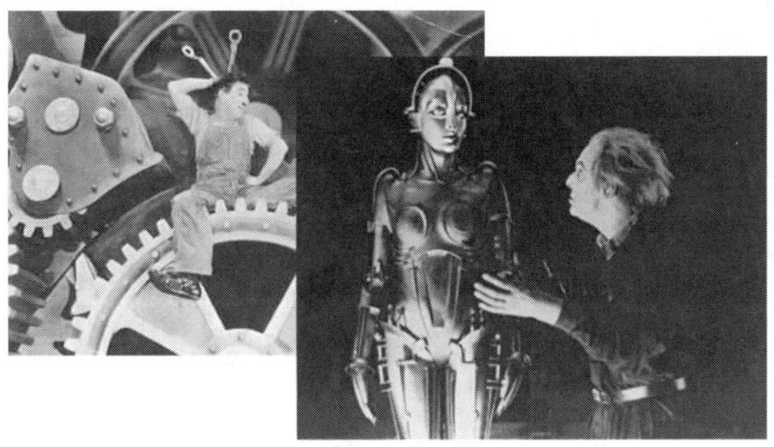

「모던 타임즈」(1936)의 한 장면(왼쪽), 「메트로폴리스」(1927)의 한 장면(오른쪽)

해 작업장을 통제·지시한다. 사장의 지시에 따라 작업의 속도가 조절되고, 노동자들은 그의 조종에 따라 움직인다. 사장의 관심은 오로지 생산 증대에만 쏠려 있는 터라, 찰리를 비롯한 노동자들은 잠시도 한눈을 팔 수가 없다.

정신없이 작업을 하던 찰리가 볼트에 걸려 거대한 톱니바퀴 속으로 빠져들게 되고 기계 속에 갇히고 만다. 기계 속에 갇힌 찰리, 그 모습은 현대 노동자의 실존을 상징적으로 나타내고 있다. 「메트로폴리스」의 노동자와 마찬가지로 「모던 타임즈」의 노동자 역시 기계의 부속품에 지나지 않는 것이다.

기계 속에 갇혀 기계의 부품이 되어 버린 찰리에게는 모든 것이 볼트로 보인다. 동료의 코나 여직원의 치마 단추도 볼트로 보인다. 왜일까? 기계의 일부가 되어 버렸으니 찰리에게는 인간성이나 인간의 정신이 있을 리 없다. 정신이 어디론가 빠져 나가 버렸으니 착란을 일으킨 것이다.

정신 병원에서 나온 찰리는 거리를 방황하다 시위 주동자로 오인받아 교도소 신세를 지게 된다. 우연히 트럭에서 떨어진 깃발을 주워 되돌려 주려고 뛰어가는 찰리의 모습이 마침 뒤따라오는 시위대를 선동하는 주동자처럼 보였던 것이다.

공장·정신 병원·교도소라는 각기 다른 공장은 그를 통제·조종하는 닫힌 공간이라는 점에서 같다. 또 그를 환각 상태로 빠뜨린다는 점에서도. 공장에서는 기계의 톱니바퀴가 환각제 역할을 하고, 정신 병원에서는 환각제가 치료의 수단이 된다. 그리고 교도소에서는 마약을 먹고 환각 상태에 빠진다.

교도소에서 출감한 찰리는 여러 일자리를 옮겨 다니지만 환각 상태는 계속된다. 그래서 교도소장의 추천으로 취직한 조선소에서 그는 정신 나간 자로 취급되어 쫓겨나고, 또 백화점 경비원으로 있을 때는 도둑과 함께 술을 마시고 만취 상태가 된다. 그리고 카페에서 노래하는 웨이터로 일할 때는 괴상한 춤과 노래로 손님들의 박수 갈채를 받는다.

이상한 일이다. 사회는 환각 상태의 찰리를 요구한다. 그가 환각에서 깨어나면, 사회가 다시 그를 환각 상태로 몰아넣는 것이다. 환각 상태에 빠지지 않고서는 삶의 고통을 이겨 내지 못하기 때문에 찰리가 스스로 환각 상태에 빠지는 것처럼 보일 수도 있다. 그러나 찰리는 길거리에서 우연히 만난 소녀가 실의와 절망에 빠질 때마다 용기와 희망을 불러일으켜 줄 뿐만 아니라, 현재와 다른 아름다운 세상을 꿈꾸는 사람이다.

그러면 프레더가 자기 아버지에게 반기를 든 것은 무엇 때문이며, 찰리가 집어들었던 깃발은 무엇인가? 그리고 기계 문명과 자본주의의 '현재(「모던 타임즈」)'와 '미래(「메트로폴리스」)'가 보여 준 환각은 무엇인가? 그리고 두 영화를 통해 본 오늘날의 테크놀로지가 후기 산업 사회의 행복을 보장해 줄 수 있는가?

현대 사회를 그리고 있는 「메트로폴리스」와 「모던 타임즈」는 우리에게 이러한 물음을 던지고 있다.

2. 현대 사회의 첫번째 이미지

두 편의 영화를 통해 우리가 그릴 수 있는 현대 사회의 모습은 어떤 것인가?

두 영화에 국한시켜 보아도 현대 사회의 풍경은 매우 복잡하고 다양해서 한 폭의 그림에 담기는 거의 불가능해 보인다. 가능하다 해도, 그것은 극단적인 추상이나 기호처럼 실감이 나지 않을 게 틀림없다.

그렇다면 영화를 통한 세상 읽기는 일흔 노장인 고다르(Jean Luc Godard)의 말대로, 먼저 "한두 개 정도의 시퀀스를 선택해서 그것을 해석"하고, 그런 뒤에 철학적인 텍스트나 견해를 개진하거나 그 의견을 뒷받침할 만한 증거를 제시하는 것이 순서일 듯하다. 여러 가지 음식을 두고 아무 생각 없이 먹는 것보다는 몇 가지를 선택해 음미하는 쪽이 그 맛을 제대로 느낄 수 있듯이 말이다.

흔히 일상에서 쉽게 경험할 수 있는 일이지만, 막연한 잠재적 가능성을 중구난방으로 늘어놓거나, 누가 한마디 하면 '바로 저것이다' 하고 손뼉치며 동조하는 사람이 있다. 이는 생각 없이 음식을 먹어 치우는 전자에 속한다. 어느 누가 무슨 말을 했는지, 그 말이 무슨 뜻인지 확인할 겨를도 없이 동조해 버리는 그를 두고 어찌 참된 맛을 안다고 할 수 있겠는가? 여담과 본론을 구분하기조차 힘든 잡담은 결코 귀기울일 만한 세상 이야기가 아니다. 그러므로 현대 사회의 실상을 이야기해 보려는 우리로서는 후자의 태도를 취할 수밖에 없다. 이것이 바로 고다르가 말한 영화 읽기의 자세이기도 하다.

그러면 「메트로폴리스」와 「모던 타임즈」에서 우리가 선택할 수 있는 한두 가지의 시퀀스는 무엇일까?

「메트로폴리스」가 현대 문명의 미래를 그리고 「모던 타임즈」가 그 현재를 다루고 있지만, 광기에 가까운 기계 문명에 대한 판타지와 자본주의가 만나고 있다는 점에서는 공통적이다. 그러므로 여기에는 스토리 전개 이전에 이미 공통적으로 인식하고 동의할 수 있는 몇 가지 이미지가 있게 마련이다. 그 가운데서도 현대 사회의 현실을 재현하는 중심적인 회화적 이미지는 바로 '바퀴' 또는 '톱니바퀴'이다.

블레이크(William Blake)는 이렇게 말한다.

……유럽의 학교와 대학들을 다시 본다.
나는 거기서 물살을 가르는 뉴턴의 수차와
소음을 내지르며 날뛰는 록크의 베틀을 본다.
……수많은 바퀴들의 노동을 본다.
전체가 온통 톱니바퀴이니 바퀴가 아닌 바퀴도 어쩔 수 없이 함께 돌아간다.
조화와 평온 그리고 자유를 누리던 그 에덴과 다른 세상이다.

에덴은 이전 시대의 이상이자 기호이다. 그리고 그것은 자연 속에서 누릴 수 있는 '조화와 평온'의 삶에 대한 꿈이었다.

그런데 이제 에덴과 다른 세상이 왔다. 무엇이 세상을 이렇게 바꾸었는가? 세상을 바꾼 주인공은 다름 아닌 톱니바퀴다. 이전 시대의 기호가 에덴이라면, 바뀐 세상의 기호는 톱니바퀴다. 바퀴를 중심으로 세상이 바뀌고, 시대가 변한 것이다.

바뀐 세상의 세상 그림에는 언제나 바퀴가 주인공으로 등장한다. 에덴의 풍경이 퇴색한 자리에, 루소가 말한 사랑스러운 양치기의 전원적인 풍경이 사라진 자리에 들어선 새로운 이미지를 보라! 산업 혁명의 빛나는 업적인 새로운 공장의 이미지는 바로 톱니바퀴이다.

새로운 공장에는 쟁기·써레·해머·마치·끌 등은 밀려나고, 그 자리에 바퀴가 들어섰다. 소중한 생산 도구들, 이를테면 시냇물을 저수지로 흘려보내는 수차 등은 부서지고 불타 버렸다. 바퀴가 없는 도구는 이제 소용이 없다. 또 그것을 다루던 기술도 함께 사라진다. 공장에는 바퀴 소리가 요란해야 하고, 또 그래야만 새 시대의 새로운 공장답다. 「메트로폴리스」와 「모던 타임즈」는 그 전형적인 모습을 보여 준다.

그러면 바퀴 없는 도구와 바퀴 있는 도구의 차이는 무엇인가? 그것은 곧 기계 아닌 도구와 기계인 도구의 차이다. 바퀴는 곧 기계를 상징한다. 그러므로 공장에 바퀴 소리가 요란하다는 것은 전통적인 도구가 복잡한 메커니즘, 즉 기계 장치로 대체되었다는 것을 의미한다. 그래서 칼라일(Thomas Carlyle)은 이 시대를 '기계의 시대'라 부른다.

기계의 특징은 무엇인가? 간단하게 말해서 기계는 에너지가 주어지면 스스로 일하는 도구이다. 그러므로 기계 장치로서 공장은 모든 것이 자동적으로 움직이는 '거대한 오토메이션'이다. 그런데 기계가 스스로 일하고 공장이 거대한 오토메이션으로서 움직이기 위해서는 반드시 에너지가 있어야 한다. 에너지가 공급되지 않는다면 기계 장치는 한낱 고철 덩어리에 불과하다. 기계에 공급되는 대표적인 에너지는 화석 연료, 즉 석탄이나 석유이다.

기계와 그 에너지가 맺는 불가분의 관계 때문에 기계의 시대는 그 나름의 독특한 풍경의 색깔을 지닌다. 이를테면 마을 주변의 시내에는 시커멓고 진득거리는 물이 느리게 흘러가고, 둑은 기름이 배어 거무스름한 퇴적토로 변하고, 공장마다 뿜어 내는 연기가 도시를 뒤덮고 있다.

어릴 때 우리는 시골에 비해 살기 좋은 도시나 발전된 산업 사회를 이런 풍경으로 그렸다. 지금도 한편에서는 이런 그림을 그리고, 또 요란하게 전시한다.

바퀴와 기계 그리고 메커니즘이 어떻게 현대를 지배하는 질서가 되었을까? 그리고 이러한 기계 시대에 사람들은 어떻게 살아가고 있을까?

기계와 그 메커니즘이 현대의 지배적인 질서가 된 결정적인 원인은 의외로 단순하다. 그것은 바로 기계가 지닌 위력 때문이다. 다른 설명이 필요 없다. 저 거대한 자연과의 투쟁에서 인간에게 승리를 안겨 준 것이 바로 기계이다. 기계를 내세우지 않고서는 어떤 승리도 장담할 수 없을 뿐더러 안락하고 풍요로운 삶도 기대할 수 없다.

이제 사람들은 지금까지 간직해 왔던 모든 믿음을 버린다. 믿을 것은 오

직 기계뿐이기 때문이다. 이러니 기계 사용은 단순히 산업 현장에만 국한
되는 것이 아니다. 마침내 그것은 우리의 일상 생활 전반을 지배하는 보편
적 메커니즘으로 확산되고, 기계의 이미지가 제도 또는 사회 관계 전반에
침투한다. 이것이 이른바 기계주의 또는 기계론(메커니즘)의 대두이다.

기계론이란 무엇인가? 한마디로 자연을 비롯한 세상 전체를 하나의 기
계로 보는 것이다. 그러므로 인간의 삶이나 사회 질서도 마땅히 기계적으
로 통제·관리되어야 한다. 기계적으로 조직되어 있는 세상을 다스리는 가
장 효율적인 도구가 기계이기 때문이다.

마르쿠제(H. Marcuse)는『일차원적 인간』에서 이렇게 말한다.

기계의 물리적인 힘이 개인의 힘보다도, 또한 많은 사람들로 구성되는 어떤 집
단의 힘보다도 우월하다는 냉혹한 사실 때문에 기계 조직을 통해 기본이 조직되
어 있는 모든 사회에서 기계는 가장 효율적인 정치 도구가 된다.

이제 세상은 기계와 기계의 만남으로 정의된다. 세상이 하나의 거대한
기계이고, 그 세상을 다스리는 도구 역시 기계이니 당연한 일이다.「메트
로폴리스」의 지하 도시를 보라! 그것은 기계적으로 조직된 세상을 기계적
으로 통제·관리하는 전형적인 도시이다. 도시가 하나의 메커니즘이며, 그
도시를 구성하고 있는 개인도 똑같이 메커니즘이다. 다만 양적인 면에서
차이가 있을 뿐이다. 마치 전체 톱니바퀴 속의 작은 톱니바퀴처럼 개인은
사회 속에 조직되어 있다.

마리아와 프레더의 문제 의식의 핵심은 바로 거기에 있다. 개인이 전체
메커니즘의 일부로서 조직되어 있는 사회가 과연 올바른 사회인가? 그들
이 보기에 메트로폴리스의 지하 도시는 결코 인간의 도시가 아니다. 그것
은 '인간을 도구로 삼아 움직이는' 하나의 기계이며, 메커니즘이다. 그리고
메트로폴리스가 인간의 도시가 아니라면, 지하 도시의 노동자 역시 인간이
아니다. 그들은 단지 도구이며, 기계일 뿐이다.

기계인 노동자가 갖추어야 할 덕목은 무엇인가? 기계인 그들에게 자유와 평등이 무슨 의미가 있겠는가? 그들에게 요구되는 것은 인간성이 아니라, 기계의 기능이다. 기계처럼 움직이는 기능만 필요하다. 기계의 일부로서 작용하기 위해서는 당연한 일이다. 그리고 기계의 일부로서 기계처럼 작동하는 법을 배우는 것이 이른바 기술 교육이다. 기술 교육의 핵심은 메커니즘 자체의 규칙성에 동화되도록 하는 훈련이다. 획일과 반복이 그 규칙성의 특징이다. 불규칙적인 것은 용납되지 않는다.

로렌스(D. H. Lawrence)는『사랑하는 여인들』에서 이렇게 말한다.

모든 것이 지극히 정확하고 섬세한 과학적 방법에 따라 운용되며, 교육받은 전문가가 모든 곳에서 조종하고 광부들은 단순한 기계적 도구로 전락한다. …… 그들은 모두 거기에 복종하고 있다.

불규칙적인 것을 허용하지 않는 것, 그것은 지배의 명령이자 복종의 질서다. 그 명령의 주체는 누구인가? 당연히 기계를 관리·운용하는 기술자다. 노동자가 기계처럼 작동하는 법을 배우는 반면, 이들은 기계와 기계적인 노동자를 관리하는 기술을 익힌다. 「모던 타임즈」의 찰리와 사장은 양자를 상징적으로 나타내고 있다. 헉슬리(A. Huxley)도『멋진 신세계』에서 이와 같은 양극 현상을 풍자적으로 묘사하고 있다.

3. 현대 사회의 두 번째 이미지

인간의 존재 양식 전반에 거대한 전환이 일어나고, 그 전환에 따라 삶의 법칙이나 사회 질서도 함께 변한다. 기계적으로 통제되는 메커니즘이 이 시대의 진정한 신이며, '현대의 메시아'이다. 그러면 과연 그 메시아가 현대인을 구원했는가? 찰리 채플린의 경우를 보자.

첫머리의 자막이 말해 주듯이 찰리 채플린의 「모던 타임즈」는 '현대 산업 기계 문명 속에서 작은 행복을 찾아 헤매는 한 떠돌이의 이야기'이다. 그런데 왜 작은 행복인가? 그리고 왜 떠돌이의 이야기인가?

기계의 시대가 내세운 구원의 내용은 무엇인가? 안락하고 풍요로운 삶이다.「모던 타임즈」의 주인공인 찰리는 현대 산업 기계 문명 속에 살고 있다. 그런데 그는 왜 작은 행복조차 실현하지 못하고 끊임없이 헤매고 다니는가?

찰리는 노동자를 감시하는 사장처럼 지나친 욕심을 가지고 있는 것도 아니고, 또 거창한 꿈을 꾸고 있는 것도 아니다. 그는 다만 찢어지게 가난한 삶에서 벗어나고 싶어할 뿐이다. 찰리가 현실의 절망 속에서 멋진 미래를 상상하는 장면에서 그가 바라는 행복이 잘 나타난다. 그의 꿈은 아담한 집에 살면서 신선한 과일과 우유를 배불리 먹는 것이다. 즉 그가 찾는 작은 행복이란 의식주를 해결하는 것으로, 아주 소박하다. 그러나 찰리는 이 소박한 꿈조차 실현하지 못한다. 그래서 그는 작은 행복을 찾아 계속 떠돌아 다닌다.

찰리는 현대 산업 기계 문명 속에 살아가는 현대인의 삶을 보여 주고 있다. 다른 한편 그는 자본주의 사회가 만든 인간의 모습이기도 하다. 그래서 문화적 대안을 탐구하는 많은 이들이 한결같이 이렇게 묻는다. 과연 경제 성장의 에토스와 테크놀로지가 후기 산업 사회를 살고 있는 현대인에게 행복을 보장해 주는가?

이에 대한 답은 니체(F. Nietzsche)에게서 허무주의로 나타난다. 현대 문화에 대한 그의 비판은 부분적으로 베버(Max Weber)로 이어진다. 베버는 『프로테스탄티즘의 윤리와 자본주의 정신』에서 기계를 바탕으로 승리한 현대 사회를 이렇게 말한다.

미래에 이 쇠우리에서 누가 살게 될 것인지 또는 이 엄청난 발전의 끝에서 전적으로 새로운 예언자가 나타나거나 과거의 관념과 이상에 대한 거대한 부흥 운동이 있게 될지, 그렇지 않으면 일종의 발작적인 자기 강조로 치장된 기계화된 경화 현상이 나타날지 누구도 알 수 없다. 이 문화적 국면의 최종 국면에서는 이런 말이 진실이 되는지 모른다. "영혼이 없는 전문가, 가슴이 없는 관능주의자, 이런 공허한 인간들이 결코 이전에 존재한 적이 없는 문명의 최고 수준에 도달했다고 상상한다."

경화 현상이 심각하면 심각할수록 더 고단위의 마취제가 요구된다. 그래서 「모던 타임즈」의 찰리는 늘 환각 상태에 빠져 있다. 그리고 이 증상이 일시적이 아니라 습관적이라는 데 문제의 심각성이 있다. 새로운 기계적 생산 방법의 효율성을 긍정적으로 바라보았던 애덤 스미스(A. Smith)조차도 『국부론』에서 이러한 마취 현상을 걱정할 정도였다.

환각의 직접적인 원인은 단순 반복하는 기계의 규칙성과 그 규칙성에 따라 단순 공정을 수행하는 새로운 노동 형태이다. 기계화 과정이 또 하나의 기계가 되고 있다. 그러므로 메커니즘은 단지 육체적인 활동에만 한정되는 것이 아니다. 사람의 가슴과 머리까지도 점점 기계적으로 되어 간다.

베버의 언어는 낡은 것인지 모른다. 그러나 그 사고의 예언적 성격을 부정할 수는 없다. 그의 말대로 기계화된 경화 현상이 나타나고, 사람들은 영혼이 없는 공허한 존재로 되어 가고 있다. 「모던 타임즈」에서는 다소 코믹하게, 「메트로폴리스」에서는 위협적인 이미지로 표현되지만, 양자 모두 기계 또는 기계 장치 속에 갇힌 인간의 전형을 보여 준다. 마르크스의 『경제·철학 수고』에 나오는 말을 빌려 기계에 갇혀 있는 찰리에 대해 말할 수 있다. "그는 더 이상 자신에게서 어떤 자유도 느끼지 못한 채, 다만 '먹고, 마시고, 생식 활동을 하거나 기껏해야 집 단장을 하고 옷을 지어 입는 등의 동물적 기능만을 느낀다.' 동물적인 것이 인간적인 것이 되고, 인간적인 것이 동물적인 것이 되어 버렸다. 한마디로 '자신의 자아에 대한 상실', 즉 소외이다."

산업 사회 이전의 낭만적인 자연 상태에 대한 향수 따위는 박제된 유물로 남는다. '기계의 쇠퇴'를 부르짖으며 장인적 생산 양식을 되찾고자 노력한 사람은 단지 회고적 인물로 간주되고, 이제 테크놀로지에 대한 제한된 체념조차도 허용되지 않는다. 찰리의 소외와 환각 이면에는 자기 자신으로서는 감당하기 힘든 거대한 기계의 이미지가 버티고 있다. 또한 그런 억압적인 이미지와 거대한 기계 체계의 역동성에 내재한 무시무시한 공포가 그를 억누르고 있다. 그는 그 힘에 저항할 능력이 없다. 그는 무기력하게 기계 속에 갇혀 있다.

그런데 찰리가 기계 속에만 갇혀 있는 것은 아니다. 기계화 과정이 또 하나의 기계가 되듯이, 그의 삶의 과정은 그 안에 하나의 이데올로기를 지니고 있다. 이 이데올로기는 기계 문명이 지배하는 사회에 걸맞은 조직적인 삶의 양식을 그에게 요구한다. 우리가 「모던 타임즈」에서 '해방의 정치학'을 읽어 낼 수 있는 근거는 바로 여기에 있다.

그렇다면 현대성이라는 이데올로기가 그에게 요구하는 새로운 삶의 양식이란 무엇인가? 그것은 기계의 규칙성 못지않게 통제·관리되는 조직적 삶이다. 그는 관리·조직의 물리적인 실체와 거미줄처럼 얽혀 있는 권력을 정신 병원과 감옥에서 실감한다. 거기서 찰리는 '권력이 만든 실재'에 불과하다. 왜냐하면 정상적인 것과 비정상적인 것, 건강한 것과 병든 것, 허용된 것과 금지된 것을 구분하고, 그에 따라 개인을 변형시키는 것은 바로 권력이기 때문이다.

거리에 지나가는 여인의 상의에 달린 단추를 볼트로 착각하여 조이려다가, 이에 기겁을 한 여인이 신고하여 찰리가 수용된 정신 병원은 어떤 곳이었던가? 거기서 그가 배운 것은 그 사회에서 광인은 더 이상 어떤 자리나 몫도 차지할 수 없다는 사실이었다.

광적인 것은 사회성의 단절이다. 사회성의 단절로 규정되기 때문에 광인은 사회로부터 격리되어 감금될 수밖에 없다. 정신 병원의 치료는 감금된 환자를 다시 사회화하는 것이다. 감옥도 동일한 목적을 수행한다. 다시 말해 감옥도 같은 목적을 위해 격리와 감금이라는 권력을 행사하는 장소이다. 정신 병원이나 감옥은 사회를 통합·관리하는 메커니즘을 강제하는 수단이다. 그리고 개인을 사회의 메커니즘이 생산해 내고자 하는 제도적 행위와 일치시키고자 하는 권력이라는 점에서 억압의 모델이다.

베버의 말이 실감난다. 찰리를 가두고 있는 것은 단지 기계 장치만은 아니다. 그는 기계에 못지않은 견고한 '쇠우리(iron cage)'에 감금되어 있다. 마르크스가 말한 소외, 즉 인간의 자유와 창조적 재능을 질식하게 만드는 것은 무엇인가? 그것은 베버가 말한 바로 이 '철창'이다.

푸코(M. Foucault)가 말한 '판옵티콘(panopticon)'이 멀리 있는 게 아니다. 베버의 쇠우리가 바로 판옵티콘이다. 이는 현대 사회가 안고 있는 고유한 병리 현상을 지칭하고 있다. 푸코의 말대로 근대의 발명품인 자기 동일적인 입법자로서 주체는 '마치 해변의 모래밭에 그려진 얼굴이 파도에 씻기듯' 지워져 버렸다. 이제 인간은 권력의 미시 물리학에 압도당한 수동적이고 유순한 신체에 불과하다.

정신과 의사인 프로이트(S. Freud)의 『문명과 그 불만』에 비추어 보면, 그는 기계와 자본주의 정신에 갇혀 있는 찰리를 다음과 같이 진단할 듯하다. 즉 현대 기술 문명은 그에게 지금까지 보지 못한 신기한 풍경을 보여 주지만, 또한 심각한 신경증도 안겨 준다. 신경증은 광기보다 정신적 고통이 덜하겠지만, 정신과 육체의 불행을 만들어 낸다는 점에서는 대동 소이하다.

작은 행복을 찾아 헤매고 다닌 찰리에게 돌아온 것은 무엇인가? 고통과 불행이다. 비록 석양을 향해 새로운 길을 떠나는 찰리의 모습이 영화의 끝장면을 장식하고 있기는 하지만, 그것은 결코 희망의 길이 아니다. 그가 나아가는 쪽으로 더욱 더 가깝게 다가오는 석양은 무엇을 나타내는 것일까? 그것은 니체가 말하는 허무주의의 색깔이 아닐까? 또는 후설(E. Husserl)과 하이데거(M. Heidegger)가 말하는 '위기'의 이미지가 아닐까? 만일 그렇다면 길은 다른 쪽에 있는 것이 아닐까?

4. 현대 사회의 세 번째 이미지

'현대성(modernity)'을 "20세기에 와서 세계사적 영향을 미치게 된 제도와 행동 양식"이라고 말한 기든스(A. Giddens)는 현대성의 중심적인 제도적 차원을 산업주의와 자본주의로 파악하고 있다. 이때 산업주의는 '생산 과정에서 물리적 힘과 기계의 광범위한 사용에 내포된 사회적 관계'를, 자본주의는 '경쟁적 생산물 시장과 노동력의 상품화 모두를 포함하는 상품 생산 체계'를 뜻한다.

지금까지 현대 사회의 특징으로 그려 본 몇 가지 이미지를 되살려 보면, 기든스가 말한 현대성의 두 가지 중심축을 별 무리 없이 받아들일 수 있을 것 같다.

산업주의와 자본주의가 동떨어진 별개의 축처럼 보일지 모르지만, 실상은 떨어져 있는 게 아니다. 베버가 관료주의의 '쇠우리'를 언급하면서 자본주의 정신을 주목한 까닭이 어디 있겠는가? 최대한의 노동량을 얻어내기 위해 온갖 사회적·기술적 수단을 사용하는 쪽은 바로 자본주의라는 한 가지 사실에서만 보더라도 이미 해답은 주어져 있는 셈이다. 그러므로 양자를 독립된 축으로 이해하기보다는 유기적 관계 속에 있다고 파악하는 것이 옳을 것이다.

물론 여기서 말하는 자본주의는 반(半) 수공업적 작업장에 기초를 둔 초기 자본주의가 아니라, 기계 설비를 통해 생산력이 폭발적으로 증대한 산업 자본주의 이후의 자본주의를 말한다. 산업 자본주의 이후의 시기를 우리는 생산성의 진보 또는 비약적 발전의 시대라 일컫는다. 인류 사회가 급속한 경제 성장 사회로 옮겨 간 것이 바로 이 시기이기 때문이다. 산업화의 길을 걷고 있는 이 시기에 삶의 모습이 급격히 변했다. 19세기 후반부터 20세기 말에 이르기까지 여러 위기와 많은 전쟁에도 불구하고, 소비 양태가 엄청나게 변화했다는 사실이 그 점을 대변해 준다. 그러므로 초기 자본주의와 달리 후기 자본주의는 대량 생산 및 소비를 그 특성으로 한다. 그러한 생산과 소비를 지배하는 것은 시장이다. 이는 실로 엄청난 변화이며, 그 변화를 지시하는 적합한 이미지가 바로 '시장'이다.

산업과 경제에서 시장은 현대성을 실현하는 보편적 터전이다. 산업 발전으로 생산력이 증대하고, 그에 따른 생산과 공급을 지배하는 것이 시장이기 때문이다. 물론 자본주의 이전에도 장터는 있었다. 그러나 그것은 개인의 기회나 활동을 조정하는 오늘날 시장의 모습이 아니었다. 거기에는 귀족을 상대로 농민과 수공업자가 만든 사치품이나 공예품이 나와 있을 뿐이었다. 그러므로 그것은 오늘날의 상품 시장·노동 시장·자본 시장 등과는 확연히 구별된다. 생활 필수품이 시장에 나온 것은 임금 노동제가 도입된 이후부터이니 상품 시장의 규모나 성격도 다르거니와 노동 시장이나 자본 시장은 이전에는 없었던 자본주의 특유의 시장이다. 특히 산업 자본주의 이후의 시장은 광범위하게 확산되어 자유 경쟁이라는 새로운 삶의 질서가 생성되는 터전이 되었다.

시장은 단순히 산업 사회의 한 구성 요소가 아니다. 개인의 생각이나 삶의 질서가 거기서 생성된다는 점에서 그것은 어떤 제도에 못지않은 현대 사회를 구성하는 중심축이다. 사회가 시장을 닮아 갈수록 수많은 사회적·문화적 범주들이 시장 질서의 지배 아래 놓이게 되고, 그 질서는 인간의 지배적인 활동 방식이 된다. 다시 말해 시장은 현대인의 일상적인 사회 생활의 본질을 근본적으로 변화시키고, 가장 깊숙이 자리한 개인의 일상적 경험에까지 영향을 미친다.

이쯤 되면 이제 사회는 곧 하나의 시장으로서 기능을 갖게 마련이다. 그리하여 마침내 사회라는 개념이 시장이라는 개념으로 대체되기에 이르고, 사람 사는 세상의 논리는 시장 논리로 바뀐다. 시장을 단순히 사회 구성의 한 요소가 아닌 제도의 차원에서 이해해야 하는 이유가 바로 여기에 있다. 그렇다면 시장에서 형성되는 삶의 질서란 구체적으로 무엇을 말하는가?

가장 핵심이 되는 것은 돈을 벌기 위한 모든 투쟁이 시장이라는 이름으로 자유 경쟁 질서라는 합법성을 획득한다는 점이다. 그리고 자본주의는 이러한 시장의 이미지를 통해 군중을 끌어들이고, 군중은 그 이미지를 통해 자유와 평등을 누린다. 자유주의가 현대 사회의 선두를 형성하고 있는 것도 이런 이미지에 편승하고 있는 것임에 틀림없다.

과연 사람들이 시장을 통해 진정한 자유와 평등을 누리고 있는 것일까? 흔히 말하는 '기회 균등'이라는 것이 인류가 추구해야 할 자유와 평등의 구체적 모습일까? 시장 안을 좀더 자세하게 들여다보자.

시장은 이미 인간의 삶을 근본에서부터 변화시켜 버렸다. 시장에 들어서면 예전에 우리가 알고 있던 전통적 인간 개념이나 인간의 삶에 관한 이야기가 끼어들 데가 없다. 끼어들 곳은커녕 그 흔적마저 희미해져 버렸다. 현대인은 시장 논리에 따라 생각하고, 그 논리에 맞춰 행동한다. 그러므로 이제 시장에서 인간과 역사에 대해 이야기하려면, 우리의 서사 구조부터 바꾸어야 한다. 한마디로 말하자면 경제 행위에 대한 성찰을 기초로 하여 인간에 대한 이야기를 시작해야 한다. 인간이라는 이름을 생산자나 소비자로 바꾸고, 인간의 행위를 매매 또는 거래 행위로 번역해서 말해야 비로소 이야기가 통한다. 이를테면 이런 식이다.

한때는 생산과 소비, 일터와 가정이 일치된 적이 있었다. 그러나 시장의 승리로 전통적 가정은 산산조각 나 버렸다. 생산은 공장에서 이루어지고, 가정은 소비 집단으로 전락한다. 이제 가정은 식사·섹스·수면·환자 간호 등 극히 제한적인 인간의 생물학적 행위 장소로만 남게 된다. 그리고 그런 것들은 시장에서 배제된 이른바 인간적인 것이다. 아직까지도 그것이 인간적인 것으로 남아 있는 까닭은 그것이 시장의 가치와 대립되기 때문이다. 왜 대립하는가? 인간적인 것이 개입되면 시장이 파괴되고, 시장 논리가 개입되면 인간적인 것이 훼손되기 때문이다.

이 양자를 통합할 수 있는 매혹적인 모델이 있을까? 만일 그런 모델이 가능하다면, 그 통합의 패러다임은 무엇일까?

대답이 궁색해서인지 수많은 사람의 열망에도 불구하고 섣불리 그 통합

가능성을 실험하려는 시도조차 없다. 이데올로기적 실험이 실패로 끝났고, 다른 한편 오직 시장으로만 구성된 사회는 이 세상 어디에도 존재하지 않으니 대안 모색의 모델마저 찾기 어렵다. 그렇다고 해서 시장 논리로 구축된 황금 도시의 구조 속에서 인간적인 도시에 대한 신선한 영감을 얻는 것도 쉬운 일이 아니다. 중간에서 표류하는 소비 대중의 희망이 실망으로, 그리고 생산과 소비의 메커니즘 속으로 들어가려던 전망이 소외로 바뀐 지이미 오래이다. 사회 병리라는 표현이 아니고서 어찌 이런 분열된 사회를 말할 수 있을까?

투렌(A. Touraine)은 『현대성 비판』에서 다음과 같이 말한다.

분열이 끝까지 가면 안과 밖에서 시장과 동일시된 사회와 충동·전통으로 환원된 행위자가 완전히 갈라서는 지경에 이르고, 그 결과 폭력과 불평등, 불의와 분리에 대한 사회적 개입의 모든 원칙을 배제하게 된다. 따라서 정치의 기초를 만들고 절대 권력의 극단적인 무질서에 저항하기 위해서는 인간 존재와 사회 생활에 대한 일반적 표상을 새롭게 재구성해야 한다.

이 말 속에 이미 현대에 대한 전망이 엿보인다. 위대한 승리로 보였던 것에 오히려 쇠락의 그림자가 드리우고, 그 그림자의 음영 속에서 새로운 몸짓이 시작되고 있다. 우리는 새로운 것을 향해 발걸음을 내딛는 이 시대의 전망을 어떤 의미로 읽어야 할까?

5. 미완의 시대 : 현대에 대한 전망

위에 인용된 투렌의 말뜻을 새겨 보면, 오래 전에 '장엄한 일출'을 바라보며 새로운 시대의 지평을 사유했던 헤겔(Hegel)의 시대 의식은 오늘날에도 여전히 타당한 의미를 갖는 것 같다. 그의 말대로 현대는 '새로운 시대'이다. 현대는 언제나 새로운 것을 스스로 탄생시키는 현재의 계기를 통해 계속되며, 미래를 향해 열려 있다. 그리고 새로운 것을 향해 열려 있다는 점에서 현대는 완결되지 않은 '미완의 시대'이다.

현대는 새로운 시대이자 미완의 시대이다. 그리고 현대가 새로운 시대이면서 미완의 시대라면, 현대는 자체를 변화시켜 완성을 도모해야 하는 과제를 스스로 안고 있는 셈이다. 달리 말하면 지금까지의 현대의 이미지들이 시대의 완성을 위해 충분하지 못했다는 것이다. 그 까닭이 무엇일까?

기계와 시장의 위풍당당한 정복의 이미지가 퇴색했단 말인가? 그렇다고 말하는 사람은 아마 아무도 없을 것이다. 일상의 체험에서 보면 퇴색하기는커녕 도리어 더 기세등등한 것처럼 보인다. 기계와 시장은 여전히 양적 팽창과 더불어 건재하다. 마땅한 적수가 없으니 활개치면서 건재하다. 그렇다면 우리가 묘사한 기계와 시장의 이미지는 도대체 무엇이며, 또 그 승리가 담고 있는 어두운 이미지는 도대체 무엇인가?

한편에서는 수단과 목적의 전도를 지적한다. 다른 한편에서는 정복과 승리가 동반한 폭력과 무질서를 비판한다. 대체로 해방 계기 상실이나 인간 소외라는 주제가 전자에 속한다면, 이익과 힘의 지배에 대한 비판은 후자에 속한다. 그 어느 쪽이든 기계와 시장을 통해 재건된 현대의 이미지가 허약하다는 것이다. 그래서 허약한 구조의 파괴를 염두에 두고 니체가 그랬듯이, 우리도 이렇게 묻는다. '이제 우리에게 어떤 세계가 남았는가?' 시대의 전도와 해방된 삶의 길을 지시하는 물음이다. 그렇다면 그 길을 지시하는 이미지는 어떤 것일까?

한마디로 속단하기 어려울지 모른다. 그러나 이것만은 분명하다. 즉 그것은 사회에 대한 기존의 이미지를 해체 또는 탈피하려는 새로운 이미지임에는 틀림없다. 현대가 새로운 것을 탄생시키는 현재의 계기를 통해 계속되려면, 기존의 것으로부터 단절은 불가피하기 때문이다. 그리고 기존의 이미지로부터 탈피 또는 단절을 전제한다면, 그것은 최소한 기존 이미지의 허약성을 회복하여 우리 사회의 건강을 회복할 수 있는 이미지여야 한다.

또한 그것은 공존의 방법을 지시하는 것이어야 한다. 그래야만 계급·

성·소비·욕망·기업 등 깨어진 오늘의 사회적 관계를 회복하는 매개자 역할을 할 수 있을 것이다. 만일 새로운 이미지가 이런 역할을 제대로 수행할 수 있다면, 우리는 기계와 시장의 마술에 걸린 오늘의 세계로부터 풀려날 수 있는 새로운 해방의 계기를 그 이미지 속에서 찾아낼 수 있을 것이다.

과연 미완의 현대를 완성할 수 있는 건강하고 새로운 이미지는 무엇일까?

■ 주제어

바퀴, 기계, 기계론, 쇠우리, 전제적 지배, 시장, 자본주의, 정복의 이미지, 해방

■ 용어 해설

시퀀스(sequence) 논리적으로나 시간적으로 잇따라 일어나는 사건. 특히 영화에서는 연속으로 이어지는 한 장면이나 어떤 장소·시간에 설정된 에피소드로 화면이 구성되는 것을 말한다.

기계론(메커니즘) 목적론의 반대 개념이며, 유기적인 생명의 세계나 인간의 의식 세계를 물리적 자연 세계와 동질적인 것으로 취급하고, 그것을 기계적 인간론으로 설명하는 입장이다.

에토스(ethos) 어떤 사회나 집단의 신념·습관·풍습 따위를 형성하고 있는 기풍이나 심정을 말한다. 따라서 한 민족 또는 한 시대의 풍조나 어떤 문화의 근본적인 특질을 뜻한다.

판옵티콘(panopticon) 한 위치에서 감시자가 내부의 모든 곳을 지켜볼 수 있게 만든 원형 감옥.

■ **생각해 볼 문제**

1) 현대 과학·기술 문명은 헨리 포드의 말처럼 '현대의 메시아'인가?

2) 「모던 타임즈」에서 찰리는 왜 작은 행복조차 실현하지 못하는가? 그리고 그는 왜 떠돌이 신세를 벗어나지 못하는가? 영화 속에서 이 물음의 해답을 찾아보고, 그것을 우리의 현실과 연관지어 생각해 보자.

3) 현대인은 시장 질서에 만족하며 살아가는가, 아니면 시장 경제 체제의 범주에서 점점 멀어지고 있는가? 각자의 대답이 어느 쪽이든 명확한 근거를 제시하고, 서로 토론해 보자.

4) 이 글에서 말한 바퀴·쇠우리·시장 외에 현대 사회를 지시하는 또 다른 이미지는 어떤 것이 있을까?

5) 미완의 현대를 완성시킬 수 있는 새로운 이미지가 있다면, 그것은 무엇일까? 그리고 그것은 앞으로 현대 사회에 어떤 변화를 가져올까?

■ **참고 문헌**

▶한국철학사상연구회, 『삶과 철학』, 동녘, 1994.

이 책은 삶에 대한 물음에서 시작하여 오늘날의 인간과 사회와 문화에 대해 두루 살피고 있다. 여러 각도에서 삶의 구체적 영역을 깊이 있게 다루고 있다.

▶박정호 엮음, 『지식의 세계 I』, 동녘, 1998.

현대의 인간과 사회에 관해 여러 가지 주제를 다루고 있는데, 특히 사회와 역사에 초점을 맞추고 있는 책이다. 오늘날 우리의 삶에 대해 진지하게 생각할 거리를 제공해 주고 있다.

▶위르겐 하버마스, 『현대성의 철학적 담론』, 이진우 옮김, 문예출판사, 1995.

특정한 시대로서 '현대'와 현대를 한 시대로서 규정하는 '현대성'에 관해 주된 철학적 관심을 기울이고 있는 하버마스의 저서이다. 다소 어려운 것이 흠이긴 하나, 현대의 정신사적 지도를 잘 그려내고 있다.

▶장 보드리야르, 『소비의 사회』, 이상률 옮김, 문예출판사, 1991.
현대 소비 사회의 구조와 특징을 잘 분석하고 있는 책이다. 시장의 이미지를 이해하는 데 도움이 된다.
▶김성환, 『나는 본다, 철학을』, 동녘, 1998.
철학의 문제와 사조를 영화를 통해 읽어 가는 매우 쉽고 재미있는 책이다.
▶칼 마르크스, 『자본론』, 김수행 옮김, 비봉출판사, 1990.
자본주의를 이해하려면 필독할 만한 책이다.

제6장 일과 놀이

1. 호모 파베르인가, 호모 루덴스인가?

"향후 30년 이내에 세계 전체 수요에 필요한 모든 재화를 생산하는 데 현 세계 노동력의 단지 2%만 필요하게 될 것이다." 이는 윈피싱어(W. Winpisinger)가 국제금속노동자연맹에 대한 연구에서 내린 결론을 리프킨(J. Rifkin)이 『노동의 종말』에서 재인용한 말이다. 물론 30년 이내라는 시기가 정확한가에 대해서는 논란의 여지가 있을 수 있겠지만 내용상으로 보면 이러한 상황이 머지 않아 도래할 가능성은 얼마든지 있다. 만약 그렇게 된다면 그때 일을 하지 않아도 되는, 또는 일을 할 수 없는 98%의 사람들은 무엇을 해야 하며, 또 무엇을 할 수 있을 것인가? 그들에게 주어지는 무한정한 자유 시간과 여가는 개개인의 자아 실현 또는 인간 해방의 바탕이 될 것인가? 아니면 점점 더 심각해지는 인간 소외의 징표가 될 것인가?

과거와 비교가 되지 않을 정도로 급속히 발전하는 과학 기술 혁명은 인간 삶의 모습을 여러 측면에서 바꾸어 놓고 있다. 인간마저 복제할 수 있을 정도로 발전해 가고 있는 생명 공학으로 인해 "인간의 본질이 무엇이며, 인간의 존엄성은 어디에 그 바탕이 있는가?"라는 물음에 대해 기존의 윤리적·철학적 설명으로는 더 이상 만족할 만한 해답을 제시할 수 없다. 또한 평범한 많은 중장년층을 새로운 문맹자로 만들고 있는 정보 통신 기술의 혁명은 일과 놀이 또는 노동과 여가 활동에 대해 새로운 성찰거리를 던져 주고 있다.

　인간을 규정하는 용어 가운데 우리가 어릴 적 도덕 시간에 배운 '호모 사피엔스(Homo Sapiens; 이성적으로 사고하는 인간)'라는 말이 있다. 이 말은 고대 그리스에서부터 출발하여 르네상스, 계몽주의 철학을 거쳐 헤겔에 이르러 정점에 도달한 서양 철학의 전통에서 인간을 규정하기 위해 사용해 온 개념이다. 인간을 호모 사피엔스로 규정하는 입장은 인간의 본질을 이성적 사유 능력에서 찾고자 하는 것이라 할 수 있다. 그런데 인간을 규정하는 또 다른 개념 중에서 '호모 파베르(Homo Faber; 도구를 만드는 인간)'라는 개념은 호모 사피엔스라는 개념과 의미 내용은 다르나 그 외연은 같다고 할 수 있다. 왜냐하면 호모 사피엔스라는 개념에서는 '결함을 지닌 존재'인 인간이 이성 능력을 통해 자기에게 주어지는 조건과 상황을 변혁하고 창조한다는 것이 강조되고 있으며, 호모 파베르라는 개념에서는 '도구를 만드는 존재'인 인간이 도구를 만드는 과정과 그 도구를 사용하는 과정에서 자기를 포함한 대상 세계를 끊임없이 변형·가공하여 재창조한다는 것이 강조되기 때문이다. 인간이 도구를 제작할 수 있는 것은 이성적 사유 능력을 가지고 있기 때문이다. 그리고 도구 제작은 일을 하여 생활에 필요한 물질적 수단을 얻는 데 그 본래의 목적이 있다. 따라서 호모 사피엔스와 호모 파베르는 마치 금성이 샛별 또는 개밥바라기로 불리듯, 단어가 다르고 그 의미 내용이 다르긴 하지만 외연은 같은 동연(同延) 개념이라고 할 수 있을 것이다.

　한편 인간을 규정하는 개념으로 호이징가(J. Huizinga)가 최근에 사용한 호모 루덴스(Homo Ludens; 놀이하는 인간)라는 개념이 있다. 호이징가는 호모 사피엔스나 호모 파베르는 인간을 정의하기에 부적절한 개념이라고 본다. 왜냐하면 인간은 그렇게 이성적이지도 않으며, 인간 외에도 도구를 만드는 동물들이 있기 때문이다. 따라서 그는 호모 루덴스가 더 적절한 규정이라고 본다. 호이징가는 놀이를 아이들의 단순한 놀이에서부터 원시 문화의 제사, 주술 또는 다양한 형태의 축제, 스포츠 경기까지 아우르는 개념으로 파악한다. 그는 문화가 놀이 속에서, 그리고 놀이의 형태로서 발생하고 전개된다고 본다. 여기서 호이징가의 입장을 인간 본성에 대한 이해로 옮겨 본다면, "인간 본성은 놀이를 통해 발현된다"는 말로 바꿀 수 있을 것이다.

이제 질문을 던져 보자. 인간이 현재의 수준으로 문화를 형성하고 발전시킬 수 있었던 것은 인간이 일을 하는 존재였기 때문인가, 아니면 놀이를 하는 존재였기 때문인가? 인간이 수행하는 활동 중에서 인간을 인간답게 만드는 가장 근본적인 것은 일인가 놀이인가?

그리고 과학 기술의 발전에 따라 생기는 노동 시간 단축은 여가 활동 시간을 늘려서 자아 실현 가능성을 더 확대시켜 줄 것인가? 아니면 단지 일자리를 감소시켜 높은 실업률을 지속시키고, 그로 인해 소외 현상을 더 가중시킬 것인가?

2. 일의 창조적 본성

뱀의 유혹에 넘어가 선악과를 따먹은 아담과 이브에게 하느님이 내린 징벌은 출산의 고통과 노동의 고통이었다. 이미 거기서 엿볼 수 있는 가부장적 제도와 남성과 여성 사이의 성적 분업 등을 제외하고 생산에 관해서만 보면, 하느님은 인간에게 두 가지 생산을 명하고 있다. 그 첫째가 '인간 종'의 생산이며, 둘째가 '재화'의 생산이다. 여자는 고통 속에서만 종을 이어갈 후손을 낳을 수 있게 되었으며, 남자는 수고하고 땀을 흘려야만 먹을거리를 얻을 수 있게 되었다. 이것은 생존과 번식을 위해 자연과 싸워야 하는 인간이 필연적으로 해야 할 두 가지 근본적인 일이다. 아이를 낳는 일은 인간이 종을 보존하고 공동체를 유지하며 공동체가 필요로 하는 노동력을 생산하는 데 근본이 된다. 그리고 노동력을 사용하여 먹을거리를 구하는 일은 생명을 유지하고 개개인의 노동력을 재생산하는 데 근본이 된다. 이러한 근본적인 두 일 중에서 우리가 보통 말하는 좀더 좁은 의미에서의 일은 먹을거리나 우리의 생활에 필요한 재화를 생산하기 위해 인간이 수행해야 하는 육체적·정신적 활동이라 할 수 있다. 이 좁은 의미에서의 일을 굳이 구분하여 부르자면 노동이라 불러도 될 것이다.

그런데 하느님이 인간에게 부여한 근본적인 두 가지 일은 인식의 열매, 즉 선과 악을 구별할 수 있는 능력을 주는 과실을 따먹은 데 대한 징벌이었다. 징벌이라는 종교적 은유에서 벗어나서 보면, 이 두 가지 일은 인간이 '필연의 왕국'에서 '자유의 왕국'으로 넘어가는 데 가장 밑바탕이 되는 것이다. 선악과를 따먹고 지혜를 얻게 된 아담과 이브가 한 행동은 부끄러움을 느껴 무화과 잎으로 생식기를 가리고 숨는 것이었다. 이 과정은 인간에게 자기 의식이 생기는 과정에 대한 은유이다. 자기 의식이 생기는 데는 먼저 자신과 대상을 구분할 수 있는 능력이 필요하다.

아담과 이브가 다른 동물과 마찬가지로 에덴 동산, 즉 자연에 동화되어 삶을 영위하는 과정은 주체와 객체가 아직 분리되지 않은 채 융화되어 있는 상태를 말한다. 이는 동물처럼 그저 자연에 적응함으로써 자연과 통일되어 있는 상태를 말하는 것으로, 헤겔의 말을 빌려 표현하면 즉자(卽自, an sich) 의식의 상태이다. 그 다음 자신과 대상을 분별할 수 있게 되면 대상과 자기 자신을 구별하고 비교할 수 있게 된다. 자신을 대상과 비교해서 살필 때 자기 의식이 생긴다. 자신을 살핀다는 것은 자신을 다른 대상처럼 대상화시키는 것을 말하며, 이 과정이 헤겔이 말하는 대자(對自, für sich) 의식의 상태이다. 대자 의식이란 쉽게 말해 자신을 대상화 또는 객관화시켜서 파악하는 의식을 말한다. 그리고 자신을 객관화시켜서 살피는 과정이 반성의 과정이다. 반성을 통해 자기 의식을 지닌 주체는 대상 세계를 자신과 분리된 객체로서 인식할 수 있게 된다. 이 인식이 심화되면 주체는 대상 세계 속의 법칙을 파악할 수 있게 된다. 그리고 법칙을 이해하고 이용하여 대상 세계를 자신의 목적에 따라 가공하고 재창조할 수 있게 된다.

창조한다는 것은 애초에 인간의 능력이 아니라 신의 능력이었다. 이제 인간은 대상 세계의 필연적 법칙을 인식하는 만큼 자유로워질 수 있게 된다. 예를 들어 무서운 자연 현상은 신의 의지나 분노가 아니라, 자연 현상에 내재한 필연적인 법칙임을 깨닫는 순간에 인간은 그만큼 더 자유롭게 된다. 그리하여 인간은 '필연의 왕국'에서 '자유의 왕국'으로 넘어가는 첫걸음을 내딛게 되었고, 그러한 불경 때문에 신으로부터 징벌을 받게 된다. 프로메테우스의 고통은 아담과 이브의 고통으로 전이되었다. 그러나 이때 인간의 고통은 인간이 신의 영역으로 상승하는 것, 즉 자연의 법칙을 이해하고 자연을 자신의 의지와 목적에 따라 재창조하는 능력을 획득하는 데서 겪게 되는 고통이다.

종교적 은유에서는 일이란 원죄를 범한 인간에게 징벌로서 주어진 것이기 때문에 고통스럽고 힘든 것으로 묘사될 수밖에 없다. 그러나 일이란 한편으로 인간이 자신의 육체적·정신적 잠재 능력을 발현시킬 수 있는 계기이다. 또한 인간은 일을 통해 지식을 획득하고 경험을 축적하며, 더 나아가 자연과 사회를 움직여 가는 법칙을 알게 된다. 인간은 일을 통해 대상 세계를 가공하고 재창조하고, 또한 그 과정 속에서 자신을 발전시킨다. 따라서 징벌로서 주어진 일 속에는 인간이 실제로 신의 영역으로 상승할 수 있는 가능성이 내포되어 있다.

실제로 마르크스는 애초부터 우리가 좁은 의미에서의 일이라고 정의한 노동을 단순히 인간이 자신의 생명을 유지하기 위한 수단이라고 보지 않고, 인간 내면의 고유한 힘을 실현하는 생명 활동으로 본다. 인간은 사회적 관계 속에서 살아가기 때문에 인간의 노동은 혼자서 하는 일이라도 다른 사람과 더불어서 하는 일이고, 다른 사람을 위해서 하는 일이며, 또한 다른 사람에 대항하는 일이다. 따라서 사람은 일을 통해 자신이 무엇인가를 확인할 수 있다. 즉 사람은 일을 통해 자신의 가치를 인정받고, 자신의 잠재적 가능성을 실현할 수 있다.

또한 인간은 다른 동물과 달리 일을 하기 전에 그 일의 결과를 먼저 머릿속에서 구상한다. 따라서 인간이 노동을 하는 과정은 인간의 창조적 본성이 발휘되는 과정이다. 비버가 탄성을 자아낼 정도로 멋진 댐을 만들어 시냇물을 막는다 하더라도 비버의 머릿속에는 처음부터 완성된 댐의 설계도가 있지 않다. 그러나 아무리 서투른 목수라도 설계도에 따라 집을 지으며, 설령 설계도가 없다 하더라도 이미 머릿속에 다 지어진 집의 완성도를 그려 놓고 있다. 따라서 인간의 노동은 단순한 경제적 범주가 아니라 인간적 범주이다.

즉 노동은 인간이 '자기 자신을 표현하는 것', '신체적·정신적으로 인간 개개인의 능력을 표현하는 것'이다. 이 과정을 통해 인간은 자기 자신을 실현하며, 한 인간으로서 자각적 존재가 된다. 따라서 노동은 단지 생산을 위한 수단이 아니라, 자기 표현을 위한 목적 자체이다.

우리는 예술가의 노동에서 아주 쉽게 그 과정을 상상해 볼 수 있다. 어느 예술가가 도자기를 만드는 과정을 생각해 보자. 그는 먼저 도자기를 만드는 데 필요한 좋은 흙을 구하기 위해 여러 곳으로 다리품을 팔 것이다. 그리고 구한 흙의 입자를 부드럽게 하기 위해 흙을 작업장에 펴놓고 계속 밟는다. 그 다음 그 흙을 틀에 앉혀 돌리면서 정성스레 도자기 모양을 만들 것이다. 그리고 그 다음 마른 도자기를 가마에 넣어 굽고, 꺼내고, 그 위에 그림을 그리고, 상감을 하고, 유약을 바르고, 다시 굽는다. 가마에 불을 지필 때에는 며칠씩 밤샘을 하기도 한다. 도자기를 구울 때에는 그때그때 가장 적당한 온도가 유지되도록 불을 관리하면서 기도하는 마음으로 기다릴 것이다. 이 모든 과정은 그의 정신 노동과 육체 노동이 하나로 통일되는 과정이다. 마지막에 완성되어 나온 도자기가 마음에 들지 않으면 그는 미련 없이 그 도자기를 깨 버린다. 설령 그가 빚은 도자기 백 개 중 한 개에 불과할지라도, 그는 자신의 예술혼이 깃들인 도자기가 탄생되면 무한한 희열과 성취감을 느낄 것이다. 이렇듯 그의 노동의 전 과정은 한 인간이 자아를 실현하는 과정이며, 자신의 창조성을 발현하는 과정이다.

3. 일의 본성의 왜곡

마르크스에 따르면, 본질적으로 인간의 자기 창조 행위인 노동은 사적 소유와 노동의 분화 과정을 통해 왜곡되기 시작한다. 인간의 역사에서 여러 부족 사이에 생산력은 불균등하게 발전하였다. 생산력에는 인간의 지식, 육체적 능력, 생산수단 등이 포함된다. 더 발전한 생산수단을 지닌 부족과 그렇지 않은 부족 사이에 전쟁이 일어나면, 더 나은 생산수단을 소유한 부족이 그렇지 않은 부족을 지배하게 된다.

이로부터 인간의 역사에는 지배하는 계급과 지배받는 계급이 생긴다. 이제 지배 계급은 더 이상 육체 노동을 하지 않고, 힘든 육체 노동은 피지배 계급, 즉 노예의 몫이 된다. 그리고 지배 계급은 정신 노동, 즉 예술·종교·문화 활동 등에 종사한다. 이로부터 정신 노동과 육체 노동은 분리되고 육체 노동은 천시되고 고통스러운 것으로 전락한다. 노예는 노예라는 신분 때문에 주인에게 예속되어 어쩔 수 없이 육체 노동을 하도록 강요당한다. 이 과정은 중세의 농노에게서도 그 본질적 성격이 변하지 않는다. 즉 노예나 농노는 '신분적으로' 지배 계급에 예속되어 있기 때문에 노동을 하도록 강요당한다. 이것을 '경제 외적' 강제라 부른다. 이렇게 사적 소유와 노동의 분화 과정을 통해 인간은 노동을 통해 자신을 표현할 수 있는 가능성을 상실한다.

마르크스는 이렇게 노동의 창조적 본성이 왜곡되는 것을 노동의 소외 과정이라 파악한다. 이러한 노동의 소외 과정이 가장 격렬하게 드러나는 사회가 근대 자본주의 사회이다. 노동자는 노예나 농노처럼 신분이 예속되어 있지는 않지만 생계를 유지하기 위한 다른 수단이 없기 때문에 자신의 노동력을 팔아야 하고, 자신의 노동력을 산 자본가의 지휘와 통제 아래서 노동을 해야 한다. 이것을 '경제적 강제'라 부른다. 마르크스는 근대 자본주의 사회에서 노동의 소외 과정을 노동 생산물로부터의 소외, 노동 과정으로부터의 소외, 유적 본질로부터의 소외, 인간 자신으로부터의 소외라는 네 가지 측면에서 고찰하고 있다.

그런데 이와 같은 소외는 자본주의적 소유의 보편적 형태에서 가장 극명하게 드러난다. 자본주의 사회에서 소유의 보편적 형태는 화폐다. 돈을 소유할 수 있고 마음대로 쓸 수 있다는 것은 주위 사람의 의식에서 내가 실제로 누구인가 하는 인상을 지워 버리고, 재력의 정도에 바탕을 둔 새로운 인상을 창출해 낸다. 돈의 우월성은 도덕적이고 진정으로 인간적인 평가의 기준을 약화시키거나 파괴시킨다. 실제로 가능해서는 안 될 일이 돈에 의해서 가능해진다. 상품의 물신(物神)적 성격은 돈의 물신적 성격에서 가장 극명하게 드러나 모든 가치를 전도시킨다. 인간은 그의 진실한 도덕적 가치보다 돈을 삶의 최고 목표로 설정하며, '돈 숭배'를 통해 인간의 본질로부터 스스로를 소외시킨다. 이렇게 되면 생산 과정에서 발생한 노동의 소외는 삶의 모든 영역에서 나타난다.

마르크스가 자본주의를 극복해야 할 대상으로 파악하는 근본적인 이유 중 하나는 자본주의에서는 노동의 본성이 왜곡되며, 인간이 노동을 통해 자아를 실현할 수 있는 가능성을 상실한다는 것이다. 따라서 우리는 삶의 모든 영역에서 나타나는 인간의 소외는 근원적으로는 노동의 본성이 회복되어야 극복될 수 있다는 주장으로 마르크스의 견해를 해석할 수 있다.

그러나 노동 분업이 고도화되어 있는 자본주의에서 노동의 창조적 본성은 역사상 어느 단계의 사회에서보다 더욱 왜곡된다. 찰리 채플린은 영화 「모던 타임즈」에서 그 과정을 잘 보여 주고 있다. 컨베이어 벨트에서 반복적으로 단순 노동을 하는 주인공 찰리는 자의식을 상실하고 바보가 된다. 「모던 타임즈」에서 그려진 작업장의 형태는 '테일러 시스템'에서 발전되어 그보다 효율성이 더 강화된 '포드 시스템'이다. 포드 시스템의 대표적인 형태가 컨베이어 벨트 시스템이며, 여기서 노동자들은 한 곳에 앉아 지속적으로 단순 작업을 반복하게 된다. 이러한 포드 시스템은 자본주의 대량 생산 체계를 대표하는 체계이다. 이 포드 시스템은 품종의 수를 줄여 규격화하여 대량으로 생산해 내는 체계이다. 그런데 이러한 대량 생산 체계는 언제나 소비자의 구매력을 넘어서는 과잉 생산으로 인한 재고 누적과 그에 따른 자본 순환의 둔화와 이윤의 감소라는 위험성을 내포하고 있었다. 또한 대량 생산 체계는 다양하게 변화하는 소비자의 욕구에 효과적으로 대처하기에는 경직된 체계였다. 따라서 포드 시스템은 일정한 단계에서 한계에 부딪힐 수밖에 없었다.

이후 1980년대부터 등장하기 시작한 새로운 생산 체계가 포스트 포드주의이며, 그 대표적인 작업장은 스웨덴의 볼보 자동차 공장과 일본의 도요타 자동차 공장이었다. 흔히 포스트 포드주의를 유연 생산 체계라 부르며, 그 특징은 다품종 소량 생산이라 할 수 있다. 과거의 포드 시스템이 전체 공정을 하나하나 분리하고 세분화하여 컨베이어 벨트에 나열하여 결합시킨 것이라면, 볼보 자동차 공장은 각 공정을 특정 부분별로 독립시켜 팀별로 배분하여 각 팀이 그 속에서 자주적이고 창의적으로 공정을 책임지도록 하였다.

포드 체계에서 작업자는 한 곳에서 단순히 반복적으로 같은 작업을 할 뿐 전체 공정을 기획하거나 이해할 수 없고, 시스템에 생기는 문제는 관리자나 기술자가 해결한다. 그러나 볼보 자동차 공장에서는 동일한 작업 팀이 자기에게 주어진 공정 전체를 이해하고 같이 아이디어를 제출·검토하고 작업한다. 그들 스스로가 작업의 기획자이며 관리자이자 작업자이다. 도요타 공장은 관리자·연구 기획자·기술자와 작업자의 차이를 줄이기 위해 연구자와 기획자의 사무실을 현장에 두어 연구와 기획이 바로 작업 현장과 연결되도록 하였고, 작업 팀들이 그 안에서 발생하는 문제를 스스로 해결할 수 있도록 조직하였다. 이로써 생산에 소요되는 인원과 경비를 절약할 수 있었다.

이렇게 본다면 볼보 시스템과 도요타 시스템은 변화하는 상황에 유연하게 대처하고 현장의 작업 팀들이 상대적으로 주체적이고 자발적으로 생산 공정에 참여한다는 점에서 비슷하다고 할 수 있다. 양자의 차이가 있다면, 볼보 시스템의 유연성은 작업자의 자주적인 창의성을 강조하는 것이었고,

도요타의 유연성은 작업자와 기술자·기획자의 협력이라는 형식을 통해 관리와 효율성을 강조하는 것이었다. 이를 뒷받침하고 있는 것은 발달한 컴퓨터 기술이다. 그런 점에서 도요타 시스템은 실제 내용상 작업자가 기획과 공정에 창의적이고 자발적으로 참여하는 것이 아니며, 더 효율적으로 관리되고 있는 것일 뿐이라고 할 수 있다. 즉 도요타 시스템에서 중요한 것은 연구·기획과 현장의 거리를 좁히고 적재 적소에 작업자를 배치하고 적기에 필요한 제품을 필요한 만큼만 만드는 효율적인 관리 시스템이라고 할 수 있다.

그런데 자주성 또는 창조성을 강조하는 볼보보다 효율적 관리를 중시하는 도요타가 더 성공을 거두고 있다는 현실은 자본주의적 생산 체계에서는 작업자가 노동 속에서 창조성을 발휘하기가 어렵다는 사실을 보여 준다.

사실 발달한 산업 국가에서 노동이 분화되는 것은 피할 수 없는 과정이다. 그런데 노동의 분업으로 인해 노동의 창조적 본성이 왜곡되는 것을 바로잡기 위해 마르크스가 제시한 것이 전면적 인간 교육이라고 해석할 수 있다. 그는 소외를 극복할 수 있는 전제로서 노동의 본래적 기능을 회복시킬 것을 주장했다. 그에 따르면 노동의 기능 회복은 정신 노동과 육체 노동을 분리시키는 분업의 폐기로부터 시작된다. 분업 체계에서는 인간이 노동을 통해 자신을 실현할 수 없을 뿐 아니라, 부분적 기능만을 지닌 일면적 인간을 양산할 뿐이다. 그러므로 마르크스는 전면적으로 발달한 인간을 노동의 소외를 극복한 형태의 인간으로 제시한다. 그러한 인간은 노동의 분업에서 벗어나서 사회 적응력과 통제력을 지닌 존재이다. 그는 전면적으로 발달한 인간의 형성을 위해 요구되는 본질적인 계기를 생산 노동과 교육의 결합에서 찾고 있다.

마르크스는 생산 노동과 교육의 결합 원칙에 대해 그의 『자본론』 1권 제13장(기계와 대공업)의 제9절 공장 입법(보건, 교육 조항)에서 다루고 있다. 여기서 마르크스는 육체 노동과 정신 노동 사이의 차별 극복, 학습과 생산 노동의 결합 그리고 모든 사람에 대한 높은 수준의 일반 교육과 직업

훈련의 중요성을 제시하고 있다. 그리고 산업에 응용된 물리적·화학적 과정에 대한 지식을 가르치는 것과 과학적 지식을 계통적으로 습득시키는 것을 다른 무엇보다도 중시하였다. 이는 수공업적 기능을 이것저것 가르치는 것이 아니라, 산업 생산의 기초를 이루는 과학의 일반 원칙과 그 실천 기술을 습득시키는 것이다.

그와 같은 마르크스의 전면적 인간 교육을 옛 소련에서 더 구체화시킨 것이 레닌의 종합 기술 교육이다. 그것이 최초로 적용된 것이 1918년에 제정·설립된 통일 노동 학교였다. 통일 노동 학교는 학교 교육의 목표를 생산 노동과 밀접하게 연관시킴으로써 특정 직업을 위한 기술만이 아니라 노동의 진정한 가치, 즉 노동에 대한 포괄적이고 긍정적인 태도를 기초로 광범위한 육체적·전문적 기술을 개발시키며 결합시키는 데 중점을 두었다. 레닌은 더 나아가 이를 '종합 기술 교육'으로 구체화시키고자 했다. 그런데 1920년에 종합 기술 교육주의(polytechnism)에 대해 단일 기술 교육주의자들은 문제를 제기했다. 그들은 인간의 전면적 발달이나 종합 기술적인 인간 창조는 유토피아이며, 모든 노동은 전문 노동이지 노동 일반이 아니라고 주장한다. 나아가 그들은 종합 기술 교육의 개념은 본질적으로 잘못된 것이라고 비판한다.

그리하여 전면적 인간 교육의 이상은 현실에서 실현되지 못했다. 물론 옛 소련에서 종합 기술 교육이 좌절된 것은 당시의 소련이 처한 현실 때문이기도 하다. 당시 소련은 산업 발전에 필요한 전문 기술자가 부족한 현실에서 산업 발전에 당장 필요한 다양한 분야의 단일 전문 기술자를 육성하는 것이 시급했다. 따라서 노동의 진정한 가치를 중시할 수 있도록 인문·사회과학 분야의 일반 교양을 습득시키는 것 그리고 산업 체계 전반의 토대가 되는 기초 과학 기술 교육의 토대 위에서 기술 교육을 전수하는 것은 현실을 무시한 이상으로 치부되었다. 이렇게 현실은 사회주의 사회에서도 정신 노동과 육체 노동을 통합할 수 있는 한 토대로서 개개인이 전면적 인간 교육이나 종합 기술 교육을 받을 수 있는 가능성을 상실하게 했다.

현실적으로 모든 사람의 노동이 앞에서 예를 든 것처럼 육체 노동과 정신 노동이 결합되어 있는 예술가의 노동처럼 될 수 없다는 것은 당연한 일일지 모른다. 이처럼 일의 창조적 본성이 회복될 가능성이 희박하다면, 우리는 무엇을 통해 자아를 실현하고 자신의 창조적 능력을 발휘할 것인가?

4. 놀이의 창조적 본성

일이 어떤 목적을 이루기 위한 육체적·정신적 능력을 사용하는 활동이라면, 놀이는 정해진 목적 없이 즐기기 위해 자유롭게 수행하는 활동이다. 일은 어떤 성과물을 산출하는 것이 일차적 목적이며, 그 외의 다른 것은 부차적 목적이다. 그런 반면에 놀이는 즐기는 것이 일차적 목적이며, 그 외의 다른 것은 부차적인 것이다. 그렇다면 인간을 인간답게 만드는 것 또는 만든 것은 일인가 놀이인가?

앞에서 살펴본 것처럼 마르크스는 노동의 창조적 본성을 강조하였으며, 그것은 실제로 르네상스 시기부터 근대까지 이어져 오는 견해라고 할 수 있다. 그런데 우리는 앞에서 호모 사피엔스라는 규정은 고대 그리스에서부터 계속 진행되어 왔던 인간에 대한 규정이며, 호모 파베르라는 규정은 인간의 이성적 사유 능력을 강조한다는 점에서 호모 사피엔스와 동일한 맥락에 있다고 지적한 바 있다. 그러나 일과 놀이 또는 노동과 여가의 구분에 초점을 맞추어 보면, 고대 그리스의 철학적 전통은 노동보다는 여가를 더 중시하였다는 점을 알 수 있다. 철학이란 이성적 사유를 통해 사물을 관조(theoria)하는 데서 나오며, 관조는 육체적 노동에서 나올 수 없다. 고대 그리스 철학자들은 정신적 활동이란 노동을 하지 않는 자유로운 여가에서 나오는 것으로 여겼다. 예컨대 아리스토텔레스는 노동을 소극적 개념으로, 여가를 적극적 개념으로 파악한다. 그에게 노동과 비(非)노동은 짝을 이루는 개념이 아니라, 여가와 비(非)여가가 짝을 이루는 개념이다. 노동은 단지 비여가일 뿐이다. 노동은 그저 물질적 수단을 획득하기 위한 수단일 뿐,

인간의 본성적 활동은 아니다. 다시 말해 그리스 철학자들은 인간의 본성이 이성적 사유에 있고, 이성적 사유란 노동에서 나오는 것은 아니라고 본다. 물론 이미 이 시기에는 노동이 육체 노동과 정신 노동으로 분화된 이후이고, 정신 노동에 비해 육체 노동을 천시하는 견해가 그러한 개념의 밑바탕에 깔려 있었던 것은 사실이다. 그런데 여기서 중요한 것은 인간의 본성이 발휘되는 곳은 노동 과정이 아니라 여가라고 여기고 있다는 점이다. 그들의 입장에서는 인간의 활동에서 더욱 본성적인 것은 노동이 아니라 여가 활동이다. 노동은 어떤 목적을 이루기 위한 수단이며, 여가 활동은 그 자체가 목적이다. 이 여가 활동에 철학과 종교를 비롯한 정신적 활동 그리고 문화와 예술 활동이 포함된다. 요컨대 이미 노동이 육체 노동과 정신 노동으로 분화된 다음에는 노동은 더 이상 목적 자체로 인정될 수 없게 된다.

그러나 육체 노동을 천시하는 그리스 철학자들의 견해와 달리 일이나 노동이 아니라 놀이가 문화의 기본 토대였다는 주장도 상당한 설득력을 가진다. 앞에서 잠깐 언급한 호이징가의 견해가 그 대표적인 것이라 볼 수 있다. 그는 놀이를 남아도는 에너지의 방출, 긴장의 완화, 생활의 요구에 대한 준비, 채우지 못한 욕망의 보상 등으로만 파악하지 않는다. 그에 따르면 놀이는 인류 사회의 원형적 행동 속에 포함되어 있다. 또한 언어로부터 시작하여 신화·제의·법·상업·예술·과학 등 인간의 문화를 형성하는 모든 것이 놀이에 뿌리를 두고 있다. 놀이는 그 자체가 목적이며, 다른 목적에 종속되지 않는다. 따라서 놀이의 첫번째 특징은 자유로운 것이라는 점이다. 두 번째 특징은 놀이가 일상 생활과는 다른 영역의 활동이며, 욕구와 욕망을 직접적으로 충족하는 행위가 아니라는 점이다. 세 번째 특징은 놀이는 그 자체에 고유의 결과와 의미를 가진다는 점이다. 그렇다면 이렇게 직접적인 일상 생활의 영역에서 이루어지는 활동이 아닌 놀이가 어떻게 문화의 기본 토대일 수 있는가?

먼저 놀이는 삶을 꾸며 주고 보완한다. 일정한 규칙을 지닌 놀이란 일상 생활에서의 규칙이나 자연의 법칙이 인간의 의식 속에서 이상화된 것이다.

어린이의 술래잡기 놀이에서부터 공동체의 축제 의식에 이르기까지 모든 놀이는 참가자가 따라야 할 규칙이 있다. 예컨대 술래잡기 놀이를 하는 어린이는 놀이를 시작하면서 먼저 술래잡기 규칙을 배운다. 어떤 놀이의 규칙은 그 놀이를 다른 것과 구분시키고, 놀이가 자체 속에서 완결성을 갖도록 하는 장치이다. 규칙이란 놀이를 지속시키고 놀이를 즐거운 것으로 만드는 데 기본이 된다. 여기서 규칙은 인간의 삶이나 제도를 모방하기도 하고, 상상력이나 신비적 체험을 통해 만들어지기도 한다. 놀이에서 참가자는 일상을 벗어나 다양한 역할을 체험할 수 있다.

병원놀이를 하는 어린이는 그 속에서 환자가 되기도 하고, 의사가 되기도 하고, 간호사가 되기도 한다. 그 속에서 어린이는 일상의 정체성을 벗어나는 경험을 할 수 있게 된다. 즉 병원놀이를 하는 어린이는 일상 생활의 좁은 현실 세계를 넘어 더 넓은 가능성의 세계를 경험한다. 이렇게 놀이는 참가자의 삶을 풍부하게 하고 일상 생활에서 경험할 수 없는 독특한 자아 체험을 가능하게 해준다. 이는 개인이 다양한 방식으로 자아를 실현할 수 있는 바탕이 될 수 있다. 따라서 놀이는 영양 섭취·재생산·자기 보존이라

가산 오광대 놀이

는 생물학적 과정보다 높은 위치를 차지하게 된다. 나아가 놀이는 일상의 지겨움을 벗어나 삶에 활력을 주는 보조적 역할만 하는 것이 아니라, 인간의 진정한 자기 표현과 자아 실현의 토대가 된다. 이처럼 놀이의 표현은 모든 종류의 공동체적 이상을 만족시켜 준다. 호이징가의 견해는 바로 그렇게 인간 본성이 놀이를 통해 발현되고, 놀이가 모든 문화의 바탕이 되는 것이라고 보는 데 있다.

놀이가 일과 다른 활동이라는 점에서 놀이는 여가 활동이기도 하다. 그런데 앞에서 살펴본 마르크스의 입장에 따라 인간 본성의 실현이 노동에 있고, 현실적으로 왜곡된 노동에서는 자아 실현이 어렵다고 본다면, 여가 활동이나 놀이에 주목하지 않을 수 없다. 그리고 호이징가의 견해처럼 놀이가 인간 문화의 바탕이라면, 놀이는 단순히 노동을 보완하는 활동이 아니며, 인간이 자아를 실현하고 창조성을 발휘할 수 있는 바탕이 된다고 볼 수 있을 것이다. 또한 노동의 창조적 본성의 회복을 강조하는 마르크스도 생산력이 점점 발전함에 따라 생산에 소요되는 노동 시간이 줄어듦으로써 얻을 수 있게 되는 더 많은 자유 시간 또는 여가 시간이 인간을 해방시키는 데 중요한 역할을 한다고 지적한 바 있다.

5. 놀이의 본성의 왜곡

인간 본성이 원래 노동에서 발현되는 것이든, 아니면 놀이에서 발현되는 것이든 현실의 일상적 노동에서 인간이 창조성을 발휘하고 자아를 실현하는 것이 쉽지 않다는 것은 사실이다. 그렇다면 우리는 일상적 노동에서 벗어나 놀이나 여가 활동을 할 수 있는 여가 시간을 통해 자아를 실현할 수 있는 가능성을 가지게 되는가? 또는 여가 시간에 행해지는 놀이나 여가 활동이 우리에게 자아를 실현할 가능성을 제공하는가? 물론 가능할 것이다.

여가 시간은 자유 시간이며, 이는 말 그대로 다른 목적에 종속되지 않고 개인이 마음대로 처분할 수 있는 자유로운 시간이다. 따라서 자유 시간에 이루어지는 활동은 외부의 상황이나 조건보다 내적 욕구가 가장 중요한 계기로 작용한다. 예를 들어 어느 야구 동호회에 가입한 사람은 여가 시간에 회원들과 함께 야구를 하면서 땀흘리고 즐거워하며 직장의 일에서 받은 스트레스를 해소하고, 또 무엇인가를 애써서 추구하는 보람까지 느낄 수 있을 것이다. 또는 남편 뒷바라지하고 아이 키우느라 정신없이 살고 있는 어떤 주부는 기타를 배우면서 삶에 활력을 얻고, 자기에게 이전에 몰랐던 재능이 있다는 것을 깨닫고 자긍심이 생기기도 할 것이다. 이처럼 놀이나 여가 활동은 자아의 지평을 넓히는 바탕이 된다.

그런데 오늘날 우리의 삶, 특히 놀이나 여가 활동은 어떠한가? 르페브르(H. Lefebvre)는 일상 생활이 노동, 가정 생활 또는 사생활, 여가 시간이라는 세 영역으로 이루어져 있다고 본다. 마르크스가 생산 영역에 대한 분석을 통해 자본주의의 구조적 모순을 밝혔다면, 르페브르는 일상성의 분석을 통해 자본의 논리가 인간의 삶 곳곳에 미치는 영향을 밝히고자 한다. 현대 자본주의 사회의 특징을 더 분명하게 밝히기 위해서는 일상 생활 전체의 과정과 그 작동 방식을 분석할 필요가 있다. 마르크스가 분석했던 초기 자본주의 사회는 자본의 논리가 일상 생활 전반을 규정하였다고 할 수는 없다. 그러나 후기 자본주의 사회에서는 일상 생활의 모든 영역에 자본의 논리가 침투해 있다.

자본가는 광고와 미디어의 조작을 통해 일상의 가정 생활, 여가 생활도 상품화해 가고 있다. 식사·세탁·운동·오락, 심지어 교육에 이르기까지 모든 일상 생활은 자본의 이윤을 실현시켜 주는 영역으로 변했다. 이를 위해 자본은 욕망을 조작한다. 이제 소비자는 단순히 상품의 유용성 때문에 상품을 구매하지 않는다. 소비자는 상품의 외관 또는 상품의 이미지를 소비하기 위해 상품을 구매한다. 보드리야르(J. Baudrillard)의 말처럼 교환 가치가 사용 가치를 밀어낸다. 그리고 그 상품에 사용 가치를 뛰어넘는 이미지를 집어넣기 위해 상품은 미학적 형식을 차용하고, 광고는 끊임없이 소비자의 욕망을 부추긴다. 이렇게 하여 가정 생활이나 사생활의 영역도 자본의 요구에 굴복하게 된다. 나아가 놀이나 여가 활동까지도 자본의 공세로부터 자유롭지 못하다. 무엇보다 여가 활동을 즐기는 공간은 이미 자본에 의해 점유되어 있고, 여가 활동을 위한 기본적 도구도 자본이 제공하는 것이며, 여가 활동의 방식도 이미 자본에 의해 프로그램화되어 있다. 놀이를 즐기기 위해서는 자본이 제공하는 일정한 도구와 재료를 구입해야 한다. 예컨대 컴퓨터 게임을 즐기는 사람은 끊임없이 업그레이드되어 나오는 프로그램을 구입해야 한다. 어린 시절 비료 포대 위에 앉아 즐기던 눈썰매 놀이는 유료 놀이 동산에 가서야 가능하게 되었고, 아이들이 가장 즐기는 놀이는 딱지치기나 연날리기가 아니라 디지몬 게임이 되어 버렸다.

이제 놀이나 여가 활동은 그 형식이나 종류에서 참가자의 자발성이나 주체성보다는 자본의 이윤 동기가 더 본질적인 요소로서 포함되어 있다. 놀이와 여가 활동을 통해 얻을 수 있던 즐거움과 개인의 자아 실현이라는 것도 이제 자본의 통제를 벗어나지 못하고 있다. 자아 실현의 즐거움과 자기 창조의 기쁨도 상품화된다. 놀이와 여가 활동의 창조적 본성은 자본에 의해 왜곡, 조작되고 있다.

6. 정보화 시대의 일과 놀이

컴퓨터와 커뮤니케이션 기술의 발달에 힘입어 오래 전부터 진행되어 온 공장 자동화와 사무 자동화는 수많은 노동자를 생산 과정에서 몰아냈고, 많은 일자리가 사라졌다. 리프킨의 말처럼 향후 더욱 새롭고 정교한 소프트웨어 기술은 거의 인간이 필요 없는 문명 세계를 만들지 모른다. 농업·제조업·서비스업 등 모든 산업 부문에서 급속히 기계가 인간의 노동을 대체하고 있다. 그는 21세기 중반까지 거의 완전히 자동화된 경제가 도래할 것이라고 진단한다.

그렇다면 정보 예찬론자들의 주장처럼 정보 사회는 자동화를 통해 노동을 편리하게 만들어 주고, 그로 인해 여가의 양과 질이 증대되어 삶의 질을 개선시켜 줄 것인가? 또한 디지털 전자 테크놀로지가 지닌 고도의 기능이 인간의 감성·구성력·상상력 등을 발전시킴으로써 이른바 '인간의 확장(extensions of man)'에 기여할 것인가? 물론 그 가능성 자체를 배제할 수는 없다. 그러나 무엇보다 중요한 것은 자본이 정보 기술을 통하여 테일러주의와 포드주의를 강화한다는 사실이다. 앞에서 언급했듯이 유연 생산 체계로서의 포스트 포드주의는 시장의 요구와 소비자의 욕구 변화에 능동적으로 유연하게 대처하는 것이 본래 목적이다. 그 점에서 포스트 포드주의의 발현 형태는 노동의 창조적 본성의 회복이 아니라, 기술의 발달에 힘입은 더욱 고도화된 노동의 통제라 볼 수 있다.

　이렇게 노동 과정에서 노동의 통제가 실제로 강화된다는 점과 아울러 노동을 할 수 있는 가능성 자체가 줄어든다는 사실은 더욱 근본적인 문제가 될 수 있다. 즉 기술의 도입으로 사라지는 일자리가 그 수만큼 새로운 부문의 일자리로 대체되지 않는다는 사실이다. 현재 새롭게 생길 수 있는 일자리는 과학자·기술자·컴퓨터 프로그래머 등 정보 통신 기술을 중심으로 한 지식 산업 부문이다. 그 외에 소수의 전문직이 추가될 수 있을 것이다. 따라서 정보 통신 기술에 따른 기술의 진보가 대량으로 해고될 노동자를 위해 새로 만들어 낼 수 있는 일자리는 극히 제한적이다. 그렇다면 정보 예찬론자들이 '정보 유토피아'를 강변한다 하더라도 예상되는 결과는 과거보다 상상을 할 수 없을 정도로 대규모의 상시적인 실업 상태가 유지될 것이라는 사실이다. 그 가운데서 많은 사람들은 원하든 원하지 않든 노동의 현장에서 내몰릴 것이며, 그리하여 '강요된' 자유 시간을 가지게 될 것이다.

　이미 노동의 가능성조차 박탈당하는 사람에게 노동의 창조적 본성의 회복이란 오히려 사치스러운 말일 수 있다. 또한 자유 시간이 강요되거나 수동적으로 주어진 것이라면, 그 속에서 이루어지는 활동은 소외의 다른 표현에 불과할 것이다. 즉 놀이나 여가 활동은 창조적 본성을 잃게 된다. 그뿐 아니라 그와 같은 놀이나 여가 활동은 일상의 노동에 활력을 부여하는 보조적 성격마저 잃어버릴 가능성이 높다.

또 다른 방향에서 살펴보면 정보화 사회에서 개인은 모든 일상 생활의 영역에서 코드화되고, 그리하여 신분·성향·취미·기호·오락 등 모든 영역에서 판매 전략의 자료로 취급된다. 이렇게 정보화 사회의 전자 체계는 사회를 전체적으로 통합함으로써 전면적으로 관리되는 사회를 만든다. 따라서 개인은 노동 과정에서뿐만 아니라 가정 생활, 나아가 취미 활동 등의 여가 생활에서도 자본의 프로그램 속에서 통제된다고 할 수 있다. 즉 노동에서의 소외는 모든 일상 생활의 영역으로 확대되어 총체화된다. 재택 노동, 사이버 강의, 홈쇼핑, 홈뱅킹, 원격 화상 회의, 전자 고속도로, 홈페이지 등의 가상적 현실이 일과 놀이의 창조적 본성을 회복시켜 주지는 못한다. 가상은 또한 환상이며, 소외를 소외로서 자각하지 못하게 하는 일종의 마약 역할을 한다. 가상 현실에서 얻을 수 있는 쾌락, 사이버 섹스를 통해 얻을 수 있는 성적 만족 등의 환상은 개인에게 자신이 처한 현실을 잊도록 유도할 것이다. 그리고 노동 현장에서 밀려나는 사람이 많아질수록 사이버 세계가 제공하는 환상은 더욱 더 강렬해질 것이 틀림없다. 자신의 실상이 소외되어 있으면서도 그것을 자각하지 못할 때, 소외를 극복하기 위한 노력을 결코 기대할 수 없다. 따라서 정보화 사회를 장악하고 있는 자본의 논리를 깨우치는 것 그리고 지배와 억압을 고착화시키는 기술 지배 구조에 대한 비판·저항을 통해 자유와 자율을 증대시키기 위해 노력하는 것이 무엇보다 중요하다.

7. 맺는 말

인간의 창조적 본성이 일을 통해 발현되는 것인지 놀이를 통해 발현되는 것인지 단정하기는 쉽지 않다. 일이나 노동에서 인간의 창조적 본성이 발현된다는 논리도 명확한 근거를 가지고 있으며, 놀이나 여가 활동에서 인간의 창조적 본성이 드러난다는 논리도 마찬가지다. 따라서 인간을 창조적 존재로 만드는 데에서 일과 놀이 중 한 측면만 과도하게 강조하여 드러내는 것은 효과적이지 않을 것이다. 오히려 양자는 길항 작용을 통해 인간을 창조적으로 진화시켜 왔고, 인간의 자아 실현에 상호 보완으로 작용한다고 보는 것이 좋을 듯하다. 그러나 일과 노동 그리고 놀이와 여가 활동이 자본의 통제 아래 들어갈 때에는 그 창조적 본성이 발현되기가 쉽지 않다는 점은 지금까지 살펴본 대로다. 그렇다면 어떻게 일과 놀이를 자본의 통제에서 벗어나게 할 수 있을 것인가?

자본주의 경제 체계 내에서 일 또는 노동이 자본의 통제를 완전히 벗어난다는 것은 불가능할 것이다. 그리고 정보화 과정이 강화될수록 자본의 통제는 삶의 전 영역으로 확대된다. 따라서 일과 놀이 또는 노동과 여가 활동에서 자본의 통제를 벗어나고자 하는 노력은 자본에 대한 경제적 투쟁뿐만 아니라, 문화적 저항의 형태로도 드러나야 할 것이다. 자본이 제공하는 다양한 형태의 프로그램에 수동적으로 이끌려 단순한 소비자가 되는 것이 아니라, 그 속에 들어 있는 자본의 의도에 저항하거나 자본의 의도와 무관한 새로운 삶의 양식을 만드는 것이 필요하다.

이 과정은 새로운 미적 감수성을 창출해 내는 것과 관련이 있을 것이다. 예컨대 빠르고 화려하고 큰 것이 아니라, 느리고 소박하고 작은 것에서 아름다움을 찾을 수 있는 미적 감수성을 계발하는 것이 유효한 전략의 하나가 될 것이다. 끊임없이 욕망을 자극하는 자본주의적 삶의 양식에 대항해 생태 중심적 사고를 확산시키고, 욕망을 줄여 가는 삶의 양식을 확산시키는 것이 긴요한 실천 중의 하나로 포함될 수 있다.

또한 일상 생활의 영역에서 자본의 유통과 무관한 공동체적 삶의 양식을 개발하는 것도 유효할 것이다. 이를테면 작은 규모의 지역 공동체에서 통용될 수 있는 '지역 화폐 운동'이 그 한 예가 될 수 있다.

한편 끊임없이 발전하는 과학 기술은 노동 과정에서 점점 더 높은 비율로 인간의 노동력을 배제해 가고 있다. 첫머리에서 인용했던 대로 향후 30년 이내에 2%의 노동력만으로 전체 인류에게 필요한 모든 재화가 생산될 수 있는 사회가 도래할 것이라는 진단은 정확하지 않을 수도 있다. 왜냐하면 설령 그러한 기술적 가능성이 존재한다 하더라도 그 가능성이 98%의 사람들이 실업 상태가 되어야 한다는 현실로 드러난다면, 어느 사회이든 그와 같은 불안정성을 감당해 내지 못할 것이기 때문이다.

그러나 정보 통신 기술을 중심으로 한 과학 기술의 발전은 많은 사람을 노동 과정에서 급속히 배제해 갈 것이 틀림없다. 그리고 높은 비율의 실업 상태가 지속되고, 그 비율이 점점 높아질 가능성도 많다. 이른바 세계화를 통해 격화되는 자본끼리의 경쟁은 그 과정을 가속화시키게 될 것이다. 그리고 자본이 한 국가라는 제한된 틀을 넘게 되면서 개별 국가는 다양한 이유로 국제적 자본의 유치를 위해 경쟁하게 될 것이다. 그 과정에서 개별 국가는 자본에 자유로운 활동 공간을 제공하기 위해 노동 시장의 유연성을 증대하고자 할 것이다. 노동 시장에서 유연성이 증대된다는 것은 더 많은 노동자들이 상시적인 해고의 위험에 내몰린다는 것과 복지 수준이 점점 하락한다는 것을 의미할 따름이다.

따라서 노동의 창조적 본성의 회복은 무엇보다 먼저 인간다운 환경에서 일을 할 수 있는 가능성마저 박탈당하는 현실을 극복하기 위한 노력으로부터 시작해야 할 것이며, 그러한 노력은 놀이와 여가 활동이 창조적 본성을 되찾는 데에도 근본적인 바탕이 될 것이다.

■ 주제어

호모 파베르, 호모 루덴스, 필연의 왕국, 자유의 왕국, 노동의 분화, 노동의 소외, 테일러 시스템, 포드 시스템, 포스트 포드주의, 전면적 인간 교육, 종합 기술 교육, 여가 시간, 자유 시간, 놀이의 특징, 일상성, 가상 현실, 생태 중심적 사고, 지역 화폐 운동

■ 용어 해설

필연(필요)의 왕국과 자유의 왕국 미개인이 욕망을 충족시키며 자기의 생활

을 유지·재생산하기 위해 자연과 투쟁하지 않을 수 없듯이 문명인도 그러한 투쟁을 하지 않을 수 없으며, 어떠한 사회 형태나 생산 양식 속에서도 그러한 투쟁을 하지 않을 수 없다. 문명이 발전함에 따라 그러한 자연적 필연의 왕국이 확대되는데, 이는 인간의 욕구가 확대되기 때문이다. 또한 동시에 욕구를 충족시키는 생산력도 확대된다. 이 왕국에서 자유는 오직 사회화된 인간·연합된 생산자가 자연과 자신의 물질 대사를 합리적으로 조절하고, 이 물질 대사가 맹목적인 힘으로 자기 자신을 지배하지 않도록 생산자의 공동 통제 아래에 두며, 가장 적게 힘을 들이고, 자신의 인간성에 가장 알맞고 가장 적합한 조건 아래서 그 물질 대사를 수행하는 데 있다. 그러나 그것은 여전히 필연의 왕국이다. 즉 필연의 왕국 맞은편에서 자체 목적으로서 의의를 갖는 인간 능력이 발달함으로써 진정한 자유의 왕국이 시작된다. 자유의 왕국은 그러한 필연의 왕국을 토대로 해서만 꽃을 피울 수 있다.

■ 생각해 볼 문제

1) 월드컵 경기에 참가한 축구 선수의 경기 활동은 일의 특성이 강한가, 놀이의 특성이 강한가에 대해서 토론해 보자.

2) 자신이 일을 하면서 기쁨이나 희열을 느낀 적이 있으면 말해 보고, 그때 그렇게 느꼈던 이유를 설명해 보자.

3) 어릴 때 친구들과 놀이를 하던 기억을 되살리면서 놀이가 즐거웠던 이유를 설명해 보자.

4) 전국교직원노동조합에서 주장하는 '인간화 교육'이 마르크스의 전면적 인간 교육과 어떤 연관 관계를 가질 수 있는지 토론해 보자.

5) 대개 벤처 기업에서 일하는 젊은이들은 일을 즐기는 것 같고, 정해진 시간도 없이 일하기도 한다. 그들은 자신의 노동 속에서 자아를 실현하고 있는가? 그렇다면 어떤 점에서 그러하며, 또 그렇지 않다면 어떤 점에서 그런가를 설명해 보자.

6) 이른바 신자유주의에서 전세계적으로 노동자의 삶의 양상은 어떤 변화를 겪고 있는가에 대해 설명해 보자.

7) 하루 종일 또는 밤새도록 게임이나 인터넷에 빠져 있는 사람들의 특징에 대해 이야기해 보고, 그들의 놀이는 어떤 특징을 가지는가 평가해 보자.

8) '지역 통화 운동'에 대해 조사해 보고, 그 가능성에 대해 토론해 보자.

9) 정보화 시대에 자신이 할 수 있는 문화적 실천에 대해 생각해 보고, 그 가능성에 대해 토론해 보자.

■ 참고 문헌

▶요한 호이징가, 『놀이하는 인간』 기린원, 1989.
인간의 문화가 지닌 놀이의 특성을 풍부한 역사적 사례를 통해 이론적으로 잘 밝혀 주고 있다.

▶프리드리히 엥겔스, 「원숭이의 인간화에 있어서 노동의 역할」, 『자연변증법』, 중원문화, 1989.
노동이 가지는 창조적 본성을 과학적 근거를 바탕으로 밝히고 있는 고전이다.

▶칼 마르크스, 『경제학·철학 수고』, 김태경 옮김, 이론과 실천, 1987.
마르크스의 소외 이론이 가장 잘 드러나 있는 고전이다.

▶앙리 르페브르, 『현대 세계의 일상성』, 박정자 옮김, 주류, 1990.
자본이 생산 영역을 넘어 소비 영역과 그 외의 모든 일상 생활의 영역에까지 침투하여 자체의 논리를 관철시키고 있는 현상을 분석함으로써 자본주의적 일상성을 변화시키는 문화 혁명을 주장하고 있는 르페브르의 대표적 저작이다.

▶제레미 리프킨, 『노동의 종말』, 이영호 옮김, 민음사, 1996.
정보화 시대에 과학·기술의 발전이 몰고 오는 대규모 실업 사태를 세계 각국의 실제 자료를 통해 정확하고 풍부하게 예증하고, 그로부터 소수의 정보 엘리트 집단과 거대한 영구 실업자 집단의 대립이 불러일으킬 위험을

지적하고 있다. 나아가 그런 위험에서 벗어나기 위한 새로운 대안과 접근
방식도 제시하고 있다.

▶문현병, 「정보화와 소외」, 『철학 세계』 제9집, 부산대학교 철학연구회,
1998.

정보·통신 문화에서 발생할 수 있는 소외 문제를 잘 정리한 논문이다.

제7장 성 해방을 위하여

1. 성이 넘치고 있다

사랑하는 우리에겐 못할 놀이가 없어 어떤 것도 괜찮아.

너무 심하지만 않다면 둘만의 비밀이면 괜찮아. 사랑하는 사이니까.

두려워 마 창피해 마 뭐가 쑥스러운 거야 괜찮아.

사람들 다 이렇게 다 노는 거야 숨길 뿐야 그런 거야.

더 늦기 전에 모두 해 보는 거야. 철들기 전에 시험해 보는 거야.

처음엔 다 쑥스럽고 유치해서 못 하지만

그렇지만 하고 나면 우릴 서로 더욱 가깝게 할 거야.

그럴 거야 우리들만의 비밀이 생긴 거야.

아무도 모르는 우리들만의 비밀.

유명 가수의 노래 「놀이」의 노랫말이다. 이전에는 드러내놓고 말할 수 없었던 것이 이제는 대중 가요의 가사가 되어 널리 청소년들까지 공유하고 있다.

얼마 전 한 연예인이 자기는 트랜스젠더(transgender; 성전환자)라고 당당하게 밝혔다. 그리고 또 다른 트랜스젠더들은 "우리는 외계인이 아니다"라며, 자신들이 세상의 다수와 다르다는 이유로 제3의 존재로 배척하지 말아 달라고 외친다. 그리고 한 남자 연예인은 자기가 동성애자라는 것을 커밍 아웃(coming out)하여 성담론의 폭을 넓히는 역할을 하기도 했지만, 그 자신은 불이익을 받아야만 했다. 성적 소수자들이 자기들의 권리를 외치기 시작한 것이다. 그런데 놀라운 것은 그러한 일들이 이전과는 다른 분위기에서 이루어지고 있다는 사실이다. 성에 대한 대중들의 인식이 많이 달라진 것이다. 정말 달라진 것일까?

한편 한 남성이 성적 만족도를 높이기 위해 비아그라를 복용했다가 그 부작용으로 발기 불능에 빠져 결국 이혼을 하고 말았다는 이야기와, 러브 호텔이 번성하고 부부 교환 섹스 사건까지 생기는 것은 우리 시대의 성에 대한 현주소를 여실히 드러내 주고 있다. 이제 우리 나라도 동네마다 성행위 보조 도구를 판매하는 성인용품점이 자리잡기 시작했고, 사이버 세계에는 클릭 한 번으로 열리는 섹스 천국이 있다. 몇년 전 「빨간마후라」라는 청소년의 섹스 비디오가 사람들을 놀라게 하더니, 근자에는 연예인의 섹스 비디오가 등장하여 세상을 떠들썩하게 만들었다. 그런 가운데서도 성폭력과 성추행, 포르노그라피, 성매매, 원조 교제라는 이름의 청소년 성매매, 강간, 혼인 빙자 간음, 간통, 동성애, 순결과 처녀성 등 성과 관계되는 사회적 현상들은 아직까지도 사회 문제가 되고 있다.

그리고 우리의 성문화는 초고속 통신망이 보급되면서 서서히 달라지고 있다. 초고속 통신망이 확산되면서 가장 직접적으로 일어난 변화는 인터넷을 중심으로 성인 미디어 산업이 본격 태동했다는 사실이다. 요즈음 사이버 공간에서 일어나는 언어적 성폭력이 문제가 되고 있는데, 한 조사 보고서에 따르면 사이버 성폭력을 당한 여성의 70%가 모욕감을 느낀다고 대답한 반면 남성의 55%는 호감을 느낀다고 했다. 사이버 공간의 성폭력 피해자는 여성이 훨씬 많다는 것을 알 수 있다. 특히 사이버 마초(macho)들의 횡포는 개인적인 차원을 넘어 조직적으로 이루어지고 있다고 한다. 마초는 에스파냐 어로 남자라는 뜻으로 사전적 의미는 기백 있고 늠름한 남성다움을 의미하지만, 요즘은 뚜렷한 근거 없이 여성들을 공격하거나 비방하고 폭력적인 언어로 여성을 비하하는 성차별주의자나 남성우월주의자를 뜻하는 말로 사용되고 있다. 왜 성은 이렇게 폭력과 관계를 맺고 있는가?

성은 삶의 주변 도처에 깔려 있으며 폭발할 지경에 있다. 그렇다. 성이란 부끄러운 것이 아니라 자연스러운 것이기 때문에 숨길 필요가 없다. 이제 성은 침실에만 있는 것이 아니다. 길거리에서, 버스에서, 화장실에서, 교정에서 심지어 교실에서까지 성적인 문제가 발생하고 있다. 그러나 이러한 성을 공론화하지 못하고 사적인 문제로 방치한다면 성에 대한 우리의 인식은 더 혼란스러워질 것이다.

도대체 성이 무엇이기에 이렇게 폭발하고 있는가? 성이 무엇이기에 우리 삶의 구석구석에 자리잡고 있는 것인가? 그런데 왜 아름답지 못한 모습으로만 우리 주변을 맴돌고 있는가? 아름다운 성은 어디에 있는가? 그리고 성은 현실적으로 우리의 삶에 어떤 의미를 가지고 있는가?

철학은 해결사가 아니다. 성을 이야기하는 것은 성에 대해 정답을 제시하기 위해서가 아니다. 어떤 답안을 가지고 출발하는 것이 아니라 끝없는 물음을 통해 삶의 의미를 반성해 가는 것이 중요하지 않겠는가.『화엄경』에 "하나의 먼지 속에도 전 우주의 이치가 스며들어 있다(一微塵中含十方)"는 구절이 있는데, 성에도 우리 사회의 비밀이 스며 있다. 성의 문제는 성만의 문제가 아니라 우리의 삶과 우리 사회의 문제라는 것을 잊어서는 안 된다.

2. 성은 더러운 것인가?

성이 난무하는 세상을 한탄하는 사람들이 많다. 성은 과연 더러운 것인가? 먼저 생물학자는 성을 어떻게 파악하는지 살펴보자. 린 마굴리스와 도리언 세이건은『섹스란 무엇인가』라는 책에서 생물학적 성의 의미를 다음과 같이 분석하고 있다.

개체적 존재로서의 종결이라는 의미에서 우리들이 두려워하는 죽음은 약 10억

년 전에 시작된 유성 생식 생물의 진화와 밀접하게 관련되어 있다. 성적 번식을 수행하는 생물의 일원으로서 인간은 그 대가로 필멸성(mortality)을 부여받았다. 그럼에도 불구하고 성이란 위대한 것이다. 성은 쾌락을 제공하고 인간 종족의 미래인 아이들을 세상에 탄생시킨다. 만약 부모들의 성적 활동이 없었다면 우리 중 누구도 지금 이 자리에 있지 못할 것이다. 성이 있기에 우리는 살면서 호흡하고 생각하는 존재가 될 뿐만 아니라 두 개별적 공급원으로부터 특별한 비율로 유전자를 전수받아 특별한 인격체로 존재할 수 있다. 성의 진화는 세상이 이제까지 경험했던 개체성의 구현에 가장 커다란 혜택이 되었다. 성은 과거의 장소와 과거의 시간을 우리와 연계시켜 주는 역할을 한 것이다.

여성의 성이 인류 진화의 전 국면에 걸쳐 결정적인 영향을 미쳤다고 주장하는 사람이 있다. 여성 인류학자 헬렌 피셔의 저서 『성의 계약』에 따르면 원시 인류는 다른 동물들처럼 발정기에만 번식을 목적으로 섹스를 했다. 그러나 오늘날의 인류는 지구상에서 유일하게 발정기 없이, 번식의 목적 없이도 섹스하는 존재다. 그런 의미에서 인간은 가장 섹시한 동물이다. 그 동안 대체 무슨 일이 일어난 것일까?

임신, 출산, 육아 기간에 혼자 먹이를 구하기 어려웠던 원시 인류의 암컷에겐 먹이를 공급해 줄 수컷이 필요했다. 따라서 보다 섹시한 암컷이 되어 수컷을 만족시키는 존재가 되는 것이 식량을 확보하는 일, 곧 생존을 의미하였다. 암컷은 살아남기 위해 수컷의 손에 들린 고기와 발정기 없이 계속되는 섹스를 맞바꾸었다. 이러한 '성의 계약'은 인간 신체와 성행동의 진화, 가족, 사회 조직, 감정, 심지어 언어와 종교의 진화를 촉발시킨 점화 장치의 불꽃이라고 피셔는 주장한다. 그러나 이러한 견해는 대표적인 생물학적 결정론으로 그 한계를 지니고 있다. 인간과 인간 사회가 인간의 생물학적 요인으로만 결정되는 것은 아니기 때문이다.

인간의 성은 동물의 성과는 다른 의미 체계를 지니고 있다. 인간의 성이 생물학적 토대에 바탕을 두고 있는 것은 사실이지만, 이 때문에 인간의 성을 동물의 성과 동일시하는 것은 대단히 편협한 시각이다. 마르크스의 말대로 인간은 자연 존재이면서 동시에 '인간적인' 자연 존재다. 따라서 인간의 성은 자연적이고 본능적인 성에 기초해 있으면서도 그것을 넘어서고 있다. 성이 자연적이고 생물학적인 한, 성은 더러운 것이 아니다. 문제는 그것을 넘어설 때 발생한다. 그 때문에 성을 더러운 것으로 여기고 버리거나 멀리해야 한다고 주장하는 사람들이 있다. 성에 관해 금욕주의적 태도를 강조하는 대표적인 사상가들의 이야기를 들어 보자. 물론 욕구나 욕망이라는 주제는 그리 간단한 문제가 아니라는 것을 염두에 두어야 한다. 젊은 시절에 온갖 형태의 성범죄를 다 저질렀다고 고백하고 참회한 톨스토이는 이렇게 말했다.

결혼한 부부 사이의 성교는 간음이 아니라고 할 수 있다. 그러나 비록 상대가 아내일지라도 단순히 성욕을 채우기 위한 성교는 죄악이라고 생각한다. 인류를 존속시킬 수 있을 정도의 성교는 정당하다고 할 수 있다. 그러나 아내와의 성교라도 만일 그것이 정신적인 사랑도 없이 때를 무시한 채 단지 육욕을 위한 것이라면, 그것은 간음이라고 할 수 있다. 그러나 자식의 출생을 목적으로 하고 정신적인 사랑을 가지고 이루어지는 아내와의 성교를 죄라고는 할 수 없다. 이는 죄가 아니고 하느님의 뜻인 것이다.(톨스토이, 『남과 여』)

간디는 혼인을 자연스러운 일이라고 생각했지만, 동시에 혼인을 신성한 정화 의식으로 간주하면서 자제(自制)하는 생활을 이상으로 삼았다. 그리하여 간디는 금욕 생활을 다음과 같이 예찬하였다.

금욕하는 사람과 안 하는 사람은 뚜렷하게 다르다. 금욕하는 사람의 눈은 하느님의 영광을 보지만, 금욕하지 않는 사람은 주변의 천박한 것을 본다. 금욕하는 사람의 귀는 하느님의 찬송을 듣지만, 금욕하지 않는 사람은 지저분한 소리에 귀를 기울인다. 금욕하는 사람은 밤에 기도하지만, 그렇지 않은 사람은 향락에 빠진다. 금욕하는 사람은 몸을 하느님의 성전으로 만들지만, 금욕하지 않는 사람은 몸을 냄새나는 시궁창으로 만든다.(간디, 『자서전』)

살아 있는 노자로 불렸던 다석(多夕) 유영모 선생은 "예수는 독신으로 살았으며 여자를 보고 음욕을 품는 일이 없었다. 정신 든 사람이 어떻게 음욕을 품을 수 있겠는가. 음욕이란 실성한 사람들이 할 짓이지 정신이 박힌 사람은 음란에 젖을 까닭이 없다"고 주장하였다. 여기까지 오면 우리는 성이라는 말을 아예 입에 올리지도 말아야 한다.

금욕주의자들은 '생식을 위한 성'만 윤리적으로 온당한 것으로 간주하기 때문에, 그들의 눈으로 볼 때 오늘날의 성적 현실은 타락의 극치라고 할 수 있을 것이다. 생식을 위한 성만이 윤리적으로 정당화될 수 있는가? 생식을 위한 성 외의 성은 과연 더럽고 추악한 것인가? 금욕주의자들의 주장은 교훈을 주려고 하는 것이기 때문에 경청할 필요는 있지만, 오늘날 성담론의 정체를 파악하는 데는 무력하다고 할 것이다.

비슷한 논리로 쾌락만을 추구하는 성은 더러운 것이기 때문에 사랑으로 이루어진 성만이 정당한 것이라고 보는 사람들이 있다. 쾌락을 억압해 온 성이 폭력적이고 '사랑'이라는 이름으로 가부장적인 권위를 강요해 온 제도가 굴욕적이라는 것을 받아들이지만 설사 해방의 띠를 둘렀어도 사랑이 거세된 쾌락은 허무하다는 것이 그들의 주장이다. 사랑이 없는 성, 쾌락만을 위한 성은 왜 나쁜 것일까?

성의, 성에 의한, 성을 위한 성에서 사랑의, 사랑에 의한, 사랑을 위한 성으로의 전화만이 왜곡된 성문화를 극복하는 길일까? 대답은 그렇게 간단하지 않다. 쾌락이 문제인 것이 아니라, 쾌락의 담론에 들어 있는 권력과 자본의 논리가 문제이며, 왜곡된 쾌락이 문제인 것이다.

3. 사람들은 성을 어떻게 바라보고 있는가?

성이란 아름다운가, 그렇지 않으면 더러운 것인가라고 이분법적으로 물을
수는 없다. 성에 대한 다양한 생각들을 경청한 후에 우리들의 입장을 정리
하는 것이 올바른 순서라고 할 수 있다.

엘리슨 재거와 폴라 스트럴의 분류에 따르면, 여성해방론(feminism)에
는 대표적으로 다섯 가지의 입장이 있는데, 보수주의자, 자유주의 여성해
방론, 마르크스주의 여성해방론, 급진적 여성해방론, 사회주의적 여성해방
론이 그것이다. 그러나 보수주의자는 분명히 여성해방론자라고 말할 수 없
다. 여성이 억압되어 있다는 사실을 인정하지 않고, 따라서 여성의 해방을
요구하지 않기 때문이다. 그러나 여러 여성해방론과 비교해 보려면 그들의
주장을 들어 보아야 한다. 이 다섯 가지 사조에서 본 성의 모습은 당연히
다를 수밖에 없다.

먼저 보수주의자의 견해를 살펴보자. 성관계에 관한 보수주의자들의 입
장은 여러 가지 면에서 생물학에 토대를 두고 있다. 그들은 하등 동물 및
곤충의 행동뿐만 아니라 인간의 생리 현상에까지 호소하여 주장을 펼치고
있다. 그들에 따르면, 남성에게는 성적으로 능동적이고 공격적인 역할이,
여성에게는 성적으로 수동적인 역할이 부여되는 것은 필연적인 생물학적
사실이다. 앤소니 스토르는 이러한 견해에 대한 증거로서 "정자가 적극적
으로 돌입해 가는 동안, 난자는 그것의 침투를 수동적으로 기다린다"는 사
실을 들고 있다. 따라서 남자는 정복해야 하며, 여자는 복종해야 한다는 것
이다.

남녀의 역할이 정확히 생물학적으로 규정되어 있다는 견해를 주장하는
보수주의는 남성·여성의 고유한 역할에서의 일탈을 위험한 것으로 간주하
는 한편, 전통에서 벗어난 어떠한 방식의 성적 결합도 비정상적인 것으로
간주한다. 보수주의자는 이성간의 결합만이 유일하게 '자연스러운', 따라
서 '정상적인' 섹스의 형태라고 보며, 레스비언이나 남성간의 호모 섹스는

비정상적이고 불건강한 것으로 거부한다.

우리 사회는 알게 모르게 일련의 성적 위계 구조를 가지고 있으며, 이러한 구조 아래서 바람직한 성과 그렇지 못한 성을 구분하고, 사회가 인정하는 성만을 정상적이고 규범적인 성이라고 하고, 이를 벗어난 성을 일탈적이고 비정상적인 성이라고 주변화시키고 있다. 동성간의 성, 혼외 관계의 성, 난교, 생식과 무관한 성, 상업적인 성, 자위 행위나 집단적 성행위, 일회적인 성, 다른 세대와의 성, 공적인 영역의 성, 가학적 또는 피학적 성 등은 자연스럽지 못한 비정상적인 성이라며 억압하고 있다. 남성이 주도하는 이성애적인 외음부 성교만을 정상적인 성으로 간주하고 있는데, 그것이 오늘날 지배적인 성정체성이라고 할 수 있다. 보수주의자는 대체로 이러한 입장을 지니고 있다.

생물학적으로 규정된 양성의 역할에 대한 보수주의자의 선입감을 거부하는 자유주의 여성해방론자는 양성의 권리는 자기 표현과 자기 충족에 있음을 강조한다. 자유주의자는 양성 중 어느 하나에 배타적으로 능동적 역할 또는 수동적 역할을 부여하려는 어떠한 시도도 거부한다.

자유주의자들의 성에 대한 입장의 핵심은 개인의 사생활이 사회의 규범에 종속되어서는 안 된다는 것이다. 성적 욕구란 개인의 관심이며, 그 개인들이 다른 사람들에게 피해를 주지 않는 한, 그들이 어떠한 방식을 가지든 간에, 성적 충족을 추구하는 데 자유로워야 한다는 것이다. 이들에 따르면, 자신의 생활을 영위하기 위해 매음을 선택하는 행위도 옹호될 수 있다. 그 이유는 선택이 자유롭게 이루어지는 한, 사회가 그것에 간섭할 권리는 없기 때문이라는 것이다. 이러한 인식은 다른 견해와 비교해 볼 때 흥미롭다. 즉 이 경우, 자유주의자들이 자유로운 선택이라고 생각하는 것이 마르크스주의자들에게는 경제적 강제에 의한 것으로 비난의 대상이 되기 때문이다.

일반적으로 자유주의자는 레스비어니즘이나 남성간의 호모 섹스가 이를 찬성하는 자들 사이에서 사적으로 수행되는 한, 이에 대해 관용적인 태도를 취하는 경향이 있다. 일반적으로 자유주의자는 다양한 실험을 통한 개인적 충족을 강조하며, 엄격하게 규정된 양성의 역할에 구애됨이 없이 쾌락을 추구할 수 있는 균등한 기회를 강조한다.

전통적 마르크스주의 이론가들의 성에 관한 입장은 마르크스주의 이론의 확대라기보다는 그들이 사는 사회에 대한 견해를 반영한 것이라 할 수 있다. 마르크스주의자는 지배 계급의 착취와 투쟁하는 임금 노동자인 개인에 분석의 초점을 맞추고 있기 때문에, 섹스에 관한 논의는 부차적인 것으로 본다. 그들은 '개인적' 생활 형태인 섹스의 영역에 대해서는 크게 주목하지 않는다. 전통적인 마르크스주의 이론 체계 내에서 이러한 영역은 비중 있게 다뤄지지 않는다. 성적 관계가 상호 충족적이고 비착취적인 것으로 정의되기 위해서는 권력 및 부의 격차가 더 이상 남녀를 분리시키지 않을 때까지 기다려야 한다는 엥겔스의 주장이 성적 충족에 관한 전통적인 마르크스주의 이론을 잘 반영하고 있다.

그런데 마르크스주의 창시자인 마르크스마저도 청년 시절에는 성에 대해 진보적인 생각을 가지지 못하고 "배타성을 통해 성적 본능을 신성화시키고, 법률로써 본능을 억제하는 것, 또한 정서적 결합이라는 형태 속에서 자연의 부름을 이상화시키는 도덕적 아름다움, 이것이 결혼의 정신적 본질이다"라고 했다. 또한 엥겔스는 일부일처제의 기원이 국가의 기원과 마찬가지로 사유 재산 제도에 있다고 보았으나 그럼에도 불구하고 사유 재산 제도가 철폐된 새로운 사회에서 매음은 소멸될 것이나 "일부일처제는 소멸하지 않을 뿐 아니라, 그때서야 비로소 제대로 실현될 것"이라고 하였다. 마르크스주의자들마저 일부일처제에 대해서는 손을 대지 못하고 있다. 마르크스는 공산주의가 여성을 단순히 공유 재산으로 공유화하는 것을 뜻하는 것은 아니라고 강조하였다. 앞으로 더 살펴보겠지만 일부일처제를 완결된 결혼 형태라고 말할 수는 없을 것이다.

다음으로 급진적 여성해방론자는 여성들이 성적 상대자를 선택하는 문제를 여성 해방의 주요한 정치적 문제로 취급하고 있다. 급진적인 여성해방론자는 여성 억압의 기본 골격은 여성의 사랑과 성적 충족이 오로지 남자와의 관계 속에서만 가능하다는 세속적 믿음에 기초하고 있다고 주장한다. 다시 말해서 급진적 여성해방론자는 여성 해방의 물질적 토대를 경제학이 아니라 생물학에서 찾는다. 그들에 따르면, 여성은 임신 능력이라는 생물학적 이유 때문에 여성이 남성에게 성을 제공하는 한 언제나 남성에게 억압당할 수밖에 없다는 것이다. 급진적 여성해방론자에 따르면, 이성간의 성교는 남성이 여성을 통제하고 지배하는 도구이기 때문에 이성간의 성교가 성행위의 규범이어서는 안 된다고 주장한다. 사회가 이성간의 성교를 강조하는 유일한 이유는 성적 만족을 위해서 여성이 남성에게 의존할 수밖에 없게끔 만들기 위한 획책이며, 또 그렇게 함으로써 사회는 여성이 자신의 성적 욕구를 무시하면서까지 남성의 쾌락에 자신의 성적 역할을 한정시키도록 부추기고 있다는 것이다.

이처럼 남성에 대한 의존이 결코 자연스러운 것이 아니라고 생각하는 급진적 여성해방론자는 다음과 같이 주장하기도 한다. 즉 섹스 지상주의 사회와 관련해서 여성의 성욕은 레스비언 관계를 통해서 탐구될 때 가장 만족스럽게 개발된다는 것이다. 그 이유는 순수한 사랑의 관계는 대등한 인간 관계에서만 가능하기 때문이고, 또 여성 성욕의 독특한 특질은 다른 여성에 의해서만 가장 잘 이해될 수 있기 때문이라는 것이다. 그리고 여성 간의 성행위는 성적인 불륜이나 성적인 배타성을 수반할 필요조차 없다는 것이다. 『성의 변증법』의 저자 파이어스톤은 여성을 생물학적 운명으로부터 해방시켜 줄 체외 인공 수정, 인공 태반과 같은 인공적인 발명품을 사용한 새로운 생식 수단 개발을 요구하기도 한다.

마지막으로 사회주의 여성해방론은 성욕의 분석이 다음과 같은 사실을 분명하게 설명할 수 있어야 한다고 주장한다. 즉 성적인 상호작용이란, 남성 지배 사회뿐만 아니라 부를 장악한 사람이 편파적인 힘을 행사하는 사회에서도 일어난다는 사실이다. 그리고 사회주의적 여성해방론은 자유주의자들이 말하는 선택이란 우리가 자유롭게 할 수 있는 것이 아니라고 주장한다. 뿐만 아니라 사회주의적 여성해방론은, 흔히 거론되는 새로운 성의 해방은 하나의 환상일 뿐이라고 역설한다. 즉 그러한 환상은 이윤 동기와 남성의 특권 유지를 위해 조직된 사회의 필요성에서 비롯된다는 것이다. 그렇다면 인간의 성욕을 개발하기 위해서는 대등한 자유와 기회가 보장되어야 한다는 자유주의자의 강조는 일면적이라고 할 수 있다. 자본주의 사회는 우리에게 자유를 비인간화된 성욕과 관련지어 정의하도록 가르친다. 그러한 비인간화된 성욕은 우리 스스로를 성적으로 만족시키기 위해서는 우리로 하여금 화장품, 향수, 자동차, 옷 등을 사도록 부추긴다. 사회주의적 여성해방론은 현대 자본주의에 의한 성욕의 상품화를 폭로하고 그것을 배척한다.

사회주의적 여성해방론자는 남성의 특권이 사회에 만연되어 있으면 남성과의 성적인 애정 관계가 불가능한 것은 아니라 해도 어려운 일이라고 주장한다. 그들은 이러한 적대성은 혁명을 통해 사회나 남녀간의 관계를 재구성함으로써만 변경될 수 있는 역사적 현상이라고 보고 있다. 사회주의적 여성해방론자는 대등한 성적 자유와 권리를 요구하기보다는, 성 정체성에 관해 다시 정의할 필요가 있다고 강조한다. 그들이 내세우는 이상은 양성론이다. 이에 따르면 여성과 남성에게 각각 부여된 전통적인 성 역할을 넘어서서 우리 자신을 완전한 인간, 즉 모든 사람이 독립할 수도 있고 의존할 수도 있으며, 부드러울 수도 있고 강할 수도 있으며, 줄 수도 있고 받을 수도 있는 인간으로 정의할 필요가 있다는 것이다.

간단히 말해서, 사회주의적 여성해방론의 목표는 판에 박힌 남녀 각자의 역할을 초월하는 것이며, 상품화되고 타락되고 소외된 성욕의 형태를 초월하자는 것이다. 사회주의적 여성해방론자는 일단 부와 권력의 격차가 사회에서 추방될 때, 인간 생활을 풍요롭게 하기 위한 목표 또는 목적만을 지닌 순수하고 해방된 성욕을 성취할 수 있다고 말한다.

보수주의자를 제외하고 여성해방론자들은 일반적으로 성에 내재해 있는 권력 관계에 대해 적대적이다. 바로 이 점이 우리가 염두에 두어야 할 화두이다.

4. 뜨거운 성을 넘어설 수 있는가?

오늘날 성은 너무나 뜨겁다. 성이 너무 뜨겁다는 것은 성에 대한 관심이 뜨겁게 달아오르고 있다는 뜻만이 아니라, 성과 성담론이 성기 중심적으로 이루어지고 있다는 말이다. 이러한 '뜨거운 성(hot sex)'에 대하여 '차가운 성(cool sex)'을 내세우는 페미니스트 안나 프랑케르와 로버트 프랑케르가 있다. 그들은 뜨거운 성을 식혀 줄 수 있는 하나의 단서를 제공하고 있다.

핫 섹스는 한마디로 포르노 잡지에 온몸이 적나라하게 노출되어 있는 여자와 이런 여자를 좇는 육체 건장한 남자가 의미하는 바와 같다. 핫 섹스가 강조하는 것은 인격에서 분리되어 단지 육체적 교접만을 의미하는 성이다. 성은 자연과 우주로부터 고립되고 인간성으로부터도 단절되고 말았다.

사귀고 있는 애인이 순결한 처녀가 아닐까 봐 극도로 신경을 쓰는 남자는 핫 섹스에 도취된 사람이다. 그는 처녀성이나 순결을 하나의 상품 또는 소유물로 생각한다. 이러한 사고 방식에 따르면 한 여자가 여러 남자와 육체적 접촉을 통하여 오르가슴을 경험했다고 해도 남자의 음경이 여자의 질 안에 침범하지만 않았다면 처녀인 셈이다. 이러한 사고 방식은 남자의 순결에 대해서는 크게 신경을 쓰지 않는데, 이는 핫 섹스가 가부장적·이중적·편파적이기 때문이다.

핫 섹스는 또한 파괴적이다. 왜냐하면 성의 대상을 소유하고 정복하는 것이 목적이기 때문이다. 성 경험을 가능한 많이 가짐으로써 보다 많은 여성을 소유하려고 생각하는 점에서 핫 섹스는 이기적이며 자아 도취적이다. 여자들을 차례차례 정복함으로써 자기의 남성다움을 증명하고자 하는 정복광은 핫 섹스의 옹호자이다.

핫 섹스가 지배하는 사회에서는 부부의 충절은 성행위 대상이 배우자 한 사람뿐이라는 배타성에 기준을 두고 있다. 따라서 성적으로 성숙한 모든 독신자(미혼자, 과부, 홀아비, 이혼자 등)는 누구나 가정의 위협자로 간주된다. 미혼 남녀의 친밀한 교우 관계는 곧 결혼으로 이어지지 않으면 위험천만으로 생각한다. 마찬가지로 기혼자의 혼외 성관계는 배우자에게 발각되기 전에 끝을 맺거나 발각되면 이혼을 하는 수밖에 없다고 생각한다. 이와 같이 독신자는 모든 기혼자에게 이혼의 가능성을 제공하는 점에서 위협적인 존재가 된다.

핫 섹스는 가부장적 사회의 유물이다. 여자는 남편의 소유물이므로 어떤 경우에도 주어로 불리지 못하고 '그의 어머니' '그의 아내' 등 소유격으로 불린다. 자기의 아내나 딸이 강간을 당했을 때 남편은 아내 자신 또는 딸 자신의 육체에 대한 침해로 보기보다는 자기 소유물에 대한 타인의 침해로 본다. 핫 섹스의 사회에서는 일부일처제가 경제, 정치, 사회 구조를 지탱하는 침범할 수 없는 유일한 기반이기 때문에 전통적인 일부일처제에서 조금이라도 벗어날 수 없다.

핫 섹스에 몰두하면 육체 및 성에 대한 자연적이고 '냉정한' 태도 대신에 '뜨거운' 오르가슴을 맹목적으로 추구하는 음모, 완전한 테크닉을 갖춘 성기관에 대한 집착, 성적인 만족이 인생의 전부라는 편협한 사고 방식에 사로잡히게 된다. 한마디로 핫 섹스는 남성 우위론적, 이원론적, 섹스 고착적, 이기적, 편협적인 사고 방식의 산물이라고 할 수 있다.

이와는 반대로 쿨 섹스는 남녀가 상호 동등한 입장에서 서로 협력하여 더 인격적이고 성숙한 성적 관계를 모색한다. 남자뿐만 아니라 여자도 독립적인 인격체이므로 전통적 가부장 사회가 자의적으로 정한 남녀의 제한된 역할에서 벗어나야 하며, 남성성(masculinity)과 여성성(feminity)의 의미는 고정되어서는 안 된다. 남성과 여성은 항상 변화하고 창조되어 가는 과정에 있는 유동적 실체이다.

쿨 섹스가 성립하려면 인격의 자립이 선행되어야 한다. 남자든 여자든 사회의 편파적인 구속에서 탈피하여 우선 인격의 자존을 확립하여야 한다. 사회가 정해 놓은 기준에 맹목적으로 복종함으로써 존재 의미를 찾으려고 하는 의존적 자세에서 벗어나 진정한 자신을 발견하려는 자아 실현 욕구의 단계에 도달해야 한다. 즉 쿨 섹스 개념에 도달하기 위해서는 감정적인 성숙과 자기 혼자 설 수 있는 능력이 절대적으로 필요하다.

쿨 섹스 사회에서는 공격, 정복, 가산의 상속권 등을 남성의 특권으로 보지 않으며 또한 여자를 '그의 아내' '그들의 어머니'와 같이 소유격으로 부르지도 않는다. 쿨 섹스는 배타적이지 않고 소유하고자 하지 않으며, 질투하지 않는다. 오히려 인격적인 친밀을 도모하며 포용적이다. 몸의 부분 중 성기관에만 관심을 집중시키지 않고 일반적인 접촉이나 친밀감을 주는 표현 등 일상 생활에서 흔히 볼 수 있는 모든 감각적인 표현과 행동을 다 같이 중요하게 생각한다. 쿨 섹스는 한마디로 평등주의적·보편적·다감각적·친화적·개방적·상호 보충적인 인간 관계라고 할 수 있다.

쿨 섹스의 남녀 관계는 소유와 경쟁의 관계가 아니라 통합과 상호 보완의 관계이다. 따라서 쿨 섹스 개념에 따르면 결혼관도 수정되어야 한다. 현재의 일부일처제는 전통 사회의 가치를 가지고 있지만 이기주의와 극단적 배타성은 수정되어야 한다. 최근 이혼의 증가에 따라 일부일처의 결혼 제도가 도전을 받고 있긴 하지만 이혼의 증가는 일부일처제의 근본적 수정이 아니라 일부일처제의 대표적 속성인 배타성을 그대로 간직한 부분적인 수정에 불과하다. 다시 말해서 이혼과 그에 따른 재혼은 일부일처제의 파기가 아니라 일회적 일부일처제에서 다회적 또는 연속적 일부일처제로 옮겨 간 것에 불과하다. 따라서 이혼과 재혼의 증가는 결혼 제도의 발전도 아니며 더 인간적인 해결 방법도 아니다. 이혼과 재혼이 증가하는 것은 배타적 일부일처제를 근본적으로 수정하는 것보다 이혼에 의한 부분적 수정이 더 쉽기 때문이다.

쿨 섹스 사회에서는 핫 섹스 시대에는 상상하지도 못했던 '결혼 제도의 개방성과 유동성'을 인정하게 될 것으로 보인다. 여기서의 개방성이란 결혼의 일차적 관계는 유지하면서 이를 보완하는 것으로, 배우자가 아닌 제3자와의 친숙한 인간 관계, 즉 이차적 관계를 허용하는 것을 의미하는데, 이차적 관계에서도 성적 표현의 가능성을 배제하지 않는다. 부부의 일차적 관계를 보완하고 강화하는 이차적 관계는 제3자와의 개인적이고 매우 친밀한 우정(성적 관계의 가능성도 배제하지 않는)까지도 포함한다. 이를 프랑케르 부부는 '위성 관계'라고 부른다. 일차적 부부 관계를 보완하는 기능으로서의 위성 관계는 현대 생활의 복잡성, 부부 각자의 교육 배경의 다양성, 개인적 기대의 변화 등의 이유로 필요하게 되었다고 본다.

남녀 관계가 점점 복잡성을 띠면서 여러 가지 결혼관이 대두하고 있는데, 크게 두 가지로 나눠 볼 수 있다. 첫째는 핫 섹스의 개념에 의거한 것으로 성적 욕구가 기대한 대로 채워지지 않았을 때에 이혼을 하고 새로운 배우자와 재혼하는 연속적인 일부일처제이다. 둘째는 쿨 섹스 개념에 의거한 유동적이며 다이내믹한 '개방적인 결혼(open marriage)'으로서 성적 배타성을 부부의 충실성의 유일한 기준으로 보지 않고, 또한 배우자를 하나의 소유물로 취급하지 않는 제도, 즉 제2차적 관계나 위성 관계가 허용되는 탄력적인 결혼 제도이다.

결혼의 위성 관계는 부부의 일차적 결속이 안정되어 있는 때에만 성립한다. 소유물은 잃어버릴 수 있으나 부부의 인격적 결속은 소유물이 아니므로 이차적 위성 관계에 의하여 반드시 붕괴되는 것은 아니다. 위성 관계는 경쟁적이거나 파괴적인 정사(情事)가 아니라 부부 또는 독신자에게 개방되어 있는 혼외 관계로, 건설적이고 상호 보완적인 관계다.

문제는 어느 형태의 결혼 제도가 더 인간적이고 실천 가능하며 인간 성장에 도움을 주느냐에 있다. 쿨 섹스적인 결혼관을 모두 고집하지도, 핫 섹스적인 결혼관에 모두 따르지도 않을 것이다. 그러나 확실한 것은 새로운 가치관이 대두함에 따라 현 결혼 제도가 도전받게 될 것이며, 앞으로 더 복합적이고 다양화될 것이라는 점이다.

개방 결혼이니 위성 관계니 하는 것을 우리와 같은 유가적인 도덕률이 엄존해 있는 사회에서 대안으로 제시하는 것은 시기상조일는지 모른다. 그러나 폐쇄적인 일부일처제의 한계를 드러내기 위해서라도 한번 음미해 볼 만하다. 분명한 것은 '영원한' 문명이란 있을 수 없고, '하나의' 문명만이 있을 뿐이다. 세상에는 변화하지 않는 것이 하나도 없다. 오늘날 거의 모든 성도덕의 문제는 일부일처제에서 유래한다고 할 수 있다. 국가가 현대의 괴물이듯이, 일부일처제도 공룡과 같은 괴물임에 분명하다.

5. 성을 어떻게 바라볼 것인가?

앞에서 우리는 성을 다양한 의미에서 사용하였다. 그렇지만 요즈음에는 성을 성(sex), 성별(gender), 섹슈얼리티(sexuality)로 구별하여 사용하는 것이 보편적이다.

섹스란 생물학적 성을 의미하는 것으로 남녀의 성기 결합과 같은 신체에 한정되며, 일반적으로 직접적인 성행위를 뜻한다. 성행위에는 삽입, 구강·항문 성교가 포함된다. 생물학적인 성의 관점에서는 생물학적인 성차가 남성과 여성의 성차를 만들어 내고 그에 따라 남성과 여성의 성이 다르게 결정된다고 본다.

젠더(gender)란 사회적으로 구성되는 남녀의 정체성을 의미한다. 젠더의 관점에서 남성성과 여성성이라는 성별은 생물학적 차이에 따라 결정되는 것이 아니라 남성 중심 사회에서 권력을 가진 남성이 여성에게 사회적으로 부여한 것일 뿐이다. 다시 말해 남성과 여성의 차이는 자연적인 것이 아니라 사회적으로 만들어진 것이라는 점에서 생물학적인 성과 사회적인 성별(젠더)은 무관하다고 본다. 하지만 일단 사회적으로 여성이라는 성별을 가지면 어떠한 사회적 위치에 놓여 있든 동일한 성적 억압을 받는다고 가정한다. 그러나 이는 모든 여성의 성적 억압의 문제를 남성과 여성이라는 고정되고 이분화된 범주에서만 분석하기 때문에 한계가 있다. 여성이라고 할지라도 각각의 여성들이 사회적으로 어떠한 위치에 있느냐에 따라 성적 억압이 다를 수 있다. 인종, 계급, 성적 지향, 성적 경험의 여부에 따라 사회적으로 받는 억압의 정도는 다를 수 있다.

섹슈얼리티란 '성적인 것 전체', 즉 성적 욕망과 심리, 성적 정체성 및 성적 실천을 의미하는 것으로, 성적인 감정과 성적으로 맺는 관계들을 모두 포괄하는 개념이다. 즉 섹슈얼리티는 이데올로기, 사회 제도나 관습·관행에 의해 규정되는 사회적 요소를 포함하는 개념이다. 그것은 성을 다양한 사회 문화적 맥락에서 모든 사회 관계와의 작용을 통해 구성되는 것으로 본다.(한국성폭력상담소 엮음, 『섹슈얼리티강의』 참조)

성이라는 것은 미리 정해져 있는 것이 아니다. 하나의 성적 행위가 동일한 사회적 의미를 갖는 것은 아니기 때문이다. 예를 들어 뉴기니아의 한 부족은 아이가 잘 자라려면 엄마의 젖을 빨아야 한다고 생각하기 때문에 남자아이에게 친척 성인 남성의 성기를 빨도록 하는 관습이 있다. 그들에게는 이러한 행위가 '섹스'가 아닌 '아이 기르기'의 범주에 속하는 자연스러운 행동이다. 이렇듯 한 문화에서 섹스라고 규정하는 행위는 다른 문화에선 전혀 다른 의미를 갖기 때문에 성적 관습에 도덕적 절대성이 있는 것은 아니라고 할 수 있다(위의 책 참조). 어머니의 젖가슴과 에로 배우의 젖가슴의 의미는 전혀 다른 것이다.

따라서 '성이란 무엇인가'를 물으면서 성에 대한 추상적 본질을 찾는 것보다 성을 역사적-사회적 구성물로 파악하고 그 속에 내포된 사회적-정치적 의미를 탐구하는 것이 중요하다. 후자의 입장을 '성정치학'이라고 하는데, 사회적으로 구성된 성의 정치적 의미를 탐구함으로써 우리는 성의 문제를 인간적 삶의 문제로 확대할 수 있다.

성은 성만으로 구성되어 있는 것이 아니라 성을 둘러싼 사회적인 것들과 관계를 맺고 있다. 따라서 성을 논하면서 사회적 요소를 무시한다면 공허한 추상에 머물고 말 것이다. 그것은 인간과 삶을 논하면서 삶의 사회적 조건을 무시할 때 오는 공허와 같은 것이다.

성은 일차적으로 생물학적이라는 것을 부정할 수 없다. 따라서 성은 자연적이며, 역사를 관통하는 초역사적인 것이다. 그렇지만 그것은 역사적인 것이기도 하다. 따라서 성은 정치적이고 경제적이며 문화적인 것이다. 그렇기 때문에 오늘날 우리를 둘러싼 성을 조망하기 위해서는, 즉 자본주의 아래서의 성을 이해하기 위해서는 자본주의를 알지 않으면 안 된다. 청소년 성매매를 분석하기 위해서는 청소년 성매매를 하는 남자와 여자의 개인적 심리나 정황만을 파악해서는 안 된다는 말이다. 오늘날 성의 상품화를 우려하고 있지만, 성만 상품화되는 것은 아니다. 인격 자체가 송두리째 상품화되어 있는 사회가 자본주의다. 극단적으로 말하면 자본주의 사회에서는 학문도 종교도 예술도 문화도 다 상품화되고 있다.

성의 본질을, 성의 역할을 제대로 규명하기 위해서 가장 먼저 해야 할 일은 자본주의 성문화를 침실로부터 외출시키는 것이다. 이것이 바로 성의 사적 영역에서 공적 영역으로의 전화라고 할 수 있다. 자본주의 아래서 우리의 삶은 자본에 포위되어 있다. 성도 마찬가지로 자본에 포위되어 있다. 이런 성문제를 공론화하는 것, 즉 정치화하는 것은 우리의 과제라 할 수 있다. 성이란 비제도적이고 주관적인 것이라는 지금까지의 통념을 타파해야 한다.

우리는 성을 공론화함으써 성을 통한 자본주의 지배 체제에 대한 분석과 비판을 행해야 한다. 이것은 자본에 도전하는 행위, 즉 성에 도덕적 굴레를 씌워 체재 내화하려는 자본의 음모에 대항한다는 것을 의미한다.

왜곡된 성에 대한 대안을 성 자체에서만 찾을 수는 없다. 자본주의의 성문화를 바로잡는다는 것은 병든 자본주의적 역사 진행을 바로잡는다는 것을 의미한다. 왜곡된 성을 되살려 놓는 것, 왜곡된 상징으로서 우리의 일상적 삶을 무기력화시켜 온 소모적 쾌락을 생산적 쾌락의 형태로 되돌려 놓는 것은 현 자본주의 사회의 억압 구조를 극복해 가는 핵심적 실천이고 우리가 가진 성억압을 해결하는 출구일 것이다. 그렇다. 아름다운 성은 어떻게 가능할까? 아름다운 성은 아름다운 사회에서 가능하다. 그러나 인간다운 인간, 해방된 인간만이 해방된 성을 만날 수 있다.

■ 주제어

성, 젠더, 섹슈얼리티, 핫 섹스와 쿨 섹스

트랜스젠더 트랜스젠더가 간혹 동성애자와 동일시되는 경우가 있지만 이는 다른 개념이다. 트랜스젠더란 '남성 또는 여성의 신체를 지니고 태어났지만 자신을 반대의 성이라고 여기는 사람'을 말한다. 즉 육체적인 성과 정신적인 성이 일치하지 않는 경우인데, 그들은 정신적인 성을 중요시한다. 그래서 육체적인 변화를 시도하는 경우가 많고 성전환 수술을 행하기도 한다.

■ 생각해 볼 문제

1) 대학 강의실에서 학생들이 순결에 관한 토론을 하고 있다.

"저는 순결은 꼭 지켜야 한다고 생각합니다. 왜냐구요? 그것이 배우자에 대한 가장 큰 배려니까요. 그리고 저하고 결혼할 사람 역시 순결을 지킨 사람이면 좋겠습니다", "저는 그렇게 생각하지 않습니다. 누군가를 사랑하고, 그 사람과 성관계를 하고 싶은 욕망을 느끼면서도 순결을 지키겠다는 일념으로 참고 싶지는 않아요. 저 자신에게 솔직하고 싶어요. 그리고 역시 자신에게 솔직한 사람과 만나고 싶어요."

대단히 진부한 토론인 것처럼 보이지만, 미혼 남녀에게는 중요한 물음들이다. 다 함께 토론해 보자. 그리고 어느 여자고등학교에서는 순결을 지키겠다는 선서식을 한다고 한다. 어떻게 생각하는가?

2) 여자로 성전환한 어떤 이가 강간을 당했는데, 대법원은 "남자로서의 성격과 육체적 특징이 없어졌다고는 하나 여성으로서의 생식 능력이 없고 사회 일반의 평가를 고려할 때, 형법상 강간죄의 보호 대상인 여자로 볼 수 없다"고 판결하고, 강간한 남자에 대해서는 강제 추행죄만 적용하였다. 이 판결에 대해 트랜스젠더들이 강하게 반발했는데, 생식 능력이 없다고 해서 강간죄의 객체가 될 수 없다면 수태 가능성이 없는 보통의 여성에 대한 범죄도 마찬가지로 볼 것이냐고 반박하였다. 양쪽의 주장을 어떻게 생각하는가?

3) 화가 피카소는 46세인 1927년, 17세의 아름다운 여인 마리 테레즈를 만

나 오랜 구애 끝에, 그녀가 18세 성년이 되자 자신이 살고 있던 집과 멀지 않은 곳에 비밀 거처를 마련해 주면서 연인 관계를 맺게 된다. 그리고 피카소는 62세 때인 1943년, 날카로운 지성을 지닌 도라 마알과의 관계를 유지하던 중, 어느 날 식당에서 아들보다 나이가 어린 21세의 법학도 프랑스와즈 질로를 만나 첫눈에 반해 유혹한다. 이러한 사실을 오늘날 이른바 '원조교제'와 비교해 설명해 보라.

4) 대전지법 아무개 판사는 2001년 8월 윤락행위 등 방지법 위반 혐의로 스포츠마사지 업주에 대해 청구된 구속 영장을 "범죄 폭력 조직과의 연계나 미성년자(종업원, 손님 양자)의 접근 등 부정적 요인을 제거한다면 성매매는 사회적 필요악으로서 일면의 긍정적인 사회적 기능을 담당하는 면을 무시할 수 없다"는 등의 이유로 기각하였다. 그리고 "공창 제도를 포함해 성의 제도화 문제는 매우 미묘하고 그에 대한 시각도 천차만별로 다양하며 현재 우리 사회에서 윤락가나 룸살롱 등을 통해 성매매가 제도적으로 사실상 묵인되고 있다"고 덧붙였다. 이 판사의 판결에 대해 어떻게 생각하는가?

5) 한 연예인의 섹스 비디오가 인터넷에 공개되면서 사회적으로 충격을 던져 주었다. 윤리적인 문제는 그리 간단한 문제는 아니지만 당신은 비디오의 주인공들과 그 비디오를 본 사람 중 누가 더 문제라고 생각하는가?

■ 참고 문헌

▶ 로즈마리 류터 외, 『여성해방과 성의 혁명』, 최광복 엮음, 일월서각, 1983.

이 책은 미래의 남녀 성관계 및 결혼 제도에 대하여 미국의 저명한 사회학자들이 적은 글들을 모아서 편찬한 것이다. 새로운 성개념의 대두와 결혼 제도의 변화, 성의 계약과 성의 양극화 현상, 부모 자격 제도의 가능성, 미래의 인간상으로서의 양성 인간의 부각 등에 대해서 논하고 있다. 특히 제3장 안나 프랑케르와 로버트 프랑케르의 글, 「핫 섹스와 쿨 섹스」를 읽기 바란다.

▶ P. 스트럴·A. 재거 편저, 『여성해방의 이론체계』, 신인령 옮김, 풀빛, 1983.

이 책은 우리 사회 안에서의 남녀 양성의 제관계가 어떠한 것이고 어떻게 변화되어야 하는가를 여성해방론적 입장에 서서 서술하고 있다.

▶ 린 마굴리스·도리언 세이건, 『섹스란 무엇인가』, 홍욱희 옮김, 지호, 1999.

이 책은 생물진화에서 성의 진화사를 서술하고 있다. 또한 현대 동식물의 세계에서는 성이 어떻게 구현되고 있는지 그 다양한 면면들을 소개하고 있으며 또 우리 인간에게 있어서는 과거 유인원 시대의 성생활 흔적을 지금은 어떤 곳에서 찾을 수 있는지를 조리있게 설명하고 있다.

▶ 이반 일리치, 『젠더』, 최효선·이승환 옮김, 뜨님, 1996.

▶ 슐라미스 파이어스톤, 『성의 변증법』, 김예숙 옮김, 풀빛, 1983.

이 책에서 파이어스톤은 성계급 제도가 남녀간의 자연적인 성별 노동 분업에서 유래한다고 분석하고 있다. 성적 분업이 불평등한 성계급 제도 성립의 필요 조건이라고 보고 있다.

▶ 제프리 윅스, 『섹슈얼리티 : 성의 정치』, 서동진·채규형 옮김, 현실문화연구, 1994.

성을 자연적인 것으로 보지 않고 사회적·역사적 산물로 파악하는 성정치학의 개론서이다.

▶ 리처드 랭햄·데일 피터슨, 『악마같은 남성-인간의 폭력성의 근원을 찾아서』, 이명희 옮김, 사이언스북스, 1998.

남성의 여성과의 관계에서의 폭력에 대한 논의를 가부장적 문화와 남성 중심의 계급 사회에 대한 비판적 시각 속에서 펼치고 있는 책이다.

▶ 한국성폭력상담소 엮음, 『섹슈얼리티강의』, 동녘, 1999.

이 책은 성정치와 성담론에 관한 입문서적인 성격을 가지고 있다. 생물학에서 여성해방론에 이르기까지 여러 학문 분야를 넘나들면서 최신의 성정치적 논의와 성에 대한 급진적 담론의 폭을 두루 껴안고 있다.

제8장 인간적인 여성의 삶을 위하여

1. 왜 아직도 여성인가?

여성학 수업을 듣는 학생들이 첫 시간이면 어김없이 던지는 질문이 있다. "남성학은 없는데, 왜 여성학은 따로 있어야 하는가? 성차별이니 뭐니 하지만, 요즘 세상에 여자라서 못하는 게 뭐가 있는가? 오히려 뼈 빠지게 일해서 처자식 먹여 살리면서도 기죽어 살고 집에서도 소외당하는 이 땅의 남성이 더 불쌍하다"는 것이다. 사실 그 동안 남성만의 영역이다시피 했던 사관학교에서도 여학생의 입학을 받아들이고 있을 정도니 이제 단지 여자라는 이유만으로 들어갈 수 없는 사회는 거의 없다고 해도 될 성싶다. 최근 여성이 교육받을 기회가 늘면서 많은 여성이 전문직 분야에 진출하고 있고, 가정에서 주부의 목소리도 과거 어느 때보다 커진 것은 틀림없다. 또 많은 이들이 3F〔여성(Female), 감성(Feeling), 가상(Fiction)〕를 들면서 미래 사회에 남성이 지닌 육체적 힘보다는 부드러움·친밀성·섬세함·보살핌·배려와 같은 여성적 기질이 더 높이 평가될 것이라고 예측하고 있다. 바야흐로 21세기는 여성의 시대가 될 것이라 한다. 심지어 어떤 이는 요즘 세상은 남녀 평등을 넘어 여성 우위의 시대라고도 말한다.

그런데 과연 그럴까? 한 해에 평균 3만 명이 넘는 태아가 단지 여자라는 이유로 낙태되고, 해마다 20만 명이 넘는 여성이 강간을 당하고 있는 한국 사회에서 성차별 운운하는 것이 시대 착오적일까? 남편한테 평생 멸시와

구박을 받아 온 할머니가 단 하루라도 인간답게 살고 싶다며 이혼소송을
제기했더니 "이왕 그렇게 살아온 거 해로하라"고 판결이 나고, 얼굴 한 번
본 적 없는 시할아버지 제사를 준비하느라 친정 어머니 생신에 찾아가 보
지도 못하는 현실에서 가부장제를 비판하는 것이 지나친 일일까? 네 살짜
리 손자가 예순이 넘은 할머니의 호주가 되는 사회에서 현행 호주 제도 폐
지를 주장하는 것이 가족 제도를 붕괴시키는 일이고 미풍 양속을 해치는
일일까? 남성 위주의 제도와 관습이 고스란히 남아 있는 우리 사회에서 여
성이 얼마나 불편하게 살아야 하는지, 그리고 그렇게 매일매일 살아가는
것이 얼마나 고통스러운지 남성은 알지 못할 것이다.

그런데 이런 사회에서는 남성도 결코 행복하지 않을 듯하다. 어려서부터
남자는 절대 울면 안 된다고 배워 온 남성은 자신의 감정이나 느낌을 드러
내는 것조차 자제해야 한다. 남자이기 때문에 일생 동안 부모·아내·자식
을 경제적으로 부양해야 한다는 부담을 안고 살아가는 것이 과연 행복할
까? 바로 이러한 현실 인식에서 페미니즘은 출발한다.

페미니즘은 결코 여성이 남성보다 낫다고 주장하지 않는다. 그렇다고 단
순히 지금까지 남성이 차지하고 있던 자리에 여성을 올려놓자고 하는 것도
아니다. 그 동안 여성이 단지 여자라는 이유만으로 남성에 비해 무시당해
왔으며, 그러한 여성의 처지가 여전히 존속하고 있다는 점을 문제삼는다.
따라서 페미니즘은 여성이 자유롭고 평등한 인간으로 살아가는 것을 방해
하고 억압하는 원인이 과연 무엇인가를 밝히고, 그러한 억압에서 벗어날
수 있는 방법을 모색한다. 더 나아가 페미니즘은 남성이나 여성 모두가 성
에 따른 제약없이 자유롭게 자신의 능력과 희망에 따라 자아를 실현할 수
있는 사회를 꿈꾼다. 여성이 행복하지 못한 사회에서 여성을 낳은 아버지,
그가 사랑하는 남편, 그가 낳은 아들 역시 행복할 수 없기 때문이다. 다시
말하면 여성 억압과 이로 인해 발생되는 여성 문제는 곧 남성 문제를 가져
오고, 사회 전체의 문제를 불러일으킨다. 모든 사회 문제와 현상은 서로 연
관되어 있어 영향을 주고받기 때문에 '여성의 문제'는 결코 여성만의 문제

일 수 없고, 함께 세상을 살아가고 있는 '남성의 문제'라는 사실을 정확히 인식해야 할 것이다.

"페미니즘은 여자도 사람이라는 근본적 믿음이다"라는 말이 있다. 여성도 인간이라는 믿음을 왜 '근본적(radical)'이라고 표현하는 걸까? 그 속에는 '세상의 절반'인 여성이 아직도 이 사회에서 온전하게 자신의 권리를 주장하지 못하며 대우를 받지 못하고 있는 현실을 인식해야 한다는 주장이 들어 있다. 인간답게 살 권리는 당연히 이 세상 모든 사람에게 똑같이 보장해야 한다. 그런데도 여성은 오랫동안 그로부터 제외되어 왔다. 전세계에서 일어난 일을 안방에 앉아 실시간으로 볼 수 있을 만큼 과학과 기술이 발달하고 정보화된 오늘날에도 인류의 절반인 여성이 고통받고 있다. 이런 현실이 부당하다고 느낀 사람이라면, 과연 이런 세상에서 어떻게 살아가는 것이 올바른 것인가를 고민하게 될 것이다. 이때 많은 도움을 줄 수 있는 사상이 페미니즘이다. 페미니즘은 세상을 보는 또 하나의 새로운 눈이고 세계관이며 철학이다. 여성이 처한 현실에 대해 눈뜨게 되면, 지금까지의 고정관념을 깰 수 있다. 생각이 변하면 행동도 변화한다.

그런데 최근 우리 사회에서 페미니즘이라는 용어가 자주 언급되지만, 그만큼 오해와 편견도 많다. 그런 점에서 몇 가지 질문을 통해 페미니즘에 대한 오해와 편견을 바로잡고, 세상을 보는 새로운 눈으로서 페미니즘이 얼마나 유효한가를 알아보자.

2. 페미니즘에 대한 올바른 이해

1) 여성학, 페미니즘, 여성 운동 — 서로 다른 것인가?

여성학은 1960년대 후반 구미의 대학을 중심으로 일어났던 민권 운동·학생 운동·반전 운동·반(反)문화 운동의 물결 속에서 탄생했다. 물론 그 이전에도 여성의 불평등한 지위에 대한 여성의 투쟁이 있었지만, 그런 투쟁은 '문제를 가진 여성'의 문제로 취급되어 사회 문제로까지 이어지지는 못했다. 그런데 1960년대 들어 각종 운동에 참여했던 여성들은 이전과는 다른 생각을 하게 된다. 예컨대 함께 운동을 하면서 남성은 대표가 되어 연설을 하거나 학교나 정부 당국자와 협상을 도맡아 하는 반면, 여성에게는 그들을 위해 연설문을 타이핑하거나 식사를 준비하는 일 등이 주어지고 있다는 사실을 깨닫게 된 것이다. 진보적인 남성조차 고정된 남녀의 역할에 대해 문제삼지 않는 것을 보면서 여성은 성차별이야말로 가장 중요한 차별임을 알게 된다.

그런데 기존의 학문은 여성이 처한 그러한 상황을 제대로 분석해 낼 수 없었다. 이러한 인식에서 남성 우월주의에 기초를 둔 가부장제를 분석·비판하는 새로운 이론적 인식 틀로서 페미니즘이 등장하고, 이러한 새로운 지식을 교육하는 제도적 장치로서 여성학이 등장하였다.

여성학, 페미니즘, 여성 운동이라는 용어는 같은 의미로 사용하면서도 경우에 따라 서로 다른 의미로 사용하기도 한다. 즉 여성학이 '정치적 실천과 학문적 영역의 결합을 통해 포괄적인 여성 문제를 다루는 학문 영역'이라면, 페미니즘은 '사회에서 성차별, 성에 따른 불평등 존재의 인식과 시각을 제공해 주는 이론이며, 이런 억압을 폐지하고 남녀 평등 사회를 지향하는 실천적 의지를 담고 있는 이념'이라고 할 수 있다. 그리고 여성 운동은 '페미니즘의 기반 위에서 여성 문제를 구체적으로 해결해 나가는 실천, 여성 해방을 위한 다양한 활동'을 지칭한다.

2) 여성학이나 페미니즘은 여성만을 대상으로 하는가?

한국에서 '여성학(Women's Studies)'이라는 학명이 만들어지고 교과목으로 개설된 것은 1977년의 일이다. 그 해 이화여자대학교에서 학부 과정의 교양 과목으로 여성학을 개설하고, 1982년에 대학원 석사 과정을 개설한 이래 현재 대학원 여성학 과정은 10개 대학에 설치되어 있다. 또한 10개 대학에 여성 연구소가 설립되어 여성학 관련 연구와 학술 행사 등을 하고 있고, 1990년대 들어 사회적으로 페미니즘에 대한 인식이 확산되면서 거의 모든 대학에서 여성학을 개설·강의하고 있다.

그런데 여성학이 어떤 학문인지 제대로 알고 수강신청을 하는 학생이 드문 것이 현실이다. 사귀는 여자친구의 심리를 더 잘 파악하기 위해 신청하는 학생이 있는가 하면, 심지어 여자라면 당연히 여성학을 들어 여자로서 예절과 덕목을 익혀야 한다는 아버지의 강력한 권유로 신청하는 학생도 있다고 한다. 이유야 각각이지만 여성학이 '여자에 대해 연구하는 학문'이라고 모두 생각하는 듯하다.

물론 여성학은 일차적으로 '여성을 연구하는 학문'이다. 심리학이 인간 심리에 대해 연구하고, 역사학이 역사를 연구 대상으로 하고, 경제학이 경제 문제를 다루듯이 여성학 또한 여성을 다룬다. 그런데 그 동안 여성을 연구하는 학문이 전혀 없었던 것은 아니다. 사실 철학·정치학·경제학·사학·심리학·법학 등 기존의 모든 학문이 여성에 대해 말해 왔다. 여성학은 남녀의 인격 형성과 사회화 문제나 가족 문제, 성과 관련한 문제, 취업과 경제 생활, 여성의 복지에 관련한 것 등을 주로 다루는데, 이런 주제를 여성학에서만 다루고 있는 것은 아니다. 그러나 여성학은 여성을 연구하되, 여성 문제를 '여성의 시각·입장'에서 다룬다는 점에서 기존 학문과 큰 차이가 있다.

여성학은 현대 사회에서 성에 따른 차별이 존재한다는 것을 전제로 하기 때문에 여성과 관련된 사회적 모순과 갈등을 중요시하고, 그 동안 숨겨져 있어 없는 것으로 치부되어 왔던 여성의 경험과 느낌을 드러내고자 한다. 예를 들어 '여성은 남성에 비해 조직 생활에 대한 적응이나 헌신의 정도가 약하다'는 사회적 인식을 살펴보자. 기업의 인사 담당자는 여성이 자기 일을 스스로 추진하려는 의식이나 적극성이 없고, 관리 능력이 떨어진다는 등의 이유를 든다. 또 많은 남성은 '여자는 직장 다니다가도 결혼하면 그만'이라든가, '결혼한 여자는 직장에서도 집안일을 보는 등 공과 사를 구분하지 못한다'는 생각을 한다.

그런 편견에 대해 여성학은 의문을 던진다. 직장 생활과 가사를 병행해야 하는 현실에서 기혼 여성은 남성 동료와 똑같은 시간을 회사에서 보내기 어렵다. 특히 조직에 대한 헌신 정도를 평가하는 주요 기준이 출근해서 퇴근할 때까지의 시간뿐만 아니라, 퇴근 후 회식까지 포함한 시간이기 때문에 그 시간까지 남아 있을 수 없는 여성에게는 불리할 수밖에 없다는 점을 지적한다. 만약 가사와 양육을 여성이 전담하지 않아도 된다면, 여성의 조직에 대한 적응이나 헌신의 정도는 지금과 다를 것이다. 이처럼 여성학은 지금까지의 학문에서 여성에 대한 연구가 대부분 지식의 주체이자 학문 연구의 주류를 이루는 '남성의 시각'에 의해 규정되어 왔음을 지적하고, 이를 거부하며 여성에 대한 각종 편견에 도전하는 학문이다.

3) 페미니즘은 서구에서 시작된 이론이므로 우리 실정에는 맞지 않는가?

사실 페미니즘의 역사는 그리 오래되지 않았다. 불과 20년 전만 해도 페미니즘이나 여성학이란 용어를 아는 사람이 드물었다. 미국의 경우 1968년에 대학에서 처음 여성학 강의가 이루어졌고, 영국에서는 1968~1969년에 미첼(J. Michell)이 반(反)대학에서 강의를 시작한 이후 불과 30년이란 시간이 지났을 뿐이다. 비단 대학 내에서 이루어지고 있는 제도로서 여성학의 역사뿐만 아니라 더 넓은 의미의 여성학, 즉 대학 내에 여성학을 만들어 낸 사회적 배경과 여성 해방이라는 목표를 포함하는 개념으로서 페미니즘의 역사에서 볼 때도 기존 학문과 비교할 수 없는 짧은 역사를 갖는다. 여성학이 어떤 학문인지 정확하게 알고 있는 사람은 드물지만 아무튼 학문으로서 자리잡기 시작했고, 각종 대중 매체에서도 페미니즘이나 여성 해방이란 단어를 자주 볼 정도로 사회의 관심거리가 되고 있다. 구미에서 형성된 이념이고, 접근하기 쉽지 않은 학문 분야인데도 페미니즘이나 여성학이 이렇게 짧은 시간에 우리 사회의 관심거리가 된 이유는 무엇일까? 아마도 남성과 여성의 삶의 차이, 대다수 여성이 겪는 고통과 좌절 그리고 남성이 겪고 있는 고민과 갈등 등과 같은 일상 생활을 하면서 사람들이 접하게 되는 문제에 대해 페미니즘이 구체적으로 이야기하고 고민하고 있기 때문이리라.

그런데 바로 그 점 때문에 페미니즘은 때때로 굉장한 저항에 부딪히기도 한다. 페미니즘은 여성 문제 해결을 위해 남성이 여성을 해방시켜 줄 때까지 기다리지 말고, 여성 스스로 문제를 제기하고 행동하라고 요구한다. 그리고 남성에게 지금껏 익숙해진 삶의 방식을 바꾸라고 강조한다. 법 제도나 정치 구조 같은 사회적이고 공적인 문제뿐만 아니라, 매일매일 겪는 사소한 일상 생활에서도 변화가 필요하다고 주장한다. 그러나 '남자는 돈을 벌고, 여자는 집에서 살림을 하는 것이 인류가 수천 년 동안 해온 자연스러운 생활 방식'이라든지, '남자는 강하고 씩씩하고 용기 있고, 여자는 부드럽고 섬세하고 연약하다' 또는 '아이는 아무래도 엄마가 키우는 것이 바람직하다'는 등의 생각은 너무나 오랫동안 내려온 것이어서 하루아침에 바꾼다는 것은 쉬운 일이 아니다. 낯설다는 것은 익숙하지 않은 것이고, 익숙하지 않은 것은 일단 두려움을 느끼게 할 터이므로 '해오던 그대로 하는 것'이 편하다고 여기는 것이다. 혹시 페미니즘이 주장하는 대로 하다가는 많은 것을 잃게 되지 않을까라고 생각하는 남성도 많다. 사실 그 동안 남성은 사회에서 많은 기득권을 갖고 있었다. 그래서 '남성도 가사 노동을 분담하라' '여성만 자녀 양육을 전담할 필요는 없다' '여성도 사회 활동을 통해 자기 실현을 해야 한다' 등등의 말을 들을 때 남성은 위기감을 느낀다. 이런 위기감은 일반 남성들뿐 아니라 학문 분야에 종사하고 있는 남성의 경우도 마찬가지다. 이런 상황에서 페미니즘은 서구에서 도입한 수입 학문이어서 우리 실정에는 맞지 않으며, 설득력이 없다는 식으로 말한다. 또한 흔히 페미니스트 하면 배울 만큼 배우고 가질 만큼 가졌으면서도 더 많이 갖겠다고 주장하는 소수의 잘난 여성 집단이라고 비난한다.

그러면 왜 이 땅의 여성들이 그렇게 빠른 시간 안에 페미니즘을 받아들인 것일까? 그 이유는 비록 서방의 것이긴 하지만, 페미니즘에는 전세계 여성이 공감할 수 있는 내용이 들어 있기 때문이다. 미국에 사는 여성이건 아프리카 오지에 사는 여성이건 오로지 여성이기 때문에 그 사회의 약자로서 소외되고 억압받고 배제되고 있는 현실은 크게 다르지 않다. 비록 국가·인종·계급은 다르지만, 여성이 인간적 대접을 받지 못하고 있다는 현실이 전세계 여성을 하나로 묶어 주고 있는 것이다. 우리 나라에서도 대학을 나온 여성이건 그렇지 않은 여성이건, 도시에 살건 시골에 살건, 기혼 여성이건 미혼 여성이건 간에 능력이나 역할에 관계없이 여성으로 산다는 것이 힘들다고 느끼기 때문에 여성들은 페미니즘의 입장에 공감하고 동참하게 된다.

또 아직 적은 수이지만, 페미니즘에 동의하는 남성도 증가하고 있다. 그 동안 남성도 남성 중심적이고 성 차별적인 관행 때문에 피해를 입어 왔기 때문이다. 남성 동성애자, 장애인 남성, 실직 상태의 남성처럼 사회가 요구하는 남성상에 부합하지 못하는 남성도 '인권'에 대한 페미니즘의 시각에 호감을 갖는다. 페미니즘이 말하는 인권이란 '여성도 남성과 동등한 대우를 받을 권리'를 뜻하는데, 더 넓게는 인간이라면 그 누구나 인종·빈부·계급·능력·역할의 차이를 떠나 하나의 인간으로서 존중받는 존재가 되어야 한다는 것을 의미하기 때문에 비단 여성뿐만 아니라 남성에게도 설득력을 얻고 있다.

4) 페미니즘은 여성만의 편협한 사고이며, 학문으로서 객관성이 떨어지는가?

많은 이들이 아직도 여성학은 학문이 아니라고 생각한다. 학문이라는 것은 보편 타당하고 객관적·과학적이어야 하는데, 여성학이나 페미니즘은 여성의 입장만 생각하므로 제대로 된 학문이나 사상이 될 수 없다고 한다. 철학이면 그냥 철학이고 역사면 그냥 역사지, 왜 여성 철학과 여성 역사가 필요하냐는 식이다. 언뜻 보기에 그렇게 주장하는 사람이 매우 타당한 문제 제기를 하는 듯하지만, 그런 지적은 지금까지 존재하는 모든 학문을 남성이 주도해 왔다는 사실을 인지하지 못하고 있거나 의도적으로 간과하고 있다. 지금까지의 철학은 이성적이고 합리적이라고 자처하는 남성이 구축해 온 학문이고, 역사는 주로 남성 역사가가 서술해 왔다. 또 심리학은 대부분 남성을 중심으로 연구되고, 남성이 지닌 심리와 다른 특성을 여성의 심리로 간주해 왔다. 분명 인류의 절반은 여자일 텐데, 그 많은 여자들이 어디에서 무엇을 해왔는지, 어떻게 살아왔는지, 어떤 생각을 해왔는지에 대해 연구된 적은 거의 없었다. 설령 연구한다고 하더라도 남성의 시각에서 보는 여성의 모습과 이미지만 드러낼 뿐이었다.

　기존의 학문이 언제나 보편 타당하고 객관적이었는가에 대해 좀더 구체적으로 생각해 보자. 예컨대 여러 학문 중에서 가장 객관적이고 과학적인 것으로 손꼽히는 의학의 경우, 실제로 임상에서 연구되는 인체가 대부분 남성의 몸을 기준으로 연구되고 있다. 의과 대학에서 다루는 표준화된 환자는 '70kg 남자'이다. 오늘날 대다수 사람들은 '여자와 남자는 생물학적으로 다르다'는 것을 자연적 사실로 받아들이고 있다. 그런데 라쿠어(T. Laqueur)에 의하면 자연 과학이 남녀의 차이를 연구하기 시작한 것은 18세기 중반쯤이라고 한다. 그 전까지는 사람의 몸은 오직 한 종류만 있다고 생각했다. 17세기까지의 인체 해부도를 보면, 남자와 여자는 단지 성기가 밖으로 나와 있는지 몸 안에 들어가 있는지의 차이만 있을 뿐 같은 모양의 생식기를 갖고 있었다. 남녀가 같은 몸이 아니라는 것을 인식하고 그 생물학적 차이를 연구하고자 하는 노력은 18세기 중반에 이르러서야 시작되었다. 의사는 여전히 평균적인 몸무게를 지닌 남성의 몸을 잣대로 각종 연구를 한다. 그리고 거기서 내려진 연구 결과는 여성의 몸도 남성과 다를 것이 없다는 전제 아래서 병을 치료하거나 약을 처방할 때 여성에게 그대로 적용한다. 심지어 생리통을 연구하면서도 암컷이 아닌 수컷 실험용 쥐를 이용하여 약의 효능을 실험하고, 그 결과를 객관적이고 과학적인 자료라고 믿는다. 이처럼 남성을 기준으로 삼을 때 유방암이나 자궁암을 비롯한 여성 질병에 대한 치료는 많은 한계를 가지며, 종종 부작용을 일으키게 된다. 마찬가지로 정치학·경제학·법학·사회학 등에서 말하는 인간이나 사회의 개념을 보아도 언제나 그 시대에 가장 많은 권력을 갖고 있는 사람의 입장을 반영하기에 결코 객관적이지 않다. 그런데도 많은 학문 분야에서 연구 대상으로 삼는 '인간'이 남녀를 함께 다룬 것이라고 여기고, 따라서 그 연구가 객관적이라는 믿음이 여전히 남아 있다.

그렇기 때문에 여성학은 기존의 학문과 다른 여러 가지 방법을 동원해서 지식의 역사 속에 숨어 있는 남성 중심적 편견을 찾아내고자 한다. 그리고 이제까지 간과해 온 여성의 경험을 찾아내어 그것을 긍정적으로 평가하고, 새로운 객관성의 기준과 새로운 이론을 정립하고자 한다. 요컨대 여성학은 그 동안 배제되고 드러나지 않았던 여성의 경험·생각·욕망 등에 대해 관심을 갖는다. '인간＝남성'이라는 논리가 아니라, '인간＝남성＋여성'이라는 사실을 강조하는 것이다.

더 나아가 여성학은 연구자가 과연 연구 대상으로부터 완전히 객관성을 유지하는 것이 가능한가도 의심한다. 어떤 연구자도 자신이 받은 교육·가정 환경·사회적 분위기·시대적 배경으로부터 완전히 독립되어 객관적으로 연구한다는 것이 실제로 가능하지 않기 때문이다. 그래서 여성학은 스스로 가치 지향적임을 선언한다. 그러기 위해 여성학은 연구 방법에서도 양적인 것과 함께 질적인 것도 적극적으로 다룬다. 예를 들어 최근 이혼율이 몇 퍼센트 증가했다는 양적 통계 자료만으로는 우리 사회에서 왜 갑자기 이혼이 늘고 있는가에 대한 구체적이고 상세한 분석을 하기 어렵다. 이를 보완하기 위해 여성학자는 이혼한 여성을 직접 인터뷰하거나 설문 조사를 하여 그가 이혼을 결심한 이유와 그로 인해 겪는 현실적 고통의 내막을 들어 봄으로써 경제 위기와 이혼 증가의 상관 관계를 연구한다. 이 과정에서 여성학 연구자는 연구 대상과 함께 웃고 울고 분노하면서 공감대를 형성하게 된다. 이 때문에 여성학자가 너무 감정적이라는 그릇된 비난을 받기도 하지만, 그렇게 접근하는 것이 다른 여성이 겪고 있는 고통에 대한 이해나 인간에 대한 신뢰의 감정 없이 연구하는 방식보다 여성의 일상적 삶에 대하여 훨씬 더 많은 정보를 얻고 정확하게 이해할 수 방법이다.

3. 페미니즘의 다양한 스펙트럼

여성학의 사상적 토대인 페미니즘 자체는 어떤 단일한 이데올로기나 이론의 체계를 갖고 성립된 것이 아니다. 페미니즘은 그 전개 과정에서 당시에 존재하는 다양한 이데올로기와 각종 이론을 수용하는 한편, 그러한 이론이 지니고 있는 남성 중심적인 경향과 한계를 지적·극복하면서 성장해 온 이론이다. 일반적으로 페미니즘 이론은 자유주의 페미니즘·마르크스주의 페미니즘·급진적 페미니즘·사회주의 페미니즘·정신 분석학적 페미니즘·실존주의 페미니즘·포스트모던 페미니즘·에코 페미니즘·탈(脫)식민주의 페미니즘 등등 다양하게 분류할 수 있다. 이와 같은 다양한 구분은 주로 여성 억압의 원인이 어디에 있는가의 문제와 어떻게 그러한 억압을 해결할 것인가에 대한 대안에 따라 나눈 것이다.

각각의 입장이 드러내는 시각 차이·대립은 여성이 인종·민족·계급 등에 따라 다양한 삶의 배경 속에서 서로 다른 경험을 하고 있기에 나온다. 그리고 이런 구분은 어디까지나 페미니즘의 다양한 관점을 정리하기 위해 설정한 것일 뿐, 절대적인 기준에서 나온 것도 아니다. 또 서로 중복되는 내용을 지니고 있기도 하고, 서로 영향을 미치고 있기도 하다. 앞에서 예시한 다양한 페미니즘 중에서 현재 지배적인 페미니즘의 기본 입장과 각 입장의 근본적인 차이점이 무엇인지 간단하게 살펴보자.

1) 자유주의 페미니즘

자유주의 페미니즘은 인간 본성이 이성에 기초하며, 모든 사람은 이성적 존재로서 동등하다는 근대의 자유주의를 토대로 하여 등장한 이론이다. 그런데 당시의 인간 개념은 사실상 여성을 배제한 것이었다. 예컨대 로크·루소 등과 같은 자유주의자는 여성이 이성적 존재라기보다 감성적 존재이므로 이성 능력이 뛰어난 남성의 통제와 지배를 받아야 한다고 생각했다. 이에 대해 자유주의 페미니즘은 여성도 이성적 존재임을 강조한다. 실제로 여성이 감성적이라 하더라도 그것은 여성의 본성이 그런 것이 아니라, 그동안 여성을 가정에 묶어둔 사회·문화적인 관습·법·교육 제도 때문이라고 주장한다. 따라서 이 입장은 여성에게 남성과 똑같이 교육을 시키고 균등한 취업 기회를 보장하여 공적 부문에서 남녀 차별을 없애는 데 중점을 둔다.

자유주의 페미니즘은 가장 먼저 출현한 페미니즘으로, 지금도 설득력을 많이 지닌 이론이다. 처음에는 사회를 공적 영역과 사적 영역으로 나누고 더 많은 여성을 공적 영역으로 끌어들이고자 노력했지만, 참정권 확보 이후 형식적 평등만으로는 실질적 불평등이 해소되지 않는다는 비판이 제기되면서 그 틀을 일부 수정하고 있다. 우리 나라의 경우 급속한 경제 성장과 더불어 여성 교육의 기회가 늘어 초등학교에서 고등학교 교육에 이르기까지는 남녀 격차를 발견하기 어렵다. 그러나 전문대와 4년제 대학을 포함한 고등교육 수준에서는 양적으로 남녀간의 차이가 확연하다. 한국여성개발원이 1997년에 조사한 바에 따르면, 학위 취득자 중 여성이 차지하는 비율은 학사·석사·박사가 각각 40.6%·30.3%·18.6%로 많은 학비를 부담해야 하는 대학 이상의 교육 과정에서는 여성이 여전히 차별받고 있는 현실이다. 또 교육의 내용이나 질에서도 성차(性差)가 존재하는데, 여학생이 전공으로 삼는 분야는 인문계가 상대적으로 많은 반면, 남학생의 전공은 자연계가 압도적으로 높게 나타난다. 여성은 어문 계열이나 교육 분야만 전공해야 하고, 남성은 공대나 의대에 진학해야 한다고 법으로 정해 놓은 것도 아닐 텐데 우리 사회가 부여하는 전통적인 성 역할이나 고정 관념은 전공이나 직업 선택에 많은 영향을 미치고 있다.

이처럼 남녀에게 형식상 똑같은 기회를 준다고 해서 실질적인 남녀 평등이 이루어지는 것은 아니다. 경쟁하기에 앞서 이미 여성이 불리한 여건에 처해 있다면, 경쟁에서 뒤질 것은 뻔한 일이다. 따라서 단순히 '기회의 균등' 차원을 넘어서 그 기회를 이용할 수 있는 실질적인 사회·경제·문화적 '조건의 평등'을 확보하는 것이 중요하다. 예컨대 대표적인 자유주의 페미니스트인 프리단(B. Friedan)은 남편과 자녀를 위해 가정을 지켜 온 교육받은 미국 중산층 주부들이 원인 모를 무력감과 공허감을 느끼게 된 것은 자기 존중감·정체성 등을 상실한 데 그 원인이 있다고 분석하였다. 그러나 생계를 위해 어쩔 수 없이 직장을 갖고 노동을 해온 많은 여성에게 중산층 여성이 말하는 자기 존중감·정체성 회복 같은 것은 살 만한 여자의 배부른 하소연 정도로 들렸을 뿐이었다. 이처럼 자유주의 페미니즘에 대한 비판 중에는 그 이론이 실제로 중산층 여성의 권리 획득을 목표로 하고 있어서 당장 먹고사는 것부터 문제가 되는 노동자 계급의 여성에게는 설득력이 떨어진다는 견해가 있다.

2) 마르크스주의 페미니즘

마르크스주의 페미니즘은 여성 억압의 원인이 자본가가 노동자를 착취하는 자본주의 체제 자체에 있다고 본다. 노동자 계급에 속한 여성은 여자로서뿐만 아니라 노동자로서도 착취당하는 이중고를 겪고 있다. 그래서 이 이론은 무엇보다 여성의 '일'에 대해 초점을 맞춘다. 기존의 자본주의 사회에서 대다수 남성이 가족의 재산을 통제하는 지위에 있기 때문에 여성은 아내로서 남편에게 종속될 수밖에 없고, 여성의 가사 노동은 '일도 아닌 것'으로 무시된다. 한 명의 가장이 직장에 나가 돈을 벌어오기 위해서는 반드시 누군가가 집안일을 하고 아이를 돌보아야 하는데, 그 노동에 대해서는 대가를 지불하지 않는다. 또한 여성이 사회에 나가 노동을 하는 경우에도 낮은 임금을 지급하고, 그마저도 언제나 필요에 따라 고용하고 해고할 수 있는 대상으로 간주된다.

여성의 본분은 어디까지나 가사이며, 직장에서의 노동은 부차적이라는 생각은 여성을 생산 영역에서 '필요에 따라' 활용하는 동시에 가사 전담자로 묶어 놓는다. 그래서 마르크스주의 페미니즘은 여성 억압에서 벗어나기 위해 먼저 여성이 가사 노동에서 해방되어야 한다고 주장한다. 가사 노동과 자녀 양육의 사회화를 통해 여성이 사회적 생산 활동에 참여하는 것이 가장 먼저 해결되어야 할 문제라고 본다.

그런데 마르크스주의 페미니즘은 '계급'에만 중점을 두는 입장이어서 같은 노동자 계급이라 하더라도 남성 노동자에 비해 여성 노동자가 가정과 직장에서 더욱 열악한 조건에 처할 수 있다는 '성차별 문제'는 놓치고 있다.

3) 급진주의 페미니즘

마르크스주의 페미니즘이 계급 불평등을 여성 억압의 원인이라고 본 데 대하여 급진주의 페미니즘은 계급 차별보다 '성차별'이 더 근본적인 문제라고 본다. 자본이 행하는 여성 억압보다 모든 남성이 가하는 모든 여성에 대한 억압이 더 크다는 것이다. 다시 말하면 여성이 임신·출산 때문에 사회적 생산 활동을 할 수 없어 경제적으로 남성에게 의존할 수밖에 없으며, 남성·여성·자녀로 이루어진 가족 자체가 여성 억압을 낳는 핵심 제도라는 것이다. 이 입장은 여성을 지배하고 통제함으로써 남성이 이득을 얻는 남성 지배 체제를 '가부장제'라고 규정한다. 그리고 여성의 생물학적 재생산(임신과 출산)이 여성 종속의 근원이라고 주장한다. 그렇기 때문에 급진주의 페미니즘은 여성 해방을 위해 출산 기술을 발달시킴으로써 여성이 자신의 몸에 대한 통제권을 획득하고, 성적 자율권을 확보해야 한다고 본다. 예컨대 언제 어머니가 될 것인가, 몇 명의 아이를 낳을 것인가를 여성 자신이 결정하는 것은 물론 낳지 않을 권리까지도 여성이 가질 수 있어야 한다는 것이다.

급진주의 페미니즘은 출산뿐만 아니라 낙태·성폭력·매매춘·동성애 등과 같은 성과 관련된 문제도 중요시하는데, 이와 관련하여 남성이 자신의 필요와 욕구에 따라, 그리고 자신의 관심사를 성취하기 위해 여성의 몸을 통제해 왔던 것을 여성의 입장에서 재구성할 것을 주장한다. 실제로 피임 기술의 발달로 여성은 끊임없는 임신과 출산의 반복 과정에서 벗어날 수 있게 되었고, 그에 따라 사회 활동도 가능하게 되었다. 그래서 급진주의 페미니스트는 여성을 억압하고 있는 가부장제를 없애려면, 여성이 자신의

'몸과 심리'에 대해 긍정적으로 평가해야 한다고 주장한다. 더 이상 남성과 같아지려고 노력하기보다는 남성과 그들이 만든 문화로부터 떨어져 나와 한시적일지라도 레스비언 관계를 포함한 '여성만의 문화' 속에서 힘을 길러야 한다고 제안한다.

급진주의 페미니즘은 자유주의·마르크스주의 페미니즘이 간과하고 있었던 점, 즉 사적 공간·관계에서 벌어지고 있는 남성의 일상적인 여성 억압을 지적하는 장점을 갖고 있다. 그러나 사실 그런 주장이 지닌 급진적 내용 때문에 보통 사람에게 낯설게 느껴지고, 실제로 수용하기 어렵다는 단점이 있다.

4) 사회주의 페미니즘

사회주의 페미니즘은 마르크스주의 페미니즘과 급진주의 페미니즘을 통합해 놓은 것이다. 이 입장은 자본의 여성 착취와 남성의 여성 억압, 즉 '자본주의 체제와 가부장제'가 상호 협력하여 여성을 억압하고 있다고 본다. 마르크스주의 페미니즘이 가부장적 여성 억압을 부차적인 것으로 여기고 계급 문제가 해결되면 여성 문제도 자연히 해결될 것이라고 예상했지만, 실제 대부분의 가사 노동을 사회화한 사회주의 체제 안에서도 성에 따른 차별이 존재한다는 점이 확인되었기 때문에 사회주의 페미니즘은 그 점을 다시 부각시키고 있다.

자본주의 체제와 가부장제가 필요에 따라 어떻게 손을 잡게 되는가는 다음의 사례를 보면 알 수 있다. 제2차 세계 대전 당시 많은 여성이 공장에서 일할 기회를 얻었다. 그러나 전쟁터로 떠난 남성을 대신해 공장이나 각종 영역에서 생산 활동에 참여했던 여성은 전쟁이 끝나 남성이 돌아오면서 다시 그 자리를 넘겨주고 떠나야만 했다. 노동 인력이 모자랄 때는 여성을 값싼 임금으로 채용했던 사업주가 이제 여성에게 가정으로 돌아가기를 조장하고 있는 것이다. 그런 예는 IMF 체제 아래의 우리 나라 노동 현장에서도 쉽게 찾아볼 수 있다. 경제 위기 이후의 구조 조정에서 여성은 가장 먼저 해고 대상이 되었다. 또 부부가 같은 직장에 근무하는 경우에도 거의 대부분 여성이 직장을 그만두어야 했다. 이는 한 가족의 생계 책임자는 남성 가장이라는 이데올로기가 반영된 것으로, 실제로 가족의 생계를 책임지고 있던 많은 여성 가장에게 고통을 주고 있다.

4. 차이를 넘어 연대로

지금까지 간단히 살펴본 페미니즘 외에도 다양한 페미니즘이 존재한다. 특히 1980년대 말에 앞에서 설명한 페미니즘 이론이 정말 여성의 문제를 해결해 줄 수 있을까라는 의문을 갖는 여성 이론가가 등장한다. 흑인 여성이나 우리 나라를 포함한 제3세계 여성은 전세계 여성이 여성이라는 이유만으로 차별을 받는다는 점에서는 같지만, 그 차별의 정도나 내용에서는 다르다고 주장한다. 전술한 대표적인 페미니즘이 서방의 백인 중산층 여성의 시각에서 출현한 것이므로 같은 여성으로서 더 차별받는 흑인 여성의 입장은 잘 설명할 수 없다고 본다. 우리 사회에서도 저소득층 여성이나 장애 여성은 지식을 습득한 상류층 여성이나 비장애인 여성에 비해 더 많은 문제를 안고 살아가고 있다. 또한 농촌에서는 신부가 모자라 한때 조선족 여성을 신부로 맞이하기도 했는데, 이들이 살아가면서 체험하는 성차별의 내용은 분명히 다를 것이다. 그리고 우리 사회에서 매매춘에 종사하는 여성을 바라보는 시선도 일반 여성에 비해 차이가 있다. 여성의 '같음과 다름'에 대한 새로운 문제 의식이 큰 의미를 갖는 것도 이 때문이다.

포스트모던 페미니즘은 초창기의 페미니즘이 한결같이 억압받는 여성의 모습만 부각시킴으로써 여성의 특성을 실제로 열등한 것으로 보고 남성을 따라잡으려는 데 급급해 왔다는 점을 지적한다. 이 입장은 모든 여성의 상황을 설명해 낼 수 있는 단일한 페미니즘은 존재하지 않는다고 본다. 그래서 남녀 사이에 존재하는 '차이'가 '차별'로 곧바로 이어지는 상황을 비판함과 동시에 여성 사이에 존재하는 다양한 차이를 부각시키고자 한다. 남성이 자신과 다르다고 해서 여성을 차별해서 안 되는 것과 마찬가지로 여성이 자신과 경제 수준·피부색·교육 정도·성적 취향이 다르다는 이유로 다른 여성을 차별해서도 안 된다는 주장은 아주 설득력이 있다.

이외에도 최근 생태학과 페미니즘을 결합시켜 오늘날의 환경 문제와 생태 위기를 해결·극복하기 위해 여성이 지닌 모성·감성·직관력에 대해 새로운 가치를 부여하고자 하는 에코 페미니즘도 많은 관심을 끌고 있다.

이상과 같은 페미니즘 사상은 하나의 페미니즘이 사라지고 나면 다른 종류의 페미니즘 사상이 그 자리를 메우는 식이 아니라, 서로 영향을 미치며 동시대에 공존하고 있다. 그렇다면 과연 이 다양한 페미니즘 사상 가운데 우리 사회의 여성 문제를 가장 잘 설명해 내고 해결책까지 제시해 줄 수 있는 이론은 무엇일까? 그리고 같으면서도 서로 다른 여성의 삶의 체험과 목소리를 어떻게 하면 가장 잘 드러낼 수 있을까?

이런 질문은 그 동안 빠른 속도로 발전해 온 페미니즘과 여성학의 새로운 과제로 자리잡기 시작했다. 그러나 중요한 것은 '여성의 같음과 다름'에 대한 고민을 하느라 남녀의 차이가 차별로 이어지는 현실을 잊어서는 안 된다는 점이다. 이 글의 앞부분에서 지적했듯이 아직도 성에 근거를 둔 여성 억압이 일상의 곳곳에서 발견되고 있다. 그 때문에 여성 스스로 그러한 현실을 바로 보고, 문제를 해결하기 위해 부단히 노력해야 한다는 명제는 여전히 유효하다. 작가 이윤기는 소설 『진홍 글씨』에서 여성에게 다음과 같이 말하고 있다.

사랑하라! 이것은 딸들이 누릴 수 있는 특권이다. 싸워라! 이것은 딸들이 지켜야 하는 원칙이다. 특권을 원칙에 앞세워서는 안 된다. 그러면 둘 다 잃는다.

이제는 남성도 달라져야 한다. 페미니즘이라는 새로운 세계관에 대한 오해와 편견을 버리고, 이를 올바르게 인식하고, 장래의 삶을 풍요롭게 할 새로운 이념으로 받아들여야 한다. 여성이 자유롭게 살아가는 것은 남성의 자유로움과 행복을 앞당기는 일이다. 페미니즘은 자신의 삶을 주체적으로 살고자 하는 여성, 진정한 행복을 추구하는 남성, 그들이 서로 연대할 수 있게 해줄 터이다. 위의 소설은 남성이 페미니즘을 자신의 새로운 삶의 양식으로 받아들이기 위해 어떻게 해야 하는가에 대해서 다음과 같이 충고하고 있다.

나는 세상의 남성들에게 말할 수 있다. 세상의 남성은, 딸에게 바라지 않는 것은 아내에게도 바라지 말아야 한다. 남성은 딸이 처하게 되기를 바라지 않는 상황에는 아내도 처하게 해서는 안 된다. 그래야 공정하다.

많은 여성이 인간의 권리를 획득하기 위해 싸우는 것! 그 싸움의 과정에서 남성이 더 이상 여성의 적이 아니라, 함께 손잡고 갈 인간으로 변화되는 세상! 그래서 더 이상 여성이 화두로 등장하지 않아도 되는 세상이야말로 페미니즘이 또 다른 눈을 통해 바라보고 꿈꾸는 세상이다.

■ 주제어

페미니즘, 여성학, 여성 운동, 성차별, 여성 억압, 가부장제, 인권, 인간 해방

■ 용어 해설

호주제 남자를 중심으로 가계의 혈통이 이어지는 제도로 호주는 집안의 가장인 아버지고, 호주 승계는 '남편→아들→손자→미혼의 딸→처' 순서로 하게 되어 있다. 호주제는 아들·손자·딸을 아내보다 우선 순위에 둠으로써 모든 남자는 모든 여자보다 우월하다는 편견을 강화하고, 한국에서 가부장제 사회를 존속시키는 법적 근거가 되고 있다.

가부장제 사회·정치·경제적 제도를 통해 여성을 억압하는 남성의 권위주의 체계를 말한다. 영어로 patriarchy라고 하는데, 아버지의(patri) 지배(archy)라는 뜻이다. 즉 가족의 대표자인 아버지가 가족 성원에 대해 행사하는 일방적인 권위나 지배를 의미한다. 여성학에서 사용하는 가부장제의 의미는 남성이 우위의 입장에서 여성을 지배하고, 여성은 종속적이고 의존적인 상태에 놓여 있는 체계를 지칭한다.

성차와 성차별 사회에서 성을 이유로 상이한 대우를 받게 되는 것을 성차별 또는 성불평등이라고 한다. 성불평등은 계급 불평등·인종 차별과 함께 인류 사회의 가장 대표적인 불평등 체계이다. 남성과 여성의 생물학적 차이가 단순히 차이에 머무르지 않고 사회적 차별로 이어지는 것은 가부장제와 함께 남자는 생계 담당자이고 여성은 가사 담당자라는 성별 분업의 이데올로기가 지배하고 있기 때문이다.

■ 생각해 볼 문제

1) 남녀 차별의 원인을 밝히고, 그 해결 방안을 모색하는 다양한 이론들이 있다. 이 가운데 한국의 여성 문제 해결에 가장 설득력이 있다고 여겨지는 이론을 한 가지 선택하고, 그 이유에 대해 설명해 보자.
2) 산업화 이후 발달한 과학 기술이 여성을 가사 노동으로부터 자유롭게 했다는 주장을 하는 이들이 있다. 이에 대해 실제로는 청결에 대한 강박 관념, 각종 매체에 등장하는 요리나 인테리어에 대한 강조, 자녀 교육에 대한 부담 등으로 주부에게 위임된 가사 노동의 강도와 질이 더욱 높아졌다고 반박하는 사람들도 있다. 과연 과거에 비해 요즘 여성들이 살기 편해졌는지 생각해 보자.
3) 부모님의 일과는 어떻게 구성되어 있는가? 부모님을 밀착 취재하여 아버지와 어머니의 일과를 비교해 보자. 남학생의 경우 하루 정도 가사 노동을 전담해 보고, 그 느낌을 발표해 보자.

4) 인터넷 시대가 열리자 여성은 사이버 공간에서나마 남성의 억압이나 폭력에서 벗어나 자유로운 의사 소통의 기회를 얻을 것으로 기대했다. 하지만 수적으로 훨씬 많고 공격적인 남성 네티즌의 '익명성'을 보호막으로 한 '사이버 성폭력'이 갈수록 심각해지고 있다. 사이버 공간에서 여성이 겪었던 성폭력 사례를 발표하고, 어떻게 대처해야 할지 의논해 보자.

5) '대학은 성폭력 박물관'이란 말이 있을 정도로 학내 성폭력 실태는 갈수록 심각해지고 있다. 우리 학교 내에 성폭력상담소나 성폭력신고센터 등이 있는지 알아보고, 일상 생활 속에서 성폭력을 근절하기 위해 우리가 할 수 있는 행동을 구체적으로 알아보자.

■ 참고 문헌

▶ 한국여성연구소, 『새여성학강의』, 동녘, 1999.

한국 여성의 현실에 대한 본질적인 문제 제기와 함께 여성학과 페미니즘에 대한 개괄적 이해를 돕는 개론서다. 대학에 개설된 '여성학' '여성과 사회' 등의 과목을 고려하여 전체 14장으로 구성된 이 책은 가족·노동·성·문화·여성 복지에 이르는 다양한 내용을 학생들이 쉽게 이해할 수 있도록 도와준다.

▶ 로즈마리 통, 『페미니즘 사상―종합적 접근』, 이소영 옮김, 한신문화사, 1995.

영미 페미니즘의 최신 이론들은 물론 정신 분석학, 실존주의 그리고 포스트모더니즘에 이르는 다양한 유파를 포괄적으로 기술해 놓은 책. 어렵기로 악명 높은 페미니즘 사상가들의 이론을 분명한 논리와 비교적 쉬운 문체로 해석하고 있어 여성의 삶과 관련된 많은 견해들을 비판적으로 생각해 볼 기회를 준다. 페미니즘 입문서로 읽어도 좋고, 좀더 깊은 고찰을 위한 본격적인 이론서로도 손색이 없다.

▶ 조혜정, 『한국의 남성과 여성』, 문학과지성사, 1988.

여성 해방주의자면서 문화 인류학자인 저자는 한국의 남성과 여성이 이루어 온 생활 세계에 대한 재구성과 해체 작업을 통해 가부장제가 얼마나 비인간적인 억압 체제인지 밝히고 있다. 남성과 똑같이 사회 생활 유지에 필수 불가결한 활동을 해 왔음에도 불구하고 정당한 대가와 평가를 받지 못하는 여성의 현실과, 왜곡되어 온 여성의 활동을 재평가함으로써 여성 중심적 인식론이 무엇인지를 보여 주는 책이다.

▶ 여성사 연구모임 길밖세상, 『20세기 여성 사건사』, 여성신문사, 2001.
한국 여성의 특정한 삶의 경험 또는 일상을 다룬 스물일곱 개의 신문 기사를 통해, 언제나 잊혀지거나 없는 것으로 치부되어 온 여성의 역사를 드러내고 있다. 일제 시대 기생 이야기, 여자를 사랑한 여자, 안티미스코리아 페스티벌을 비롯한 흥미로운 주제들은 기존 사료나 역사책에서 읽지 못했던 우리 나라 여성의 다양한 삶의 면모를 엿볼 수 있게 해준다.

▶ 오조영란·홍성욱 엮음, 『남성의 과학을 넘어서』, 창작과비평사, 1999.
'페미니즘의 시각으로 본 과학, 기술, 의료'라는 부제에 걸맞게 그 동안 우리 사회의 남녀 불평등을 '과학적'으로 정당화해 온 기존의 현대 과학·기술에 대해 페미니즘의 문제 의식을 갖고 날카롭게 비판하고 있다. 이 책에 실린 대부분의 글은 현대 과학·기술이나 의료의 가치 중립성을 비판하면서 구체적인 예를 통해 사회적으로 구성된 남녀의 성적 차이, 과학에서 여성의 소외, 여성의 몸에 대한 의학의 통제와 폭력성 등을 잘 설명하고 있다.

▶ 달과 입술, 『나는 페미니스트이다』, 동녘, 2000.
많은 여성들이 남녀 평등은 원하지만 페미니스트라 불리는 것은 두려워하는 현실에서, 스스로 길들여진 자의 명예를 거부하고 당당히 페미니스트임을 선언하는 젊은 여대생들의 이야기다. 지은이들이 대학 생활을 하면서 고민하고 경험했던 삶의 문제와 대학 여성 운동을 통해 실제로 발언하고 실천했던 내용들을 자전적 형식의 에세이로 쓴 이 책은 페미니즘 이론서들이 채 드러내지 못하는 일상 속의 여성 경험과 목소리를 생생하게 전달하고 있다.

▶ 캐롤 타브리스, 『여성과 남성이 다르지도 똑같지도 않은 이유』, 히스테리아 옮김, 또하나의 문화, 1999.

여자와 남자는 같은가 다른가? 사회 심리학자인 저자는 여성이 남성보다 수동적이고 평화롭고 감성적이고 논리적이지 않고, 능력이 모자라며 성적이지 않다는 전통적인 관념을 해체한다. 동시에 여성의 호르몬·뇌·심리가 근본적으로 남성과 다르다는 관념도 해체한다. 이 책은 여성/남성이라는 이분법을 완전히 넘어서서 우리가 원하는 삶·사랑·사회를 여성과 남성이 함께 건설할 수 있는 방법을 새로이 생각하게 한다.

III. 건전한 문화, 아름다운 인생

제9장 소비 문화의 전환

1. 삶의 양식으로서 소비 문화

한 재벌 그룹 회장 부인이 감옥에 갇힌 남편을 구명하기 위해 어느 장관 부인에게 수천만 원대의 밍크 코트를 뇌물로 준 이른바 '고급 옷 로비 사건' 때, 일반 국민은 커다란 분노와 허탈감을 느꼈다. 이는 IMF 이후에도 서민의 고통에는 아랑곳없이 극도로 과시적이고 낭비적인 소비 생활을 즐기고 있는 우리 나라 최상류층의 과소비 행태에 대한 감정의 표출이었으리라.

당시의 얘기에 따르면 그 재벌 그룹 회장과 장관 부인이 출입한 의상실에는 3만여 명에 달하는 '귀부인'들이 자주 드나들었다 한다. 한 벌에 수십 수백만 원에서 수천만 원까지 하는 옷을 찾는 사람의 숫자가 한 의상실에서만 그 정도라니 일반 국민이 놀란 것은 당연하다. 또한 그런 의상실에서는 옷값이 비쌀수록 오히려 잘 팔렸다는데, 그와 같은 과소비 풍조에 대해 서민들이 그런 감정을 가진 것은 당연해 보인다.

그런데 어찌 이들뿐이겠는가? 서울 강남의 어떤 지역에서는 한 끼에 3만 원이 넘는 밥을 먹고, 한 잔에 1만 원이 넘는 커피나 1만 5000원이 넘는 칵테일을 마시면서 과시적인 초호화 소비 문화를 즐기는 사람이 부지기수이고, 전국의 골프장에는 주말마다 사람들로 넘쳤다고 한다.

그러면 서민의 경우는 어떤가? 서민이 상류층의 소비 문화에 울분을 느끼면서 이를 비판하는 것은 과연 소비 문화나 소비주의적 삶의 양식 자체를 근원적으로 잘못된 것으로 여기기 때문인가, 아니면 단지 그러한 생활을 즐기지 못하는 데서 오는 상대적 박탈감 때문인가? 물론 수천만 원짜리 옷을 입는 경우처럼 과시적이고 낭비적인 소비 문화를 바람직하다고 주장할 사람은 없을 것이다. 그러나 정도의 차이는 있을지언정 오늘날 대다수 사람들은 더 큰 집, 더 큰 자가용, 더 화려한 의상 등 한마디로 더 비싼 물건을 소유하거나 소비하는 것을 지향하지는 않는가?

인간은 각각이 속한 시대와 사회 문화의 지형과 특징에 영향을 받음과 동시에 그에 대해 반작용하면서 그들의 주체성을 형성하고, 그에 따라 일정한 양식의 삶을 영위해 나간다. 그렇다면 근대 이후 발달해 온 사회 문화적 지형은 어떠한 것이며, 그것은 현대인의 주체성 형성과 삶의 양식에 어떠한 영향을 미쳤는가? 현대의 사회 문화 속에서, 또 그것과의 변증법적 상호 작용 속에서 형성된 현대인의 주체성은 어떠한 모습을 띠고 있으며, 그러한 주체성을 갖고 있는 현대인이 영위하고 있는 삶의 모습은 어떠한가? 다시 말하면 우리는 오늘날 어떠한 모습으로 어떻게 살아가고 있는가?

그러한 물음에 답하기 위해 먼저 현대 사회와 대중 문화의 구조와 특징을 살펴볼 필요가 있다. 근대 이후 지금까지의 사회 구조를 규정해 온 것은 기본적으로 자본주의다. 그 발전 과정은 갈수록 소비 자본주의라는 방향으로 나아감으로써 문화도 점차 소비적인 것으로 형성돼 왔다. 그러므로 우리의 주체성과 삶에 대한 물음에 답하기 위해서는 먼저 현대 대중 문화, 특히 그 주요 내용을 이루고 있는 소비 문화의 발달 과정과 특징을 살펴보아야 한다. 나아가 그러한 소비 문화에서 형성되는 현대인의 주체성과 삶의 양식이 어떤 특징을 갖고 있는지 탐구해 보아야 한다. 그리고 그에 대한 비판적 평가를 통하여 자신의 삶을 성찰하고 올바른 주체성을 확립하여 더 나은 삶에 대해 전망할 수 있으리라 본다.

2. 소비 문화의 발달

근대 이후 오늘날에 이르기까지 현대 대중 문화의 중심을 이루는 소비 문화의 발달 과정을 먼저 살펴보자. 입장의 차이에 따라 생산 부문의 발달이 소비 문화의 발달을 주도했다고 보는 견해가 있는가 하면, 소비자가 능동적으로 추구하는 소비 활동이 소비 문화의 발달을 선도하고 있다고 주장하는 사람도 있다. 또한 소비 문화의 발달 시기에 대한 설명도 다양하다. 그런데 이러한 견해 차이를 서로 배타적인 것으로 해석할 필요는 없다. 소비 문화의 발달은 오히려 여러 요인이 복합적으로 작용하여 여러 세기에 걸쳐 오랫동안 진행되어 온 과정이라고 보는 것이 좋다.

생산 부문 발달의 역할을 강조하는 관점에 따르면, 소비 문화의 발달은 자본주의적 상품 생산의 확대에 필연적으로 뒤따르는 것이다. 자본은 속성상 시장을 끊임없이 확대하려는 경향이 있는데, 특히 상대적 잉여 가치를 실현하기 위해 인간의 소비 욕구를 끊임없이 자극한다. 대중의 소비 문화가 발달하게 되는 것은 바로 그 때문이다. 19~20세기에 자본주의의 생산력은 급속도로 발전하였다. 이는 그에 상응하는 소비의 증대도 요구하게 된다. 만약 그렇지 않다면 자본주의 체제는 곧 위기를 맞게 될 것이다. 이러한 문제를 해결하기 위해 팽창하는 자본주의는 소비재의 구매와 일회적 소비를 조장하는 소비 문화를 창출해 내야만 한다.

생산력의 발전에 맞춰 소비 생활을 하도록 삶의 방식을 변화하게 하는 사회적 조절은 저절로 이루어지는 것이 아니다. 그것은 자본주의 사회가 이루어낸 결과이며, 시간이 경과하고 상황이 바뀜에 따라 그 방식도 변화해 왔다. 20세기 초부터 지금까지 자본주의적 관계의 재생산을 위해 작동해 온 사회적 조절 양식은 조절학파의 이론에 따라 포디즘과 포스트포디즘으로 설명할 수 있다.

20세기 초에 출현하여 제2차 세계 대전 직후에 성숙한 자본주의의 지배적 축적 체제는 포디즘이었다. 포디즘은 컨베이어 벨트라는 자동적인 일괄 작업대를 사용하여 유례없이 강도 높은 노동을 통해 대량 생산을 가능하게 함으로써 상대적 잉여 가치의 증대를 가져와 지속적인 경제 성장을 이룩하였다. 또한 포디즘은 축적 체제를 안정적으로 발전시키기 위해 노동자에게 이전보다 상대적으로 많은 임금을 보장해 주고, 대량 소비를 유도하였다. 즉 발달한 자본주의는 노동자가 소비할 수 있도록 경제적 능력을 제공하는 동시에, 그에 상응하는 소비 심리를 불러일으켜야만 했다. 이에 결정적인 역할을 한 것이 바로 광고다.

1920년대 이후부터 라디오와 텔레비전 등 각종 대중 매체의 발달과 더불어 광고는 급속히 확산되었다. 이렇게 확산된 광고는 단지 특수한 상품을 선전하는 역할만 한 것은 아니었다. 요컨대 광고는 근본적으로 사람들의 생활 양식을 소비 중심적인 것으로 유도하는 중요한 역할을 했다. 그런데 포디즘으로 추구한 자본 축적의 중요한 두 근본 영역인 생산 및 소비 영역이 안정적으로 결합될 수 있었던 것은 제2차 세계 대전 이후의 일이다. 이때 비로소 자본과 노동 기구 사이의 연합과 생산·소비 영역 사이의 안정적 결합이 효과적으로 달성되어 지속적인 경제 성장이 가능해졌던 것이다. 이때부터 1970년대 초까지 유례없이 안정된 경제 성장이 이룩되었다.

한때 안정된 성장을 계속하던 자본주의 경제 체제는 1970년대 초부터 일련의 위기에 직면했는데, 그것은 바로 축적 체제로서 포디즘의 위기였다. 1970년경부터 선진 자본주의 국가의 주요 산업 분야에서 이윤율 하락과 인플레이션 등 여러 가지 문제가 나타났으며, 여기에다 석유 파동까지 겹쳐 포디즘 체제는 흔들리게 된다. 포디즘이 지닌 최대의 약점은 대량 생산·소비를 기반으로 하는 체제의 경직성 때문에 변화하는 환경에 신속하게 대응하지 못한다는 점이다. 포디즘의 이러한 문제점을 해결하기 위해 새로이 등장한 축적 체제가 바로 포스트포디즘이다.

포스트포디즘 체제의 특징은 유연성이다. 포스트포디즘의 유연한 축적 체제는 포디즘의 경직성에 대처하고자 하는 것이다. 이는 노동 과정·노동 시장·제품·소비 패턴 등의 유연성을 골자로 한다. 컴퓨터·로봇 등 새로운 생산 기술이 도입되고, 새로운 조직 형태가 등장함에 따라 생산의 회전 시간이 엄청나게 단축되었다. 그런데 소비의 회전 시간이 짧아지지 않는다면, 생산의 회전 시간이 아무리 빨라져도 소용이 없다. 따라서 발빠른 패션 변화, 필요 유발 기술의 동원, 문화적 변화 등을 유도함으로써 유연 축적은 소비 측면에서도 보조를 맞추게 되었다.

포스트포디즘의 새로운 소비 촉진 전략은 시장을 생활 스타일에 따라 잘게 나누어 공략하는 것이다. 이는 취향·태도·생활 양식 등에 따라 소비자를 분류하거나 그런 것들을 매체를 통해 인위적으로 묶어 내어 소비를 촉진하는 방식을 취한다. 이러한 방식으로 생산과 소비의 순환을 촉진하는 포스트포디즘이 오늘날 자본주의적 관계의 재생산을 가능케 하는 조절 양식으로서 효과적으로 작용하고 있다. 이상에서 살펴본 바와 같이 생산 부문의 주도적 역할을 강조하는 입장에서는 이윤 획득을 위해 끊임없이 확대 재생산을 추구하는 자본주의가 체제의 안정적 재생산을 위해 여러 가지 전략을 동원해 소비적인 생활 방식을 부추기고 유도함으로써 오늘날의 소비 문화가 발달하였다고 주장한다.

이와 다른 입장에서는 소비자의 적극적이고 능동적인 소비 행위가 현대의 소비 문화를 발달시켰다고 주장한다. '과시적 소비' 개념을 사용하는 베블렌(Th. Veblen)이 그러한 입장을 대표한다. 그에 따르면 유한 계급은 여가 활동에서 소비재의 사용을 통해 공공연히 그 지위를 증명하려 한다는 것이다. 즉 이 계급은 자신의 사회적 권위를 드러내기 위해 물질적 재화를 사용한다고 한다. 여기서 더 나아가 다른 이론가들은 지배적인 위치에 있는 계급뿐만 아니라 중간 계급이나 하위 계급도 경쟁을 통해 지위를 과시하기 위한 소비 게임에 합류한다고 주장한다.

사회 집단의 지위를 과시하기 위한 소비 게임은 짐멜(G. Simmel)의 트리클다운(trickle down) 이론을 통해 설명할 수 있다. 이에 따르면 모방 원리를 따르는 하위 집단은 상위 집단의 소비 유형을 채용함으로써 새로운 지위를 확립하려 한다. 그런 반면 차별 전략에 따르는 상위 집단은 새로운 소비 유형을 채용하는 것으로 이에 대응한다. 그들은 낡은 지위 표식을 하위 집단에 넘기고, 새로운 지위 표식을 선택한다. 그러나 이것은 다시 하위 집단의 모방을 불러일으킨다. 이렇게 해서 상위 집단과 하위 집단은 서로의 행동을 자극한다. 그럼으로써 무한히 계속되는 소비 유형의 변화 사이클을 확립하게 된다.

부르디외(P. Bourdieu)는 여러 사회 집단의 그와 같은 경쟁적 소비 활동에 대해 가장 상세하게 분석하였다. 그는 다양한 사회적 장(場)에서 차지하고 있는 계급의 다양한 위치에 따라 각 계급의 '아비투스(habitus)'가 형성되고, 그들은 그에 따라 사회적 행위를 해 나간다고 파악한다. 아비투스는 일정한 집단에 속하는 사람들의 지속적인 습성과 성향을 의미한다. 서로 다른 계급 분파에 속하는 사람은 서로 다른 아비투스를 체득하고 있으며, 그에 따라 그들의 취향과 소비에 대한 선호 및 생활 양식은 각기 다르다. 그런데 각각의 계급 분파는 이러한 것을 자신의 계급적 지위를 유지하거나 상승시키는 데 이용한다. 지배적인 상위 계급은 자신의 취향·소비 활동·생활 양식 등을 통해 자신을 다른 계급과 구분함으로써 자기의 지위를 유지하려 한다. 그런 반면 그보다 하위에 있는 계급은 상위 집단의 취향이나 소비 활동 등을 모방함으로써 지위 상승을 꾀하고, 자기보다 더 하위의 집단과는 자신을 구별하고자 한다. 그리고 부르디외는 이처럼 지위 경쟁을 위한 소비 활동에서 문화적 중간 계급이 특히 중요한 역할을 한다고 주장한다. 그들은 주로 상징적 재화를 생산·판매·유포·서비스하는 일에 종사한다. 또 그들은 그들만의 상징적 재화와 문화적 재화를 사용함으로써 자신이 처해 있는 불안정한 계급적 위치에서 벗어나려고 하기 때문에, 다른 어떤 계급보다도 더욱 더 가시적이고 전시적인 소비 활동을 하게 된다.

소비자의 능동적인 활동에 의해 소비 문화가 발달했다는 주장은 생산 부문의 역할만을 강조하는 관점이 간과했던 소비 문화의 촉진 요인에 주목할 수 있게 해준다는 점에서 의미가 크다. 그러나 이는 자칫하면 현대의 소비자를 과거로 투사하는 잘못을 범할 수도 있다. 일찍이 소비자가 자발적으로 수많은 상품을 끊임없이 요구해 왔다고 가정하는 것은 현대 소비 문화의 중심적 특징이 이전부터 있었다고 가정하는 것과 다르지 않다. 또한 이는 현대 자본주의 사회에서 이윤 획득과 축적이라는 과제를 해결하기 위해 끊임없이 인위적인 소비 욕망을 만들어 내어 소비적 생활 방식을 부추기는 막강한 자본의 영향력을 무시하고, 단지 소비자의 능동성만 강조하는 잘못에 빠질 수도 있다.

이렇게 볼 때 현대 소비 문화의 발달은 어느 한 요인만으로는 설명할 수 없으며, 생산과 소비의 여러 측면이 복합적으로 작용하면서 오랜 기간에 걸쳐 형성된 것으로 보는 것이 타당하다. 따라서 오늘날 우리가 직면하고 있는 소비 문화의 모습은 여러 세기에 걸쳐 다양한 요인의 영향을 받으면서 변화해 온 것으로 보아야 한다.

3. 현대 소비 문화의 특징

현대의 소비 문화는 끊임없이 확대 재생산을 요구하는 자본주의의 논리, 과시적 소비를 통해 계급간의 지위 경쟁에서 유리한 고지를 획득하고 유지하려는 여러 계급의 전략, 소외된 현실 속에서 별달리 진정한 자아 실현의 기회를 찾을 수 없는 사람들이 소비 활동에 몰두하게 되는 상황 등이 한데 어우러져 만들어 낸 결과이다. 때문에 현대 소비 문화에는 자연히 그러한 요인들의 작용이 반영된다. 이제 현대의 소비 문화가 갖는 특징에 대해 살펴보자.

자본주의 이전 사회에서 생산은 본질적으로 생산자가 직접 소비하기 위한 사용 가치의 생산이었다. 그리고 여기에서는 일과 놀이, 창조와 휴식이 분리되지 않았다. 교환 가치 위주의 상품 생산에 기초를 둔 시장 자본주의의 발전과 더불어 생산과 소비 사이의 그러한 통일은 깨지게 되었다. 자본주의 사회에서 '생산' 활동과 '소비' 활동은 분명히 구분된다. 근대 이후의 소비는 상품 소비라는 형태를 취하며, 시장을 통해 이루어진다. 즉 사람들은 일반적으로 오직 시장에서 소비자에게 팔기 위해 생산된 재화와 서비스를 소비한다. 따라서 소비 문화는 곧 자본주의 문화다.

자본주의 이전 사회에서는 누가, 무엇을 위해, 어떻게 생산했는가에 따라 생산물의 의미가 규정되었다. 즉 사람과 사물 사이에 구체적인 통일성이 존재했다. 그러나 자본주의 사회에서는 사람과 사물 사이의 그러한 유기적 통일성이 없다. 오직 교환 가치만을 위해 생산된 상품은 생산 과정에 대한 모든 정보가 사장된 추상적인 사물로서 시장에 등장한다. 따라서 상품에는 누가, 무엇을 위해, 어떤 조건에서, 어떤 방법으로 만들었는가 하는 내재적인 모든 의미가 사장되어 있다.

그러나 상품을 팔기 위해서는 그것이 소비자에게 어떤 사용 가치와 의미를 지닌 것인지를 알려야만 한다. 바로 여기에서 중요한 역할을 하는 것이 광고다. 광고는 자본주의 사회에서 본래의 의미와 사용 가치가 추상된 상품의 빈 공간을 의미로 채운다. 광고는 상품에 그럴듯한 포장과 이미지를 입혀 어떤 사용 가치와 의미의 제공을 약속하고, 사람들은 그것을 소비한다. 이때 상품은 물질적인 실체를 갖고 기능상 유용한 것으로서뿐만 아니라, 상징적인 의미를 갖는 문화적 재화로서도 소비된다. 더 극단적으로 말하면 생산과 소비가 분리된 자본주의 사회에서는 오히려 상품의 상징적이고 문화적인 차원이 물질적인 사용 가치 기능을 압도한다고 할 수 있다. 따라서 현대 자본주의 사회에서 소비 문화가 지닌 특색 가운데 하나는 우리가 우리의 고유하고 근원적인 욕망의 충족과 상관없이 교환 가치의 획득을 위해 생산된 상품을 유도된 욕망에 따라 끊임없이 소비한다는 것이다.

이윤 획득을 위해 시장을 통해 판매하는 상품을 소비함으로써 이루어지는 소비 문화는 자연히 상품의 생산과 판매를 규제하는 자본의 논리에 따라 그 성격이 일차적으로 규정되지 않을 수 없다. 그런데 이윤 극대화를 추구하는 자본주의 논리는 되도록 시장을 넓히는 데 유리한 상품을 생산하고 판매하려 한다. 이러한 자본의 논리에 가장 적합한 소비 유형은 개인적·사적·수동적이며, 소외된 유형이다. 현대의 소비 문화는 사회 관계의 차원에서 볼 때는 점차 개별화되고, 이용 가능성의 차원에서 볼 때는 점점 더 사적인 것으로 되어 간다. 오늘날 대중의 소비 활동은 점점 더 다른 사회 구성원과 떨어져 개인적으로 소비하는 것으로 되고, 그 내용도 참다운 삶을 위해서나 더 좋은 사회를 건설하기 위해서가 아니라 사적인 쾌락과 편안함을 위한 것으로 되고, 아무런 공적 의미도 없는 사적인 것으로 되어 간다. 또한 현대의 소비 문화는 참여 수준과 인간 활동의 차원에서는 점차 소외되고 수동적인 것으로 되어 간다. 자신이 하고 있는 일의 의미를 분명히 인식하고, 그것을 통해 능동적으로 자아를 실현하기보다는 주어지는 쾌락적 자극에 수동적으로 반응하는 소비 활동이 점점 더 확산되어 간다.

현대 소비 문화의 또 다른 특징은 지위를 위한 소비 또는 경쟁적 소비이다. 오늘날 사회적 정체성은 개인이 스스로 만들어 가야 한다. 왜냐하면 그것은 더 이상 옛날처럼 소속된 신분이나 집단에 따라 주어지거나 고정되어 있지 않기 때문이다. 이러한 상황 아래서 소비는 지위와 정체성을 확립하고 표현하는 데 결정적이다. 어떤 사람의 소비 양식은 그 사람의 사회적 지위를 전시하는 것으로 이해되며, 재화에 대한 그 사람의 열망은 더 높은 지위를 가진 집단의 소비 양식을 모방하려는 열망으로 이해된다. 재화는 그 의미 때문에 사회적 상향 이동, 사회적 구성원 의식, 사회적 배제 등을 위한 도구이다. 그 기본 성질은 구별짓기이다. 그런데 재화가 주로 상징으로서 작용하고, 모든 사람이 집단 내에서 다른 사람과 자신을 구분하거나 다른 집단 구성원과 자신을 구분하기 위해 재화를 사용한다면, 원칙적으로 소비에는 아무런 한계도 없다. 여기에서는 어떠한 소비도 궁극적인 것일 수 없다. 지위를 경쟁적으로 유지해야만 하기 때문에 지위를 유지하고자 하는 욕망은 완전히 충족될 수 없다. 따라서 여기에서는 생활 양식의 끊임없는 변화와 새로운 소비재 추구가 계속될 수밖에 없다.

새로운 소비재에 대한 지칠 줄 모르는 추구가 현대 소비 문화의 또 다른 특징이다. 현대 소비 문화를 이끄는 원동력은 결코 만족할 줄 모르는 쾌락주의적 욕망, 새로움과 변화에 대한 끊임없는 요구이다. 만족할 줄 모르는 무한한 욕망이 정상적인 것으로, 그리고 사회 경제적 질서와 진보를 위해 서도 본질적인 것으로 받아들여지는 것은 현대 소비 문화의 독특한 측면이 다. 자본의 논리에 따라서건 경쟁의 논리에 따라서건 일단 어떤 소비재를 구입하여 사용하게 되면, 그것은 그에 어울리는 또 다른 소비재의 구입과 사용을 강제하는 경향을 갖는다. 이에 따라 그에 어울리는 소비재를 구입 하게 되고, 그것이 또다시 다른 소비재를 구입하도록 유도하게 된다. 이러 한 과정을 통해 현대의 소비 문화는 결코 만족할 줄 모르는 끝없는 상승적 소비 운동으로 나타난다. 그 속에서 살아가는 현대인은 언제나 충만한 행 복감을 느끼지 못하고, 더 많은 소비가 약속하는 새로운 즐거움을 찾아 나 서게 되지만 또다시 실망하는 악순환을 계속할 뿐이다.

1970년대 초부터 등장한 포스트포디즘 체제에서는 앞서 서술한 현대 소 비 문화의 특징들이 한편으로는 강화되면서 다른 한편으로는 변형되기도 한다. 포스트포디즘 아래서 일어나는 가장 중요한 상품 형태의 변화는 탈 (脫)물질화라 부를 수 있다. 포스트포디즘 아래서는 비물질적 재화가 경제

가전 제품 지면 광고

와 소비에서 점점 더 큰 역할을 하게 되며, 물질적 상품에서조차 그것의 비물질적 구성 요소가 더 중요한 것으로 나타난다. 모든 상품에서 중시되는 것은 표면적인 이미지와 외관이다. 외관과 이미지 중심 상품의 미적 쇠퇴를 강화하고, 스타일 및 패션을 급격하게 교체함으로써 포스트포디즘은 소비의 순환을 가속화하고, 소비 욕구를 영속화한다. 그럼으로써 그것은 그 체제의 효과적인 재생산을 도모한다. 이러한 상황 아래서 현대의 소비 생활은 다양하고 급격하게 변화하는 이미지와 스타일 중심의 문화 상품을 소비한다는 특징을 두드러지게 나타낸다. 지금까지와는 비교할 수 없을 정도로 사회 전체에 침투한 매체 이미지의 영향 아래서 현대의 소비자는 더 이상 어떤 통일적인 목적을 추구하지 않고, 점점 더 표면적인 환상적 이미지를 소비하면서 분리된 서로 다른 순간 속에서 쾌락을 느끼며, 그것을 좋은 것으로 여기고 있다. 그런 의미에서 현대의 소비 문화는 깊이를 상실하고, 표면과 외관을 찬양하고, 파편화된 경험의 직접성·순간적임·강렬함 등을 추구하는 정신 분열적인 문화이다. 이는 조금이라도 낡은 것은 가치 없는 것으로 가차없이 폐기 처분하고, 끊임없이 새로운 것만을 추구하는 광란적인 질주의 문화라 할 수 있다.

이상과 같은 여러 특징을 갖고 있는 현대의 소비 문화를 한마디로 표현하자면, 그것은 곧 '소비의 문화'이다. 이 말은 정체성·희망·가치·의미 등 현대인의 삶의 모든 것이 각자가 하고 있는 일이나 맡은 역할과 같은 사회적 차원보다는 소비에 의해 규정된다는 것을 표현하고 있다. 이전에도 사람들은 여러 가지 생산물을 소비하며 살아왔다. 그러나 오늘날의 소비 문화라는 것은 그런 것을 가리키는 것이 아니라, 인간의 모습과 삶이 총체적으로 소비 생활에 의해 규정되고 있음을 가리키는 것이다. 그런 의미에서 오늘날의 문화는 총체적인 소비 문화라고 할 수 있다.

4. 소비 문화와 현대인의 주체성

인간의 주체성은 사회 문화 속에서 형성된다. 앞에서 우리는 현대 문화가
총체적으로 소비의 문화임을 보았다. 이제 그러한 문화 속에서 형성되는
현대인의 주체성은 어떠한 모습을 띠고 있으며, 그러한 주체가 어떻게 살
아가고 있는지 살펴보자.

개인의 자유 영역이 점점 더 확대될 것이라는 진보에 대한 근대인의 믿
음에도 불구하고 실제로 인간이 자유롭게 선택할 수 있는 영역은 여러 면
에서 오히려 축소되었다. 그 가운데서도 노동 영역은 다른 어떤 영역보다
도 더 자유가 축소되었다. 이전에는 가계를 중심으로 사적으로 이루어지던
생산 활동이 사회화됨으로써 대다수 사람들은 자신의 생산물과 생산 방식
에 대한 통제력을 상실하게 되었다. 생산 활동은 개인의 욕구나 의지와 상
관없이 자본가의 이윤 획득을 위해 행해져야만 하며, 이전에는 개인에게
욕구 충족의 수단뿐만 아니라 삶의 의미와 가치도 제공해 주던 공동체 조
직도 붕괴되어 버렸다.

이처럼 추구해야 할 가치와 의미를 상실하고, 소외된 노동 영역에서 만
족을 구할 수 없게 된 개인은 자신의 관심을 소비로 돌리게 된다. 개인은
소비 영역에서 상대적으로 더 큰 자유와 통제력을 행사할 수 있음을 발견
한다. 따라서 소비를 통해 삶의 의미와 만족을 구하려 한다. 이제 개인은
시장에서 판매되는 소비재를 구입하여 소비함으로써 욕구를 충족시키는
소비자로 규정된다. 우리가 어떤 목표와 가치를 어떤 방법으로 추구하는
어떤 사람인가는 이제 소비에 따라 규정된다. 소비 사회·소비 문화의 발달
과 더불어 현대인의 주체성은 점점 더 소비주의적으로 되어 가고, 삶 역시
점점 더 소비주의적으로 변화하고 있다. 그러므로 현대인의 주체성이 나타
내는 가장 뚜렷한 특징은 소비주의적인 것이라 할 수 있다. 소비가 우리의
지위·정체성의 수립 및 표현에서 결정적인 것으로 된다. 이제 자아는 소비
상품을 통해서 창조되고 유지된다. 또한 그와 같은 소비주의적 정체성으로

인해 현대인의 삶은 모든 문제를 상품의 구매와 소비로 해결하려는 소비주의적 삶의 방식을 취하게 된다. 이제 현대인은 삶의 모든 기쁨·사랑·정열·흥분 등을 상품의 소비를 통해서 체험하게 된다.

소비주의적 주체는 내적이고 윤리적인 가치나 인격적 특성이라는 관점에서 이해되는 자기 정체성 감각에서 벗어나 점점 더 소비 활동을 통해 드러나는 이미지·외관·스타일 중심의 자기 정체성 감각을 갖게 된다. 이러한 개인은 소비 생활 속에서 나타나는 선호·취향·스타일 등으로 자기를 인식하고 표현한다. 자본주의에 의해 형성된 거대 도시라는 상황도 이러한 이미지와 스타일 중심의 문화 상품의 소비 생활을 중요하게 만드는 배경으로 작용한다. 도시가 초래하는 불가피한 익명성은 사람으로 하여금 점점 더 사물이나 인간의 참다운 본질보다는 표면적인 이미지와 스타일에 집착하게 만든다. 이렇게 해서 결국 소비 자본주의의 동력학, 소비 문화의 영향력, 그리고 도시라는 생활 환경 등이 현대인으로 하여금 피상적인 인상과 이미지로 이루어진 자아상을 중시하고, 그에 집착하도록 만들고 있는 것이다. 이제 중요한 것은 훌륭한 인격이나 능력 또는 아름다운 마음씨가 아니라, 남에게 보이는 이미지이다. 이처럼 이미지를 중시하는 현대인은 타인에 비추어 자신을 잴 뿐 아니라, 타인의 눈을 통해 자신을 본다. 이러한 타자 지향적인 현대인의 주체성은 타자의 견해를 채택하고 내면화하여 구성되는 자아이다.

그런데 역설적이게도 끊임없이 타인의 시선에 매달리는 타자 지향적 자아는 동시에 자기에 집착하는 '자기 도취적 자아'이기도 하다. 소비 활동을 통해 드러나는 이미지와 스타일로 타인의 승인과 갈채를 받는 개인은 그러한 자신의 외관과 이미지에 도취된다. 그는 바깥 현실과의 객관적인 관계나 진정한 소통에는 관심이 없고, 오로지 타자의 선망의 대상이 되는 자신의 모습에만 극도로 몰두하고 집착할 뿐이다. 개인적 소비 이외의 다른 사회 영역에서는 무기력해진 현대인은 더 이상 자기가 어찌할 수 없다고 여기는 역사적이고 사회적인 문제에 대해서는 관심을 기울이지 않는다. 그

대신 사회·역사적 실천으로부터 물러나 순전히 개인적인 생존과 생활에만
전념하며, 현재의 순간적 쾌락을 추구하며 살아간다. 이러한 현대인의 모
습을 래쉬(Ch. Lasch)는 '자기 도취적 자아' 또는 '최소 자아'라 부른다.

　다른 어떤 것에 대해서도 무감각하고 무감동하면서 자기 자신에게만 사
로잡혀 있는 자아 도취적 주체는 오직 자신의 쾌락만을 추구하게 된다. 이
러한 주체는 인간적인 목표나 전망을 상실한 채, 현재의 순간적인 쾌락만
을 추구하는 쾌락주의적 삶의 양식을 좇는다. 그런데 근원적인 인생의 목
표나 가치와 같은 더 넓은 전망과의 연관을 상실한 채 추구하는 쾌락은 필
연적으로 순간적이고 파편적인 것일 수밖에 없다. 그러므로 현대의 쾌락주
의적 주체는 이상적 목표나 가치를 지속적으로 일관되게 추구하는 것이 아
니라, 감각적 경험이 주는 쾌락의 직접성·순간적임·강렬함을 좇아 끊임없
이 움직이는 파편화된 분열증적 주체가 된다.

　현대의 소비 사회·소비 문화의 발달, 그리고 그 속에서 형성되는 현대
인의 주체성과 삶의 양식에 대해 매우 긍정적으로 평가하는 사람도 있다.
이들은 소비주의적 주체성과 소비 문화를 자유로운 개인의 진정한 주체성
이자 그것을 제대로 실현할 수 있는 문화로 찬양하는 경향을 보인다. 이들
은 현대인에게서 나타나는 자아의 파편화마저도 이미지를 전환하고 다양
한 자아를 나타내는 능력이 점증하는 것이라고 매우 긍정적으로 평가한
다. 이들이 보기에 현대인은 다양한 소비재를 자유롭게 이용해서 각자의
자아 정체성을 구성하고 표현하는 '성찰적' 기획을 실현해 나가는 존재로
여겨진다.

　그러나 현대 소비 문화와 현대인의 주체성에 대해 긍정적으로 평가하는
그러한 관점에는 많은 문제점이 있다. 먼저 오늘날 개인의 욕망이 자율적
인 것이 아니라 타자에 의해, 사회의 압력에 의해, 광고·마케팅·미디어에
의해 규정될 수 있다는 점을 무시하고 있다. 현대 사회에서 소비자는 합리
적으로 욕망을 계산하고, 자율적으로 욕망을 추구하는 자라기보다는 욕망
의 노예라고 볼 수도 있다. 또한 소비자의 능동적이고 창조적인 소비 과정

을 지나치게 강조한 나머지 소비 문화의 생산·교환·분배를 규정하는 사회의 정치 경제학적인 힘도 간과하고 있다. 그런 관점에서는 소비자가 소비재를 능동적으로 사용하며 쾌락과 의미를 만들어 낸다는 사실을 일방적으로 찬양한 나머지, 소비를 통한 쾌락의 추구가 결국은 자본의 지배적인 헤게모니 구조를 유지하는 데 도움을 주는 것이 될 수도 있다는 사실을 도외시한다. 다양한 '라이프 스타일'을 추구한다는 것도 사실은 발달한 소비 자본주의의 상품 판매 전략에 의해 조장되고 강요된 것일 수 있다. 주로 어떤 것을 어떻게 소비하는가에 따라 달라지는 여러 가지 라이프 스타일 중에서 개인이 자유롭게 선택한다는 것도 사실 거시적으로 보면 창조적인 활동과 성취를 통해 자아를 실현하는 것이 아니라, 인생의 모든 문제를 상품의 구매와 소비로 해결하려는 소비주의적인 삶의 양식일 뿐이다.

5. 창조적인 삶을 위하여

소비 문화와 소비 생활 전체를 무조건 비난할 수는 없을 것이다. 소비가 인간의 능력을 증대시키며 진정한 인간의 욕구를 충족시키는 합리적 활동이며 삶을 고양하는 활동일 수도 있다. 그런 점에서 가치 있는 상품과 가치 없는 상품, 비인간적이고 물신화된 소비와 창조적이고 삶을 고양하는 소비를 구분할 필요가 있다. 그러나 다른 한편으로는 상품의 사용과 향유로서 '소비'와, 소비재의 소유와 사용에 전념하는 삶의 방식으로서 '소비주의'도 구분해야 한다. 삶의 방식으로서 소비주의는 상품 물신성의 희생물일 뿐이다.

오늘날 많은 사람은 자신이 자유롭게 선택해 나가면서 생활을 영위하고 있다고 여길지 모른다. 그런데 실제로 시장 자본주의라는 현 상황에서 우리가 진정으로 선택할 수 있는 것은 매우 적다. 우리는 단지 시장에 내놓은 여러 소비재 중에서 선택할 수 있을 뿐, 소비주의와 다른 삶의 방식을 선택하기란 어렵다. 우리에게는 상품의 소비를 통한 욕망 충족이라는 제한된 삶의 양식만 허용되고 있을 뿐이다. 무한히 열려 있다는 소비의 선택 기회라는 것도 기껏해야 스타일과 취향의 사소한 변화를 가져올 뿐, 근원적인 삶의 모습을 바꾸지는 못한다. 근원적으로 서로 다른 가치와 의미를 지향하는 것이 아니라, 표면적인 생활 양식의 차이로 삶을 구별짓는다는 것은 아주 사소한 것이다. 소비 문화 속에서 현대인은 나름대로 더 가치 있고 의미 있다고 여기는 것을 '실천'을 통해서 성취하는 것이 아니라, 다양한 소비 용품을 '소비'함으로써 타인과 다르거나 비슷한 삶을 영위하고자 한다.

소비 문화는 인간을 해방하고 발전시키는 것이 아니라, 오히려 물질적 재화를 생산·교환하는 논리에 인간을 종속시킨다. 소비 문화는 개인 발전의 논리를 실현하는 것이 아니라, 상품 생산 논리에 따라 전개되고 있다. 이런 상황에서 소비자는 진정으로 바람직한 생활에서 오는 만족을 얻는 것이 아니라, 상대적인 부와 그로부터 생기는 만족감에 사로잡힌다. 그러므로 소비 문화는 끊임없이 더 많은 욕구를 만들어 내고, 개인을 영원히 만족할 줄 모르는 욕망의 구렁텅이 속으로 밀어 넣는다. 소비 사회·소비 문화 속에서 개인은 점점 더 오직 자신의 욕망을 충족하고 이익을 얻는 데만 관심을 쏟는다.

이전에 사회를 결속시키고, 그 속에서 개인에게 지위를 부여해 주었던 사회적 유대와 가치는 붕괴되었다. 그 자리에 대신 들어선 소비 문화는 사회의 안정이나 개인의 정체성을 보증해 주지도 못하고, 새로운 가치도 제공하지 않는다. 사실 근대 자본주의가 성립한 이후 개인은 무한정한 이윤 획득, 무한 경쟁에서의 승리, 자연과 타인에 대한 완전한 지배 등을 추구해 왔다. 그러나 이는 진정으로 가치 있고 의미 있고 보람 있는 일을 성취하고, 서로 돕고 사랑함으로써 인간다운 삶을 영위해 나가려는 주체적 삶과 거리가 먼 것이었다. 오늘날에는 엄청나게 발달한 소비 자본주의가 모든 인생의 문제를 소비 용품의 선택과 소비 문제로 바꾸도록 유도함으로써 더욱 더 진정한 인간적인 주체성의 정립과 실현을 어렵게 만들고 있다.

그러나 이러한 소비 자본주의의 논리가 현대인을 그 체제에 완전히 통합시킬 수는 없다. 왜냐하면 현대 자본주의 사회에는 빈부 격차나 실업을 비롯한 많은 경제적 모순, 생태계의 파괴, 근원적인 인간적 욕망을 채우지 못하는 데서 오는 허무함 등과 같은 수많은 문제가 여전히 존재하고 있기 때문이다. 그러한 문제들은 소비 문화가 결코 인간의 근원적인 욕망을 충족시켜 주지 못한다는 사실을 잘 드러내고 있다. 소비 문화는 개인에게 일정 수준의 물질 생활에서 오는 만족감을 줄지는 모르나, 진정한 삶의 의미나 가치는 제공해 주지 못하며, 오히려 그것을 훼손시키고 있다.

그래서인지 오늘날 많은 사람들이 주체성 및 삶의 양식에 대해 근본적인 변화가 필요하다고 절감하고 있다. 근본적인 변화는 다음과 같은 사회적 실천을 필요로 할 것이다. 즉 소비 문화로 형성된 소비주의적 주체로부터 벗어나는 것, 경쟁적인 소비를 부추기는 술책으로 착취 구조를 은폐하는 지배 전략으로부터 벗어나 사회의 착취 구조를 타파하는 것, 소비 중심적인 것이 아니라 생산적 활동을 통해서 삶의 보람을 찾는 것, 그리고 경쟁이 아니라 상생(相生)의 길을 추구하는 것 등등.

해방을 위한 진정한 실천은 소비적인 삶의 양식 자체에 저항하여 상품 소비가 아니라 무엇인가를 창조하고 생산해 내는 데서 인생의 의미와 기쁨을 찾는 일, 이용 가능한 자원을 사용해서 대안 문화 형식을 창출·교환하는 일이 될 것이다. 그리고 그러한 실천은 지배적 헤게모니를 확산시키는 상품을 생산·유포하여 소비적인 삶을 부추기고 삶의 양식을 고착시키는 거대한 정경제적 지배 구조를 변혁하고자 하는 정치적 실천과 결합되어야만 할 것이다.

■ 주제어

자본주의 사회, 대량 생산, 대량 소비, 대중 문화, 소비 문화, 경쟁적 소비, 현대인의 주체성, 창조적인 삶

■ 용어 해설

아비투스(habitus) 프랑스의 사회학자 부르디외가 사용한 사회학 용어. 이 말은 원래 '교육 같은 것에 의해 영향을 받을 수 있는 심리적 성향'을 가리키는 것이었으나, 부르디외는 사회 구조와 개인 행위 사이의 인식론적 단절을 극복하는 매개적 메커니즘으로 파악한다. 그가 말하는 아비투스는 인간 속에 심어진 특별한 실천을 낳는 일련의 지속적인 습성과 성향을 의미하는 개념이다. 인간은 자신 속에 내재화된 구조적 성향에 따라 행위하며, 그 때문에 인간의 행위는 반드시 의식적으로 지향하지 않아도 통일되고 조화될 수 있으며, 그럼으로써 사회적인 관계들이 재생산되고 유지될 수 있다. 그러므로 아비투스는 그것에 의해 사회적 구조들이 인간의 실천을 통해 일상의 사회적 활동 속에 구현되는 메커니즘이다. 이러한 아비투스 개념을 이용해서 부르디외는 결정론적 객관주의와 우연론적 주관주의 모두를 피해갈 수 있는 사회적 실천 이론을 구성하려 하였다.

■ 생각해 볼 문제

1) 현대 사회는 자본주의 사회이다. 자본주의 사회에서 경제 활동의 중요한 두 축은 생산과 소비이다. 그런데 소비가 위축되면 생산은 줄어들어 그만큼 국가 경제의 경쟁력은 떨어진다. 그래서 '소비는 미덕'이라는 구호 아래 소비가 권장되는 것이다. 이런 측면에서 상류 계층의 과도한 소비 행위는 오히려 국민 경제에 활력을 가져다주는 것은 아닌가? 소비/바람직한 소비/과도한 소비 등에 대해 생각해 보자.

2) 현대 소비 문화의 특징에는 여러 가지가 있다. 그 중 세 가지 정도를 들고, 그 적절한 사례를 제시하여 더 심도 있게 논의해 보자.

3) 현대 소비 사회와 소비 문화의 발달 및 그 속에서 형성되는 현대인의 주체성과 삶의 양식에 대해서 두 가지 상반되는 평가가 있다. 즉 긍정적 평가를 내리는 사람은 현대인이 다양한 소비 행위를 통하여 자기 자신 속에 있는 다양한 자아를 발견함으로써 오히려 개인을 더욱 성숙시킨다고 보는 반

면, 부정적 평가를 내리는 사람은 현대인이 개인적 소비 이외의 다른 어떤 것에 대해서도 무감각하고 무감동하면서 자기 자신에게만 사로잡혀 있는 '자기 도취적 자아'를 형성한다고 본다. 이러한 상반된 견해를 평가해 보고, 자신이 생각하는 소비 문화와 주체의 바람직한 관계는 어떤 것인지 논의해 보자.

4) 현대 소비 문화에서 형성된 현대인의 주체성과 삶의 양식이 갖는 특징과 진정으로 인간다운 삶과 소비 문화의 관계를 생각해 보자.

■ 참고 문헌

▶ 데이비드 하비, 『포스트모더니티의 조건』, 구동회 외 옮김, 한울, 1994.
모더니티가 무엇인가에 대한 질문과 명확한 답변도 없이 무작정 포스트모더니즘이 유행하던 때가 있었다. 현실 사회주의 해체 이후 타격을 받은 얼치기 마르크시즘 추종자들이 무차별적으로 포스트모더니즘을 들고 나왔을 때, 하비는 자본주의의 흐름에 따른 문화·생산 과정으로서 모더니티를 분석함으로써 우리를 혼란스럽게 만들었던 포스트모더니티를 명쾌하게 해부하고 있다. 시간과 공간의 압축 과정을 통해 모더니티를 분석한 점은 탁월하다. 특히 20세기 후반의 자본주의의 정치·경제적 변모에 대한 분석은 압권이라 할 수 있다. 포스트모더니즘을 알기 위해서는 이 책을 통해 모더니티에 대해 먼저 알아보는 것이 좋다.

▶ G. 매크래켄, 『문화와 소비』, 이상률 옮김, 문예출판사, 1996.
이 책은 소비재의 문화적·상징적 속성을 체계적으로 탐구한다. 소비재들은 문화적인 의미로 차 있다. 소비자들은 문화적인 범주와 원리를 표현하고, 이상을 구하고, 라이프스타일을 창출해서 유지하고, 자신에 대한 관념을 구성하며, 사회 변화를 만들어 내기 위해서 소비재의 의미를 이용한다. 이 책은 이러한 소비 활동에 대한 훌륭한 설명을 제공한다.

▶ S. 유웬, 『이미지는 모든 것을 삼킨다』, 백지숙 옮김, 시각과 언어, 1996.
오늘날에는 스타일과 이미지가 사회 정치 경제적 삶과 복잡하게 연결되어 있다. 이제는 스타일과 이미지의 생산과 마케팅이 거의 모든 사람의 삶과 상상력을 건드리는 전면적인 것이 되었다. 이 책은 모든 것이 스타일과 이미지로 드러나는 현대 사회의 본질을 예리하게 통찰하고 있다.

▶ 스튜어트 유웬,『광고와 대중소비문화』, 최현철 옮김, 나남, 1998.
저자는 자본주의 사회에서 광고의 본질과 역할에 대해서 비판적 관점에서 접근하고 있다. 이 책은 산업화 과정 속에서 나타난 사회 통제의 위기를 해소하기 위해 광고가 어떻게 이용되었고, 그 결과 대중 소비 문화가 어떻게 형성되었는가를 1920년대 미국의 사례를 중심으로 분석하고 있다. 특히 소비주의라는 새로운 세계관의 탄생과 함께 거대해져 가는 광고 시장을 집중적으로 분석하고 있다.

▶ 피에르 부르디외,『구별짓기』, 최종철 옮김, 새물결, 1995.
다양한 사회적 장들에 속해 있으면서 다양한 자본을 소유하고 서로 다른 아비투스를 체득해 생활하는 인간과 인간 집단 사이에서 핵심적인 문제는 최대한의 지배를 획득하고, 획득한 지배를 계속 유지하고 확대 재생산하는 것이다. 그런데 어떤 계급 구성원들의 취향은 계급의 지표이자 계급을 구분함으로써 지배를 재생산하는 지배의 한 방식이 되기도 한다. 그러므로 각종 문화 상품과 상징재의 의미를 둘러싼 취향들의 싸움은 중요한 사회적 투쟁 방식이다. 부르디외의 이 책은 사회 집단들 사이에서 벌어지는 취향들의 싸움을 실증적으로 자세히 분석한다.

▶ 하우크,『상품미학비판』, 김문환 옮김, 이론과실천, 1991.
하우크는 독일 철학·마르크스주의·프로이트·브레히트 등의 사상을 창의적으로 종합하고 있다는 평가를 받고 있는 독일의 현대 철학자이다. 호르크하이머와 아도르노가 처음으로 제기했던 자본주의 상품 생산의 현대적 형식, 인간 욕구의 구조, 그리고 감성의 변화 등을 주로 다루고 있다. 상품 생산이 광고나 디자인에서처럼 미적인 차원을 통합해 가는 상황에서 현대 소비 사회의 '감성적 인식'을 다루고 있는 이 저작은 현대 미학의 주요한 업적 중의 하나로 손꼽히고 있다.

제10장 정보·통신 문화와 주체적 삶

1. 접속의 시대

접속의 시대(The Age of Access). 이는 리프킨(J. Rifkin)이 자신의 최근 저작에 붙인 제목이다.

데카르트 철학의 제1원리인 '나는 생각한다. 고로 존재한다'라는 명제는 우리에게 주체-객체·인간-자연·정신-물질·마음-몸을 분리시켜 세계를 파악하게 함으로써 근대 과학·기술을 발전시킬 수 있는 철학적 기초를 마련해 주었다. 그 과학·기술이 오늘날 놀라울 정도로 노동의 편리와 물질적 풍요를 가져다 주었다.

그러나 그 편리함과 풍요로움은 부정태(否定態)로서 많은 문제점을 낳았다. 물질 생활은 정신 생활에 영향을 미치게 마련인데, 근대 과학·기술에 힘입어 발전한 자본주의는 인간 삶의 방식은 물론 인격도 변화시켰다. 프롬(E. Fromm)은 오늘날에 이르기까지의 자본주의의 가공할 위력을 역사적으로 검토하고서 변화된 인격을 다음과 같이 규정하였다. 저장 지향형·착취 지향형·시장 지향형·소비 지향형이 그것이다. 긍정적 의미를 내포하고 있지 않은 이를 '나는 소유(또는 소비)한다. 고로 존재한다'는 명제로 압축할 수 있다.

이 명제 또한 운명의 '갈림길'에 서 있다. 지금은 '나는 접속한다. 고로 존재한다'라는 새로운 명제가 떠오르고 있다. 데카르트의 명제를 모방한

이 명제는 3년 전 국내 어느 신문의 21세기 특별 기획 기사의 표제로 실린 것이다.

그해 3월 『뉴욕 타임스』에 게재되었던 IBM의 인터넷 비즈니스 광고 사진은 면사포를 두른 신부가 결혼식장에 나가기 직전에 인터넷에 '접속'하고 있는 장면을 담고 있다.

C&C 시대, 즉 고성능 컴퓨터와 원거리 커뮤니케이션 시대에 태어나 인터넷 문화의 주역이 되고 있는 N세대 주인공 '테크노 키드(techno-kid)'는 잠에서 깨면 부모에게 인사하기보다는 "컴, 안녕! 잘 잤니?"라는 인사로 하루를 시작하고, "나는 친구보다 컴퓨터가 더 좋아요"라며 온종일 게임을 즐긴다는 이야기도 이제 과거사가 되어 버렸다.

영국의 한 소년이 혼자 사는 호주의 할머니와 인터넷을 통해 전자우편을 주고받았는데 언제부터인가 할머니의 회신이 끊어졌다. 계속 회답이 없자, 소년은 호주의 한 경찰서에 이 사실을 알렸다. 경찰이 그 할머니 집에 가 보니, 아무도 돌보는 이 없는 할머니가 며칠째 정신을 잃고 사경을 헤매고 있었던 것이다. '위대한 접속'이 한 생명을 구한 셈이다.

프랑스의 어떤 독신녀는 한 달의 약 70%에 해당하는 시간을 통신을 하며 보냈는데, 접속료가 월 1000만 원 정도 들었다는 이야기도 있고, 미국의 한 젊은 주부는 하루 6~12시간 인터넷에 몰두한 나머지 어린 자녀 3명을 지저분한 방에 방치한 혐의로 구속되었다는 이야기도 있다.

이런 일화는 수없이 많을 것이다. 가히 '접속의 시대'라 할 만하다. 그러면 우리 실정은 어떠한가?

우리 사회는 접속 시대의 선두주자라 할 만하다. 정보·통신 관련 정부 기구나 공신력 있는 국내외 민간 기관에서 내놓은 각종 통계 자료가 이를 입증한다. 그 중에서 현재 세계 1위를 차지하고 있는 종목 몇 가지를 소개한다. 인터넷 이용자의 한 달 평균 인터넷 사용 시간(17시간 2분 / 2001년 5월 한 달 통계), 10대의 인터넷 접속률(41.63% / 2001년 5월 2일 발표), 인터넷 사용자의 초고속 인터넷 가입률(57.3%), 인터넷 이용자 중 온라인 게임 서비스 이용률(54.1%) 및 음성·동영상 서비스 이용률(73.9% / 이상 2001년 4월 3일 발표), 가정에서 금융 사이트에 접속하는 비율(접속자 520만 중 49.7% / 2001년 1월 한 달 통계) 등이다. 전국 초·중·고등 학교에 인터넷을 연결한 이른바 '온라인 교실'도 세계 최초로 만들었다(2001년 4월 20일). 2001년 5월 말 현재 초·중·고등 학교의 개인용 컴퓨터 보급률이 1대당 8명인데, 2005년까지 교육 정보화를 위해 3조 원을 투자하면 1대당 5명이 되어 이 역시 세계 최고의 수준이 될 것이라 한다. 다른 나라에서 가만히 있을 경우에 말이다. 이상과 같은 자료를 한국인의 노동 시간이 세계에서 가장 긴 주 평균 55.1시간이라는 사실과 어떻게 연결해서 이해해야 할 것인가는 뒤에서 다룰 것이다.

이밖에 다른 지표나 자료도 있다. 국내 전체 가구의 75.8%에 해당하는 1,085만 가구에서 개인용 컴퓨터를, 그 중 11.2%가 노트북을 사용하고 있다(2001년 5월 21일 현재). 이동 전화 가입자 수 2,700여만 명(2001년 7월 말 현재), 인터넷 가입자 수 2,223만 명, 초고속 인터넷 가입자 수 625만 명 그리고 인터넷 뱅킹 이용자 수는 743만 명(이상 2001년 6월 말 현재)에 달한다. 산업 차원에서도 2001년 인터넷 관련 산업의 총 매출액이 정부 예산의 절반에 가까운 56조 원, 전자 상거래 액수가 30조 원에 이를 것으로 추정하고 있다. 또한 ○○전자가 세계 디램(D-RAM) 시장 점유율 1위를 기록한 적도 있고(2000년), 부산시에서는 세계 최초로 상용화한 스마트 카드로 디지털 부산 카드를 발급하기도 했다(2001년 7월 13일).

이상과 같은 통계 수치가 추상적이어서 실감이 나지 않는다면, 접속 시대임을 직접 느낄 수 있는 구체적인 예를 들어 보자. 인터넷 쇼핑, 인터넷 뱅킹, 인터넷 증권 거래, 전자 수표·어음 제도, 전자 화폐 등장, 인터넷 계좌 통합, 실시간 인터넷 경매, 휴대전화 요금 인하 시비, 이동 통신 기기의 발신자 전화 번호 표시 시스템 사용료 논란, 클릭 노동자·미팅 호스트·사이버 자키·피라미드 프로모터 등 사이버 이색 직업 등장, 불법 광고 메일인 스팸 메일 극성 등과 같은 상업적 차원의 예를 들 수 있다.

그리고 전자 정부 건설, 남북 IT 합작, 인터넷 등 정보·통신 기기를 이용한 관공서·민원 업무 처리, 사이버 대학 설립, 진보 네트워크에 대한 불온 공방, 인터넷 내용 등급제·온라인 시위 금지·전자 건강 카드 도입 등과 관련한 민–관 사이의 시비, 소프트웨어 불법 복제, 신용 회사의 개인 정보 유출, 사이버 마초(macho)의 성폭력, 인터넷 스토킹, 자살·엽기·노예·패륜·폭탄·격투·자퇴·표절 사이트 범람, 범죄의 표적이 된 고교생 해커 사건, 어느 미술 교사의 누드 사진 인터넷 게재, 인터넷 게임 요금과 관련된 각종 청소년 (범죄) 사건 등과 같은 사회적 차원의 예를 들 수 있다.

또한 이리듐 위성 망을 이용한 사막·밀림용 인터넷 상용화, 인터넷 가전 제품 출시를 통한 홈 네트워크 시대 개막, 생체 인식 시스템의 상용화, 휴대전화 건강 진단, 로봇 주부 출현, 전자 군복 도입, 안방극장 출현, 사이버 연예인(캐릭터·가수·배우) 출연, 휴대전화를 이용한 각종 모바일 게임 출시, 폰 페이지 붐 등과 같은 기술적·문화적 차원의 예 등 이루 말할 수 없이 많다.

심지어 식목일에 '사이버 나무 심기' 행사를 하는 국내 사이트가 있는가 하면, 최근 미국에서는 고양이를 위한 게임이 개발·시판되고 있다는 보도도 있다. 곧 앵무새를 위한 게임도 만든단다. 실로 접속의 시대임에 틀림없다.

2. 정보·통신 문화를 보는 시각

최근 들어 일상적으로 사용하고 있는 정보·통신 문화나 정보 사회 등의 용어는 사실 그 의미가 명확한 것은 아니다. 정보나 통신 그리고 이를 운용하는 사회적 메커니즘은 과거에도 있었다. 현대 사회·문화를 정보 사회나 정보·통신 문화라 부르는 것은 양적·질적 차원에서 정보나 통신이 지닌 중요성이 증대되었다는 사실을 반영한 것이다. 달리 말해 그런 용어를 사용하는 것이 '정보 사회'나 '정보·통신 문화'라는 전혀 새로운 사회나 문화가 등장했다는 것을 말하는 것이 아니라, 고도로 발달한 정보·통신 기술을 통하여 자본주의 사회가 변형되어 가고 있다는 점을 나타내고 있다고 보아야 할 것이다. 요컨대 그런 개념은 변형된 자본주의 체제를 구성하는 하나의 '하위 체계'로 보는 것이 타당하다. 현대 자본주의를 '디지털 자본주의'라 부르기도 하는데, 이는 바로 그러한 점을 염두에 둔 것으로 보인다.

오늘날 정보·통신 문화의 출현과 확산은 극소 전자 공학과 원거리 커뮤니케이션 기술의 발달을 통해 이루어졌다. C&C 혁명, 외팅거(Anthony Oettinger)의 '컴퓨니케이션(compunication)', 노라(Simon Nora)와 밍크(Alain Minc)의 '텔리마티크(télématique)' 등과 같은 용어도 그 점을 반영하고 있다. 입장의 차이에 따라 디지털 기술(효율성)과 원거리 통신 기술(권력 관계) 중 어느 한쪽을 더 강조하는 견해 차이를 보이기도 하지만, 두 가지 기술이나 그 운용 체계는 실제로 하나의 복합체요, 점차 하나로 통합되어 가는 경향을 뚜렷이 보이고 있다.

이상과 같은 점을 고려하면, '정보·통신 문화'는 변형된 현대 자본주의 체제 아래서 위의 두 가지 기술을 이용하여 형성·발전된 문화 현상 및 체계라고 할 수 있다. 그리고 그 구체적인 내용을 구성하는 것은 비트와 네트로 이루어진 다양한 정보·통신 상품과 그 이용이라 할 수 있다.

그런데 그런 개념 정의보다 훨씬 더 중요한 것은 정보·통신 문화에 대한 접근의 차원 문제이다. 즉 정치 경제학적·사회적·문화적·인간학적 접근 등이다. 그 중에서도 특히 정치 경제학적 접근이 중요한데, 그 이유는 다음과 같다. 첫째, 앞서 언급한 대로 정보·통신 문화는 자본주의 체제라는 큰 틀 속에서 전개되고 있다는 점 때문이다. 둘째, 인식과 실천에서 균형 있는 접근이 필요하다고 보기 때문이다. 구체적으로 말해서 외국에 비해 국내의 문제 접근이 정치 경제학적 측면은 간과한 채 단지 기술적·실용적 차원에서 긍정적·낙관적 경향을 띠고 있다는 점 때문이다. 그와 같은 이론적·실천적 편향은 반성과 비판의 기회를 빼앗아 발전을 저해한다.

그뿐만 아니라 학문 분야별로 다양하게 접근하는 것도 중요하다. 매스컴 이론·컴퓨터 철학(존재론·인식론·윤리학)·컴퓨터 심리학·정보 사회학·문화 이론 등 정보·통신 관련 새로운 분과의 스펙트럼을 통해 다각도로 조명해 보는 것도 필요하다. 더욱이 정보·통신 문화 체계에서 문화 상품을 생산·유통·소비하는 메커니즘을 제공하는 것이 정보·통신 체계라는 점을 감안하여, 다시 말해 정보·통신 체계와 문화 산업 체계가 융합해 가고 있는 추세를 고려하여 문화 경제론 또는 문화 산업 이론도 반드시 함께 다루어야 한다.

이상과 같은 점을 전제로 할 때, 가장 중요한 문제는 엄연한 현실로 다가온 정보·통신 문화를 어떤 시각에서 채택·확산하느냐 하는 점이다. 시각에 따라 서로 다른 분석과 전망을 내놓을 수 있기 때문이다.

예컨대 컴퓨터 마니아는 정보·통신 문화를 적극 예찬하는 데 반해, 문화 자본 중의 하나인 컴퓨터 사용 능력(computer literacy)이 뒤떨어진 구세대는 이에 대해 소극적이고 부정적 태도를 취할 것이다.

또 다른 예를 보자. 디지털 기기에 많이 의존하는 사람일수록 건망증이 심하다는 보고가 최근에 발표된 적이 있다. 그와 같은 '과학·기술에 따른 건망증'에 대해 "인간은 기억을 머릿속에서 전달되는 어떤 것으로 보아 왔으나, 지금은 외부 장치에 저장된 데이터도 하나의 기억으로 보아야 하는 상황"이라며 기술 의존을 '인간과 기계의 진정한 결합'이라고 예찬하는 견해가 있다. 반면에 인간-기계의 결합을 인간 소외로 보고, 기계로 인한 인간 능력의 저하를 부정적으로 보는 견해도 있다.

시각 차이가 앞의 예보다 더 심각한 문제가 되는 경우도 있다. 앞에서 리프킨의 저술 『접속의 시대』를 소개한 바 있는데, 그 요지는 다음과 같다. 즉 접속(접근)의 시대에 접어들면서 과거의 소유·시장·소유권 등이 각각 접속·네트워크·접속권(이용권) 등으로 대체되었다는 것이다. 이 점에서 접속의 시대가 '소유의 종말'을 가져왔다고 본다. 그런데 이를 두고 '나는 소유한다. 고로 존재한다'라는 명제가 완전히 폐기되었다고 본다면, 이는 아주 순진한 생각이다. 그래서 리프킨은 다음과 같은 사실을 지적하는 것을 빠뜨리지 않고 있다. 즉 소비자(개인)에게는 이제 소유가 짐이 될지 모르나, 자본가에게는 여전히 소유가 중요하다는 점이다. 자본은 하드웨어·펌웨어·소프트웨어·브레인웨어·인텐츠웨어 등을 독점하기 위해 그 어느 때보다 초국가적·국내적 기업 합병이나 전략적 제휴를 더 열심히 하고 있는 실정이다. 기득권을 유지하고자 하는 자본 중심의 기존 문화와 그로부터 벗어나고자 하는 시민 사회 중심의 인터넷 문화가 충돌하는 것도 바로 이 때문이다. 요컨대 정보·통신 문화를 대할 때, 그 주체가 누구이며 어떤 시각에서 접근하느냐 하는 것은 매우 중요하다.

정보·통신 문화에 대한 시각은, 한편으로는 정보를 처리·축적하는 기술 자체가 가져다주는 효율성을, 다른 한편으로는 정보를 생산하고, 이를 유통·교환하는 사회적 메커니즘 속에 포함되어 있는 지배 구조와 이데올로기를 각기 그 중심 축으로 하여 나누어진다.

전자는 정보·통신 기술의 놀라운 기능과 현실 적용을 미증유의 혁명으로 보면서 사회 구성체가 정보 사회로 변화되었다고 단정하고, 정보 유토피아를 강변한다. 정보 예찬론자가 선전하는 유토피아의 목록은 다음과 같다.

첫째, 커뮤니케이션이 이전의 수직적·일방향적 관계에서 수평적·쌍방향적 관계로 변해 가고 있다는 점을 강조한다. 이러한 변화 양상을 수렴 모델이라 부른다. 그리고 그러한 상호 행동의 '양적' 증대를 정치 과정의 발전으로 이해하여 그로부터 발빠르게 전자 민주주의(원격·모뎀·인터넷·키패드·푸시 버튼·참여·반직접·준유토피아적 민주주의, 사이버 아고라) 또는 전자 공화국이라는 체제 신화를 창출한다.

둘째, 정보·통신 기술이 상호 행동의 증대와 함께 탈대중화 현상을 초래할 것이라고 낙관한다. 이로 인해 대중 사회에서 조작되고 수동적으로 된 대중이 정보 사회에서는 개인화되어 능동적으로 정보·통신을 '통제'할 수 있다고 본다. 나아가 탈대중화가 다원주의의 발전을 가져올 것이라고 예견한다.

셋째, 새로운 기술이 커뮤니케이션에서 과거의 시간적·공간적 한계를 극복할 수 있게 해주기 때문에 맥루한(M. McLuhan)이 말한 '지구촌'이 실현될 수 있다고 본다. 새로운 기술을 통한 시간적 한계의 극복은 커뮤니케이션에서 비동시성의 확보를 의미한다. 요컨대 시공간적 한계를 극복한 구체적 효과는 정보 수용의 편리함과 신속함, 정보량의 증대, 비용 절감, 노동력의 절감, 접근 영역의 확대 등으로 본다.

넷째, 정보 사회는 자동화를 통해 노동을 편리하게 하고, 노동으로부터 부분적인 해방과 생산성 향상을 가져올 것이다. 그 결과 여가(또는 놀이) 시간이 늘어나고, 그 내용도 다양해지고 풍부해짐으로써 삶의 질을 개선할 수 있다고 본다.

다섯째, 개인은 디지털 전자 테크놀로지가 지닌 고도의 기능을 이용하여 자신의 감성·구성력·상상력 등을 발달시키고, 현실에서는 실현할 수 없는 욕구를 사이버 공간에서 충족함으로써 이른바 '인간의 확장(extensions of man)'에 기여할 것이라고 예측한다.

이와 달리 후자는 정보·통신 기술의 사회적 성격과 그 사회적 적용에 따른 부정적 측면을 분석·비판한다. 이 입장은 오늘날의 전 지구적 정보·통신 체제를 사이버네틱 자본주의 체제로 파악하고, 이 변형된 자본주의 체제가 다른 유형의 사회적 불평등 관계를 낳고, 생활 세계를 식민지화하는 새로운 지배와 종속 구조를 산출한다고 본다. 그 핵심 내용은 다음과 같다.

첫째, 자본의 논리에 따라 점차 사유화되어 가는 오늘날의 정보 질서는 정보·통신을 상품화함으로써 기존 사회를 오직 돈을 지불해야 정보·통신 문화를 향유할 수 있는 '페이퍼 사회(pay-per society)'로 개조하여, 그런 상품을 구매할 수 있는 사람이 더욱 더 많은 정보를 소유하고 문화적 삶을 누릴 수 있게 하는 '정보의 부익부 빈익빈' 현상, 즉 정보·통신의 '마태 효과(Matthew effect)'를 창출한다.

둘째, 자본은 정보와 지식을 독점하고, 정보·통신 기술을 통해 노동 통제를 강화하고 생산성 향상을 도모함으로써 자본의 논리를 철저히 관철시킨다. 그런 반면 사회적 목표나 요구를 충족시키기보다는 '기술적 강제'를 통해 새로운 시장을 개척하는 데만 몰두한 나머지 복지와 공평성을 축소시킨다.

셋째, 전자망 사회(wired society)는 노동자나 소비자의 욕구·기호·행동 등을 조사·분석·분류하여 판옵티콘(panopticon) 식으로 감시·통제한다.

넷째, 새로운 정보·통신 기술에 대한 능력 개발의 기회가 불균등하며, 디지털 테크놀로지가 제공하는 미디어 환상으로 인해 정보·통신 문화 수용자로 하여금 현실을 정확하게 인식하지 못하게 한다.

다섯째, 오늘날의 세계 정보·통신 질서는 정보 데이터와 데이터 베이스의 역조 현상, 하드웨어·소프트웨어·브레인웨어 등 기술 전반의 집중화, 기술 모델링의 국제화·표준화, 세계 경제 질서의 재편, 자본 집중 등을 통하여 중심-주변 간의 지배-종속 관계를 심화시키고 있다. 이러한 관계는 문화 영역으로도 전이되고 있다.

3. 기술-문화 연관 그리고 주체

그러면 그와 같은 시각의 차이는 왜 생기는 것일까? 그것은 기술, 특히 테크놀로지에 대한 관점의 차이에서 비롯된다고 볼 수 있다. 테크놀로지란 기술과 기술을 운용하는 과정이나 메커니즘 모두를 가리킨다. 그런 점에서 테크놀로지는 역사적·사회적인 것이다. 따라서 기술은 사회의 여러 부문과 상호 관련되어 있다. 기술과 문화의 관계도 마찬가지여서 양자는 상호 의존적이고 서로 침투하며, 상호 규정한다. 이를 '기술-문화 연관'이라 한다.

앞에서 자세히 다룬 두 가지 대립적인 시각 중 전자를 정보·통신 예찬론, 후자를 비판론이라 하자. 먼저 예찬론은 대체로 기술을 가치 중립적인 것으로 간주한다. 그리고 기술 발전의 자율성·우연성을 전제로 한다. 그러므로 특정 기술의 출현 배경, 기술의 사회적 적용 과정이나 의미 등에 대해서는 간과하거나 무시한 채 단지 기술이 가져다주는 효율성이나 실용성만을 강조한다. 요컨대 인간이 어떻게 기술을 선용하느냐, 악용하느냐라는 문제가 관건이 된다고 본다.

이와 달리 정보·통신 문화 비판론은 기술 출현이나 테크놀로지의 성립 배경과 역사적·사회적 조건을 문제삼고, 그것을 통제하는 주체가 누구이며, 기술의 현실 적용이 누구를 위한 것이며, 테크놀로지의 구체적인 현실적 효과가 무엇인지 등에 대해 비판적으로 검토하고자 한다.

고도의 정보·통신 기술의 출현과 발달은 자본주의의 변화 과정과 관계가 깊다. 내적 모순에 처한 자본주의 체제가 존속을 위해, 즉 자본의 이윤 증대를 위해 외연적 팽창과 내포적 확대를 도모할 수밖에 없었는데, 정보·통신 기술도 그 일환으로 발전한 것이다. 외연적 팽창을 위해 군사용 정보·통신 기술을 발전시켜 왔고, 내포적 확대를 위해 기술의 일부를 상업용으로 이전하여 정보·통신 기술을 문화 상품으로 개발하여 판매해 왔다.

이런 과정에서 볼 때, 정보·통신 기술을 소유하고 통제하는 주체 또는 권력이 국가와 자본이라는 점은 명백하다. 자본주의 체제 아래서 국가가 자본과 결합할 수밖에 없다는 사실을 직시한다면, 국가-자본이 주체가 되는 정보·통신 문화가 누구를 위한 것이며, 무엇을 위한 것인가는 자명해진다. 그리고 그 발전 방향도 예측할 수 있다.

지금까지 정보·통신 기술을 적용해 온 과정을 보면, '군사용 → 일반 과학 연구용(군·산 복합체용) → 기업용(상업용) → 일반 시민용(개인용)'으로 발전해 왔거나 발전해 가고 있다는 점을 알 수 있다. 최초의 컴퓨터와 인터넷은 에니악(ENIAC)·아르파넷(ARPA Net)과 같은 군사용이었다. 그 후 기업 부설 연구소나 대학의 연구소에서 정보·통신 기술을 개발하거나 사용해 왔다. 그 다음 단계가 그런 기술을 기업이 산업화 또는 상업화한 단계이다. 앞에서 구체적으로 예시한 대로 접속의 시대임을 증명해 주는 수많은 사례들의 거의 대부분이 상업(산업)용이었다.

실제 상황이나 추세를 볼 때, 현재의 정보·통신 문화는 기업용(상업용)

단계에 머물러 있다. 이것은 통제 주체가 자본이라는 것을 말한다. 그리고 쉽사리 기업용(상업용)에서 일반 시민용(개인용)의 단계로 이행할 것처럼 보이지 않는다. 조금 다른 이야기이지만, 신자유주의가 제창하는 세계화가 자본에 더 많은 자유를 주자는 것이며, '이윤 추구의 세계화'를 미화한 것에 다름 아니라는 사실은 지금 논의중인 기업용(상업용) 단계와 맥을 같이 한다. 그런 세계화의 희생자는 청년·여성·(제3세계의) 민중이다. 정보·통신 문화에서도 그 점은 예외가 아니다.

삶의 질을 향상시키고, 개인의 자율과 자유의 증대를 통해 성숙한 인격을 갖추고자 하는 문화 목표에 비추어 볼 때, 문화 주체가 각 개인이 아닌 국가와 자본이라는 사실은 심각한 문제이다. 국가는 여전히 개인을 규제·통제·간섭하고, 자본은 개인의 노동과 여가 활동으로부터 끊임없이 잉여 가치를 창출(착취)하고자 하기 때문이다.

뒤에 다루겠지만 바로 그 때문에 개인 또는 시민 사회가 정보·통신 기술의 통제 주체로 서야 한다는 운동이 전개되고 있는 것이다.

4. 정보·통신 문화와 소외

국가나 자본이 정보·통신 문화를 통제하는 주체일 때, '새로운' 인간 소외 문제가 나타난다. 이 '정보화로부터의 소외'의 원천과 양상에 대하여 알아보자.

(1) 정보화로부터의 소외의 원천

새로운 소외의 원천과 그로부터 발생하는 소외 현상은 네 가지로 나눌 수 있다. 즉 정보·통신 '체계'에 의한 소외, 정보·통신 '기술'에 의한 소외, 정보·통신 '수용 (과정)'에서 발생하는 소외, 각종 '이데올로기'에 의한 주체의 심리·정신적 변화에서 발생하는 소외 등이다.

① '체계'에 의한 소외

자본의 정보·통신 기술의 독점, 정보·통신의 산업화를 통한 자본의 이윤 추구를 근간으로 하는 새로운 체계는 '정보 지배(cybercracy)'라는 새로운 지배 형태를 낳고, '사이버 관료(cybercrat)'가 정보·통신을 통제한다. 자본의 기술 독점과 정보에 대한 통제는 다음과 같은 부정적 효과를 낳는다.

첫째, 정보화의 수혜자로 미화되고 있는 대다수 피지배 대중은 새로운 정보·통신 상품을 매개로 착취당한다. 과거처럼 생산 과정에서 소외되는 것이 아니라, 주로 상품 소비 과정에서 소외가 발생한다.

둘째, 대중은 정보화 과정의 데이터로서 사물화된다. 그런 개인은 자본의 생산물로서, 그리고 개인의 소비 상품으로서 자신에게 대립되어 나타나는 정보에 굴복하게 되고, 그러한 사실을 의식하지도 못하게 된다.

셋째, 자본-노동의 지배-피지배 관계는 국내적 차원뿐만 아니라 국제적 차원으로 확대되고, 정보 부국-정보 빈국·정보 선진국-정보 후진국 사이의 지배-종속 관계로 나타난다. 요컨대 전 지구적 차원에서의 소외, 즉 계급적·민족적·국제적 차원의 소외가 발생한다.

넷째, 자본의 요구에 따른 정보·통신 체계의 공고화는 정보 하부 구조의 구축을 필요로 하는데, 이로부터 사회적·국가적 부의 역배분 현상이 심화된다. 그 결과 소외 계층이 늘어나거나 소외의 치유가 지연된다.

다섯째, 정보화가 진전될수록 정보 의존도는 심화되고, 그 결과 정보·통신 체계를 주도하는 자본에 여러 사회 부문이 한층 더 종속된다.

② '기술'에 의한 소외

첫째, 과거의 기술에 의한 소외는 정보화 과정에도 상존한다. 그리고 더 심화될 수도 있다.

둘째, 정보·통신 기술 자체가 곧 상품이기 때문에 기술의 '사회적 이전'은 이윤 추구를 위한 자본의 필요와 통제에 의해 제한적으로 이루어진다. 새로운 기술의 출현, 기술의 사회적 적용의 목적과 범위, 그 우선 순위 등에 대한 결정은 대중의 의사와 관계없이 이루어진다. 대중의 정보·통신 기술의 사용은 '주어진' 하드웨어·소프트웨어에 국한되고, 대중은 그 '기능 상향'에 의해 혼란을 겪는다. 또한 대중은 그 기술을 이용한 각종 오락 상품을 소비하는 데 그치고 자본이 그러한 과정에 개입하여 조정한다. 대중의 편에서 보면, 그러한 과정의 결과는 '강제성'을 띤다. 대중은 기술을 통한 편리함과 효율성을 얻는 대신, 기술의 구체적 내용과 성격에 대해서는 전혀 무지하다.

셋째, 새로운 기술에서 나온 '생각하는 기계'를 노동 과정에 도입함으로써 과거 어느 때보다 인간은 노동 기회를 박탈당한다. 자아를 실현하는 유일하고 본질적인 행위가 노동이라는 명제가 유효하다면, 이것이야말로 가장 심각한 문제일 것이다. 대량 실업, 정보 분야로 산업 인구가 이동함으로써 발생한 산업의 불균형, 사이버 관료의 등장으로 인한 주거 공간의 강제적 변화와 하층 계급의 거주 지역의 슬럼화 등은 이미 기정 사실로 드러나고 있다.

넷째, 인공 지능으로서 컴퓨터는 인간에게 '대립자'로서 나타난다. 물론 현재의 수준에서 컴퓨터를 대립자로 보는 입장은 그 패러다임을 체스 게임이나 외국어 번역 정도로 여기기는 하지만, 인간-기계의 대립적인 적수 관계는 앞으로 컴퓨터 공학의 발전에 따라 심각한 문제를 야기할 수도 있을 것이다.

다섯째, '효력면에서는 실제적이지만 사실상 그렇지 않은 사건이나 사물'로 정의할 수 있는 컴퓨터를 통한 '가상 현실(virtual reality)' 체험이 소외를 발생시킬 수 있다. 물론 가상 현실이 실재를 증가시키고, 실재-가상 변환을 용이하게 하고 유연하게 함으로써 자아 형성에 도움을 주거나 예술의 힘을 증대시킬 수 있는 측면도 있다. 가상 현실 시스템이 과거의 수동적이고 무기력한 주체를 능동적이고 창조적인 존재로 만들어 줄 가능성도 있다. 그리고 시뮬레이션을 통해 상황 변화를 예측하고 미리 적응하게 해주는 면도 있다. 그러나 노동·실험·제작·학습·의사 소통·오락 등에서 가상 현실의 체험은 인간의 현실에 대한 감각과 이해를 왜곡시킬 우려가 있다. 더욱이 가상 현실이 더욱 확산되면 인간의 활동 범위가 제한됨에 따라 체험의 범위도 줄어들 것이다. 가상 현실의 '인공 신체(cyberbody)'와 생물학적인 실제 신체의 갈등은 '대안적 세계 증후군'이나 '대안적 세계 분열증' 같은 새로운 병리 현상을 가져올 수 있다.

③ '수용 (과정)'에서 발생하는 소외

정보·통신 수용 (과정)에서 오는 소외는 크게 두 가지로 나눌 수 있다. 하나는 경제적·사회적·교육적 차원의 소외이고, 다른 하나는 심리·정신적 차원의 소외이다.

전자는 정보화에 편입되기 위해서는 정보·통신 기기를 구입해야 하고, 그것을 해독하고 조작하는 능력을 습득해야 하고, 날이 갈수록 유료화되어 가는 각종 정보나 정보·통신 상품을 취득·구매하는 데 사용료를 지불해야 하는 데서 발생하는 소외이다. 앞서 언급했던 정보·통신 인프라 구축에서 발생하는 소외도 이에 포함된다.

실제로 우리 나라의 경우 정보·통신을 수용하는 과정에서 정보화의 불가피성, 효율성·생산성, 기업 활동 등에서의 수익성, 문화 생활 가능성, 세계화의 매력, '문화 지체'를 염려한 사회적 강박 등만 강조했을 뿐 정보화에 따르는 개인의 경제적 부담에 대해서는 도외시해 왔다. 점차 통합되고 다양해지는 멀티미디어 기기를 구입하고 사용하는 데 따르는 경비 지출은 정보화에서 계급 격차를 낳고, 이는 계급간의 정보 격차로 이어지며, 궁극적으로는 사회적 불평등을 초래한다.

물론 정보화의 특수성 때문에 경제적 차원에서의 계급적 불평등이 고스란히 정보 불평등으로 나타나는 것은 아니다. 이는 컴퓨터 해독 능력·교육 수준·정보 접근 가능성 등과 같은 문화 자본, 사회·문화적 여건과 일정한 상관 관계를 갖는다. 정보를 통한 개혁이 차츰 확산되는 경향을 보이고는 있지만, 대체로 남자 대 여자(남학생 대 여학생)·연장자 대 연소자·고학력자 대 저학력자·높은 사회적 지위 대 낮은 사회적 지위·화이트 칼라 대 블루 칼라·자연계 연구자 대 인문계 연구자 등을 대비해 볼 때 전자가 더 적극적으로, 양적으로 더 많이 질적으로 더 높게 정보·통신 체계(미디어)를 수용(채택)하고 있는 것으로 나타나고 있다.

심리·정신적 차원의 소외는 개인이 정보·통신 체계를 수용하는 데서 발생하는 각종 심리적·정신적 이상 증후를 말한다. 이를 총칭해서 '사이버리즘(cyberism)'이라 불러도 무방할 듯하다. 이를 요약하면 다음과 같다.

첫째, 폭력적·엽기적·파괴적인 컴퓨터 게임을 통해 수용자는 공격적·파괴적인 성격으로 변화한다. 게임 마니아는 게임을 하지 않을 때에도 '폭력적 계획'을 세운다는 조사 결과도 있다. 그리고 인터넷·휴대전화 광고의 범람, 신용 카드 사용 등은 개인을 소비 지향적 인격으로 변모시킨다.

둘째, 현실·대인 관계·성 등에 대한 왜곡 현상을 들 수 있다. 가상 현실에 대한 경험이 현실 인식을 왜곡시킬 수 있다는 점은 앞에서 이미 밝혔다. 인터넷에서는 익명성을 확보할 수 있다는 점 때문에 내면적 욕구를 분출할 수 있는 자유와 기대를 가짐으로써 인간 심리를 재구성할 수 있다는 긍정적 측면도 있다. 하지만 이는 바로 실제 대인 관계를 왜곡시킬 수도 있다. 그리고 (은어화된) 언어와 시각 이미지만으로 자신을 표현하기 때문에 타인에 대한 인식 기준이 왜곡되거나 축소될 수 있다.

셋째, 새로운 정신 병리 현상을 낳는다. 인터넷·게임 중독은 거짓말하는 것을 조장하고, 학습 의욕이나 능력을 저하시키며, 자기 통제력을 상실하게 한다. 또한 초조·불안·짜증·불면증·두통·불규칙한 심장 박동·뇌혈류 이상·스트레스로 인한 심장 마비 등을 일으킬 수도 있다. 그리고 인터넷에 접속할 때만 위안을 얻고, 그렇지 않을 경우에는 (네트에서 무슨 일이 일어나고 있는지) 불안해하고 궁금증을 갖는다.

넷째, 사이버 범죄에 대해 죄의식을 갖지 않는다거나 주어진 일과를 소홀히하는 등 일상 생활에 대한 부정적인 태도를 유발한다. 또 탈선을 조장하기도 한다.

④ '이데올로기'에 의한 소외

이데올로기에 의한 지배와 소외는 비가시적·지속적·전면적이라는 점에서, 그리고 인간의 의식 형성과 행위에 막대한 영향을 미친다는 점에서 아주 심각한 것이다.

정보·통신 문화를 주도하는 이데올로기에는 세계화(지구촌)·각종 규제 철폐·정보 유통의 자유·시장 질서의 확립 등을 골자로 하는 신자유주의와 민주주의, 소비주의, 기업 중심의 인도주의, 다원주의, 제한적 문화 영향 이론(적극적 수용자론), 새로운 성장 및 풍요, 효율 지상주의, 포스트모더니즘 등이 있다. 이 가운데 몇 가지 중요한 이데올로기가 지닌 공통적 특성·효과 등에 대해 간단히 알아보자.

가장 영향력이 있는 것은 세계화 이데올로기·신자유주의 이데올로기·다원주의 이데올로기다. 이것은 모든 지배 이데올로기가 그러하듯 액면 그대로 받아들이면 발전 지향적이다. 그리고 그 지향은 오늘날의 추세이기도 하다. 그러나 이러한 이념을 주창하는 주체가 누구이며, 과연 그에 대한 추구가 국민적 '합의'에 기초한 것인지, 그러한 이데올로기의 배면에 깔려 있는 목적과 이해 관계가 무엇이며, 그 현실적 결과는 어떠한 것인지, 그 과실은 누구의 것인지, 이데올로기의 '그늘'은 무엇인지 등을 구체적으로 밝혀야만 그러한 이데올로기의 실체를 파악할 수 있다.

그 해답은 부정적이다. 이러한 이데올로기를 형성하고 확산시키는 주체는 초국가적 거대 기업 및 다른 강력한 기업, 자본의 힘에 의존하거나 굴복한 국가나 정부, 자본과 권력에 유착해 있는 유기적 지식인과 무반성적인 미래 지향적 여론 형성 집단 등이다.

이는 정보화를 뒷받침해 주는 이데올로기가 국민의 동의와 무관하게 '위로부터의' 강제에 의해 '사회적 강박'으로 확대 재생산되고 있음을 의미한다. 대중은 그런 주체가 강조하는 '만큼', 그들이 요구하는 범위 '안에서만' 정보화되고 있다. 바꾸어 말해 그들이 원하지 않을 경우 정보화는 폐기될 수도 있다.

정보화를 둘러싼 이데올로기 공세는 국제적으로는 선진 자본주의 국가의 거대 기업이 정보·통신 산업을 배타적·독점적·'전 지구적'으로 확충하는 것을 목표로, 국내적으로는 자국의 거대 정보·통신 업체가 배타적·독점적·'국내적'으로 내수 시장을 확보하는 것을 그 목표로 삼고 있다. 이데올로기가 전하는 미려한 선전 문구는 자본의 속임수로 '돈벌이'를 위한 위장에 불과하다.

(2) 정보화로부터의 소외 양상

이제 정보화로부터 발생한 또는 발생 가능한 소외의 양태를 정치적·경제적·사회적·문화적 차원 등 사회 부문별로 나누어 간단히 살펴보자.

① 정치적 차원의 소외

정보화와 더불어 대중의 정치 참여와 민주화가 활성화될 것이라는 기대가 높아지고 있다. 정보·통신 미디어를 통한 NGO 운동의 확산으로 '사이버 아고라'를 형성하여 최신판 '제록스 민주주의(xerocracy)'를 실현할 수 있으리라고 낙관하는 사람도 있다. 전자적 정보 유통 방식이 탈집중화와 탈대중화의 가능성을 갖고 있음은 사실이다. 그러나 기업과 국가가 정보화를 주도하는 한, 정치적 민주화는 또 다른 왜곡의 불씨를 지니고 있다고 볼 수 있다.

비판론자는 정보화가 대중에 대한 감시와 통제를 강화한다고 주장한다. 국가 권력이 '관리'를 목적으로 하는 한 지속적으로 정보를 수집·저장·통제하고자 하고, 오늘날의 기술은 이를 충족시켜 준다. 또한 선진국은 전체 지구를 포괄하는 감시망을 형성하고 있다. 미국·영국 등 영어권 5개국의 비밀 통신 도청 기관인 에셜론이 그 대표적인 예이다. '전자망 도시'는 '가시 철조망으로 둘러싸인 도시'요, 대중은 '유리 집' 속에서 총체적으로 감시당하고 있다.

최근의 정보·통신 체계를 통한 정치 활동은 고비용의 정보·통신 미디어 사용료를 지불해야 가능하다. 따라서 정치가와 정당은 기업의 영향 아래에 놓이게 되어 정치 후보자는 기업이 요구하는 정치적·경제적 신뢰도 테스트에 합격해야 한다. 그리하여 정치가 자본에 종속될 가능성이 커진다. 그뿐만 아니라 정치나 정치인은 미디어 효과를 위해 시장의 상품과 똑같이 포장, 판매되어 정치적 사건이 '미디어 쿠데타'로 변질될 수도 있다. 그런 과정에서 대중은 조작에 의해 정치적 주체로서 올바른 판단을 할 수 없게 되고, 자유 선택의 논리는 하나의 가상이 된다. 본원적 선택의 자유는 기업가에게만 주어짐으로써 '기업가 민주주의'가 실현된다.

다른 한편으로 대중은 정보·통신 상품의 다양화와 그 오락적 속성에 매료되어 탐닉함으로써 과거보다 더 정치에 무관심하게 되어, 탈정치화라는 정치적 소외 상태에 빠진다.

② 경제적 차원의 소외

정보·통신 시스템은 노동 과정 조직을 기계화 특성이 강한 것으로 변화시킨다. 자동화·전산화의 도입은 노동력 구성을 '양극화'시키고, 그로 인해 노동 대중의 노동의 질은 '탈숙련화', 즉 단순화된다. 따라서 노동 과정에 대한 총체적 이해는 더 불가능하게 되고 단순한 '인간-기계'적 반복을 수행한다.

자동화와 전산화 시스템은 관리자로 하여금 육체 노동과 정신 노동 전반에 걸쳐 과거의 공간적·시간적 제약을 벗어나 직무 수행의 지침과 지시 하달을 용이하게 하고, 작업 수행 과정에 대한 감시와 감독을 더 철저하게 할 수 있게 한다. 개인별·집단별 작업 능률과 노동 성과를 더 쉽게 파악함으로써 정보화를 통한 기업의 노동자에 대한 관리·통제는 한층 강화된다.

또한 정보의 생산·가공·보급 등이 신속하고 정확해짐에 따라 생산성이 향상되고, 노동 시간이 단축되기는 하였으나, 단위 시간당 노동력의 방출은 훨씬 강화된다. 노동자는 노동 강화와 함께 새로운 숙련을 강요당한다.

이상과 같은 점에서 정보화는 이전보다 더 생산의 주체로서 노동자의 지

위를 상실하게 한다. 포스트 포드주의자들이 주장하는 이른바 '유연 노동'
은 특정 분야에 해당하는 것에 불과하고, 그것도 주어진 시스템 내에서의
유연성일 뿐이다.

정보화는 노동의 기회를 박탈하여 산업 노동자를 일터에서 추방하고 3
차 산업 분야로 내몰아 산업 부문간의 불균형을 초래한다. 정보화는 이 점
에서도 인간에 대한 '대립'으로 나타난다.

정보화는 노동 강도의 강화, 노동 과정에 대한 감시와 통제의 강화, 노동
기회의 박탈 등과 같은 노동에 대한 질곡으로 나타날 뿐만 아니라, '놀이'
에 대해서도 지배한다. 문화 산업·정신 산업 등 정보·통신을 이용한 다양
한 상품을 사용하게 함으로써 노동자의 의식을 마비시키고, 이중의 착취,
즉 '일과 놀이' 전체에 대한 지배를 관철시킨다. 그리하여 자본에 의한 대
중 지배는 자기 완결적인 것으로 된다.

③ 사회적 차원의 소외

정보화의 강점으로 비동시성·쌍방향성·공간적 제약의 극복 등을 들 수 있
다고 앞에서 밝혔다. 이로부터 대인간 커뮤니케이션이 활성화되고 정보 획
득의 양도 증가하고 있다는 견해도 많다.

그러나 정보화가 가져온 거리의 단축은 역설적이다. 정보화는 오히려 사
람들 사이의 '거리'를 발생시키고 있다. 정보·통신 기기의 사용과 정보·통
신 체계에 몰입하는 것은 더욱 더 이웃과의 단절을 초래하고, 개인의 고립
과 격리와 폐쇄를 가져온다. 정보화는 사회적 공동체를 무너뜨릴 우려도
있다. 지구촌·전자망 사회·전자 공동체·뉴 코스모폴리스 등에 대한 환상
은 가족·사회·민족·국가 공동체에 대한 관심을 앗아갈 위험이 있다.

각종 정보·통신 산업과 정보·통신의 상품화는 개인의 신상·경제 생
활·욕구·기호 등을 상품으로서 정보(data base)의 자료(data)로 삼음으로
써 개인을 사물화한다는 점은 이미 언급했다. 이는 그것만으로 그치는 것
이 아니라, 개인을 감시·통제·조작의 대상으로 삼는다. 즉 사물화가 사물

화를 가중시키는 것이다.

또한 정보화는 사회의 공적 가치가 있는 정보는 감소시키고, 단지 기업의 경제 원칙에 따른 사적이고 사회적으로 덜 유용한 정보만 양산할 소지가 많다. 이는 물론 정보·통신의 상업화 추세에서 기인한다. '나쁜 정보가 좋은 정보를 구축'하는 현상이 점차 나타나고 있다. 정보의 사회적 소유가 아니라, 정보 독점과 배타적 사유화가 가속화되고 있다. '정보 독점(copyright)'에 대항하여 '정보 소유권 공유(copyleft)'를 주장하는 정보화 시대의 좌파는 불온 세력으로 취급된다. 정보화는 눈에 보이지 않게 반사회적 경향을 띤다.

무엇보다 중요한 것은 정보화로 인하여 사회의 공공 영역이 축소되어 가고 있다는 점을 지적할 수 있다. 즉 공공 영역의 '재봉건화'가 일어나고 있다. 초국가적 미디어 복합체와 광고 문화가 확산된 시대에는 자본주의가 승리하게 되고, 비판적 사고 능력은 최소화되며, 공공 영역을 위한 실제적인 공간이 존재하지 않게 된다. 정보·통신과 관련하여 커뮤니케이션 기업이 시장에서 주목받는다는 것은 정보·통신 상품이 광고 수입을 극대화하고, 커뮤니케이션 기업이 자본주의 기업을 지원하는 목적에 헌신적이라는 것을 의미한다. 그 결과 커뮤니케이션 상품의 내용이 액션 모험·내용이 없는 잡동사니·선정주의·사건의 개인화·현대적 생활 양식에 대한 찬미 등으로 채워진다. 정보의 질은 무가치한 것으로 된다. 라디오·텔레비전·공공 도서관·박물관·미술관·정부 정보 서비스 등은 단지 정보·통신 상품의 광고판이 되거나 자본주의 기업의 이용물이 된다. 요컨대 기업이 주도하는 정보화는 공공 영역의 중심적인 요소의 빈곤화를 초래한다.

④ 문화적 차원의 소외

이전의 시기와 구별되는 현재의 특징은 여러 역사적인 이유로 침투하지 못했던 전혀 새로운 분야에까지 이윤 추구의 동기가 깊게 확산되었다는 점이다. 정보가 재산으로 간주되고, 이를 수호하기 위하여 정보 사용을 통제하

는 행위가 21세기를 내다보는 자본주의의 특성이다. 그리하여 '전자 부동
산'이라는 말이 생겨났을 정도이다.

정보·통신 산업과 융합된 문화 산업의 엄청난 성장은 정보·통신 기술에
만 의존하는 것은 아니다. 생활 수준 향상에 따른 여가 시간의 증가와 이에
따른 문화 생활에 대한 욕구, 확충된 시장 메커니즘, 서비스 체계와 광고
기술의 발달, 기업의 대중의 여가 생활에 대한 관여 및 통제의 증대 등도
문화 산업의 확장에 기여했다. 그러나 이러한 복합적 요인들이 상호 작용
하는 변화 속에서도 문화 산업의 '본질'은 불변적인 것으로 남아 있다. 그
것은 문화의 산업화요, 문화의 경제 종속, 즉 자본 종속이다. 달리 표현하
면 오늘날의 대중 문화로 일컬어지는 문화 산업은 대중이 만든 것이 아니
라, 시장의 요구에 의해 강요된 것이다. 이 시장의 강요는 지배 계급이 문
화 영역을 지배하고 통제하는 '방식'이 어떠한 것인가를 함의하고 있다. 즉
문화의 생산은 자본 축적의 방편으로서 상품 형태로, 이윤의 실현 과정으
로, 문화에 대한 지원으로 이루어진다.

기업의 문화 지배는 국제적 차원에서도 이루어지고 있다는 점은 두말할
필요도 없다. 최근의 정보·통신 체계를 통한 초국가적 정보 흐름은 이를
가속화시키고 있다. 미국 자본주의를 정점으로 하는 문화 제국주의적 지배
는 실로 가공할 만하다.

이상과 같은 정보화로부터의 문화적 소외는 문화 영역을 뛰어넘어 다른
사회적 영역에까지 증폭된다는 데 더 큰 문제가 있다. 자본에 의한 문화 지
배는 정신의 물화, 대중의 비판 의식의 말살, 정치적 무관심화, 각종 심
리·정신적 병리 현상, 대중 조작, 놀이에 대한 지배와 이를 통한 이중 착
취, 기업의 의사 표현 기회 및 기업 의사의 확대, 자본의 전 지구적 지배 등
을 가져온다.

5. 정보·통신 문화의 인간화를 위하여

지금까지 정보·통신 문화 열기, 그런 문화를 보는 시각의 차이, 기술과 문화의 관계, 문화 주체, 오늘날의 정보·통신 문화에서 새로운 소외의 원천 그리고 그 구체적인 양상 등에 대해 알아보았다.

특히 소외 문제에 대해 상세히 알아보았다. 이에 대해 너무 편향된 부정 일변도가 아니냐고 반박할 수도 있겠다. 이런 경우를 생각해 보자. 현실 종교에서 인생을 고(苦)라고 하거나 인간을 죄(罪)진 존재라고 규정하는 데 대해 부정할 수도 있을 것이다. 그런데 그와 같은 종교의 현실 인식을 수용할 경우 개인의 삶은 다른 차원으로 상승하게 된다. 요컨대 종교의 문제 의식이 아주 부정적인 것이기는 하지만, 그것을 수용하여 부정적 현실을 초월해 가는 구도의 길에 들어서면 결과는 전혀 달라진다. 정보·통신 문화에 대한 현실 인식도 그와 비슷하리라 본다.

이 글의 앞에서 다음과 같은 점을 밝힌 바 있다. 즉 정보·통신 기술의 현실적 이용의 발전 과정에서 현재의 추세는 기업용(상업용) 단계에 머물러 있고, 그 단계에서 다음 단계인 일반 시민용(개인용) 단계로 나아가는 것이 쉽지 않을 것이라고 진단했다. 그것은 정보·통신 문화의 주체가 국가와 자본이기 때문이요, 그로부터 새로운 소외가 발생한다는 점도 밝혔다. 나아가 개인 또는 시민 사회가 주체가 되어야 하는 이유도 간단히 언급했다.

바람직한 문화란 어떤 것일까? 가장 넓은 의미에서 문화란 인간의 삶의 양식과 그로부터 나온 산물을 지칭한다. 간단히 말해 개인이 살아가는 방식이 곧 문화이다. 당연히 주체성·자율·자유 등이 문화에서 기본적인 개념이요, 나아가 궁극적인 이념이나 목표가 된다. 타율과 외부의 강제나 강요 등은 반(反)문화적 개념이다. 정보·통신 문화에서 개인이나 개인으로 구성된 시민 사회가 그 주체가 되어야 한다는 것은 당연하다. 그러나 현실은 그렇지 않다. 요컨대 현재의 정보·통신 문화는 '자본의, 자본에 의한, 자본을 위한' 문화다. 이동 전화기를 예로 들어 보자.

핀란드 통신 장비 업체 Nokia, 휴대전화 지면 광고

속칭 '삐삐'를 사용하던 시절에 우리는 휴대전화의 편리함이나 고성능을 알지도 못했고, 그 사용을 원하지도 않았고 원할 수도 없었다('삐삐'를 처음 사용할 때도 그랬다). 그런데 우리가 '삐삐'를 사용하고 있었을 때는 휴대전화를 만들 수 있는 기술이 없었을까? 그렇지 않다. 그런데 자본은 어느 날 갑자기 휴대전화를 내놓으며 우리를 유혹한다. 탐을 내자, 휴대전화 단말기를 공짜로 줄 테니 반드시 몇 년간 사용하라고 한다. 통화료 문제는 뒷전으로 미룬 채 이제 거의 대부분의 사람이 휴대전화를 자신의 분신처럼 모시고 살아가고 있다. 휴대전화 중독증에 걸린 사람도 많다. 자본은 한참 뒤, 휴대전화 스토킹에 시달리고 있는 사람을 보호해 준다는 명분으로 발신자 번호 표시 시스템을 우리에게 제공하겠다고 한다. 그저 반갑고 고마울 뿐이다. 사실 그런 기술도 휴대전화가 처음 나올 때부터 있었던 것이다. 그런데 돈을 내라고 한다. 비싸다고 하자, 한 달 동안은 무료로 해주겠으니 일단 써 보라고 한다. 한번 써 본 사람은 이제 사용료를 내고라도 계속 그 '서비스'를 받겠다고 마음먹는다. 돈을 더 내야 하는 우리는 지금까지 휴

대전화 사용료가 지나치게 비쌌다는 것을 이제야 알게 된다. 사사건건 돈을 내라고 하니 말이다. 그리하여 각종 '서비스'의 원가 시비에 휘말린다. 관련 기업이 일방적으로 정한 사용료가 외국에 비해 엄청나게 비싸다는 게 사용자 쪽의 항변이고, 외국과 단순 비교해서는 안 된다는 것이 제작·판매자 쪽의 변명이다. 시민 단체가 이에 가세한다. 이제 정부가 조정하겠다고 끼어든다. 사용자가 지켜 보니 정부 쪽의 태도가 오락가락한다. 이런 일련의 과정을 신문에서는 매일 대서 특필한다. 그런 와중에 이제 한 술 더 떠 '차세대' 이동 통신 기기를 언제부터 시판할까 고심한다는 보도가 연일 나온다. 거기에는 고화질 액정 화면을 통해 동영상을 볼 수 있는 시스템도 있어 애인 얼굴이나 야구 중계도 볼 수 있고, 모바일 게임도 할 수 있고, 마음만 먹으면 지하철 안에서 포르노도 볼 수 있을 터이다. 사실 차세대 이동 통신 업체를 선정하는 데 많은 시비가 있었고, 선정된 업체는 정부의 재정적 지원도 받는다. 그 돈은 물론 우리 '투명한'(그래서 우리 지갑을 '유리 지갑'이라 부른다) 주머니에서 나간 것이다. 이처럼 온 나라가 떠들썩한 가운데 멀리서 웃고 있는 부류가 있다. '퀄컴'이다. 그는 '부호분할다중접속(CDMA)'이라는 알아듣지도 못할 기술을 우리 나라 업체에 제공하고 있는 미국의 기업이다. 그는 '서로 붙들어 돕는다'는 뜻을 지닌 '제휴'라는 '인간적'인 간판을 내걸고, 지난 5년간 1조 원에 달하는 돈을 국내 기업체로부터 받아 갔다. 로열티·라이선스 등의 명목으로. 이 돈도 실은 우리 주머니에서 나간 것이다.

이것이 바로 오늘날 정보·통신 문화의 실상이다. 왠지 어두운 그림자가 드리우는 감이 드는 것을 감출 수 없다. 최근에 정부는 금명간에 주 5일 근무제 시행에 대해 적극 검토하겠다고 한다. 일본의 경우, 주 5일 근무 실시 결과 많은 사람들이 여가 시간을 주로 컴퓨터 게임과 텔레비전 시청으로 보낸다고 한다. 인터넷 검색 엔진으로 잘 알려진 '야후'가 경영난 극복 방안으로 포르노 판매를 시작하겠다고 선언했다. 그 시장은 연 42억 달러에 달한다고 한다. 인터넷 사이트·성인용 유선 방송 등에까지 확대되면 포르노 관련 시장 규모가 자그만치 100억~140억 달러가 될 것으로 추산하고 있다.

그러나 부정적 현실 자체가 긍정적 발전의 계기를 제공해 온 것이 지금까지의 역사였다. 그러한 '정보·통신 문화의 변증법'적 발전의 조짐이 보이기도 한다. 멕시코의 사파티스타 민족 해방군 부사령관인 마르코스가 인터넷의 효용을 "비트에서 비트로 연결된 조용한 힘의 축적"이라고 갈파한 것처럼 인터넷 문화를 상승시킬 수도 있을 것이다. '자유 소프트웨어 운동'의 확산 가능성이 없는 것도 아니다. 개인용 컴퓨터는 원래 개인을 컴퓨터 문화의 주체로 보고, 개인의 자유를 추구하기 위해 나온 것이어서 그 근본 이념만 다시 살려 낸다면 상황이 비관적인 것만은 아닐 듯하다.

정보·통신 문화를 인간적인 것으로 전환시키는 방안에 대한 논의는 지금까지 비판적 차원에서 논의해 온 것 이상의 지면과 시간이 필요하므로 다음 기회로 미루겠다.

영어 단어 수만큼 많은 정보·통신 용어가 지난 몇 년 사이에 생겼다. 그만큼 지금의 문화 흐름이 빠르다는 것일게다. 정보·통신 문화의 인간화를 위해서도 하루빨리 서둘러야 할 것이다.

■ 주제어

접속, 커뮤니케이션, 정보·통신 체계, 정보·통신 상품, 테크놀로지, 정보·통신 기술, 기술-문화 연관, 주체, 소외, 소외의 원천, 소외의 양상, 자본, 국가, 시민 사회, 정보, 변형된 자본주의, 이데올로기

■ 용어 해설

사이버 마초(macho) 마초란 에스파냐 어로, '사내'라는 뜻이다. 멕시코 등 남미 출신의 남성들이 많이 사용함으로써 널리 퍼진 말이다. 사이버 공간에서 마초란 성차별주의 남성의 대명사로 쓰이고 있다. 그들은 사이버 성폭력을 자행하고 있다.

컴퓨니케이션(compunication) 컴퓨터(computer)와 커뮤니케이션
(communication)의 합성어이다. 곧 양자의 결합을 의미한다.

펌웨어(firmware) 도자기 등과 같은 내구재 문화재를 가리킨다. 자본은
이도 문화 상품으로 만들어 이윤을 추구한다. 예를 들어 할리우드는 아프
리카의 고대 유물이나 미술품에 대한 각종 권리를 독점하고 있는데, 이것
은 이른바 장사가 되는 것이다. 관람료를 받거나 인터넷 영상을 '판매'할
수 있기 때문이다. 그렇게 되면 개인은 역사적·문화적 유산도 할리우드와
같은 기업에 돈을 지불하지 않으면 접근할 수 없다.

인간의 확장(extensions of man) 캐나다의 사회학자 맥루한이 사용한
말로, 인간의 감성·오성·상상력 등과 같은 능력을 발달시키거나 직간접적
인 체험을 통해 개인의 물질적·정신적 세계를 넓혀 나가는 것을 의미한다.

페이퍼 사회(pay-per society) 미국의 정보 사회학자 모스코(V. Mosko)
가 정보 사회를 풍자하여 표현한 용어이다. 그는 이 용어 선택이 '종이
(paper)'란 말에 대한 말장난에서 기인한다고 밝히고 있다. '사용할 때마
다 지불하는(pay-per)' 것을 의미하는 'pay-per'와 'paper'가 발음이 같은
데 착안한 것이다. 첨단 기술을 옹호하는 자는 정보 사회에서 종이가 사라
져 가고 있다고 생각하고 있는데, 모스코는 'pay-per call', 'pay-per view',
'pay-per bit' 등과 같이 새로운 기술을 사용할 때마다 가격을 지불해야 하
는 것이 정보 시대의 특징임을 지적하고 있다.

마태 효과(Matthew effect) 이는 예수의 한 비유를 자본주의적으로 패러
디한 것이다. "무릇 있는 자는 받아 풍족하게 되겠고, 없는 자는 그 있는
것까지 빼앗기리라"(「마태복음」, 25:19). 예수의 비유 내용을 요약하면 다
음과 같다. 어떤 사람이 타국에 갈 때 종들에게 그 재능에 따라 각각 다섯

달란트, 두 달란트, 한 달란트씩 주고 떠났는데, 다섯 달란트와 두 달란트를 받은 종들은 장사를 하여 두 배로 불렸으나 한 달란트를 받은 종은 그 돈을 땅에 묻어 두었다. 주인이 돌아와 한 달란트를 그대로 남긴 게으른 종을 나무라며 한 달란트를 빼앗아 열 달란트를 가진 종에게 주게 하였다는 내용이다. 「누가복음」 19: 11~27에도 이와 비슷한 비유가 나온다. 이 비유의 원래 의미는 성장하는 신앙에 관한 것이다.

판옵티콘(panopticon) 이 책 제5장의 용어 해설 참조.

에니악(ENIAC) 1946년 펜실베니아 대학의 엑커트와 머클리가 개발한 최초의 컴퓨터로, 대포와 미사일 등 무기의 수치 계산을 위해 개발한 것이며, 수소폭탄 개발을 위한 연산 기계로 사용되었다.

아르파넷(ARPA Net) 1969년에 처음 만든 미국 국방성의 국방 관계 연구 팀을 위한 컴퓨터 게시판.

사물화(事物化, reification) 루카치(G. Lukács)의 『역사와 계급의식』의 핵심 용어. 소외(aliennation)와 거의 같은 의미로 쓰인다. 사물화란 자본주의 사회의 상품의 물신성(物神性)으로부터 나온 대상성 형식과 이에 부속되는 '주체의 태도'를 의미한다. 쉽게 말하면 자본주의 체제에서 개인은 자신의 육체적·정신적 활동을 통해 상품을 생산했으나, 오히려 자신이 상품에 예속됨으로써 한낱 사물과 같은 비주체적 존재가 되는 것을 의미한다. 소외란 개인이 자신의 활동을 자신의 본질적인 행위로 여기지 못하고, 자기 활동의 결과를 자기 자신의 것으로 삼지 못하며, 나아가 그런 생산물이 자기에게 대립되어 나타나는 체험 양식을 말한다.

적극적 수용자론 현대 문화 이론 중의 하나로 대중을 과거처럼 수동적·비주체적인 존재로 보지 않고, 각종 문화의 내용을 능동적·적극적으로 취사 선택하여 문화 생활을 영위한다고 보는 견해. 현대 프랑스 문화 이론의 주류라 할 수 있다. 대중 문화를 긍정적 측면에서 본다는 점에서 적극적인 의미가 있으나, 문화의 생산과 소비라는 총체적 차원보다는 문화 '소비' 차원에서 접근하고 있다는 한계를 지니고 있다.

유기적 지식인 이탈리아의 혁명가이자 철학자인 그람시(A. Gramsci)가 사용한 용어로 '비판적 지식인'의 반대 개념. 이는 기존 사회 체제에서 그 유지·존속을 위해 이론적·이데올로기적 실천을 해 나가는 기능적 지식인을 말한다. 따라서 체제 긍정적인 입장이나 태도를 취한다.

제록스 민주주의(xerocracy) 전자 복사를 뜻하는 '제록스(xerox)'와 지배 또는 권력을 의미하는 그리스 어 'cratos'에서 유래한 영어 'cracy'의 합성어이다. 이 용어는 1978년 이란에서 국왕의 독재에 맞서 저항하던 민주 세력이 전자 복사라는 소형 매체를 활용하여 효과적으로 활동함으로써 민주화 운동을 성공적으로 할 수 있었고, 이에 1978년 10월 테헤란 대학의 한 교수가 "우리는 민주 정치를 위하여 복사 정치(xerocracy)에 의해 독재 정치에 대항하여 싸웠다"고 말한 데서 유래한다.

탈집중화와 탈대중화 집중화란 권력이나 세력의 집중, 즉 중앙 집중(권)적 현상을 말한다. 따라서 그런 상태를 벗어난 탈집중화란 민주화·다원화를 의미하므로 적극적인 개념이다. 그리고 대중화란 대체로 대중이 우매하고 수동적인 존재가 되었다는 부정적 의미로 사용되어 왔는데, 그런 의미에서 볼 때 탈대중화란 대중이 능동적·주체적 존재가 되었다는 것을 말하므로 적극적 의미를 갖는다.

사파티스타 민족 해방군(EZLN) 멕시코 남부 치아파스 주 정글을 거점으로 삼아 멕시코 원주민의 생존과 독립 및 자유를 위해 7년째 투쟁하고 있는 멕시코의 무장 게릴라 부대. 항상 검은 복면을 착용해 외부에 얼굴이 전혀 알려져 있지 않은 마르코스 부사령관이 그 지도자. 2001년 2월 24일부터 보름간 3000km에 달하는 평화 행진을 마치고 2001년 3월 12일 멕시코시티에 입성하여 의회에 연설할 것을 요청, 의회가 수락함으로써 그의 연설은 멕시코 전역에 텔레비전으로 방영되기도 했다. 사파티스타 투쟁이 주목받는 이유 중의 하나는 '정보 게릴라 투쟁' 때문이다. 이 투쟁은 초국가적 네트워크로 연대함으로써 서방 중심적인 가치·원칙을 일방적으로 전파하는 것에 대항하고, 세계 시민 사회를 지향하여 '또 하나의 세계화'를 이룩하고자 한다. 따라서 총 대신 인터넷으로 '지구적 울림'을 전파하고자 한다. 마르코스의 우화 소설『마르코스와 안토니오 할아버지』가 최근 우리말로 번역되어 나왔다.

자유 소프트웨어 운동(free software movement) 리눅스 시스템을 개발한 핀란드 출신 리누스 토발즈가 처음 제창하고, 미국인 스톨먼(R. Stallman)이 1984년에 '자유소프트웨어재단'을 창설함으로써 전개·확산되고 있는 컴퓨터 문화 운동. 컴퓨터 문화의 좌파(copyleft)로 분류할 수 있다. 이 운동을 통해 추구하는 자유란 다음과 같은 것이다. 소프트웨어를 복제하고, 다른 사람에게 나누어 줄 수 있는 '공유'의 자유, 그 기능 향상을 위해 마음대로 고칠 수 있는 '개작'의 자유, 고친 것을 누구에게나 공개할 수 있는 '배포'의 자유 등이다. 요컨대 저작권은 인정하되, 배타적인 저작권 행사는 포기하자는 운동이다.

■ 생각해 볼 문제

1) 신문·잡지·인터넷 등에 나온 정보·통신 문화 관련 자료를 스크랩하여 학기말쯤에 전시회를 갖고, 각자 준비한 내용을 발표하고 토론해 보자.

2) 오늘날 정보·통신 문화에 대해 긍정적 및 부정적 차원에서 평가해 보

자. 그리고 각 차원에 대한 발전적 방향에 대해 이야기해 보자.

3) 본문에서 유보해 두었던 '정보·통신 문화의 인간화'와 관련하여 구체적인 방안을 모색해 보자.

4) 인터넷 사이트 중에서 섹스와 관련된 사이트를 가장 많이 찾는 이유는 무엇일까? 그에 대해 평가하고, 대책에 대해서 이야기해 보자.

5) 기존 문화와 인터넷 문화의 충돌 지점은 정보 소유권 문제이다. 그에 대해 정부·자본과 시민 사회·개인의 입장이 대립되어 있다. 각자의 입장을 말하고, 토론해 보자.

6) 사이버 공간에서 표현의 자유가 쟁점이 되고 있다. 표현 자유와 통제의 경계 지점이 어디라고 보는가?

■ 참고 문헌

▶강상현, 『정보통신혁명과 한국사회』, 한나래, 1997.
정보·통신과 관련하여 생각해 보아야 할 주제를 거의 모두 망라하고 있는 개론서이다. 구체적인 현실적 상황과 자료를 소개하고 있고, 문제점을 제시하고 있어 정보·통신 문화에 관심을 가진 이에게 필독서로 권할 만하다.
▶빈센트 모스코·자넷 와스코, 『정보에 지배당한 사회』, 민글 편집부 옮김, 민글, 1994.
정치 경제학적 차원에서 정보·통신 문화를 다룬 역작이다. 정보화에 대해 비판적 시각을 갖기 원하는 이에게 일독을 권한다. 그런 종류의 책으로는 국내에서 '원조' 격이다.
▶E. M. 로저스, 『현대사회와 뉴미디어』, 김영석 옮김, 나남, 1988.
매스컴 이론서로 정보·통신 미디어 채택과 확산의 이론과 실제를 풍부하게 다루고 있는 개론서이다.
▶F. 웹스터, 『정보사회이론』, 조동기 옮김, 사회비평사, 1997.
정보 사회를 새로운 사회 구성체로 보는 입장에 대해 종합적이고 체계적으로 비판한 책이다. 명망 있는 현대 사회 이론가들의 정보 사회 이론에 대하여 이론적·실제적 차원에서 체계적으로 비판하고 있어 정보·통신 문화에 대한 건전한 시각을 갖게 해줄 것으로 본다.

▶H. 쉴러, 『문화(株): 공공의사표현의 사유화』, 양기석 옮김, 나남, 1995.
문화 산업을 주로 다루고 있는 책이지만, 정보·통신 문화의 구성 요소 중의 하나가 문화 산업이기 때문에 이 책이 지닌 가치는 아주 높다고 평가할 수 있다. 본문에서 말한 대로 오늘날 '접속의 시대'에 살고 있는 시민이 공적인 접근(접속) 영역을 잃고 있는 현실을 지적·비판하고 있다. 그 이유는 자본의 공공 영역 독점 때문이라고 분석하고 있다. 실제로 공감할 수 있는 구체적인 예를 들고 있어 이해하기 쉽다. 꼭 권하고 싶은 책이다.

▶니시가키 도오루, 『멀티미디어 이야기』, 김희진 옮김, 제3기획, 1994.
멀티미디어의 기술적 측면, 그 현실적 적용의 실례, 발전 추세 등에 대하여 이해하기 쉽고 재미있게 설명하고 있는 개론서이다. 정보 공학에 정통해 있고 인문학적 시각도 갖춘 저자의 견해를 통해 시사받을 수 있는 대목이 많다.

▶C. 스톨, 『허풍떠는 인터넷』, 한경훈 옮김, 세종서적, 1996.
정보·통신 분야의 전문가인 저자가 인터넷 문화의 비인간적인 측면을 고발하고 있는 책이다. 과도한 정보·통신 열기를 정서적 차원에서 식혀 주기에 충분한 책이다. 어떻게 살아야 할 것인가에 대한 메시지도 담고 있으니 지나치지 말기 바란다.

제11장 자유와 영원을 위한 예술

1. 예술인가, 기술인가?

어느 소형 자동차를 광고하는 남자 모델이 "이건 기술이야"라고 하자, 다른 여자 모델이 "아니지, 이건 예술이지"라고 말을 받는다. 어느 휴대전화 광고에선 여자 모델이 욕조 안에서 행복에 겨운 모습으로 휴대전화를 든 채 "속도는 예술이야, 예술"이라고 말한다. 이 짧은 광고 카피에서 우리는 첨단 과학·기술 시대에 예술의 위상과 방향에 대해 여러 가지를 떠올리게 된다. 예술은 무엇이고, 기술은 무엇인가? 예술과 기술은 별개인가?

'예술'이란 말에서 우리는 보통 무엇을 보고, 무엇을 생각하는가? 사실 오늘날 '예술'이란 말만큼 남용되는 말도 없다. 다소 냉소적인 표현으로 모든 것이 다 예술이 되며, 거꾸로 어떤 것도 예술이 될 수 없는 시대가 '현대'이다. 길가에 굴러다니는 돌멩이도 우아한 전시장에 옮겨다 놓으면 예술 작품이 된다고 생각하는 사람이 있으며, 스포츠도 정치도 요리도 잘만 하면 예술이 된다고 생각한다. 이런 극단적인 예술 인플레 시대에 예술은 아예 존재할 수 없다고 생각하는 사람도 있다. 보드리야르(J. Baudrillard)는 1996년 『르 몽드』지와의 인터뷰에서 "예술은 더 이상 없기 때문에 죽지 않는다. 너무나 많은 예술이 있기 때문에 예술은 죽는다"라고 했다. 기성품 변기를 뉴욕의 전시장에 출품한 뒤샹(M. Duchamp)의 행위 이래 세계의 모든 평범함은 미학이 되고, 거꾸로 모든 미학은 평범한 것이 되었다는 말이다. 그는 세계 전체가 미적인 것으로 된다는 사실이 예술과 미학의 종언을 의미한다고 보았다.

그러나 아직도 많은 사람들은 예술이라고 하면 레오나르도 다 빈치의 「모나리자」, 모차르트·베토벤의 교향곡, 셰익스피어·톨스토이의 문학 작품 등을 떠올리며, 예술은 예술 전문가의 전유물이고, 자신과는 거리가 먼 이야기라고 생각하고 있다.

플라톤은 이성적인 체계가 없는 단순한 손 작업이라고 하여 요리술을 예술의 범주에서 제외시켰지만 스포츠나 요리도 예술이 된다고 여기는 사람은 예술을 '세련된 기술' 정도로 생각하는 것 같다. 서양 근대 이전에는 예술과 기술 사이엔 뚜렷한 개념의 분화가 없었다. 중세 시대까지 예술가, 특히 화가나 조각가 같은 조형 예술가들은 솜씨 좋은 기술자, 곧 수공업자(장인)의 신분에서 벗어나지 못했다. 르네상스 시대에 들어 예술의 영역에서 기술이 배제됨에 따라 예술은 기술에 비해 우월한 위치를 차지하게 되었으며, 오늘날은 오히려 디지털 정보화 시대를 맞아 예술의 기술 의존도가 높아져 기술은 예술에서 다시 중요한 위치를 차지하게 되었다. 멈포드(L. Mumford)는 『예술과 기술』에서 예술과 기술을 구별하여 "예술은 인간 개성을 가장 충실하게 옮겨 주는 기술의 일부이고, 기술은 기계적 과정을 촉진시키기 위하여 인간성의 대부분을 배제시킨 예술의 표출"이라고 했다. 예술에 대해 과학과 기술은 생활과 예술 모두의 소재인 정서나 감정 그리고 욕망이나 동정 등을 의도적으로 배제한 인격의 부분적인 표현이라는 점에서 한계를 갖는다는 것이다. 21세기 과학·기술이 지배하는 실용주의 시대에 예술은 과연 무엇을 할 수 있을까?

오늘날 '예술'을 지칭하는 'art'는 그리스 어 테크네(techne)를 라틴 어로 옮긴 아르스(ars)에서 유래한 말이다. 그리스 시대와 로마·중세·르네상스 시대까지 테크네는 넓은 의미로서 기술 일반(craft)을 뜻했다. 즉 그 당시엔 오늘날 우리가 사용하는 근대적 의미의 예술과 기술 간에 뚜렷한 개념상의 차이가 없었다. 따라서 물건·집·동상·선박·도자기·옷 따위를 만들거나 군대를 지휘하거나 땅을 측량하거나 청중의 마음을 움직이는 기술을 모두 '테크네'라 불렀다.

그런데 기술은 반드시 일정한 규칙(rules)을 필요로 했으며, 규칙이나 법식(percepts)이 없이 단지 영감이나 상상력에만 의존하여 무언가를 만들어 내는 것은 고대나 중세엔 예술로 여기지 않았다. 즉 고대 그리스에서 테크네는 일정한 규칙과 원리에 따라 행하는 모든 생산 활동을 의미하는 말이었다. 아리스토텔레스가 말한 "정확한 추론에 따라 생산하는 지속적인 성향"은 예술에서 규칙과 체계의 중요성을 강조한 것이다. 그래서 플라톤은 요리술과 같이 단순한 숙련을 필요로 하는 비이성적 작업은 테크네의 범주에서 제외시켰다.

그리스 인들은 시(詩)나 음악은 뮤즈의 영감에서 비롯되는 것이라고 생각하여 예술로 여기지 않았는데, 피타고라스 학파는 화음을 수에 따른 비례와 조화로 파악하고 음악에도 규칙이 필요하다는 점을 인정하여 음악을 테크네의 범주에 포함시켰고, 아리스토텔레스가 『시학』에서 시작의 규칙을 정하면서부터 시도 테크네에 속하게 되었다.

고대에서 중세에 걸쳐 테크네를 순수한 신체적 작업을 필요로 하느냐, 정신의 소산이냐에 따라 '통속적 예술(중세에는 '장인적 예술')'과 '인문학적 예술' 또는 '자유 학예(artes liberales)'로 나누었다. 자유 학예란 사회적 신분이 자유로운 사람이 교양으로 익혀 두어야 하는 필수 과목이었는데, 신체적 작업이 필요한 조각이나 회화는 이 부류에 속하지 않았다. 그러나 음악은 수학이 바탕이 된 순수한 정신적 활동의 소산이라는 점에서 인문학의 범주에 들게 되었다. 이러한 두 부류의 예술 가운데 인문학적 예술이 통속적·장인적 예술에 비해 우월한 가치로 인정받았다. 중세엔 별다른 수식어 없이 'ars'라고 하면 더 완벽한 종류의 예술, 즉 인문학을 의미했다.

2. 예술의 자율성과 사회성

학문으로 인식되었건 기술로 인식되었건 고대에서 중세에 이르기까지 예술의 개념에는 도구적·실용적 의미가 큰 비중을 차지하고 있었다. 이러한 과거의 예술 개념에서 우리는 집을 짓고 배를 만들고 옷을 만드는 것과 같은 기술은 물론이고, 그림을 그리고 춤을 추고 시를 짓고 노래를 부르는 것과 같은 행위도 개인이나 공동체 삶의 요구에 밀착되어 있었다는 사실을 알 수 있다.

중세 시대 예술은 기독교에 봉사하는 기능을 수행했으며, 근대 르네상스 초기까지는 예술 작품은 주로 교회와 귀족 계급의 주문 생산으로 제작되었다. 전근대적 예술 개념이 근대적 개념으로 변화한 것은 다음과 같은 역사적 요인 때문이었다. 즉 생산력 및 과학·기술의 발전에 따라 인간이 자연을 지배할 수 있게 됨으로써 과거와 같이 자연을 숭배와 외경의 대상이 아니라 심미적 관조의 대상으로 바라볼 수 있었다는 점, 근대 사회의 등장과 함께 예술 창작의 자유를 옥죄던 중세 교회 권력의 요구에서 벗어날 수 있었다는 점, 그리고 예술 작품이 근대 자본주의의 상품 생산 체제에 편입되어 예술가의 사회·경제적 지위가 두드러지게 향상되면서 예술가가 후원자의 영향력으로부터 자유로울 수 있었다는 점이다. 이러한 요인에서 예술이 예술 외부의 누구를 위해서나 다른 무엇을 위해서가 아니라, 오직 예술 자체를 즐기기 위해 예술 작품을 생산하거나 소비한다는 순수한 예술 자율성의 이념이 생겼다.

예술이 국가·사회·공동체의 유지와 발전을 위한 유용한 도구로서 그 기능을 다하는가, 아니면 예술 창작과 감상을 목적으로 삼는 순수한 미적 쾌감을 위한 것이냐에 따라 예술의 자율성과 사회성은 끊임없는 긴장 관계를 맺는다. 예술의 역사는 인류 문화의 역사와 더불어 시작되었지만, 오랜 세월 동안 자율성을 갖지 못했다. 원시 동굴 벽화에 그려진 야생 동물은 심미적인 가치를 지닌다기보다는 풍성한 수렵을 기원하는 원시인의 주술적 의미를 담은 것이고, 고대 그리스 시대의 신전 건축이나 인체 조각상은 신과 영웅을 숭배하고 찬미하기 위한 것이며, 중세 시대의 예술은 기독교의 이념을 전파하기 위한 목적을 떠나서는 생각할 수 없는 것이었다. 고대와 중세에 걸쳐 아름다움은 '유용한 즐거움'이었다. 어떤 사물이 그 기능을 수행하기에 적합하게 만들어졌다면, 그 사물은 아름답다는 것이다. 술을 담는 항아리는 술을 담아 따르기에 알맞게 만들어야 아름답다는 말이다. 아름다움을 뜻하는 그리스 어 '칼론(kalon)'이 원래 표창 또는 무기라는 뜻을 지니고 있었다는 사실도 예술의 공리성을 충분히 입증한다.

중세의 도그마로부터 벗어난 예술이 근대 르네상스 시대에 기술과 학문의 품을 떠나 '예술을 위한 예술'을 주창하면서, 모더니즘 예술이 자율성과 순수성을 강조한 것은 예술이 실제 삶의 맥락에서 벗어나 삶으로부터 예술의 소외를 조장하는 계기가 되었다. 이러한 예술의 소외 현상은 20세기 이후 점점 더 가속화되었고, 예술은 실제 삶과 유리된 채 직업 예술가의 전문 영역 속으로 칩거해 들어갔다. 제1차 세계 대전을 전후로 한 유럽 아방가르드(전위주의)와 1950년대와 1960년대에 미국 사회에서 유행한 네오 아방가르드는 실제 삶과는 동떨어진 모더니즘 사조에 반발하여 예술과 실제 삶의 통합을 모색했다.

고대와 중세에 아름다움이 '유용한 즐거움'이었다면, 근대의 아름다움은 '무관심한 즐거움'이었다. 칸트는 미에 대한 판단은 무관심한 판단이라고 했다. 즉 아름다움은 개인의 이해·목적·관심이 전혀 개입되지 않은 상태에서 관조하는 무관심한 즐거움이라는 것이다. 아름다운 것은 무엇 때문에 아름다운 것이 아니라, 아무런 까닭 없이 그저 아름다울 뿐이라는 칸트의 '무관심성'이 근대 모더니즘 예술의 든든한 토대가 되었음은 물론이다.

무관심성은 언뜻 보기에 매우 그럴듯한 이론인 것 같다. 그러나 다음의 일화는 이 무관심성의 이론이 얼마나 추상적이고 창백한 이론인가를 보여 준다. 에스키모 인이 사는 마을에 서양의 선교사가 선교 활동을 하러 왔다. 이들은 에스키모 인에게 열심히 천국의 아름다움을 설명하며, 하느님을 믿어 천국에 갈 것을 호소했다. 선교사의 말을 유심히 듣고 난 어느 에스키모 인이 천국에도 물개가 있느냐고 물었고, 그렇지 않다고 선교사가 대답하자, 에스키모 인은 그런 천국엔 가기 싫다고 했다는 이야기다. 에스키모 인에게 물개는 생활에서 빼놓을 수 없는 존재였고, 물개가 없는 천국의 아름다움은 상상할 수 없는 것이었다.

또 구석기 시대의 것으로 보이는 비너스상에는 다산성을 중시하는 모계 중심 사회의 이상이 반영되어 가슴·허리·엉덩이 등이 과장되게 부풀려진 모습을 띠고 있고, 고대 수렵 시대엔 맹수의 이빨이나 발톱을 용맹의 상징으로 장식했으며, 철기 시대엔 쇠로 만든 팔찌를 부의 상징으로 장식했다. 이런 사례를 통해 예술의 아름다움이란 그 시대 사회인의 공통된 소망, 즉 이상을 반영한 것이며, 뚜렷한 관심을 표현한 것이라는 사실을 알 수 있다. 개인과 현실 그리고 역사가 표백된 '무관심한 아름다움'이 얼마나 공허한 이론인지 짐작할 수 있다.

근대 이전, 개인이 속한 사회와 공동체의 필요와 요구에 부응하여 무엇인가를 만들어 내는 기술이 예술이던 시절에 예술은 곧 삶에 대한 정직한 표현이었다. 예술은 사회와 공동체에 이로운 그 무엇이었고, 그것은 아름다운 것이었다. 아름다움은 진실함(진리)이나 선함(도덕)과 더불어 가치 있는 모든 것에 대한 표상이었다. 조형 예술의 역사에서 보건대 아름다움은 애초에 공리적 관념에서 비롯하여 근대 이후에는 심미적 관념으로 차츰 변화해 갔다. 서양 미술사에서 풍경화가 등장하는 배경을 살펴보면, 그 점이 더 실감나게 드러난다.

장르화로서 풍경화가 처음 나타난 것은 17세기 네덜란드에서다. 물론 그 이전에도 자연 풍경을 묘사한 그림이 있었지만, 그 경우 자연은 단지 신화나 종교의 주제를 형상화하는 배경으로만 등장할 뿐, 자연 자체를 주제로 삼은 것은 아니었다. 앞서 밝힌 대로 고대 사회에서 자연에 예속된 인간은 자연을 숭배와 외경의 대상으로 바라보았을 뿐, 심미의 대상으로 바라보지는 못했다. 이 시기엔 인간 삶의 대부분이 의식주나 안전 등 삶의 물질적 조건을 개선하는 데 얽매여 있었다. 신 중심의 중세 사회에서 기독교는 영성(靈性)을 지니지 않으며 생성·소멸하는 물질로서 자연을 배척의 대상으로 삼았다. 자연은 인간이 지닌 영성을 타락시키고 물질적인 감각의 즐거움에 빠지게 하므로, 중세 미술에서 자연 풍경을 표현하는 것은 극히 절제되었다. 15세기 르네상스 회화에도 인문주의의 영향으로 인물상이 중심이 되어 전경(前景)을 크게 차지하고, 풍경은 인물의 배경으로서만 의미를 지녔다.

정물화와 더불어 풍경화가 독립된 화풍으로 자리잡은 17세기 네덜란드 회화에서 인물과 자연의 비례는 역전되었다. 자연 풍경이 화면의 전경에 돌출하고, 인물은 이제 광대한 풍광 속의 보잘것없는 존재로 취급되었다. 회화에서 인물과 자연 비례의 역전은 인간과 자연 간의 관계의 역전을 의미한다. 즉 이 시기에 이르러 유럽 사회에서 코페르니쿠스적 우주관의 전환, 과학·기술의 눈부신 발전에 힘입어 자연의 예속에서 해방된 인간이 비로소 자연을 자연 자체의 아름다움으로 지각할 수 있는 눈이 열린 것이다. 특히 17세기 네덜란드에서는 공화제와 부르주아 경제 체제의 확립이 물질

마네, 「풀밭위의 점심 식사」(왼쪽), 율스만, 「누드」(오른쪽)

속에 현실적인 행복과 세계 인식의 원천이 있다는 도시민의 현실주의적인 생활 감각을 싹트게 했고, 이것이 뢰이스달(Ruisdael)·고이엔(Jan van Goyen)·렘브란트(Rembrandt) 등의 사실주의적 풍경화를 낳은 배경이 되었다.

자율성에 대한 강조는 자칫 예술의 사회성을 간과할 수 있다. 예술은 고독한 천재의 산물이 아니라, 사회 상황의 산물이다. 고흐·고갱·피카소의 작품은 사회와 단절된 채 이루어진 예술가 개인의 천재적 영감의 산물이라기보다는 그들이 살았던 시대의 산물이다. 그런 화가의 불타는 예술혼은 사회 속에서 형성되어 단련된 것이다. 예술은 사회 속에서 나와 사회와 서로 영향을 주고받으며, 자체를 변모시켜 간다. 자율성에 지나치게 기우는 태도는 예술을 낳은 한 시대의 사회·경제 체제를 무시하고, 곧잘 순수주의의 신화로 도피한다. 순수주의는 또한 예술 지상주의(유미주의)와 결합한다. 예술가도 결국은 하나의 사회적 존재로서 사회의 영향을 무시할 수 없다. 사회에 초연한 순수예술이란 역사와 현실로부터 예술가의 도피를 미화한 한낱 수식어에 지나지 않을지도 모른다. 이른바 순수주의자는 '순수'의 이름 아래 역사와 현실에 적극 개입한 참여주의자를 불순하다고 매도한다. 그러나 우리는 일제 강점기와 해방 이후 오랜 독재 체제를 경험하면서 오히려 순수주의자가 순수를 가장한 불순한 정치적 의도를 갖고, 식민지 지배자와 독재자에게 굴종하여 예술의 순수성을 오염시켜 온 사례를 많이 보아 왔다.

교회의 권위가 예술을 신앙의 도구로 삼은 중세 시대나, 국가 권력이 예술을 정치 이데올로기의 도구로 삼은 스탈린 시대처럼 예술이 외부의 권위나 권력에 종속되어 예술 고유의 자율성을 훼손당해서는 곤란하다. 그것은 예술의 건강한 생명력을 해치는 결과를 낳을 것이다. 예술의 사회성에 대한 강조는 예술을 사회와 연관지어 살필 수 있는 이점이 있는 반면, 자칫 내용의 전달에 몰두하여 미적 형식을 소홀히하기 쉽다. 내용은 아름다운 예술의 옷을 입을 때 더욱 빛이 나고, 수용자 대중의 폭넓은 관심과 흥미를 불러일으킬 수 있다. 그리고 참된 의미에서 예술의 자율성은 예술이 태어난 토대인 사회와 긴장된 끈을 놓치지 않고, 부당한 외부의 압력이나 간섭으로부터, 그리고 자본주의의 지나친 상품 논리로부터 자유로울 수 있을 때 비로소 확보될 수 있다. 이러한 의미에서 현대 사회에서 예술의 진정성에 대하여 생각해 보자.

3. 현대 사회와 예술의 진정성

예술이 개인 또는 공동체의 직접적인 요구를 벗어나 자립성을 획득하면서 현대 사회에서 예술의 위상과 기능에 대한 물음이 끊임없이 제기되었다. 현대 사회에서 예술은 '예술'이란 이름으로 개인 또는 공동체의 삶에 대한 면책 특권을 가질 수 있을까?

19세기 말에서 20세기 초를 지나면서 더 이상 '아름다운 예술(fine arts)'이라는 말로 설명할 수 없는 숱한 이벤트와 퍼포먼스가 이른바 '현대 예술'이란 꼬리표를 달고 나타났다. 전통적인 예술 개념으로는 이제 누구도 예술을 정의할 수 없게 되었다. 모든 예술 현상과 행위를 일관하는 공통된 요소를 찾기란 어려우며, 예술에 대한 적용 조건이 무한히 수정될 수 있고 또 보완될 수 있는 개방된 개념이므로 정의할 수 없다는 '정의 불가론'이 현대 미학자들 사이에서 꽤 큰 설득력을 얻고 있다.

현대 미술은 네모난 액자 틀을 벗어난 순간부터 풀기 어려운 암호가 되어 버렸다. 미술은 색채나 형상으로 무엇을 지시하거나 의미하는 기호의 기능을 상실하고, 대중이 범접하기 어려운 깊은 암호의 미궁 속으로 빠지고 말았다. 많은 사람이 문화적 갈증과 허영 사이에서 방황하고 있다. 현대 미술에 대한 안목을 얻고, 교양을 넓히기 위해 전시장을 찾았다가 끝없는 암호의 미로 속을 헤매다 지친 머리를 싸매고 나오거나, 그래도 무슨 무슨 전시회에 다녀왔다는 것 하나로 마음의 위안을 삼곤 한다. 현대 미술은 어렵고, 어렵지 않은 것은 현대 미술이 아니라는 생각이 팽배해 있다. 예술이 갖는 상호 소통의 고유 기능을 저버리고, 현대 예술과 대중 사이에는 건널 수 없는 깊은 심연이 가로놓여 있다.

20세기 초반 한때 유럽 미술계를 휩쓴 아방가르드 운동은 인간의 실제 삶과 유리되어 제도화된 예술을 부정하고, 예술을 다시 삶의 실천 속으로 통합할 것을 목표로 삼았다. 세계를 변혁하기 위한 투쟁의 일부로서 예술을 사회적 삶 속으로 끌어들이려 했다. 브레통(A. Breton)은 1935년 문화성 작가회의에서 "마르크스가 말한 '세계의 변혁'과 랭보(Rimbaud)가 말한 '삶의 변혁', 이 두 말은 우리에게 하나이며 동일한 것"이라고 했다.

제1차 세계 대전 중 중립국 스위스의 취리히에 모여든 망명 '보헤미안 예술가'들, 즉 다다이스트의 카페 '볼테르'에는 제국주의 전쟁에 대해, 그리고 자본주의적인 낡은 예술관에 반대하는 진지한 열정으로 충만했다. 그것은 곧 정치 의식의 변혁과 미의식의 변혁을 통합하기 위한 고난에 찬 모색이었다. 다다이스트는 자연 그대로의 물체나 파괴된 기계의 파편, 금속 조각 등을 늘어놓는 '오브제(object)'와 종이나 헝겊을 뜯어 붙인 '콜라주(collage)' 등으로 제도화된 유럽 사회의 낡은 예술에 신선한 충격을 던졌다. 이런 아방가르드 논리의 연장선에 포스트모더니즘이 있다.

포스트모더니즘 논의가 개화된 곳은 1960년대 이후 미국의 문화적 상황 속에서였다. 즉 포스트모더니즘은 1950년대 중반 이후 미술과 문학 부문에서 라우션버그(Rauschenberg)·존스(J. Johns)·긴즈버그(Ginsburg)·버로스(Burroughs) 같은 새로운 세대의 예술가들이 추상 표현주의와 모더니즘 문학의 지배에 도전하고, 고급 예술의 제도화에 대한 우상 파괴적인 공격을 행한 유럽 아방가르드의 유산을 소생시키려는 노력으로 구체화되었다. 이러한 예술 운동에 민권 운동·학생 운동·반전 운동과 같은 1960년대 당시 미국의 사회 상황이 큰 영향을 미쳤다.

그러나 1970년대 중반에 이르러 그 이전 10년간 예술 운동의 기준이 되었던 이념은 빛이 바래거나 변형되어 포스트모더니즘에 내재했던, 관습을 타파하고자 하는 건강한 몸짓은 점차 자본주의의 상품 생산 체제 속에 용해되어 버리고, 아방가르드 정신은 소진되었다. 포스트모더니즘이 보여 주는 상품화된 예술품에서 예술과 사회를 통합하려는 아방가르드 작가의 꿈은 대단히 희화적인 모습으로 나타났다. 포스트모더니즘은 아방가르드로부터 예술과 사회의 통합·전통 거부·고급문화 반대 등을 물려받았지만, 이러한 것을 모더니즘이 지녔던 탈(脫)정치적 충동으로 대체해 버렸다.

예술에서 포스트모더니즘은 모더니즘과 뚜렷한 차이가 나는 특징도 없을 뿐더러, 모더니즘에 대한 비판적 대안도 될 수 없다. 포스트모더니즘 문화의 가장 두드러진 특징 가운데 하나로 '재현의 약화'를 들 수 있다. 포스트모더니즘이 예술을 더 이상 현실의 반영으로 보지 않는 까닭은 이미 현실 자체가 온갖 시각 이미지와 환영(illusion)으로 넘쳐나 실제로 예술이 반영할 현실이 아무것도 없다는 데 있다. 옛날부터 예술은 환영의 창조였다. 즉 예술은 그럴듯하게 현실을 재현하여 현실을 재창조하려는 행위였다. 그것은 곧 허구적 이미지를 통해 수용자에게 실재감을 부여하려는 것이었다. 고향 마을을 그린 한 폭의 풍경화를 보면서 우리는 마치 고향의 품에 안긴 듯한 환영을 갖는다. 영화나 연극을 보면서 극중에 몰입하여 극중 인물과 함께 웃고 울며 카타르시스를 느끼는 것은 모두 예술이 갖는 환영의 창조 때문이다. 사실 예술이 우리에게 주는 감동의 정체는 허구를 통해 실재를 경험하게 하는 환영의 창조이다.

그러나 현대의 첨단 복제 기술은 고도로 정교한 이미지를 통해 완전 무결한 실재를 추구하려 했고, 이것은 결국 이미지 자체가 가진 상상·묘사·의미 작용 등의 힘을 잃게 했다. 진짜보다 더 진짜 같은 모조 복제품이 범람하고 있다. 포스트모던 사회는 실재의 기호가 실재 자체를 대체하는 사회이다. 예술은 "사실의 논리와 이성의 질서와 무관한 시뮬레이션의 논리"에 따른다고 보드리야르는 주장한다.

모조된 실재가 실재보다 더 실재적인 '하이퍼리얼리티(hyper-reality)'의 시대, 모든 대상이 다 미적 대상이 되고, 모든 것이 다 예술이 될 수 있는 시대엔 더 이상 '아름다운 예술'은 설 땅이 없다. 많은 사람은 이제 예술에서 아름다운 그 무엇을 요구하지 않는다. 고상한 그 무엇을 바라지도 않는다. 현대 예술을 통해 더 이상 사람들은 격조 높은 아름다움을 찾지 않는다. 오히려 충격적인 그 무엇을 찾는다. 예술가는 감각적 충격을 줄 소재를 찾기에 골몰하고 있다. 현대 사회에서 예술은 과연 그 소임을 다한 것일까? 그래도 예술이 담당해야 할 진정한 몫이 남아 있다면, 그 어디에서 그것을 찾아야 할까?

1937년 피카소는 프랑코 독재 체제에 대항한 공화파의 투쟁이었던 스페인 내전을 소재로 한 「게르니카(Guernica)」를 그렸다. '게르니카'는 스페인 북부에 있는 바스크 지방의 옛 수도이다. 1937년 4월 26일 독재자 프랑코 총통을 지원하는 나치의 콩도르 여단이 게르니카를 무참히 폭격하여 이유서 깊은 역사의 고도는 하루아침에 잿더미가 되어 버렸다. 조국 스페인에서 벌어진 이 천인공노할 파시즘의 만행을 전세계에 고발하기 위해 피카소는 분연히 붓을 들었다. 「게르니카」에는 청회색의 절제된 색감으로 사람·소·말 등의 동물이 간결한 선묘(線描)에 왜곡되고 변형된 형상으로 표현되어 있다. 이러한 형상을 통해 피카소는 반전·평화·자유 등 인류 보편의 가치를 그림 속에 구현하였다.

입체파 화가 피카소로 하여금 반전의 기치를 높이 들게 했던 스페인 내전에 프랑스의 작가 말로(A. Malraux)는 스페인의 민주주의 회복을 위해 세계 각지에서 모여든 국제 의용군과 함께 '에스파냐 비행 편대'를 창설하여 직접 전투기를 몰고 민간 항공군 사령관으로 반파시즘 전선에 뛰어들었다. 이 전투 경험을 바탕으로 말로는 『희망』이란 소설을 썼다. 「게르니카」의 제작과 같은 해였다. 『희망』에서 말로는 대포를 고정시키기 위해 상의를 벗어부치고 바퀴 축을 밀고 있는 의용군 전사들의 모습을 프랑스 대혁명 그림과 비교하고 있다. 여기서 전사들 개개인의 이미지는 개인을 초월해 인간의 고통과 존엄성, 자유를 추구하는 인간의 영원한 진실성과 만난다. 그것은 또 '스페인 시민 혁명'이라는 지엽적인 투쟁이 역사의 보편성을 획득하는 것이기도 하다.

참여주의 문학의 기수 말로는 "예술이란 유한한 열정으로 영원한 자연을 표현하는 것"이라고 했다. 인간은 예술 창조를 통해 자신의 유한성을 초극하고, 영원성을 추구한다. 인간이 자신의 실존적 제약을 넘어서서 불멸의 가치를 창조할 수 있는 힘은 예술에서 나온다. 인간은 자신의 전 영혼을 투사하여 예술 작품을 창조하고, 그러한 예술은 시공간의 제약을 벗어나 영원의 얼굴로 끊임없이 부활한다. 2500년 전에 창조된 그리스의 서사시와 비극이 우리 시대에도 여전히 감동을 주는 이유는 여기에 있다.

예술 작품 속에는 다양한 개별 행동과 사건이 표현되어 있다. 이러한 개별성이 개별성에 머물지 않고 당대 역사의 본질과 필연성으로 지양될 때, 예술 작품은 당대를 뛰어넘어 인류 보편의 영원한 가치를 창조한다. 피카소와 말로는 동일한 역사적 사건을 소재로 미술과 문학을 통해 개별 형상과 행위를 자유와 평화라는 인류 보편의 가치로 승화시켰다. 조정래는 소설 『태백산맥』에서 1940년대와 1950년대 전남 보성, 벌교 지방을 무대로 염상구, 염상진, 김범우 등 개별 인물과 사건을 통해 벌어지는 해방 공간의 좌우 이념 대립과 토지를 둘러싼 지주와 소작인 사이의 갈등을 우리 현대사의 난제인 민족 모순과 계급 모순의 표출이라는 관점에서 밀도 있게 그려내었다. 그것은 민족의 화해와 통일을 모색하는 데 그러한 모순의 문제가 어떻게 작용하고, 또 어떤 영향을 미칠 것인지에 대한 전망과 성찰을 담고 있다.

예술 작품의 리얼리티는 현실을 초월한 피안의 세계에 있지 않고, 현실 세계 속에 있다. 현실과 유리된 예술적 상상력이 화려한 겉치레로 독자나 관객의 일시적인 흥미를 유발할 수는 있을지 몰라도 시간의 풍화 작용에도 스러지지 않고, 공간의 제약도 초월하는 영원한 감동을 줄 수는 없다.

4. 프로메테우스와 오르페우스의 신화

한 중학교 미술 교사가 자신과 임신한 아내의 누드 사진을 인터넷 홈페이지에 올려 교단에서 쫓겨난 일이 있었다. 이 일은 디지털 시대에 표현의 자유는 무엇이고, 예술과 외설의 기준은 어디에 있는지에 대한 논란을 불러일으켰다. 고대에서 근대에 이르기까지 이성에 치우친 서양의 정신사는 인간의 몸을 철학적 담론의 대상에서 제외시켰다. 고결한 영혼에 비해 육체는 욕망을 자극하는 감각의 도구에 지나지 않은 것으로 간주되었다. 르네상스 이후 인간의 몸은 자본주의의 상품 논리에 의해 철저히 왜곡되고 조작되었으며, 예술은 줄곧 여성의 몸을 남성의 시선에 의해 대상화된 성적 객체로 표현하였다.

자신과 아내의 알몸 사진을 인터넷에 올린 미술 교사의 행위는 법의 제재를 받아 마땅한가? 아니면 표현의 자유로 옹호해야 옳은가? 그는 한 일간 신문의 인터뷰에서 몸의 진정한 아름다움이 무엇인지에 대한 질문을 던지고 싶었다고 자신의 심경을 토로했다. 미인 대회나 텔레비전 광고에 나오는 미인처럼 화장이나 조명술·성형술·컴퓨터 그래픽 등에 의해 조작되고 꾸며진 아름다운 몸과 다른, 많은 사람의 건강한 몸을 초라하게 만들고 열등감을 느끼게 하는 그 아름다운 몸과 다른, 연출되지 않은 자연 그대로의 몸을 찾다가 고단한 삶의 흔적이 묻어 있는 자신과 아내의 누드 사진을 인터넷 가상 공간에 내걸었던 것이다. 그는 자본주의 상품 물신성의 도구로 전락해 버린 인간 육체의 아름다움에 대해, 그리고 예술을 상업화 논리에 저당잡힌 식상한 미술판에 대해 저항의 메시지를 담고자 캔버스 대신 누구에게나 열려 있고, 상호 작용이 가능한 인터넷 가상 공간을 이용했던 것이다.

우리는 여기서 다시 한 번 우리 시대의 진정한 예술에 대해 물음을 던진다. 이 시대 예술의 진정성은 어디서 찾아야 할까? 그것은 자본의 폭력에 무방비로 노출된 허위와 위선의 아름다움을 떨치고, 개체의 유한성을 영원한 보편성의 창조로 승화시켜 가는 인간의 열정 속에 있을 것이다. 구체적인 삶의 터전 위에서 노동을 하고 사랑을 하고 투쟁을 하며, 고통을 겪고 기쁨을 누리는 구체적 인간에 관한 진실을 제공하여 있는 그대로의 현실

속에서 있어야 할 현실의 전망을 실천적으로 모색하는 예술, 그 누구를 위한 것도 아닌, 그 무엇을 위한 것도 아닌, 그리고 예술 자체를 위한 것도 아닌, 오직 인간을 위한 인간의 예술이 우리가 지향해야 할 진정한 예술의 모습이 아니던가! 차가운 회색빛 기술 시대, 물질적 욕망에 사로잡힌 영혼을 구원할 한 줄기 생명의 빛과도 같은 존재가 우리가 지향할 예술의 이상이 아니던가!

일찍이 근대 철학자와 과학자의 행복한 밀월은 기계의 인간화를 가능하게 했다. 그러나 근대 이후 기술의 비대화는 인간성의 기계화라는 역설을 낳았다. 인간성의 기계화는 인간의 감정이나 정서를 거세해 버리고, 양으로 환원될 수 없는 것은 무엇이든지 가치 없는 것으로 취급하며, 목적에는 관심이 없고 오직 수단이나 결과에만 몰두하는, 가슴이 없는 인간을 양산한다. 예술을 심미적 상징의 표현으로 보는 멈포드는 프로메테우스가 아니라 오르페우스가 바로 인간 최초의 스승이자 은인이었다고 갈파한다.

프로메테우스는 올림푸스 산에 있는 신들의 불을 훔쳐 인간 세상에 가져다주고, 제우스의 노여움을 사 코카사스 산정에서 쇠사슬에 묶인 채 독수리에게 간을 뜯어먹히는 가혹한 형벌을 받았다. 이 신화가 우리에게 시사하는 바는 인간은 도구를 사용하는 동물이며, 프로메테우스가 신들로부터 훔친 불이라는 선물이 바로 인간 발전의 원천이었다는 것이다.

오르페우스는 그리스 신화에 등장하는 최고의 음악가로서 현악기의 일종인 리라, 즉 수금 켜는 그의 솜씨와 노래는 인간은 물론 짐승과 나무나 바위까지도 매혹시켰다. 그런데 그의 아내 에우리디케가 올림푸스 산기슭에 꽃을 꺾으러 갔다가 독사에게 물려 죽자, 아내의 죽음을 슬퍼하여 지하 세계에 내려가 빼어난 수금 연주와 노래로 저승 세계의 지배자인 하데스를 감동시켜 아내를 구해 데려온다. 그러나 이승에 완전히 이를 때까지 뒤를 돌아보아서는 안 된다는 하데스의 명을 어기는 바람에 영원히 사랑하는 아내를 잃은 비운의 음악가이다. 인간은 불을 도구로 삼았기 때문이 아니라, 상징이라는 수단으로써 우애와 애정을 표현하고, 과거에 대한 분명한 기억과 미래를 향한 충동으로 현재의 삶을 풍부하게 하고, 자신에게 가치 있고 의미 있는 삶의 순간들을 확장·심화시킬 수 있었기에 인간답게 되었다는 점을 오르페우스 신화는 알려 준다.

두 신화에서 프로메테우스는 기술의 세계를, 오르페우스는 예술의 세계를 대변한다. 프로메테우스가 인간을 위해 바친 자신의 모든 사랑으로도 도저히 완전히 발전시킬 수 없었던 인간 본성의 감성적인 부분을 대표하는 것은 오르페우스이다.

예술은 인간을 인간답게 하고, 감수성을 발달시켜 삶의 의미와 가치를 일깨우며, 더불어 사는 사람에 대한 관용·이해·애정의 폭을 넓혀 준다. 오늘날 끝간 데 모르게 발달한 과학·기술의 힘은 급기야 유전자 정보를 해독해 신의 영역이라 일컫는 생명의 비밀을 넘보게 되었다. 생명을 마음대로 조작하고 복제할 수 있는 과학·기술은 인간성의 마지막 보루를 위협하고 있다. 안락한 삶을 누리기 위해 만든 기술에 의해 인간은 총체적으로 관리되고 소외되는 운명에 처했다. 메마른 프로메테우스의 기술 세계를 따뜻하고 부드러운 오르페우스의 예술 세계로 감싸안을 때, 기술에 의한 인간의 비인간화는 극복될 수 있을 것이다.

■ 주제어

예술, 기술, 예술 자율성, 사회성, 무관심성, 모더니즘, 포스트모더니즘

■ 용어 해설

아방가르드(Avant garde) 본래 군사 용어로 본대에 앞서 적진을 돌파하는 '전위대'를 일컫는 말이다. 19세기 말부터 20세기 초에 걸쳐 유럽을 중심으로 기존의 낡은 예술 관념에 대항해, 그리고 상업화·고급화로 치닫는 예술 제도 일반에 대항해 일어난 혁명적 예술 운동이다. 표현주의·미래파·입체파·상징주의·다다이즘·초현실주의 등의 양식으로 표출되었다.

유럽 아방가르드에 대해 1950~1960년대에 걸쳐 미국을 중심으로 팝 아트·컨셉츄얼 아트·미니멀 아트 등으로 표출된 예술 운동을 네오 아방가르드라고 한다.

예술과 미의 공리적(公利的) 관념·심미적(審美的) 관념 공리적 관념은 미와 예술을 사회와 공동체의 이익과 요구에 결부시켜 파악하는 입장이며, 이에 반해 심미적 관념은 미와 예술을 사회나 공동체의 이익과 요구로부터 자립시켜 그 자체의 순수성을 추구하려는 입장이다. 예술의 역사는 미와 예술이 공리적 관념에서 심미적 관념으로 이행했음을 보여 준다.

예술 지상주의 예술의 자율성을 극단화한 형태로 예술 도구주의와 대립되는 개념이다. 예술이 일체의 사회·경제적 토대로부터 벗어나 예술 자체의 아름다움만을 추구하려는 경향이다. 탐미주의(眈美主義) 또는 유미주의(唯美主義)라고도 한다.

다다이즘(dadaism) 제1차 세계 대전 중 프랑스의 시인 차라(T. Tzara)가 중심이 되어 스위스 취리히를 중심으로 일어난 문학과 예술의 새로운 운동. 아방가르드의 한 유파이다. 일체의 전통 예술의 문법을 파괴하고, 체계를 거부하였다. 나중에 이 운동은 쉬르리얼리즘에 흡수되었다. 시인 브르통(A. Breton), 아라공, 엘뤼아르(P. Éluard)와 아르프(H. Arp), 에른스트, 피카비아 등의 화가·조각가들이 운동에 참여하였다.

환영(illusion) 감각상의 착각으로 빚어진 미적 가상(假像), 일종의 눈속임이다. 근대 미술은 원근법을 이용하여 2차원의 평면 속에 3차원의 공간을 사실적으로 재현하려는 환영의 산출을 그 목표로 삼았고, 현대 미술은 이러한 환영의 산출을 의도적으로 거부하여 화면에서 평면성을 추구했다. 예술의 역사는 미적 환영의 산출에 관한 다양한 모델과 방식을 보여 준다.

하이퍼리얼리티(hyper-reality) 현대의 첨단 복제 기술을 통해 실제 세계에 대해 지나치게 완벽한 모사를 추구하려는 경향. 이러한 경향으로 인해 모조된 실재가 더 실재 같은 아이러니가 일어난다. 보드리야르는 현대 사회가 실재에 관해 더 많은 것을 제공하려고 애쓰지만, 결국 우리는 실재의 의미와 차원을 잃게 된다고 말한다. 미술에서 하이퍼리얼리즘, 음악에서 4개 채널 녹음 방식, 하이퍼 스테레오, 하이파이 등이 이러한 경향을 잘 말해 준다.

■ 생각해 볼 문제

1) 디지털화된 첨단 기술 공학을 이용해서 음악과 미술 등에서 완벽한 실재의 복제, 진짜보다 더 진짜 같은 가짜가 가능해지고 있다. 이러한 관점에서 기술은 현대 예술에 어떠한 영향을 미칠 수 있는지 예술과 기술의 상호 관계에 대해 토론해 보자.

2) 김인규 교사 인터넷 누드 사진 게재와 관련하여 디지털 시대의 예술 표현의 자유에 대해서 그리고 예술과 외설에 대한 객관적인 기준을 제시할 수 있는지에 대해서 토론해 보자.

3) 스페인 시민 혁명을 다룬 피카소의 「게르니카」와 앙드레 말로의 「희망」, 캔 로치 감독의 영화 「랜드 엔드 프리덤」을 서로 비교 감상해 보고, 이들 작품 속에서 인간의 보편적인 가치가 어떻게 표현되어 있는지 생각해 보자.

4) 「국화 옆에서」와 같은 아름다운 서정시뿐만 아니라 일제 식민지 침략을 찬양하고 독재자를 미화·찬양하는 시도 쓴 서정주 시인의 경우를 놓고, 예술의 자율성(순수주의)과 사회성(참여주의)의 의미에 대해 토론해 보자.

■ 참고 문헌

▶루이스 멈포드, 『예술과 기술』, 김문환 옮김, 민음사, 1999.
기술·기계 일변도의 시대에 예술과 기술, 상징과 기능, 인간적인 것과 기계적인 것의 조화를 모색한 멈포드의 연속 강연록.

▶장 보드리야르, 『예술의 음모』, 배영달 옮김, 백의, 2000.

쓰레기도 예술이 되듯이, 미적인 것을 일반화하여 모든 대상을 미적 평범
함과 무가치에 이르게 하는 현대 예술의 성격을 '예술의 음모'라 규정짓고,
이러한 현대 예술의 성격이 결국 예술의 종언을 초래한다는, 여러 매체에
발표된 보드리야르의 글과 회견문.

▶앙드레 말로, 『덧없는 인간과 예술』, 유복렬 옮김, 푸른숲, 2001.

예술의 종언이 회자되는 시대에 '유한한 인간의 영원한 정열'로 예술의 가
치를 설파한 참여주의 작가 앙드레 말로의 예술론. 예술의 진정성은 예술
작품 속에 나타난 개인성이 역사의 보편성을 얻을 때 가능함을 설득력 있
게 제시했다.

▶아놀드 하우저, 『문학과 예술의 사회사』(전4권), 백낙청 외 옮김, 창작과
비평사, 1976.

문학과 예술의 순수한 자율성을 주장하는 관념주의적인 해석을 부정하고,
고대부터 현대에 이르기까지 문학 예술의 발생사를 사회·경제적 토대와
관련지어 서술한 헝가리 태생 예술 사회학자 아놀드 하우저의 명저.

제12장 해방과 초월로서 종교

1. 고통스런 삶

아우구스티누스는 "주님 안에 쉴 때까지 편안함이 없나이다"라고 말했다. 이는 자신의 삶의 여정 가운데서 느꼈던 끊임없는 불안감을 표현한 것이다. 불안의 정체는 과연 무엇일까? 불안은 인간의 지적·도덕적 불완전성에서 비롯되고 궁극적으로는 죽을 수밖에 없는 인간의 운명에 기인한다. 아마 불안이 인간의 참모습일 것이다. 우리는 불안을 떨쳐 버리기 위해 무엇인가 일을 기획하고 거기에 매달린다. 하지만 이런 시도들이 다 '쓸데없는 정열'일는지도 모른다. 주어진 인생을 열심히 산다고 해서 반드시 그 대가가 주어지는 것이 아니기 때문이다. 어른들은 자신들이 쌓아 온 것을 미화하고 이를 고수하고자 한다. 반면에 젊은이들은 이를 비판하고 무너뜨리고자 한다. 어쩌면 역사는 쌓고 또 쌓은 것을 무너뜨리는 일을 반복하는 것이라고 할 수 있다.

우리는 혼자 살 수 없다. 사람들과 더불어 사랑하면서 살 때 우리는 사람일 수 있다. 하지만 우리는 왜 서로 사랑하지 못하고 서로를 비방하고 시기하고 질투하고 원망하면서 살아갈까? 행복은 물질적인 재화나 사회적 지위 상승에 있기보다는 오히려 좋은 인간 관계 가운데 있는 것인데도 말이다. 좋은 부부 관계, 좋은 부자 관계, 좋은 친구 관계, 좋은 스승과 제자 관계 가운데 행복이 있는 데도 말이다. 이상과 현실은 너무나 다르다. 순수하고 높은 이상은 항상 머릿속에서만 맴돌게 마련이다. 우리는 어릴 때부터 이웃 및 동료들과 경쟁하는 데 익숙해져 있다. 나는 이웃과 동료들을 지배하고 압도하고자 한다. 사람들은 내 마음을 알아주지 못한다. 내 마음은 그렇지 않은데도 말이다. 우리는 오해 구조 가운데 살고 있다. 그렇다고 알아달라고 호소할 수도 없다. 진솔한 대화가 불가능해지면 인간 관계는 더 이상 유지되지 않는다. 심지어 타인은 지옥이기도 하다.

우리는 건강하게 살아 있는 한, 인생의 대부분을 일하면서 보낸다. 따라서 일을 재미있게 하는 사람은 대체로 인생을 행복하게 사는 반면에, 하기 싫은 일을 어쩔 수 없이 하는 사람은 인생을 고해(苦海)로 느끼면서 산다. 전문 직종에 종사하는 소수의 사람들을 제외하면 대부분의 사람들은 일을 경제적 먹이를 획득하는 하나의 방편으로 인식하고 있다. 오늘날 대부분의 사람들은 먹고살기 위해 하기 싫은 일을 하는 것을 당연시여긴다. 따라서 우리는 일을 싫어하고 노는 것을 좋아하게 되었다. 우리는 돈을 벌기 위해 일하고, 일 없는 여가 시간을 레저·관광·스포츠 등을 하며 보낸다. 그런데 우리는 하고 싶지도 않은 일을 평생 하고 살아야 하는 것인가? 그에 대한 탈출구는 레저·관광·스포츠뿐인가? 하고 싶지 않은 일을 평생 하고 산다는 것은 대부분의 시간을 능동적이고 주체적으로 살지 못하고 수동적으로 산다는 말이다. 능동적이고 주체적으로 살 때, 자유롭고 행복할 수 있다. 이때 우리는 희열을 맛볼 수 있다. 하지만 우리는 안락(安樂)을 선호한다. 안락은 물질적인 것과 관계하며 수동적인 즐거움을 준다. 반면에 희열은 정신적인 것과 관계하며 능동적인 즐거움을 가져다준다. 하지만 우리는 희열을 잊고 산 지 오래다. 우리는 좋은 차, 좋은 옷, 좋은 음식 등을 얻는 것을 인생의 목표인 양 생각한다. 이런 즐거움에서 우리는 우리 자신을 잊을 수 있지만, 이는 어디까지나 수동적이다. 이들에서 진정한 즐거움을 찾을 수 없다. 그래서 오늘날을 사는 우리는 대개 허무주의자이게 된다.

외적 조건을 수동적으로 받아들이는 것이 아니라, 그러한 조건들을 능동적으로 해석하여 나름대로의 의미를 부여하면서 살아가는 삶, 이것이 주체적 삶이다. 주체적 삶이 바로 자유로운 삶이며, 행복은 주체적이고 자유로운 삶에서 비롯된다. 우리는 왜 주체적이고 자유롭게 살지 못하는 것일까? 이는 우리가 돈이나 사회적 지위나 자신에 대한 사회적 평판이나 자신의 외모 또는 자신의 완벽성에 대한 집착에 끌려 다니기 때문이다. 실제로 아무것도 나를 괴롭히는 것이 아닐지도 모른다. 그렇다면 내가 나 자신을 괴롭히고 있는 것이다. 나는 어떻게 나 자신으로부터 해방될 수 있을까? 내가 자신으로부터 해방될 때, 비로소 나는 자유롭고 주체적일 수 있다.

우리는 한평생 시시때때로 밀어닥치는 불안감을 안고 살다가 죽고 만다. 역사는 그저 세워졌다가 사라지는 모래탑일 수도 있다. 우리는 많은 경우 왜곡된 인간 관계 때문에, 특히 왜곡된 부부 관계 때문에 한평생 고통을 당하면서 산다. 인생은 오해 구조 가운데 놓여 있다. 그리고 일은 의미를 갖지 못하고 단지 먹고살기 위한 방편이 되고 말았다. 한평생 우리는 하기 싫은 일을 먹고 살기 위해 해야만 한다. 그나마 일거리가 없어 먹고살기조차 어려운 사람들도 많다.

우리들의 놀이는 일에 지친 정신적·신체적 리듬을 조정하고 회복하기 위한 휴식이 아니라, 돈을 지불하고 정신과 신체를 한껏 소모하는 것으로 변해 버리고 말았다. 그래서 우리는 아무리 놀아도 허무감을 떨쳐낼 수 없게 되었다. 더구나 우리는 돈이나 사회적 지위나 사회적 평판이나 자신의 외모나 자신의 완벽성에 대한 지나친 집착으로 자유롭지도 주체적이지도 못한 채 무엇인가에 끌려 다니듯 살고 있다.

우리는 어떻게 하면 이런 집착에서 벗어날 수 있을까? 어떻게 하면 자아라는 감옥에서 해방될 수 있을까? 어떻게 하면 인간 관계가 정상화되어, 고통을 주는 인간 관계의 틀에서 벗어날 수 있을까? 어떻게 하면 죽음에 맞서서 의연하게 인생을 살 수 있을까? 어떻게 하면 우리의 지적·도덕적 불완전성을 흔쾌히 받아들일 수 있을까? 어떻게 하면 역사의 덧없음으로부터 벗어날 수 있을까? 어떻게 하면 우리 삶의 과정이 주체적이고 능동적일 수 있을까? 어떻게 하면 희열에 차서 살 수 있을까?

만약 종교가 참된 종교라면 적어도 이런 물음에 대해 답해 주도록 노력해야 한다. 종교는 우리를 이러한 사슬에서 해방시켜 주어야 한다. 종교는 가장 궁극적 관점에서 우리가 세상을 볼 수 있도록 해주어야 한다. 그래서 우리가 고통 가운데서도 세상을 초연하게 살 수 있도록 도와야 한다. 종교는 우리를 해방시켜 주고, 우리가 초월적인 방식으로 살 수 있도록 도와 주어야 한다. 그럴 때, 종교는 참된 종교가 될 수 있을 것이다.

2. 종교란 무엇인가?

2층에는 시어머니, 남편, 며느리 그리고 아들이 살고 있다. 1층에는 친정 어머니와 친정 여동생이 살고 있다. 시어머니는 종교를 갖고 있지 않은 반면에, 친정 어머니는 독실한 크리스트 교 신자다. 그런데 시어머니는 매사에 느긋하고 근심 걱정이 그다지 없으며, 세상에 대해 긍정적이고 인생의 불완전함을 받아들이고 만족해하며 산다. 반면에 독실한 크리스도교 신자인 친정 어머니는 욕심이 많고 느긋하지 못하며, 근심 걱정이 많고, 애착이 강해 다른 사람과 자주 말다툼을 한다. 물론 이는 두 사람의 개인적 성장 배경과 성격 차이이기도 하겠지만, 어쩌면 종교가 인생을 긍정하게 해주고 집착에서 벗어나게 해주며, 심지어 죽음조차도 초연하게 받아들이는 굳건한 인생 태도를 심어 주고 있지 못해서 그럴 수도 있다.

임종 직전에 있는 환자들을 대상으로 죽음을 준비하도록 도와주는 호스피스 간호사는 이런 이야기를 하곤 한다. 가끔 크리스트교 신자들이 죽음을 맞이할 때, 아주 추하게 죽음을 맞이하는 경우도 있다고. 예외적인 경우겠지만, 만약 사정이 그러하다면 그 환자는 살아 생전에 열심히 교회(성당)에 다니고, 헌금도 많이 했기 때문에 하느님이 고쳐 주실 것이라고 마지막까지 믿었다가 속았다는 느낌을 가졌기 때문이라고 추정해 볼 수도 있다. 그렇다면 그 환자가 신앙을 가진 이유는 살아 생전에도 온갖 복을 다 받고, 죽어서까지도 온갖 복을 다 받기 위해서였다고 추정해 볼 수도 있다.

실제로 많은 신앙인들은 현실적 복을 받기 위해 기도하고 있다. 죽음 이후의 세상도 이 세상의 연장으로 이해하고 있다. 어떤 고통도 불의도 없는 화려하고 풍족한 이 세상의 연장으로 저 세상을 생각하고 있다. 그래서 이 세상에서도 행복하고 저 세상에서도 행복하게 살고 싶어한다. 하지만 이는 너무 지나친 욕심이 아닐까? 오히려 종교는 우리 인생의 근본적 태도와 관계되는 신념 체계가 아닐까? 오히려 종교는 고통 가운데서도 세상과 이웃을 긍정하고 살아야만 하는가에 대한 이유를 가르쳐 주는 신념 체계가 아닐까? 종교는 욕심으로부터 벗어나야 한다는 가르침이 아닐까? 종교는 세상을 위해서 고민하는 그러한 가르침이 아닐까?

종교에 대한 전통적 정의를 크게 세 가지로 나눌 수 있다. 첫째, 신관을 중심으로 하는 종교에 대한 규정이다. 헤겔은 종교를 "제의를 매개로 하는 신과 인간의 관계"라고 정의하고 있다. 종교학 창설자 가운데 한 사람인 틸레(C. P. Tiele)도 종교를 "신과 인간의 관계"로 규정한다. 이것은 종교에 대한 고전적 정의이다. 하지만 많은 종교에서 신관을 찾아볼 수 없다. 그 대표적인 경우가 불교다.

불교 사상의 내용을 간단히 설명하는 것이 4제(四諦)다. 4제는 고(苦), 집(集), 멸(滅), 도(道) 등의 4개 개념을 말한다. 인생은 고뇌로 가득 차 있다(苦諦). 그것은 집착(執着), 갈애(渴愛) 등 인간의 욕망이 모여서 그 원인을 이루고 있기(集諦) 때문이다. 우리는 욕망을 멸(滅)함으로써 이상적 상태에 도달할 수 있다(滅諦). 이 이상적인 상태에 도달하기 위해 가르치는 수단이나 방법을 따르면 된다(道諦). 이와 같은 틀이 불교 체계의 골격이다. 그런데 여기에는 어떠한 신 관념도 만날 수 없다. 물론 후대에 와서 아미타불의 구제를 믿고 의지하여 사후에 극락 왕생하기를 원하는 정토교(淨土敎)에 이르러 그 꼴이 변하지만, 원래 불교는 신을 내세우는 경우가 없었다.

신을 내세우지 않는 종교는 불교뿐만이 아니다. 서양에서도 근대에 이르러 신을 내세우지 않는 휴머니즘적 종교의 흐름이 있다. 철학자 듀이(J.

Dewey)는 인간의 최고 이상을 목표로 하여 그것을 전인적인 감격으로 추구해 가는 것이 종교라고 주장한다. 그리고 타일러(E. B. Tylor)에 따르면, 최초의 소박한 원시인들은 특이한 자연 현상을 접했을 때, 그 현상 자체가 불가사의한 힘을 곧장 발휘한다는 것이다. 마레트(R. P. Marret)는 이 특수한 힘을 마나(Mana)라고 불렀다. 이것이 바로 프리애니미즘(preanimism)이다. 프리애니미즘은 엄밀하게 말하면 신을 내세우는 종교라고 보기 어렵다. 이것은 신 이전의 종교이다. 이와 같이 신을 내세우지 않는 종교가 있는 한, 신관을 중심으로 종교를 규정하는 데는 한계가 있다.

종교를 정의하는 둘째 유형은 인간의 정서적 경험에서 종교의 특징을 찾아보고자 하는 입장이다. 종교 경험에 수반하는 특징적 정서 경험은 장엄감(莊嚴感)·청정감(淸淨感)·신성감(神聖感)·외경심(畏敬心) 등이다. 그런데 이와 같은 종교 경험은 순수하고 고도로 세련된 종교 경험을 통해서만 드러난다. 민중의 통속적인 종교적 행동에는 이런 경험이 나타나지 않는다. 이런 종교 경험은 모든 종교 현상에 똑같이 포함되어 있지는 않다.

미켈란젤로, 「천지 창조」

또 이러한 종교 경험은 인간을 종교적 행동으로 몰아 가는 것이 아니라, 오히려 인간의 종교적 행동의 결과로 나타나는 부산물과 같은 것이다. 따라서 세련되고 순수한 이러한 종교 경험을 단서로 하여 종교를 규정하는 데는 문제가 있다.

종교를 정의하는 세 번째 유형은 인간 삶의 활동을 중심으로 종교를 파악하려고 하는 입장이다. 즉 인간 삶의 활동 가운데서 종교는 어떠한 구실을 하고 있는가에 관심을 두고 종교를 규정하고자 하는 입장이다. 이러한 입장은 종교를 다루기 위해, 즉 종교에 대해 작업하기 위해 종교를 다음과 같이 가설적으로 정의한다. "종교란 인간 생활의 궁극적인 의미를 명확하게 밝혀 인간 문제의 궁극적인 해결과 관계를 맺고 있다고 사람들로부터 믿어지고 있는(또는 인정받고 있는) 행위를 중심으로 하는 문화 현상이다"라고. 그리고 다음과 같은 단서를 하나 더 붙인다. "종교에는 그 행위와 관련하여 신 관념이나 신성성(神聖性)을 수반하는 경우가 많다"라고. 이것은 종교를 다루기 위한 작업의 가설적 규정이며, 하나의 약속이다. 우리도 이러한 정의를 좇아서 종교에 대해 살펴보기로 한다. 이 정의 가운데 '인간 문제' '궁극적' '믿어지고 있다'라는 표현에 대해 해명함으로써 종교가 무엇인지를 더욱 심도 있게 다루어 볼 수 있다.

3. 인간 문제, 궁극적인 것, 믿어지고 있음

활동하고 있는 인간의 마음에는 욕구가 쉴 새 없이 일어난다. 욕구가 생기면 우리의 마음은 긴장 상태에 빠진다. 욕구가 충족되고 해소되면 긴장된 마음은 이완된다. 하지만 욕구는 끊임없이 일어난다. 만약 욕구가 다 충족된다면, 문제는 전혀 없다. 욕구의 발생·충족·해소라는 흐름이 원활하게 진행된다면, 인간 문제가 발생할 리도 없다. 우리 마음은 항상 안정 상태에 있을 수 있다. 하지만 사람과 사람 그리고 사람과 환경 사이에 조화가 잘 이루어지지 않으면, 욕구가 충족되지 않게 된다. 그럴 때, 우리 마음의 긴장 상태는 해소되지 않는다. 물론 적당한 긴장은 인간을 보람 있게 살아가게 한다.

또한 욕구는 미래 지향적 성격(future orientation)을 지니고 있다. 욕구는 장래에 대한 전망과 깊은 관계를 맺고 있다. 욕구는 강해지는데도 장래의 해결 전망이 나쁠 경우, 마음은 과도한 긴장 상태에 빠진다. 이것이 바로 불안 상태이다. 불안 상태가 지속되면 새로운 욕구들이 끊임없이 나타나는데 이를 '욕구 빈발 상태'라 한다. 이렇게 되면 갈등 상태에 빠지게 된다. 이 상태에 이르면 우리는 고민하고 괴로워하게 된다. 이것이 바로 심리학적 관점에서 본 인간 문제의 윤곽이다.

그런데 우리는 종교적인 가치에 중점을 두고 종교적 이상에 따라 살고자 하는 욕구를 가질 수도 있다. 이를 '종교적 욕구'라고 한다. 종교적 욕구와 비교해 볼 때, 종교와 직접 관계없는 일반적이고 일상적인 욕구를 '일상적 욕구'라 한다. 종교적 욕구는 종교적 가치 체계가 내면에 형성되고 난 다음에 발생한다. 신과 같이 또는 부처와 같이 깊고 넓은 마음으로 두루 사랑하고 싶다는 욕구는 종교적 가치 체계가 미리 형성되지 않고서는 일어날 수 없다. 종교적 욕구가 충족되지 않을 경우, 곧 신과 같은 마음으로 세상과 타인을 사랑하지 못하고 있는 자신을 돌이켜 보고 그것을 고민하게 된다. 그런데 종교가 해결하려는 문제는 단지 종교적인 문제에만 국한되지 않는다. 일상적 문제의 해결도 종교 영역 안에 있게 마련이다. 종교는 인간 문제라면 어떤 것도 다 해결하려고 한다. 만약 종교적 욕구와 종교적 신념이 강하다면 일상적 욕구가 충족되지 않더라도, 그리고 하고자 하는 일의 미래가 불투명하더라도 행복하고 편안하게 살 수 있다. 만약 우리가 가장 궁극적인 관점에서 신과 같은 마음으로 세상과 우리 자신을 본다면, 그 어떤 것도 그리 크게 문제 되지 않을 것이기 때문이다. 종교는 어떠한 문제 앞에서도 심지어 죽음 앞에서조차도 인간을 초연하게 만드는 그 어떤 것이고 그런 것이어야 한다. 종교는 인간을 초월적 방식으로 살게 하는 그 어떤 것이고 그런 것이어야 한다.

종교는 인간 생활에 이상을 가져다줌으로써 인간 문제를 해결하고자 한다. 하지만 인간 문제를 해결하고자 하는 것이 종교만은 아니다. 과학·기술·발명·발견·정치·경제도 모두 다 인간 문제 해결을 위해 노력하고 있다. 그런데 종교는 인간 문제를 궁극적으로 해결하려고 한다. 종교에 비하면 다른 영역의 문제 해결 방식은 상대적이다. 한계를 지니고 있다. 우리는 막대한 부를 축적하는 것을 이상으로 삼을 수도 있다. 그러나 돈이 인간 문제를 다 해결할 수는 없다. 인간이 죽음 앞에 설 경우, 어떠한 막대한 부도 아무런 의미를 갖지 못한다. 이 이상은 상대적 가치밖에 지니지 못한다. 의학은 질병을 치료한다. 하지만 의학은 인간의 건강 문제만 담당할 뿐, 한계가 있다. 이와 같이 많은 해결책들이 상대적이면서도 한계성을 갖고 있다.

종교는 인간 문제라는 과제를 궁극적으로 해결하려고 하는 데 그 특징이 있다. '궁극적'이란 인간 생활에 비추어 볼 때, 한량없이 넓고 깊게 인생을 꿰뚫어 보는 위치에 서는 일을 뜻한다. 대체로 인간으로서 생각할 수 있는 최대의 관점에 서서(인간을 초월한 최고의 자리에서) 인생을 보는 일을 뜻한다. 이것이 종교가 우리에게 제공하는 인간 생활의 궁극적 의미다. 단적으로 궁극적이란 무한 우위(無限優位)를 뜻한다. 이 말은 종교가 갖는 문제 처리 능력이 문제의 어려움 여하에 관계없이 언제나 그것보다 우위에 있다는 뜻이다. 문제의 어려움을 a, 종교의 문제 처리 능력을 x라 한다면, 종교에서 문제 처리 능력은 a < x라는 간단한 공식이 성립된다. a에 어떠한 문제를 수치로 부여해도 x는 반드시 a보다 항상 크다. 이와 같은 x의 활동을 궁극적이라 부른다.

종교를 신앙하는 사람들은 자기가 신앙하는 종교 체계가 이러한 특질을 갖추고 있다고 믿는다. 역사 속에 등장했던 여러 가지 종교 체계를 보면 어느 것이나 할 것 없이 모두 이와 같은 구조를 지니고 있다. 또한 그러기 위해 조금이라도 도움이 된다고 생각되는 모든 방법이 연구·활용되고 있다. 초자연적인 힘을 비롯해서 생리적·심리적인 수련 방법, 마음가짐에 대한 연구, 사유의 체제, 이상의 설정, 종교 자체의 궁극적 가치 등이 동원되고 있다. 이것들이 종합적으로 편성되어 종교 체계를 구성한다. 어떤 종교든지 그것이 만약 참된 종교라면 인간을 질곡에서 해방시키고 초월적인 방식으로 살게 할 것이다.

인간 생활의 궁극적 의미를 명확하게 밝혀 인간 문제를 궁극적으로 해결하려는 종교적 활동은 현실적인 종교적 집단들 안에서 나타난다. 종교 집단은 제각기 독자적인 구상에 따라 조직적인 체계를 세우고 그것을 처리하는 구체적 방법을 제공하고 있으며, 그 종교를 신봉하는 사람들은 그러한 방법의 유효성을 믿고 있다. 또 그 방법으로 목적이 달성될 것임을 확신하고 있으므로 그 종교 집단에 속해 있는 것이다. 따라서 어떤 특정 종교 집단이 성립하려면 신자들이 그 특정 종교가 갖고 있는 종교적 구상(構想)의 유효성을 확신해야 한다. 그러한 확신 없이는 특정 종교의 종교적 생활은 무의미하게 된다. 그렇지만 종교 집단이 제공하고 있는 구상들을 신자들이 확신하고 있다는 것과, 그 구상이 실제로 얼마만큼 효과가 있느냐 하는 문제는 별개다. 때로는 종교적 집단이 내세우고 있는 구상들의 효과가 현실적으로 나타나지 않을 수도 있고, 그 종교 집단 외의 일반 사회에서는 그것이 믿어지지 않는 경우도 적지 않다. 근대에 와서 한창 논의되어 온 과학과 종교의 충돌과 같은 문제도 바로 이 점과 관련되어 있다.

하지만 종교는 그 효과성이 확신됨으로써 성립하는 것이다. 즉 종교는 '믿어지고 있다'고 하는 것이 중요한 것이다. 물론 종교는 단순히 '믿어지고 있는' 것만은 아니며, 현실적으로도 그 효과를 갖고 있다. 그러나 종교 집단이 갖고 있는 신념 체계들은 그 효과를 보고 나서 믿는다고 하기보다는 믿기 때문에 효과가 있다고 하는 특성을 지니고 있다. 실제의 효과성은 별도로 하고 사람들이 그 효과성을 확신하고 있다는 것이 바로 종교의 특징이다. 이런 의미에서 종교는 신자들에게 믿어지고 있는 문화 현상이다. 이제부터는 신앙인들이 갖는 여러 가지의 신앙 체제 유형을 통해 종교가 무엇인지를 더 깊이 알아보기로 한다.

4. 신앙 체제의 유형

신앙은 마음속에 자리잡고 있는 종교적인 심적(心的) 자세, 즉 신앙 체제다. 신앙 체제는 마음속 깊숙이 자리잡고 있지만 당사자의 구체적인 행동을 통해 드러날 수밖에 없으며, 성격 형성에도 지대한 영향을 미친다. 인격 깊숙이 신앙 체제가 자리잡고 있지 않은 사람은 종교를 가지고 있는 사람이 아니다. 그런데 같은 종교적 가르침이라 하더라도 그 사람이 갖고 있는 신앙 체제에 따라 받아들이는 내용이 다르고, 그 삶의 방향성이 달라지게 된다.

첫째 유형의 신앙 체제는 청원태(請願態)라 불린다. 청원태는 원하는 것을 청하는 것을 주로 하는 신앙 체제이다. 가뭄이 들어 농작물이 말라 죽어 가는데도 비가 오지 않는다. 어떻게 하면 비를 내리게 할 수 있을까? 이것은 농사를 짓는 사람이 당면한 인간 문제다. 그래서 그들은 기우제를 지내며 비를 기다린다. 이 외에도 보통 일상적·일반적인 생활 속에서 해결을 필요로 하는 문제들은 항상 발생한다. 일상적인 문제 자체에는 특별한 종교적 요소가 포함되어 있지 않다. 그러나 그것을 과제로 삼아 해결하고자 하는 것이 종교다. 그런데 청원태에서는 초자연적인 힘에 의지해서 해결하려고 한다. 따라서 청원태에서는 기적이 일어날 수 있느냐 없느냐가 최대의 관심사다. 기복 신앙적인 통속 신앙의 기반이 되는 신앙 체제의 대부분이 이 유형에 속한다. 그리고 문화적 겉치레가 고도로 세련된 종교 집단 가운데서도 이런 유형에 속하는 신앙 체제가 기본적인 경우가 많다. 단적으로.불교, 크리스트 교 등 세계 종교라 일컬어지는 많은 교단에서조차도 가장 지배적인 신앙 체제 유형은 청원태인 경우가 많다. 성직자든 평신도든 종교를 믿고 있는 많은 신앙인들이 주로 청원태적 신앙 체제를 갖고 살아가고 있다.

둘째 유형의 신앙 체제는 희구태(希求態)이다. 희구태는 종교적 경전에 나오는 이상을 좇아 살고자 하는 것을 주로 하는 신앙 체제이다. 어떤 사람이 종교 경전을 읽고 감명을 받아 마음의 눈을 뜨게 되었다. 그는 경전에 나오는 것과 같은 그런 이상적인 생활을 해야겠다고 결심하고 매일 이를 실천하고자 한다. 그 과정이 즐겁기만 한 것은 아니다. 그는 이렇게 결심한 순간부터 자신의 나쁜 점을 발견하여 몇 번씩이나 넘어졌다 일어났다 하는 좌절을 반복한다. 하지만 그는 열심히 그 이상의 길을 걸어가는 데서 생의 의미와 사는 보람을 찾게 된다. 이런 희구태의 신앙 체제를 갖고 있는 사람의 마음속에는 종교적 가치 체제의 재편성이 일어난다. 그는 일상적 문제의 해결보다 종교적 문제의 해결로 자신의 삶의 중심을 이동시킨다. 그 결과 해결을 위해 제기되는 문제 내용의 의미가 변하게 된다. 그는 초자연적인 힘에 의지해서 문제를 해결하려고 하기보다는 자신의 행동 자체 가운데 있는 의미나 가치를 중시한다. 그뿐 아니라 종전까지는 일상적인 문제로 다루어 오던 일들이 그 성격을 바꾸어 종교적인 문제로 옮겨 간다. 자신의 경제적 생활을 지탱하기 위해 일해 오던 직업이 하나의 사명을 지닌 성소(聖召, calling)로 변한다. 그는 종교적 이상을 위하여 정진한다.

셋째 유형의 신앙 체제는 제주태(諦住態)라 불린다. 제주태는 궁극적이고 최종적인 관점에 머물러 사는 것을 주로 하는 신앙 체제이다. 죽음의 문제를 갖고 번민하는 사람이 매우 높은 경지를 체험하게 된다. 마음속 깊이 새로운 광명이 비치고, 인간의 생명에 대해 일상적인 생과 삶을 초월한, 한층 더 높은 생명의 가치를 깨닫게 된다. 이 높은 가치를 체득한 결과 육체적 생(生)과 사(死)는 그 상태대로 남아 있지만, 영원하고 궁극적인 관점에서 이를 새롭게 파악한다. 그는 궁극적 가치라고 할 수 있는 것을 직관적으로 파악한 것이다. 그는 이런 관점을 가지고 인생을 초연하게 산다. 많은 종교가들이 정성을 다해 이 궁극적 가치를 해명하고자 한다. 이것은 일상적 가치를 부정하는 것이 아니고, 일상적 가치를 그대로 받아들이면서 그보다 더 높은 차원의 가치를 발견하여 그 속에 사는 것이다.

이상과 같이 신앙 체제의 유형을 세 가지로 나누어 보았는데, 믿는 사람의 마음속에 형성되어 있는 신앙 체제를 우리는 이와 같이 단순한 형태로

만 분류할 수 없다. 대부분 신앙인들의 신앙 체제는 이 셋을 복합적으로 갖고 있으며, 어느 유형이 전면에 나타나는가 하는 것이 다를 따름이다. 청원태에서 희구태로, 희구태에서 제주태로의 발전에 따라 신앙의 깊이를 말할 수 있다. 같은 종교를 갖고 있다 하더라도, 신앙 체제를 달리하는 데서 그 신앙 내용은 각양 각색이기 때문이다.

이제 우리는 믿고 있는 사람의 실천적 삶의 태도가 어떠해야 하는가의 문제를 다루어 봄으로써 종교가 무엇인지를 더 깊이 이해하고자 한다.

5. 신앙인의 실천적 삶의 태도

좋고 바람직한 것이 무엇인가에 대한 생각을 잣대로 하여 우리는 사람들을 대체로 세 부류로 분류해 볼 수 있다. 첫째 부류는 외적 잣대인 돈, 사회적 지위, 미모, 학력 등을 좋고 바람직한 것이라 생각한다. 이들은 이런 것으로써 자신을 근거 짓고 뽐내고자 한다. 둘째 부류의 사람들은 도덕성이나 인품을 좋고 바람직한 것이라 생각하고 이것들을 가지고 자신을 근거 짓고 뽐내고자 한다. 셋째 부류의 사람들은 좋고 바람직한 것을 돈, 사회적 지위, 미모 또는 학력 등이나 도덕성·인품 이상의 것이라고 생각한다. 이들은 이런 것으로써 자기 자신을 근거 짓거나 뽐낼 수 없다고 생각한다.

대개 우리는 첫째 부류의 사람들이다. 우리는 흔히 돈, 사회적 지위, 학력, 미모 등을 지상 목표로 삼고 살아간다. 하지만 이것들만으로 만족하며 살아갈 수 없다. 우리는 돈, 사회적 지위, 학력, 미모 등에서 탁월하다고 칭찬받을지 모르나, 인간이 좋다고 칭찬받는 경우는 드물다. 흔히 돈을 벌면 벌수록, 사회적 지위가 높으면 높을수록 그리고 학력과 미모가 탁월하면 할수록 외롭고 독선적으로 되는 경향이 있다. 이는 우리가 이것들을 가지면 가질수록 이것들에 과도하게 집착하게 되는 경향 때문이다. 자신들이 갖고 있는 것이 자신들의 전부라고 생각하기 때문이다. 그래서 과거에 내가 어떤 학교를 나왔는지, 과거에 내가 얼마나 예뻤는지, 과거에 내가 어떤 자리에 있었는지를 틈만 나면 자랑한다. 하지만 아무도 성의 있게 귀를 기울이지 않고 오히려 그를 불쌍하게 생각한다. 한마디로 이들은 외적 잣대에 의존적이기 때문에 불행하다. 외적인 것에 의존할수록 자립적일 수 없게 된다. 자립적이지 못할 때, 무엇인가에 끌려 다니게 되고, 무엇인가에 끌려 다닐 때, 우리는 자유롭지도 행복하지도 않게 된다.

자신의 인품이나 도덕성을 좋은 것이라 생각하고 그것으로써 자신을 근거 짓고자 할 경우, 우리는 고통에 휩싸이게 된다. 우리는 결코 도덕적으로만 살 수 없기 때문이다. 우리가 그렇게 해서는 안 된다고 생각하는 순간에도 우리는 그렇게 하고 있기 때문이다. 이들은 되지도 않을 것을 시도하기 때문에 마음이 항상 편하지 못하다. 자신의 마음뿐만 아니라 다른 사람의 마음까지도 편하지 못하게 하는 경향이 있다. 이들은 자신의 조그만 잘못뿐만 아니라 다른 사람의 잘못도 허용하지 못하는, 도덕적 완벽주의라는 감옥에 갇혀 산다. 그래서 이들은 현실 가운데서가 아니라 허상 가운데 살게 된다.

좋은 것은 외적 잣대나 도덕성·인품 이상의 것이라고 생각하고 사는 사람들이 세 번째 부류의 사람들이다. 이들은 돈, 미모, 학력, 사회적 지위 등의 외적 잣대로부터 자유롭다. 이들은 단지 먹고 살 수 있고, 하고 싶은 일을 할 수 있으면 만족한다. 또한 자신이 도덕적이지 못함을 이미 잘 알고 있기 때문에 도덕성이라는 그물로부터도 벗어나 있어 또한 자유롭다. 이들은 돈이 있든 없든, 학력이 대단하든 그렇지 않든, 미모나 사회적 지위가 탁월하든 그렇지 않든 행복하게 산다. 왜냐하면 이들은 이런 것들에 휘둘리지 않기 때문이다. 이들은 이런 것들로부터 벗어나 있기 때문이다. 이들은 자신들이 도덕적일 수 없음을 이미 잘 알고 있기 때문에 자신들이 도덕적으로 살아야만 한다든지 또는 자신들이 도덕적으로 살고 있다고 생각하지 않는다. 그저 주어진 일만 무심(無心)하게 할 따름이다. 이들은 다른 사람을 가르치려고 하지 않는다. 이들은 자신이 다른 사람의 도움으로 살고 있다고 생각하기 때문에 다른 사람을 무시하지 않는다. 다른 사람들을 항상 고맙게 생각한다. 그래서 이들은 다른 사람들에게 배우려고 한다. 이들은 좋음 자체는 우리가 만드는 것이 아니라, 저 위로부터 우리에게 공짜로 주어지는 것이라고 생각한다. 그래서 저 위로부터 공짜로 주어지는 좋음 자체에 감사하면서 살아간다. 이것이 크리스트 교의 입장에서 말하면, 공짜를 뜻하는 '은총'에 대한 '감사'와 '은혜로움'의 감성을 지니고 모든 것을 저 위의 좋음 자체에 자신을 맡기고 사는 종교적 태도이다. 따라서 이들은 자신이나 자신의 것에 집착하지 않고 자유롭게 산다. 불교의 입장에서 말하면, 이들은 '나' 또는 '나의 것'에 사로잡히는 것을 뜻하는 '아상(我相)'에서 풀려난 삶을 산다. 바로 이 세 번째 부류의 사람들이 종교적인 삶을 실천적으로 사는 사람들이다. 종교는 궁극적으로 '나' 또는 '나의 것'에서 해방되어 초연하게 인생을 살게 하는 것이기 때문이다.

아상에서 풀려난다는 것은, 우리가 삶의 그릇된 방향으로부터 삶의 올바른 방향으로 전환했다는 말이다. 이제 '나'나 '나의 것'으로부터 영원한 진리 또는 진여(眞如)의 방향으로 방향을 전환했다는 말이다. 방향을 전환하여 영원한 진리나 진여를 좇아 살면 영원한 진리 또는 진여의 꼴로 우리의 꼴이 바뀐다. 그럴 때, 우리는 '나' 또는 '나의 것'에서 해방되어 자유인이 된다. 초월적인 사람이 된다. 이를 크리스트 교적으로 말하면, 회개를 뜻하는 메타노이아(metanoia; 방향 전환, 꼴의 전환)이며, 불교적으로 말하면 해탈(解脫)이다.

또한 크리스트 교에서 말하는 구원이라는 말도 따지고 보면 '병(육체적 고통)에서 풀어 준다' '정신적 고통(죄의식)에서 풀어 준다' '경제적 고통에서 풀어 준다(Erlösung)' '고쳐 주다' '낫게 하다' '건강하게 하다' '안녕하게 하다(salvatio, Heil)' 또는 '노예를 사서 해방시켜 준다(redemptio)' 등을 의미한다. 만약 우리가 억압적이고 질식적인 조건에 놓여 있어 자유롭지 못하다면, 구원은 인간이 인간을 억압하고 질식시키는 여러 가지 조건들로부터 풀려나 자유롭게 되는 것을 뜻하는 것이다. 우리가 자유롭지 못한 상태에서 하느님처럼 자유롭게 되는 것을 뜻하는 것이다. 한마디로 구원은 질식되고 억압되어 감추어져 있던 우리의 본래 모습을 되찾는 것이다. 이는 아상, 인상(人相), 중생상(衆生相), 수자상(壽子相)에 집착하고 있는 나로부터 육바라밀(六波羅密)을 거쳐 완전한 자유로움의 경지인 열반에 들어야 한다는 대승 불교의 이야기와 근본적으로 같다.

그리고 크리스트 교에서 말하는 사랑은 아무런 대가 없이 진리인 하느님과 이웃을 사랑하라는 아가페적 사랑이다. 우리는 사랑하지 말라고 아무리 강요해도 사랑하지 않고는 못 산다. 사랑 받지 않고는 못 산다. 사랑은 공기와 같은 것이기 때문이다. 하지만 우리는 대가를 전제로 해서 사랑하기 때문에 사랑에 실패하고 만다. 이렇게 대가 없이 하느님을 사랑하고 이웃을 사랑하라는 크리스트 교의 지상 명령은 불가에서 말하는 머무르지 말고 베풀라는 뜻을 지닌 '무주행보시(無住行布施)'와 같다. 이는 주는 사람(施者)도, 받는 사람(受者)도, 주는 물건(施物)이라는 생각에도 머물지 말고 베풀라는 뜻이다. 이를 삼륜청정(三輪淸靜)이라고 한다. 참다운 종교라면, 인간을 '나'와 '나의 것'에 대한 집착으로부터 풀려나게 한다. 나를 자유로운 꼴로 변화시킨다. 그리고 아무런 대가 없이 세상을 사랑하게 한다. 그리고 참다운 신자라면, 그도 이와 같이 산다.

6. 어떤 종교가 살아남을 것인가?

원시 사회에서 종교의 역할은 매우 컸다. 종교의 이름 아래 인간 생활의 많은 부분이 행해졌다. 정치, 경제, 사상, 예술 등이 모두 종교 활동의 일부로 간주되었다. 하지만 역사의 진행 과정 가운데서 많은 영역들이 종교로부터 독립해 나갔다. 종교나 신화로부터 철학이, 주술로부터 과학이 독립했으며, 정치나 법률도 오랜 세월을 거쳐 종교와 관계를 끊었다. 종교적인 동정심에서 출발한 자선 사업도 오늘날 국가가 경영하는 사회 복지 사업으로 그 중심이 옮겨 가고 있다. 마을 축제나 사찰을 찾아가 불공을 드리는 형태로 이루어지던 시민의 레크리에이션도 현대 사회에서 스포츠·등산·댄스와 같은 독자적 문화 영역이 되었다. 초자연적 기적에 의지할 수밖에 없었던 자연 현상과의 투쟁도 근대 과학과 기술의 진보로 대폭 해결되어 가고 있다. 하지만 종교 외의 이러한 여러 문화 영역에서 인간의 문제가 완전히 해결되는 날이 올 것인가? 이제 종교가 아무런 역할도 할 수 없는 시대가 도래할 것인가? 이 글에서 인간에게 궁극적 이상을 부여하고, 인간의 문제와 궁극적인 관계를 갖고 있는 것을 종교로 간주하였다. 그래서 종교는 인간이 '나' 또는 '나의 것'에서 해방되어 자유로운 방식으로 또는 초월적 방식으로 살게 하는 것이라고 말했다. 만약 미래에 인간이 궁극적 이상을 갖게 되거나 인간 문제가 궁극적으로 해결된다면, 그래서 우리가 전적으로 자유롭게 된다면 종교는 없어질 수도 있다.

종교가 없어지게 되는 경우는 첫째, 인간 생활에서 궁극적 해결을 필요로 하는 인간 문제가 없어져 버리는 경우, 둘째, 종교의 궁극적 해결 방법이 아무런 의미도 없는 무력한 것으로 단정되었을 경우이다. 즉 사회가 종교 활동에 대해 전적으로 실망하고 말았을 때이다. 이렇게 되면 종교는 무용지물이 된다.

첫째 경우를 생각해 보자. 인간 문제가 없어지게 되는 때가 과연 올 것인가? 인간의 욕구는 무제한적으로 일어날 수 있는 성격을 지니고 있다. 인간의 욕구는 실제로 얼마나 충족되고 있는가에 전혀 관계없이 마음속에서 일어난다. 인간의 욕구는 끝이 없다. 만약 그렇다면 인간의 모든 욕구를 충족시켜 줄 수 있는 생활 환경은 있을 수 없다. 따라서 인간이 생존해 있는 한 인간 문제가 없는 이상 세계는 존재하지 않는다. 만약 사정이 그러하다면, 종교가 인간 문제의 궁극적 해결을 목적으로 한다는 점에서 종교의 역할은 없어지지 않을 것이다.

둘째 경우는 종교적 방법이 전혀 효과가 없다고 판단되는 시대가 올 것이냐의 문제다. 앞에서 신앙 체제의 세 가지 유형에 대해 말했다. 이 세 가지 가운데 청원태는 초자연적인 힘이 자연 현상 중에서 작용할 수 있다고 믿는 사고 방식이다. 즉, 기적을 믿는 태도이다. 하지만 합리적 과학 정신을 기초로 한 근대 사상은 이에 대해 정면으로 도전하고 있다. 과학 사상은 초자연적인 힘을 인정할 수 없음을 분명히 밝히고 있다. 이러한 과학적이고 합리적인 경향은 앞으로 더욱 강화될 것이다. 또한 교양의 향상에 따라 일반 대중도 점차 초자연적인 기적을 믿지 않게 될 것이다. 오늘날 과학과 종교의 충돌이라는 것도 따지고 보면 과학과 종교의 전면적인 충돌이 아니라, 과학과 초자연관의 충돌이다.

오늘날 청원태 가운데 나타나는 초자연적 사고 방식은 과학적·합리적 사고 방식에 굴복하고 있다. 기복 신앙은 언제가 그 자리를 잃게 될 것이다. 하지만 신앙 체제에는 청원태말고도 희구태와 제주태가 있다. 희구태에서는 인간의 마음속에 궁극적인 이상이 설정되는데, 이것이 인간 행동의 가치 기준이 된다. 인간의 고통이나 번뇌는 이러한 새로운 가치 기준 안으로 재편성됨으로써 해결된다. 이때 궁극적 이상을 목표로 어떻게 살아가느냐 하는 것이 종교의 중심 문제가 된다. 제주태는 궁극적 가치를 지닌 경지가 마음속에 열리게 되는 것이다. 제주태를 경험한 사람은 어떠한 문제에 직면해도 갈등을 겪는 경우가 없다. 주어진 생활에서 생명의 빛을 발견하여 그윽한 인간 생활을 영위할 수 있다.

이러한 희구태와 제주태를 바탕으로 하는 종교 생활은 근대 정신과 충돌할 만한 요소가 거의 없다. 여기서 종교의 초점은 소원이 이루어지느냐 그렇지 않느냐가 아니라, 우리가 삶을 어떻게 영위해 나가야 하는가 하는 것이다. 어떨 때, 우리가 질곡과 억압에서 해방되어 초연하게 살아갈 수 있는가 하는 것이 초점이 된다. 물론 궁극적 가치 기준의 내용이나 궁극적 가치의 해석 방법은 시대에 따라 달라지겠지만, 이러한 역할을 수행하는 종교는 미래에도 사라지지 않을 것이다. 인간 문제에 정면으로 대결할 수 있는 힘을 가진 종교만이 시대를 초월해 존속할 것이다. 인간에게 존중받을 가치가 있는 것은 특정 종교 집단의 조직적 기구가 아니라, 특정 종교 집단이 행하는 기능이다. 인간의 마음에 빛을 주고 인간 생활에 보람을 느끼게 해 주는 바로 그 '기능'이다.

■ 주제어

해방, 초월(초연), 궁극적인 것, 믿어지고 있음, 신앙 체제(청원태, 희구태, 제주태), 집착, 자유, 아상, 구원, 회개, 종교의 기능

■ 용어 해설

사상(四相) 불교 용어로 중생이 분별심을 일으켜 집착하는 대표적인 네 가지의 견해를 말한다. 사상이란 아상(我相)·인상(人相)·중생상(衆生相)·수자상(壽者相)을 이른다. 아상은 몸과 마음을 구성하는 다섯 가지 요소의 집적인 오온(五蘊)에 고정 불변의 실체인 '나'가 있다고 집착하는 견해이다. 인상은 나와 너·인간과 짐승이라는 이분법적 견해를 의미한다. 중생상은 '나'라고 하는 존재는 살아 있는 생명체나 죽어 있는 돌보다 더 위대하다는 자만심에서 오는 견해이다. 수자상은 수명(壽命)과 복락(福樂)을 갖춘 고귀한 존재인 '나'가 영원히 존속한다고 집착하는 견해이다.

육바라밀(六波羅蜜) 불교 용어로 대승 불교에서 보살이 열반에 이르기 위해 실천해야 할 여섯 종류의 실천 덕목을 말한다. 남에게 베푸는 보시(布施) 바라밀, 계율을 지키는 지계(持戒) 바라밀, 고난을 이겨내는 인욕(忍辱) 바라밀, 깨달음을 얻기 위해 게을리 하지 않고 힘쓰는 정진(精進) 바라밀, 정신을 통일하고 안정시키는 선정(禪定) 바라밀, 참된 지혜를 얻는 지혜(智慧) 바라밀 등이다.

■ 생각해 볼 문제

1) 그는 열심히 교회(성당, 사찰)에 다닌다. 그리고 교회(성당, 사찰)에 많은 헌금을 한다. 그리고 교회(성당, 사찰)가 주관하는 행사에도 능동적으로 참여한다. 흔히 특정 종교 집단에 충실한 사람을 열심하고 좋은 신자라 말한다. 하지만 만약 그가 세상에 미련이 많고 욕심이 많다면, 그는 과연 종교적인 사람이라 말할 수 있을까?

2) 오늘날 각각의 종교 집단에서 행하고 있는 선교(宣敎)는 보험 회사의 보험 상품 판매 전략과 근본적으로 무엇이 다른가? 참다운 선교는 각각의 종교 집단이 각기 신봉하는 종교적 경전의 이상에 따라 끊임없이 자신을 쇄신해 나가는 것이 아니겠는가? 또 그에 소속되어 있는 신자들도 마찬가지로 자신을 쇄신해 나가는 것이 아니겠는가?

3) 우리 나라의 많은 문헌들은 저승을 이승과는 다른 하늘, 산, 땅 밑, 바다 등으로 표현하고 있다. 저승은 한편으로는 이승과의 단절이지만, 이승의 연장이기도 하다. 이승과 저승의 공간적 비단절성은 산 자와 죽은 자의 연속성 또는 지속성으로 나타난다. 따라서 죽은 자의 혼백은 의식주를 필요로 할 뿐만 아니라, 사회적 지위도 그대로 유지한다. 과연 저 세상은 이 세상보다도 더 만족스런 이 세상의 연장인가? 과연 신체, 물질, 시간, 공간 등이 없어져 버리는 죽음 이후 세상이 신체, 물질, 시간, 공간으로 꽉 차 있는 이 세상의 연장일 수 있겠는가? 하느님은 또는 부처님은 신체와 물질과 시간과 공간으로 이루어져 있는 분들일까? 인간의 절대적 자유는 죽음조차도 의연하게 받아들일 수 있는 자세가 아니겠는가?

4) 우리 신앙의 바탕에는 대개 기복적 요소가 자리 잡고 있다. 우리는 살아서나 죽어서나 복을 받기 위해, 특정 종교 교단에 나가는 경우가 많다. 기복적 요소가 순수한 의미에서 종교적일 수 없다고 말할 수 있다면, 그 이유는 무엇인가?

5) 여러분이 다니고 있는 종교 교단이 지향하는 신앙 체제의 유형은 무엇인가? 그리고 여러분이 지향하는 신앙 체제의 유형은 무엇인가?

■ 참고 문헌

▶정진홍, 『종교학 서설』, 전망사, 1985.
종교학자 정진홍 선생이 평소에 쓴 글들을 모아 놓은 것이다. 이 책에서 종교 현상의 기본 구조, 신화·제의·상징, 종교와 문화, 종교학자 엘리아데 그리고 현대의 종교적 상황 등에 대한 저자의 깊고 진지한 통찰을 엿볼 수 있다.

▶M. 엘리아데,『종교의 의미: 물음과 답변』, 박규태 옮김, 서광사, 1990.
종교학의 대가인 엘리아데가 평소에 여러 지면을 통해 발표한 글들을 수정 보완하여 엮은 책이다. 이 책은 독자들이 쉽게 이해되도록 많은 사례들을 소개하고 있다. 또 종교의 문화적 기능을 해석학적인 관점에서 풀이하고 있다.

▶M. 엘리아데,『종교사 개론』, 이재실 옮김, 까치, 1993.
이 책은 엘리아데의 최고 역저이다. 그는 원시 종교들이 숭배했던 자연물인 하늘, 해, 달, 물, 돌, 대지, 식물, 농경, 사원과 궁전, 시간, 신화 등이 지니는 상징성을 해석해냄으로써 성스러움의 구조와 형태를 진지하고도 재미있게 풀이하고 있다.

▶기시모토 히데오,『종교학』, 박인재 옮김, 김영사, 1993.
기시모토 히데오는 일본에서 종교학을 체계적으로 서술한 최초의 인물로 평가받고 있다. 그는 이 책에서 종교학과 종교에 대한 정의에서 출발하여 종교의 기본적 구조와 기능, 개인과 종교, 종교적 행위, 신앙 체제, 종교 사상 그리고 사회와 종교 등에 관하여 간단 명료하게 서술하고 있다.

▶K. 야스퍼스,『소크라테스, 불타, 공자, 예수』, 황필호 옮김, 종로서적, 1983.
역사상 지속적으로 영향을 끼친 소크라테스, 불타, 공자, 예수 등 네 사람을 소개하고 있는데, 저자 자신의 이성 신앙의 입장에서 이 네 사람을 평이하고도 재미있게 소개하고 있다. 세계사 이해를 위해서라도 꼭 한번 읽어보기를 권한다.

▶R. 오토,『성스러움의 의미』, 길희성 옮김, 분도출판사, 1991.
이 책은 신학자·철학자·종교학자이며 인도학의 대가인 R. 오토의 역작으로, 종교학을 연구하고자 하는 사람들은 반드시 읽어야 할 고전이다. 그는 성스러움을 느낄 수 있는 인간의 다양한 감성 구조에 대해 논하고 있다. 이 책에서 그는 이러한 감성은 비록 이성적으로 해명될 수는 없지만, 불합리

(non-rational)한 것은 아님을 역설하고 있다.

▶정규훈,『한국의 신종교』, 서광사, 2001.

저자의 박사 학위 논문을 재구성한 책으로, 가장 민족적인 종교라 할 수 있는 동학, 증산교, 대종교, 원불교 등의 형성과 발전에 대해 다루고 있다. 우리 민족의 사상과 정서를 심도 있게 이해하는 데 좋은 자료이다.

IV. 동양의 예지

제13장 생명 철학으로서 노장 사상

노장(老莊) 철학은 박물관 속의 역사적 유물이나 미라가 아니다. 그것은 '지금 여기' 살아서 맥박치고 있는 정신이며 실천이다. 현대 문명이 생태계 파괴, 생명 파괴라는 막다른 골목에서 노장 철학은 새롭게 그 준엄한 목소리를 가다듬는다. 노장 철학이 지닌 함의를 이 막다른 골목에서 재음미하여야 한다.

1. 뇌 중심이냐, 배 중심이냐?

한때 심야의 도심을 공포의 도가니로 몰아넣었던 폭주족 모터사이클의 굉음을 우리는 기억하고 있다. 그들의 속도에 대한 탐닉을 많은 사람들은 비난하였다. 그러나 곰곰이 생각해 보면 우리 가운데 폭주족에게 돌을 던질 자격이 있는 사람이 과연 있을까? 서양이 200~300년 동안 이룩해 왔던 산업화를 불과 30~40년 만에 순식간에 해치우려고 작정했던 우리 사회야말로 폭주족이 아니던가. 속도주의 사회는 모든 삶의 양식을 속도화해 버린다. 무서운 성장의 속도는 서두르지 않으면 도태되고 만다는 강박 관념을 갖게 만들었다. 그러나 속도의 끝은 늘 죽음에 닿는다. 성수대교와 삼풍백화점 붕괴는 속도에 대한 준엄한 경고였지만 충격은 잠시였으며, 한번 탄력을 받은 문명의 양식은 쉽사리 멈추지 않는다.

지금 우리는 또 어디를 향하여 여전히 질주하고 있는가?

남해의 임금을 숙(儵)이라 하고, 북해의 임금을 홀(忽)이라 하며, 중앙의 임금을
혼돈(混沌)이라 하였다. 숙과 홀이 때때로 혼돈의 땅에서 만났을 때, 혼돈이 그
들을 잘 대접해 주었다. 그래서 숙과 홀은 상의하여 혼돈의 덕에 보답하고자 했
다. "사람들에게는 모두 일곱 구멍이 있어 그것으로 보고 듣고 먹고 숨쉬는데,
이 분만은 홀로 없으니 구멍을 뚫어 주자" 하고, 하루 한 구멍씩 뚫어 7일이 되
니 혼돈은 죽고 말았다. (『장자』,「응제왕」 중에서)

『장자』에 나오는 너무나 유명한 이야기다. '숙(儵)'의 한자의 뜻은 사물
이 빠르게 나타나는 모습이며, '홀(忽)'은 사물이 빠르게 사라지는 모습이
다. 여기서 숙과 홀은 자연 본연의 리듬을 넘어서서 빠르게 명멸하는 문명
의 속도이다. 반면 혼돈은 자연의 원초적인 생명 에너지인 원기(元氣)인
데, 이는 또한 자연의 본바탕이기도 하다. 숙과 홀이 혼돈에게 뚫어 주고자
했던 일곱 개의 구멍이란 인간의 얼굴에 있는 이목구비 감각 기관을 가리
킨다. 그런데 왜 감각 기관을 갖추자마자 혼돈은 죽고 말았을까? 감각과
속도가 긴밀하게 연관되어 있음을 장자가 보여 준 것이다.
　감각은 근본적으로 속도주의다. 쾌락을 추구하는 감각은 주어진 자극에
쉽사리 적응하고는 더 많은 자극을 요구한다. 더 많은 자극은 더욱 강한 강
도와 속도에서 나오게 마련이다. 이러한 과정이 반복되면서 속도와 강도는
끊임없이 증가하게 된다. 반면 자연에는 자연의 속도가 있다. 만물에는 생
성·변화하는 속도가 있다. 계절의 변화와 씨앗 하나가 발아하는 속도, 단
백질이 부패하는 속도, 바위가 침식되는 속도 등 이 모든 것이 자연의 속도
를 이루고 있다. 이러한 자연의 속도는 모든 생명 속에서 생명 리듬의 바탕
이 된다. 우리 몸을 이루고 있는 생명의 근원적인 리듬 역시 장구한 시간을
통해 자연의 속도에 맞춰져 있다. 모든 병은 바로 이 자연의 리듬과 우리
몸의 리듬이 조화를 상실할 때 발생한다. 숙과 홀이 부여한 감각의 속도는
혼돈(자연) 본래의 리듬을 파괴시켜 버리고 만 것이다. 속도 숭배와 감각
숭배가 표리를 이루고 있음을 2000여 년 전의 장자는 말하고 있다.

유감스럽게도 감각과 속도는 오늘날 우리 문명의 모습이다. 불과 10여 초 사이에 수십 번 눈부시게 화면이 바뀌는 감각적 광고는 우리의 문명을 대변하고 있다. 의사 소통이 불가능한 유행가의 랩과, 「다이하드」식으로 숨가쁘게 전개되는 할리우드 영화의 긴박감과 스릴이 우리 삶을 지배하고 있다. 그리하여 인간이 만든 이러한 문명의 속도가 우리의 몸과 자연의 리듬을 파괴하고 있는 것이다. 암 세포란 자연의 리듬을 상실하고 변태적 속도에 감염된 세포이다. 속도 숭배·감각 숭배, 그것은 매우 위험한 죽음에의 유혹이다.

노자(老子)는 다음과 같이 경고하고 있다.

> 다섯 가지 현란한 색은 사람의 눈을 멀게 하고,
> 다섯 가지 현란한 음은 사람의 귀를 멀게 하고,
> 다섯 가지 현란한 맛은 사람의 입을 버리게 한다.
> 빠르게 말을 달리며 사냥질을 하는 것은 사람의 마음을 미쳐 버리게 한다.
> …… 그러므로 성인은 배(腹)를 위하고, 눈(目)을 위하지 않는다.
> (『노자』, 12장 중에서)

속도와 감각 숭배는 결국 자연의 리듬을 파괴하여 사람을 미치게 한다. 우리는 전자 게임기 앞에서 발광하는 아이들에 대한 뉴스를 이미 들은 적이 있다. 정보 통신의 시대, 우리는 빠르게 미쳐 가고 있는지도 모른다. 우리는 모두 숙과 홀이 되어 가고 있다. 브레이크가 고장난 자동차, 그것이 우리와 우리 문명의 모습이다. 이러한 감각 숭배의 문명을 노자는 '눈'으로 상징하고 있다. 눈은 감각을 대표하는 것이다. 그럼 '배'는 무엇을 말하는 것일까? 노자의 '배'는 장자의 '혼돈'이라고 할 수 있다. 혼돈이란 분화되기 이전의 시원적(始原的) 우주의 모습이다. 따라서 혼돈의 시공은 크게는 우주라고 할 수도 있겠지만, 작게 본다면 우리 몸이라는 현상에 적용할 수 있다. 숙과 홀이 상하로 빠르게 왕래하면서 명멸하는 감각 신경 계통이라면, 혼돈은 외부의 감각 기관을 가지지 않은 중앙의 배가 되는 것이다.

서양의 인간 생명(몸)에 대한 이해는 뇌 중심이다. 뇌는 감각을 주관하고 있으며, 특히 시신경(눈)과 긴밀하게 연결되어 있다. 해부학적으로 뇌와 눈은 직접 연결되어 있다. 또한 감각의 중추로서 뇌는 수용된 감각 자료를 분류하고, 거기에 상응하는 반응을 지시하기도 한다. 그러면 이에 못지않게 우리 생명 과정의 본질적 작용인 감정과 정서란 어디에 있을까? 그리움·슬픔·즐거움·직관적 느낌, 이러한 것이 과연 뇌의 신경 체계 속에 있는 것일까? 동양에서는 희로애락(喜怒哀樂)이라는 마음의 감정은 원초적으로 배에서 나온다고 생각했다. 지금도 우리가 자주 쓰는 '쓸개 빠진 놈' '간도 크다' '비위(脾胃)도 좋다' 등의 말을 보면 우리 옛 사람들의 인간 이해, 생명 이해는 배(장기) 중심이었음에 틀림없다. 배에는 오장·육부라는 장기들이 들어 있다. 한의학에서 말하는 모든 질병은 이 오장·육부의 순환 체계에 탈이 생긴 것이다. 달리 말해서 인간의 생명이란 오장·육부의 순환 체계이다.

눈과 배를 생물학적으로 다음과 같이 도식화할 수 있겠다.

〈a〉 눈(감각)-뇌 : 뇌척수—중추 신경계—체성 신경계—운동·감각 신
　　경—골격근(수의근)
〈b〉 배(오장) : 자율 신경계—교감·부교감 신경—내장근(불수의근)

〈a〉가 수시로 변하는 환경과의 관계 속에서 반응하고 적응하는 몸의 시스템이라면, 〈b〉는 인간 진화의 전 역사라는 오랜 시간을 통해 자연에 적응된 몸의 시스템이라고 할 수 있다. 따라서 〈a〉를 그때그때의 문명과 삶의 양식에 따라 달라지는 인위(人爲)의 리듬이라면, 〈b〉는 쉽사리 변하지 않고 안정되어 있는, 자율적이고 지속적인 자연·무위(無爲)의 리듬이라 할 수 있다. 이 두 리듬이 균형을 이룰 때, 우리 몸은 건강하다. 그러나 오늘날 우리 문명의 속도는 〈a〉의 속도를 엄청나게 증가시킴으로써 〈a〉와 〈b〉의

균형을 깨뜨리고 말았다. 산업 사회에서 가진 자와 못 가진 자의 구분은 정보화 사회에서는 빠른 자와 느린 자의 구분으로 대체된다. 현대 사회에서는 빠른 자가 느린 자를 지배한다. 그리하여 '더 빠르게'라는 무한 경쟁이 시작되는 것이다. 그러나 빠른 속도의 삶의 양식은 자연 생태계와 우리 몸을 결국 '죽임'으로 이끌어 감을 알아야 한다.

자연 생태계에 맞춰진 생명의 속도는 느림이다. 느림 속에서만 건강도, 인생에 대한 음미도, 이웃에 대한 관심도, 아름다움에 대한 감응도 가능하다. "오관의 구멍을 막고 그 문을 닫으면, 종신토록 바쁠 것이 없다"(『노자』, 52장)고 하는 노자나, '유유히 노닒(逍遙)'을 강조하는 장자의 철학은 우리에게 느림의 지혜를 가르쳐 주는 느림의 철학이다. 요즘 흔히 말하는 명상이니 단전 호흡이니 하는 것이란 다름 아니라 뇌를 비우고 배를 단련하는 것이다. 인위적인 속도로 치닫는 감각과 생각을 비우고, 태고의 자연과 원초적 생명 에너지의 리듬에 우리 몸의 리듬을 일치시키는 것이라고도 할 수 있다.

시각-뇌 중심주의 문명은 또한 권력 집중형이다. 뇌는 중심이다. 모든 감각은 신경을 통해 뇌로 집결하여 뇌의 명령에 따른다. 뇌가 죽으면, 모든 것이 죽는다. 그런 반면 배(오장) 중심주의는 근본적으로 권력 분산형이다. 그래서 한 장기가 치명적인 손상을 입으면 다른 장기가 그 기능을 대신해 주기도 한다. 장자는 말한다.

백 개의 뼈마디, 아홉 개의 구멍, 여섯 개의 내장이 모두 갖추어져 있어도 우리는 그 중 어느 것만을 좋아한다고 할 수는 없다. 당신은 그 모두를 좋아할 텐가? 반드시 사사로운 편애가 생기리라. 그렇다면 모두 신하나 첩으로 여길까? 그 신하나 첩들은 서로 다스릴 수는 없을까? 서로 교대로 임금이 됐다 신하가 됐다 하는 것일까? 실로 참된 주인이 있는 것일까? (『장자』, 「제물론」 중에서)

여기서 장자는 내장을 포함한 신체의 모든 구성 요소가 어느 하나의 명령에 따라 통제된다는 생각에 회의를 던지고 있다. 이 구절에 대해 가장 오래되었으며 권위 있는 곽상(郭象)의 주석을 살펴보면 뜻이 명확해진다.

손과 발은 다른 역할을 한다. 오장은 저마다 기능을 달리한다. 그들은 서로 함께 하지 않으나, (신체의) 온갖 부분이 동화되고 조화된다. 이에 (그들은) 서로 함께하지 않으면서 함께한다. 그들은 상호적으로 행위하지 않으나, 겉으로나 속으로나 모두 서로를 보완한다. 이에 상호적 행위를 하지 않으면서 상호적 행위를 한다.(『장자』,「제물론주」)

이처럼 어느 누구도 타자를 지배하지 않고 각자 독자성을 유지하면서도 상호적으로 작용하는 이러한 관계를 한의학에서는 상생 상극(相生相克)이라고 한다. 한의학에서 보는 우리 몸의 시스템은 철저히 오장의 상생 상극 체계이다. 오장의 상호 작용이 균형을 이룰 때 우리 몸이 유지되고, 이 균형이 깨지면 병이 생긴다. 이것이 생명의 모습이며, 노장이 보는 자연의 모습이다. 노장은 자연을 포함한 우리 삶의 공동체가 이러한 상생 상극의 양식이어야 함을 역설하고 있다. 최근에 밝혀진 대로 이러한 양식이 생태계의 진상이기도 하다. 이런 면에서 노장 철학은 가장 오래된 정신이지만, 가장 전위적인 '지금 여기'의 실천일 수 있다.

지금까지 논의를 도식으로 나타내면 다음과 같다.

· 눈(감각; 숙과 홀)—뇌—문명의 속도(빠른 체계)—권력 집중(명령·지배)—현대 문명(인위) : '죽임'의 양식
· 배(오장; 혼돈)—자연의 속도(느린 체계)—권력 분산(상생 상극)—생태계(무위) : '살림'의 양식

2. 기계냐 생명이냐?

기계, 현대를 상징하는 데 이보다 더 적절한 말은 없을 것이다. 오늘날 우리 삶은 아주 섬세한 부분까지도 기계의 힘을 빌리고 있다. 자명종 시계소리를 듣고 일어나서 전기 밥솥이 지어 놓은 밥을 먹고, 자동차를 타고 출근하여 컴퓨터로 일을 하고, 다시 집에 돌아와 텔레비전 방송이 끝나는 지지직 소리와 함께 작동 불능의 파김치가 되어 쓰러질 때까지 우리의 하루는 이들 위대한 기계에서 시작하여 기계에서 끝난다. 우리의 삶 한 부분에 기계가 위치하는 것이 아니라 기계 속에, 기계의 논리 속에 우리 삶이 틀지어져 있다. 이미 우리는 기계가 짜 놓은 프로그램에 복종해야 한다. 이것은 오늘날 미덕이 아니라, 생존의 문제이다. 이러한 기계화 현상, 그것을 장자는 이렇게 말하고 있다.

자공(子貢)이 초나라를 유람하다가 진나라로 돌아갈 때 한수(漢水)의 남쪽을 지나가게 되었다. 그때 한 노인을 만났는데 그 노인은 바야흐로 밭이랑을 일구려고 굴을 파서 우물로 들어가 물동이를 안고 물을 퍼다 붓고 있었다. 그런데 애써 힘을 많이 들이고 있으나 성과는 매우 적었다. 그래서 자공이 물었다. "하루에 백 이랑에 물을 댈 수 있는 기계가 있습니다. 별로 힘들이지 않고도 효과는 큽니다. 당신은 그것을 바라지 않습니까?" 그러자 노인이 자공을 쳐다보며 물었다. "어떻게 하는 것인가?" "그것은 나무를 파서 만든 것인데 뒤쪽은 무겁고 안쪽은 가벼워 물을 끌어당기는 것이 물이 흐르는 듯하고 빠르기가 넘치는 홍수 같습니다. 그 이름을 용두레라 합니다." 그 밭이랑을 일구던 노인이 버럭 성을 내다가 곧 웃으면서 말했다. "내 우리 선생님께 들으니 기계(機械)란 것이 있으면 반드시 기사(機事)가 있게 되고, 기사(機事)가 있으면 반드시 기심(機心)이 생기며, 기심(機心)이 가슴속에 있으면 순백한 마음이 갖추어지지 않고, 순백한 마음이 갖추어지지 않으면 신묘한 천성이 안정되지 않으며, 신묘한 천성이 안정되지 않으면 도(道)가 깃들이지 않는다. 내 그것을 알지 못하는 것이 아니라, 부끄러워 그것을 사용하지 않는 것이네" 자공이 부끄러워져서 고개를 숙이고 대답을 못했다.(『장자』, 「천지」)

장자 시대의 기계와 오늘날의 기계는 여러 면에서 다르지만, 그 근본은 동일하다. 기계는 편리함을 위한 도구이다. 기계가 있으면 사용하게 되고, 기계의 사용이 보편화되면 이제 기계가 우리의 삶을 지배하게 된다(機事). 그리하여 우리는 우리의 마음을 기계의 프로그램에 맞추게 된다. 이것이 기심(機心)이다. 기심, 즉 기계의 마음이란 모든 타자를 나의 편리를 위한 도구로 여기는 마음이다. 기심을 가진 이에게 모든 것은 '그 무엇을 위한' 부품일 뿐이다. 봄날 들판의 눈부신 꽃사태도, 일몰 속에 춤추는 신불산의 억새 숲, 눈 덮인 설악의 장관도 단지 그 무엇인가를 위한 부품일 뿐이다. 자연의 마음은 아름다움을 느낄 수 있고, 정(情)의 감응이 이루어지는 부드러운 열린 체계이지만, 새로운 자연(기계)의 마음은 차가운 편리함과 '그 무엇을 위한' 유용성만을 맹목적으로 지향하는 굳어 버린 닫힌 체계이다. 그것은 폭력이다. 그러한 마음이 개발이라는 미명하에 수십 년 수백 년의 숲을 불도저로 밀고, 철새들의 낙원을 싸늘한 시멘트로 뒤덮어 버리는 것이다. 강을 막고, 강을 썩게 하고, 썩은 강 위에 다시 공단을 조성하려는 자살적 맹목성에로 치닫는 것이다. 리프킨(J. Rifkin)은 기술(기계)이라는 마약의 증대는 생명이나 지구를 파멸에 이르게 하는 편도 차표라고 하였다. 이것은 죽임의 양식이다. 노자는 말한다.

천하에 이로운 기물을 많이 가지면 가질수록 나라와 가정은 점점 혼미해져 가고
사람이 기교가 많으면 많을수록 기괴한 물건이 점점 더 생긴다.
(『노자』, 57장)

평소에는 얌전하고 마음씨 좋은 사람이 운전만 하면 난폭해지는 것을 종

종 목격할 수 있다. 그것은 오직 편리하게, 그리고 빠르게 목적지에 도달하고자 하는 자동차의 논리에 감염된 기심의 모습이다. 자연 속에서 걷는 행위를 생각해 보자. 그것은 대지와 자연과 사람의 직접적인 접촉이며, 걷는 과정에서 고혹적인 빛깔과 향기로 유혹하는 들꽃을 만나 한 송이 머리에 꽂기도 하고, 우리 몸을 부드럽게 어루만지는 바람의 그늘 밑에서 대지에 몸을 누이고 쉬면서 문득 인생을 깨닫기도 하는 것이다. 그러다 반가운 사람을 만나면 또 얼마나 즐거운가. 반드시 어딘가에 도달하는 것만 중요한 것이 아니라, 걷는 행위 자체가 즐거운 열린 과정이다. 그러나 자동차에 타면 모든 것은 변한다. 대지와 자연과의 직접적인 접촉은 차단되고, 우리는 오로지 전방 시야와 계기판, 기어와 관계하게 된다. 여기서는 한눈을 팔아서는 안 된다. 다른 차와의 접촉은 사고일 뿐이다. 모든 것은 장애물이다. 남은 것은 오직 모든 것과 관계를 차단하고, 신속히 목표 지점에 도달하는 것이다. 이것은 딱딱하게 굳어 버린 닫힌 과정이다. 자동차 속의 운전자, 이것이 우리의 삭막하고 초라한 초상이다.

노장이 보여 주는 자연은 생명의 세계이다. 노자가 최초로 사용한 말인 '자연'의 '자(自)'는 코의 상형이다. 코는 숨쉬는 곳이고, 숨은 다름 아닌 생명인 것이다. 또한 장자에게 세계란 기(氣)의 쉼없는 모임과 흩어짐의 과정이다. 그는 말한다. "인간의 생이란 기가 모인 것이다. (기가) 모이면 삶이 되고, 흩어지면 죽는다. …… 천하를 통해 하나의 기가 있을 따름이다"(『장자』, 「지북유」). 그런데 이 기는 세계를 생성하는 단순한 물질적 질료가 아니라 생명을 담고 있는 잠재력이다. 장자는 이를 '어머니 기(氣母)'라는 말로 은유하고 있다.

「지락 至樂」편에서 장자는 생명이 생성되어 가는 기묘한 연쇄 과정을 보여 준다. 갈파래→질경이풀→나무굼벵이→나비→귀뚜라미→새→쌀벌레→이로(벌레) …… 양해(풀)→죽순→대→청녕→정→말→사람→기(機)로 이어지며 생성되는 생명의 거대한 연쇄를 보여 주고 있다. 여기서 기(機)는 기(氣)와 상통하는 의미이며, '→'는 변화·생성의 표시다. 생성의 연결에서는 현대의 생물학적 분류로는 이어질 수 없는 식물과 동물, 심지어 생물과 무생물이 서로 뒤죽박죽 이어져 있어 일견 아무런 과학적 근거도 없이 허황하기 이를 데 없는 황당한 생물학 계보처럼 보인다. 이에 대해 곽상은 "이것은 하나의 기(氣)이나 만 가지 형상이며, 변화는 있으나 생사는 없다는 것을 보여 주는 것"이라고 해석한다. 즉 이 허황한 계보는 개체들이 단절되면서 연속되는 기화 생성의 모습을 기발한 상상력으로 형상화한 것이다. 다만 여기서 우리는 장자가 본 우주의 근본 모델이 생명의 연쇄임을 확인할 수 있다. 유기물·무기물의 모든 형태적·생물학적 차이를 통해서 그러나 그 구분을 넘어서 만물은 생명의 고리로 연결되어 있으며, 시작도 끝도 없이 이어져 있는 모습이 거대한 대자연의 참실상인 것이다. 이것을 장자는 "만물은 모두 기(機)에서 생겼다가 다시 그 기로 회귀한다"는 말로 요약하고 있다. 이러한 대자연의 연결망을 장자는 '하늘의 조화(天均)'라고 한다.

생명의 우주론에서는 일체가 살아 있는 생명이며 거룩한 것이다. 그리하여 장자의 우주관은 다분히 범신론을 표방한다. 「지북유」편에서 도(道)가 어디에 있는가 하는 동곽자(東郭子)의 물음에 장자는 "없는 곳이 없다"고 답한다. 동곽자의 계속되는 집요한 질문에 장자는 땅강아지나 돌피, 심지어 기와나 벽돌 같은 무생물 속에도 있다고 답한다. 그래도 지칠 줄 모르는 동곽자의 질문에 드디어 장자는 말한다. "똥이나 오줌에도 있다." 이 정도면 누가 말문이 막히지 않겠는가? 뭔가 심오하고 신비한 형이상학적 대답이 나와야 할 순간에 똥이라니. 그렇다. 도란 허공 속에 춤추는 심오한 관념 덩어리가 아니다. 그것은 똥 속에도 있다. 모든 것 속에 있다. 모든 것이 거룩하다. 모든 것은 다른 것의 도구나 수단이 아니다. 만물 모두가 제각각 도이고, 생명이며, 거룩한 것이다.

이제는 기계가 예전의 자연을 대신하고 있다. 옛날 사람들은 자연의 품에서 삶을 영위했지만, 현대의 인간은 기계의 품에서 삶을 계획한다. 생명의 자연은 접촉하면 할수록 우리의 몸과 마음이 건강해지지만, 새로운 자연인 기계는 접촉하면 할수록 우리의 몸과 마음이 불구가 된다. 우리만 불구가 되는 것이 아니다. 기계에 접촉하면 할수록 우리는 타자를 파괴하고, 불구로 만들게 되는 것이다. 사느냐 죽느냐의 문제는 다른 문제가 아니다. 바로 기계냐 생명이냐, 그것이 문제다.

3. 여성, 그 가장 오래되고 가장 새로운 생명의 문

남자의 세상 이전, 옛날 호랑이 담배 피던 시절에 모계 사회가 존재했다는 주장이 늘 있어 왔지만, 그것은 주름으로 접혀져 있을 뿐이다. 펼쳐진 역사는 언제나 남자의 것이었다. 남자들은 지속적인 지배를 통해 우월하다고 판단된 가치는 자신들의 특성에 부여하고, 열등하다고 간주된 특성들, 즉 지배자 스스로가 회피하고 싶은 특성은 여자의 것으로 할당하였다. 문제는 이것이다. 남자의 지배는 생물학적 남성의 지배일 뿐만 아니라, 여성적인 것에 대한 남성적인 것의 일방적 우위를 가져왔다. 그리하여 여성적인 것은 무의식의 창고 속에 억압된 채 은폐되었다. 그렇지 않으면 사회적으로 피지배층을 이룬 생물학적 여자에게 할당되어 비천한 것으로 여겨져 왔다. 말하자면 여자는 억압된 사회적 무의식 계층이다. 이러한 억압이 현대 문명 전체를 신경질적인 정신 질환의 상태에 빠뜨리고 있다. 그것은 근대 문명의 여명기에 인류가 저지른 마녀 사냥에서 이미 복선으로 깔려 있었다.

철제 농기구를 사용함으로써 생산력이 비약적으로 확대되면서 남성적 문명이 거대한 근육을 꿈틀거리며 기지개를 켜던 시기, 즉 춘추 시대에 남성적 문명의 위험성을 경고하면서 여성적 문명을 적극적으로 옹호한 최초의 페미니스트가 바로 노자다. 그는 이렇게 선언한다.

암컷은 늘 고요함으로써 수컷을 이기고, 고요함으로써 자기를 낮춘다.

(『노자』, 61장)

『노자』에서 여성적인 것을 표현하는 것으로 모(母; 어미)·빈(牝; 암소)·자(雌; 암컷) 등과 같은 상징이 있고, 또 유약함·부드러움·음(陰)·물·계곡·문(門) 등도 여성적인 것을 표현하는 것으로 다양하게 쓰이고 있다. 이러한 여성적인 것을 환기함으로써 노자는 날로 왕성해져 가는 남성적 문명을 경고하면서 새로운 여성적 문명을 전망한다. 노자의 문명론은 당시 주나라에서부터 진한(秦漢)에 이르기까지 지속적으로 강화·발전되는 남성 이데올로기인 가부장적 종법(宗法) 질서에 대한 근본적인 도전이다.

『노자』에서 남성적인 것은 모(牡)·웅(雄) 등으로 표현되고, 그 모습은 '단단한 것(堅)' '강한 것(剛)' '소유(有)' '지배(宰)' 등으로 나타난다. 이러한 가치의 추구는 경쟁과 전쟁으로 절정에 이르고, 결국 죽음으로 대단원을 맺게 된다. 노자는 말한다.

인간이 살아 있을 때는 부드럽고 약하지만, 죽으면 견고하고 강해진다. 만물 초목이 살아 있을 때는 부드럽고 약하지만, 죽으면 (견고하고 강하게) 마른다. 그러므로 견고하고 강한 것은 죽음의 무리이며, 부드럽고 약한 것은 삶의 무리이다. (『노자』, 76장)

부드럽고 약한 것은 삶의 모습이고 여성적이다. 그런 반면 견고하고 강한 것은 죽음의 모습이고 남성적이다. 불행하게도 이러한 남성적 문명은 오늘날 극한까지 확대 재생산되고 있다. 카프라(F. Capra)는 현대를 물질적 소유욕·확대·경쟁을 주요 가치로 삼는 남성적인 '양(陽) 지향적'인 가치관에 지배되는 문명으로 규정한다. 세계 창조의 원본 설계도에 여자를 아예 고려해 넣지 않았던 아브라함의 아버지, 아폴론의 차가운 이성, 헤라클레스의 근육, 부자 관계를 규정하는 윤리인 충효를 기본으로 하는 유교 등이 바로 그러한 문명의 뿌리를 이루고 있다.

융(C. Jung)은 우리의 정신을 여성적인 것인 아니마(anima)와 남성적인 것인 아니무스(animus)의 두 부분으로 나눈다. 성별에 관계없이 모든 인간은 이 두 성향을 지닌다. 다만 남성에게는 아니무스가 의식화되고, 아니마는 억압된다. 여성에게는 아니마가 의식화되고, 아니무스는 억압된다. 그러나 여성에게 의식화된 아니마는 여성이 사회적으로 억압받기 때문에 여전히 사회적으로 억압되어 있다. 남성적 문명이 아니무스 지향이라면, 노자가 꿈꾸는 여성적 문명은 아니마 지향이다.

노자에게 중요한 것은 억압당한 여자가 남자를 대신하여 새로운 지배자가 되는 것도 아니요, 또한 여성의 억압된 아니무스를 강화하는 것도 아니요, 모든 여성이 보디빌더의 근육을 갖는 것도 아니라 남성과 남성적 문명 속에 억압되어 온 아니마를 복권하는 것이다. 이는 동시에 여성의 사회적 지위를 찾는 것이며, 신경증 상태를 벗어나 우리의 문명이 건강한 균형을 찾는 길이다.

프롬(E. Fromm)은 모계 사회에 관한 연구를 통해 새로운 사회를 전망한다. 그는 모성적 신뢰감이나 따스함은 인류의 역사 과정에서 점차 상실되고, 그 대신 부친 살해의 공격성과 죄의식, 억압, 권위주의적 도덕률이 지배적인 것으로 되었다고 본다. 그는 프로테스탄티즘의 남성적 성격을 계승한 자본주의의 심리적 기호는 부계 사회적인 것이며, 실상 자본주의는 부계 사회의 극점에 있다고 평가한다. 그리하여 건전한 사회를 지향하는 새로운 사회는 반드시 모계 사회의 문화를 재현하고자 하는 의지를 잃지 않는 사회여야 한다고 주장한다.

나 홀로 뭇 사람과 다른 것이 있다면, 온갖 것을 '먹이는 어미(食母)'를 귀하게 여기는 것이다. (『노자』, 20장)

골짜기의 변화(谷神)는 무궁무진하다. 이를 일컬어 신비한 암소(玄牝)라고 한다. 신비한 암컷의 문은 하늘과 땅의 뿌리이다. 그것은 이어지고 또 이어져 끊어지지 않고 지속되며, 그 작용은 마르지 않는다. (『노자』, 6장)

그것은 낳으면서도 자기 것으로 소유하지 아니하고, 되게 해주면서도 거기에 기
대지 아니하며, 자라게 하면서도 지배하려 하지 않는다. (『노자』, 51장)

노자에게 있어서 여성적인 것은 가장 근원적인 것이다. 그것은 모든 생
명의 근원인 모성에서 발원하기 때문이다. 온갖 것을 먹이는 어미는 무궁
무진한 변화·생성의 근원이다. '곡(谷)'은 이러한 여성적인 것에 대한 은
유이며 '신(神)'은 여성적인 것이 가지는 신묘한 기능을 말한다. 여성적인
것의 무궁한 생성 작용을 노자는 '신비한 암소'에 비유하고 있는데, 이러한
은유는 결국 모두 '자연'을 말하는 것이다. 현대 문명의 여성 지배는 자연
지배를 통한 자연 파괴로 동시에 나타나고 있다. 노자는 여성적인 어미로
서 자연을 귀하게 여길 것을 간곡히 권하고 있다.

그러한 어미의 가장 주목할 만한 특징은 자기가 낳고 기른 것을 소유하
거나 지배하려 하지 않는 데 있다. 노자가 꿈꾸는 여성적 문명은 사치와 소
유와 경쟁과 지배의 양식을 거부하고 욕망을 줄이며, 소박을 귀히 여기는
작은 공동체이다. "있는 그대로를 드러내고 질박함을 껴안아라, 사사로움
을 적게 하고 욕심을 적게 하라(見素抱樸 少私寡欲)"(『노자』, 19장). 이것
이 노자가 외치는 최종 강령이다. 여성적 문명은 확대 지향의 거대물 숭배
문명이 아니라, '작은 것이 아름답다'는 소박한 문명이다. 그것은 저(低)엔
트로피 문명을 추구한다. 간디는 인류가 살아남는 길은 자발적으로 가난해
지는 수밖에 없다고 하였는데, 이 '자발적 가난'이야말로 노자가 꿈꾼 삶의
양식이라 할 수 있다.

여성적 문명에서는 확대와 더하기의 논리가 아니라 축소와 빼기의 논리
가 삶의 방식이 된다.

학문을 하면 날로 더하고(益) 도를 닦으면 날로 덜어낸다(損). 덜어내고 또 덜어
내어서 무위(無爲: 인위적인 욕망에 따르지 않고 자연에 따른 행위)에 이르게
된다. 무위하면, 하지 못하는 것이 없게 된다. (『노자』, 48장)

덜어내고 덜어내어 텅 빈 마음, 그 마음속에 모든 것이 허용된다. 얼마 전에 유행했던 가요 「가시나무새」에 "내 속에 내가 너무 많아 당신의 쉴 곳 없네"라는 가사가 있다. 내 속에 나에 대한 집착과 욕망이 가득 차 있으면, 타자가 들어와 쉴 곳이 없다. 욕망으로 가득 차 있는 마음은 타자를 배려하지 않는다. 그곳은 아무도 날아와 쉴 수 없는 가시나무 숲이다. 노자가 덜어낸다는 것은 바로 이 나에 대한 욕망과 집착을 덜어내는 것이다. 이것을 장자는 '나를 없앰(無己, 喪我)' 또는 '빔(虛)'이라 했다. 빈 마음속에서 비로소 타자와의 심미적이고 시적인 감응이 이루어질 수 있다.

아니무스가 분석적이고 이성적인 성질을 지닌다면, 아니마는 종합적이고 직관적인 성질을 지닌다. 아니마는 쪼개지 않고 껴안는다. 이것은 매우 서정적인 미학이다. 프랑스의 상상력의 철학자 바슐라르(G. Bachelard)는 시적 몽상이란 아니마의 표지라고 하였다. 오늘날에는 아무도 시를 읽지 않는다. 오늘날은 서정 양식이 천대받고, 서사 양식이 지배하는 시대이다. 서사 양식이 세계와 자아의 대결 구조라면, 서정 양식은 세계와 자아의 화해와 사랑을 추구한다. 이것은 또한 장자가 황홀하게 그려낸 심미적 세계이기도 하다. 서사 양식이 다분히 아니무스(남성)적이라면, 서정 양식은 아니마(여성)적이다. 여성적 문명은 서정 양식의 복권과 운명을 같이할 것이다.

노자의 여성, 그것은 가장 근원적이며 오래되고 낡은 그 무엇이다. 그러나 그것은 또한 인류가 새로운 문명으로 들어가는 문이기도 하다. 인류가 만들어 낸 가장 오래된 고전 속에서 꿈꾸었던 것을 우리는 바로 지금 다시 꿈꾸어야 한다. 우리는 더 이상 정신병을 앓는 상태로 삶을 영위할 수 없기 때문이다. 우리는 너무나 오랫동안 죽음을 조각하고 있었다. 이제 삶을 꿈꾸어야 할 때다.

4. 심미적 세계, 나와 만물 사이에 감도는 봄의 기운이여!

자연은 기계가 아니라, 생명이다. 서구 근대 과학에 근거한 현대 문명은 자연을 하나의 기계로 보는 기본 관점 위에서 출발한다. 그러나 옛날 동아시아인이 바라본 자연은 살아 꿈틀거리는 생명이었다. 예컨대 풍수지리설(風水地理說)에서는 산도 물도 다 살아서 약동하는 생명으로 본다. 그렇다면 기계와 생명의 차이는 무엇인가? 이는 의외로 쉬운 문제가 아니다. 그러나 동양적 시각에서 생명의 특징을 간단히 말한다면, 그것은 한마디로 '느낌(感, feeling)'이다. 모든 생명은 감응하고, 감응하는 것은 살아 있다. 『주역』에는 "온갖 생명이 감응하여 서로 교류하고 통한다(感而遂通)"는 기본 발상 속에서 64괘가 펼쳐지고 있다. 그러나 이 감응의 세계가 가장 신명나게 그려지고 연주되고 있는 위대한 고전은 바로 『장자』이다.

> 장자와 혜시(惠施)가 함께 호수의 다리 위에서 노닐고 있었다.
> 장자 : 피라미가 한가롭게 헤엄치고 있소. 이것이 물고기의 즐거움이란 거요.
> 혜시 : 당신이 물고기가 아닌데 어찌 물고기의 즐거움을 안단 말이오.
> 장자 : 당신은 내가 아닌데 어찌 내가 물고기의 즐거움을 알지 못한다는 걸 안단 말이오?
> 혜시 : 나는 당신이 아니니까 물론 당신을 알지 못하오. (마찬가지로) 당신이 물고기가 아니니까 당신이 물고기의 즐거움을 알지 못한다는 게 확실하지요?
> 장자 : 자 근본으로 돌아가 봅시다. 당신은 '어찌 당신이 물고기의 즐거움을 안단 말이오'라고 했지만, 이미 그것은 내가 안다는 것을 알고서 내게 물은 거요. 나는 (바로) 호수의 다리 위에서 물고기의 즐거움을 알았단 말이오.
> (『장자』, 「추수」)

물고기와의 감응을 보여 주기 위하여 장자는 먼저 혜시의 정연한 논리와 분석을 보여 준다. 그리하여 일견 논리와 분석이 승리하는 듯한 바로 그 순간, 장자는 느닷없이 상황을 역전시킨다. "근본으로 돌아가 봅시다" 이는 논리적 분석의 차원과는 사뭇 다른 직관적인 감응의 차원을 제시하고자 하는 것이다. 그것은 일종의 심미적 직관으로서 논리적 과정을 거친 것이 아니다. 한순간에 주체와 객체가 하나의 느낌 속에 관통되고 있는 것이다.

세계를 도구적 연관에서, 유용성의 차원에서 바라볼 때(이러한 마음이 '기심'이다), 세계는 파편화된다. 자연을 도구(기계)나 이익을 줄 무엇으로 바라보게 될 때, 우리는 자신의 필요에 따라 온갖 취사 선택과 분별 작용을 통해 자연을 기능적으로 분해하고 조립하게 된다. 분해와 조립이야말로 기계의 특성이다. 그 속에서는 감응이 아니라, 왜곡이 일어난다. 곰이 웅담으로 분해되고, 친구가 돈으로 조립되고, 아름다운 숲이 아파트를 짓는 데 방해가 되는 쓰레기더미로 보이는 것이다. 감응은 이러한 취사 선택과 분별 작용으로부터 자유로운 마음에만 온전하게 가능하다.

노자와 장자는 도구나 유용성을 중시하는 관점을 유(有)·유용(有用)이라 하였고, 그러한 이해 관계를 벗어난 관점을 무(無)·무위(無爲)·무용(無用)이라 하였다. 그리하여 노자는 "있음(有)에 유익함이 있는 것은 없음(無)의 쓰임이 있기 때문"(『노자』, 11장)이라고 말한다. 그러나 현대인의 마음은 있음에만 사로잡힌 마음이다. 있음에 대한 집착은 소유에 대한 집착이다. 소유를 위하여 자연을 파편화하고, 타자를 지배하려고 한다. 소유에 대한 집착을 벗어난 열린 마음은 없음에 닿아 있는 마음이다. 우리는 너무나 오랫동안 없음의 쓰임을 무시해 왔다. 장자는 이렇게 말한다.

온전한 자연과 감응하고 동화되어 자기에 대한 집착이 없다. 자기가 없는데, 있음에 대한 소유의 집착이 있겠는가! 있음을 보는 것은 옛날의 군자요, 없음을 보는 것은 천지 자연의 벗이다. (『장자』, 「재유」)

프롬이 그의 유명한 책에 붙인 제목인 '소유냐 삶이냐'라는 두 범주는 '있음을 보는 마음'과 '없음을 보는 마음'에 상응한다고 할 수 있다. 없음을 보는 마음에 의해 비로소 타자와 있는 그대로, 온전한 존재 전체로 만나게 된다. 천지 자연과 벗이 되는 것이다. 그것은 또한 온 존재를 기울여서 서로 감응하는 심미적 만남이다. 이러한 만남을 장자는 물아일체(物我一體)라 하였으며, 「제물론」편에서 말하는 '하늘의 퉁소 소리(天籟)'란 이러한 심미적 감응에 대한 아름다운 은유이며, 삼라만상과 살아 있는 감응을 하는 최고 경지의 정신에 대한 은유이다. 장자는 자신이 성취한 정신 경지를 다음과 같이 요약하여 말한다.

> 홀로(獨) 천지의 정신과 왕래하면서 만물을 멸시하지 않고 시비를 가려 꾸짖지 않으며, 다만 세속과 더불어 산다. (『장자』, 「천하 天下」)

여기서 '독(獨)'은 수양이 극치에 이르렀을 때 나타나는 정신 주체를 표현하는 장자 특유의 술어이다. 그런데 더욱 주목해야 할 것은 '천지 정신'이라는 말이다. 오늘날 우리가 사용하고 있는 '정신'이라는 술어는 장자가 처음으로 만들어 쓴 것이다. 그러나 장자에게는 인간만이 정신의 주체는 아니다. 천지가 다 정신이다. 정신과 정신이 왕래한다. 이 왕래가 다름 아닌 감응이다. 이 감응 속에서 우리는 하늘의 퉁소 소리를 들을 수 있다. 우리는 이 감응 속에서 주체니 객체니 구별을 일삼는 인식론과 존재론을 훌훌 떠나서 만물과 융합될 수 있다. 장자는 이를 '물화(物化)'라 하였다. 여기서 창조와 생성이 이루어지는 참된 세계의 실상이 드러난다. 장자가 파악한 참된 세계는 마음이 구성한 허깨비 같은 허상도 아니고, 마음과 독립되어 소박하게 실재하는 덩어리도 아니다. 세계는 인간의 정신과 천지 자연의 정신이 감응을 통해, 그리고 감응을 통한 상호 향유 속에서 비로소 드러나고 생성되는, 살아 있는 것이다. 그러한 세계의 모습이 '천지의 아름다움(天地之美)'이다. 이러한 장자의 세계관을 심미적 세계관이라고 불러도 좋으리라. 만물의 아름다움을 느끼는 자가 어찌 만물을 멸시하겠는가?
여기에 또한 장자의 심미적 세계관이 지닌 생태학적 함의가 있다.

　장자는 자연을 지배하거나 소유하려고 하지 않는다. 그는 자연과 벗이
되고자 하고, 하나가 되고자 한다. 그리하여 그는 "천지와 나는 함께 살고,
만물과 나는 하나"(『장자』, 「제물론」)라고 말하고 있는 것이다. 심미적 감
응 속에서 천지 만물과 하나가 되고자 하는 것은 오늘날 녹색 운동의 모델
이 되고 있는 아메리카 인디언의 삶의 양식과 상통한다. 차이가 있다면, 인
디언의 삶이 더 종교적이라면, 장자의 세계는 더 심미적이라는 점이다. 자
연과 우리가 친구가 되지 않고, 자연의 아름다움을 느끼지 않으면서 어떻
게 환경 문제를 근본적으로 해결할 수 있으랴. 심미적 세계 속에서 그 아름
다움을 향유할 수 있을 때, 비로소 "나는 만물과 더불어 봄을 이룬다"(『장
자』, 「덕충부」). 봄은 생명의 계절이다. 노자의 여성적 세계관은 장자에게
서 심미적·시적 세계관으로 발전하여 오늘날 녹색 운동이 도달해야 할 비
전을 심오하게 먼저 제시하고 있다.

　노장 사상이 만병 통치약은 아니다. 그러나 그것은 우리가 잊어버린, 아
니 잃어버린 생명의 여백이요, 틈이다. 여백이 없는 것은 굳은 것이고 기계
이며, 죽음의 무리이다. 세포 속에, 신경 속에, 삶 속에 여백을 마련하자.
그 여백 속에 생명이 숨쉬게 되고, 심미적 은유가 춤추게 된다. 그 속에서
우리는 비로소 환경 윤리든 생명 윤리든 새로운 과학의 가능성이든 새롭게
세계를 볼 수 있는 호흡을 가다듬을 수 있을 것이다.

■ 주제어

뇌 중심, 배 중심, 기계, 생명, 여성, 페미니즘, 자연, 느낌

■ 용어 해설

자연(自然) 노자가 처음으로 사용한 말로 '스스로 그러함' 또는 '저절로 그

러함'으로 해석할 수 있다. 노장 철학에서 세계의 본 모습을 나타내는 궁극적인 개념이다. 이러한 자연의 세계에서는 세계를 조작하고 만물의 운행을 지시하는 주재자가 끼어들 틈이 없다.

무위(無爲) 행위를 하지 않는 것이 아니라, 스스로 그러함에 어긋나는 인위적이고 조작적인 행위를 하지 않는 것을 말한다. 그러나 어디까지가 인위이고 어디까지가 무위인지는 매우 애매하다. 생태학적 입장에서 볼 때 생태학적 순환을 깨지 않는 행위는 무위이고, 그 순환을 교란시키거나 깨뜨리는 행동은 인위라고 할 수 있겠다.

기(氣) 일반적으로 서양의 물질 개념에 상응한다. 장자의 사상은 기라는 토대를 생각하지 않고는 이해할 수 없다. 장자의 세계는 기가 모이고 흩어지면서 이루어지는 현상이다. 장자 사상에서 기는 매우 다의적이다. 기는 질료이면서 생명의 잠재력을 가지며, 또한 최고의 정신 경지를 의미하기도 한다.

상생 상극(相生 相克) 서로 생성하고 또한 억제하기도 하는 상호 작용을 말한다. 상생이란 서로 증폭시키는 양(+)의 피드백이라고 한다면, 상극은 서로 감소시키는 음(-)의 피드백이라 할 수 있다. 한의학에서 우리의 오장 체계는 이러한 생성과 억제 작용이 상호 긴밀하게 연결되면서 균형을 유지하는 체계이다.

정신(精神) 장자가 처음으로 사용한 말. 오늘날 mind나 spirit로 번역해서는 곤란하다. 장자 철학에서 정(精)은 생명의 잠재력을 가진 기를 가리키는 것이며, 신(神)은 그러한 기의 신묘한 작용을 일컫는 술어이다. 따라서 정신은 생명력의 신묘한 작용을 말한다. 장자가 말하는 정신은 서양의 이원론에서 몸과 정신을 분리할 때의 정신과 다르다. 왜냐하면 정신도 기이고,

몸도 기이기 때문이다.

도(道) 도는 궁극적 개념이다. 그리하여 도는 모든 규정을 벗어난다. 즉 정의할 수 없다. 그러나 가능한 몇 가지로 정의해 본다면, ① 법칙·규율을 가리키는 것으로 구체적 사물인 기(器)와 상대된다. ② 우주 만물의 본체·근원을 의미한다. ③ 일정한 인생관·세계관·정치적 주장·사상 체계를 말하기도 한다. 도는 절대성·영원성·초월성·보편성·내재성을 지닌다.

물화(物化) 장자 철학에서 물화란 두 가지 의미가 있다. 첫째, 물화는 죽음을 의미한다. 둘째, 주관과 객관이 융합되어 우주의 변화와 더불어 함께 하는 것을 일컫는다. 이는 정신의 최고 경지를 말하는데, 물아 일체(物我 一體)라고도 한다.

아니마 칼 융의 심리학 술어. 아니마는 남성의 심리에 있는 모든 여성적인 심리적 경향들의 인격화이다. 예를 들면 모호한 느낌·기분·예감·비이성적인 것들의 수용·개인적 사랑 능력·자연에 대한 느낌·무의식과의 관계 등이다. 아니무스는 이와 대립되는 것으로 여자의 심리에 있는 남성적인 심리적 경향들의 인격화이다.

■ 생각해 볼 문제

1) 할리우드 영화와 타르코프스키의 영화 「희생」·「향수」를 보고 비교해 보자. 우리 전통 아악인 「수제천」·「영산회상」과 오늘날 가요의 리듬을 비교해 보고, 그 느리고 빠름이 우리의 심리에 어떤 영향을 미칠 것인가에 대해서 토론해 보자.

2) 일본 에니메이션 「공각기동대」에서는 생명을 '정보의 바다에서 태어난 결절'이라고 한다. 과연 생명은 정보인가? 게놈 프로젝트와 연관시켜 생각해 보자.

3) 노자가 말하는 여성적 가치들이 보편화된 세계를 상상해 보자. 지금의 세계와 무엇이 다를 것인가? 달라진 것이 있다면, 과연 그것이 우리의 삶을 행복하게 해줄 것인가?

4) 장자는 천지를 아름다움으로 보았다. 과연 세상은 아름다운가, 더러운가? 이외수의 소설 『벽오금학도』, 릴케의 동화 『신의 이야기』를 읽고 생각해 보자.

■ 참고 문헌

▶김충열, 『노장철학강의』, 예문서원, 1995.

매우 평이하면서도 노장 철학의 핵심과 총체적 윤곽을 동시에 제시해 주고 있는 명저이다. 노장 철학을 처음 접근하는 사람은 반드시 읽어야 할 필독서다.

▶서복관, 『중국예술정신』, 권덕주 옮김, 동문선, 1993.

이 책의 진수는 장자의 미학 정신을 밝혀 내는 데 있다. 중국의 미학, 특히 장자의 미학과 정신을 가장 명쾌하게 분석하고 있다.

▶프리초프 카프라, 『생명의 그물』, 김용정 외 옮김, 범양사, 1998.

현대의 물리학과 생물학의 성과를 종합하면서 유기체적 세계, 시스템 이론적 생명의 실상에 접근하고 있다. 그의 사상은 그 근저에서 노장의 철학과 닿아 있다.

▶진고응, 『노장신론』, 최진석 옮김, 소나무, 1997.

▶김용옥, 『노자철학 이것이다』, 통나무, 1989.

▶방동미, 『중국인(中國人)의 생철학(生哲學)』, 정인재 옮김, 탐구당, 1984.

▶이택후, 『화하미학』, 권호 옮김, 동문선, 1990.

▶이시다 히데미, 『기』, 이동철 옮김, 열린책들, 2000.

▶제레미 리프킨, 『엔트로피 I』, 김용적 옮김, 원음사, 1989.

▶프리초프 카프라, 『새로운 과학과 문명의 전환』, 이성범 외 옮김, 범양

사, 1991.

▶율란디 야코비, 『칼 융의 심리학』, 이태동 옮김, 성문각, 1978.

▶마틴 제이, 『변증법적 상상력』, 황제우 옮김, 돌베개, 1980.

▶G. 바슐라르, 『몽상의 시학』, 김현 옮김, 기린원, 1995.

제14장 깨달음과 해탈의 철학으로서 불가 사상

1. 종교와 불교

모든 유기체는 두 가지 성향을 지니고 있다. 하나는 엔트로피가 감소하는 상향의 길로 가려는 성향이고, 다른 하나는 엔트로피가 증가하는 하향의 길로 가려는 성향이다. 상향의 길은 무질서의 정도가 낮은 생명의 길이며, 하향의 길은 무질서의 정도가 높은 죽음의 길이다. 파릇파릇한 봄의 새싹과 짙은 여름의 녹음은 생명체의 상향의 모습이며, 앙상한 가을의 낙엽과 메마른 겨울의 가지는 생명체의 하향의 모습이다. 생명이란 상향과 하향의 동적인 평형 상태이다. 그런데 모든 유기체는 영원히 동적인 평형 상태를 유지할 수 없다. 결국 동적인 평형 상태가 깨어져 생명은 죽음으로 마감하게 마련이다. 유기체가 생을 마감하지 않는다면, 새로운 생명의 탄생을 기대할 수 없는 것이다. 따라서 죽음이란 모든 유기체의 근원적 실존이다.

봄의 아름다운 잎과 꽃도 가을의 열매를 위하여 자리를 물려주고 자기가 태어난 땅으로 떨어진다. 인간도 마찬가지다. 생의 축복은 곧 죽음의 슬픔으로 바뀐다. 생명의 탄생은 많은 인연과 조건으로 탄생하지만, 죽음의 순간은 모든 인연과 관계를 끊어야 하는 개체의 외로운 실존이다. 죽음을 경험해 본 사람은 아무도 없다. 한번도 경험해 보지 못한 미지의 길, 누구도 대신 갈 수 없는 초행의 길을 간다는 것은 우리로 하여금 근원적인 공포감을 자아내게 한다. 죽음이 공포와 두려움의 대상으로 인식되는 순간 인류의 문명이 시작되었는지도 모른다. 이 인류 문명의 중심에 종교가 있다. 종교는 죽음의 공포와 두려움 앞에 선 인류의 구원의 문제를 해결하고자 등장한다.

중국 문명에서 유교는 죽음이라는 사태를 삶의 한 양상으로 파악한다. 유교는 죽음을 끝이라고 생각하지 않는다. 단지 죽음이란 기(氣)의 흩어짐이며, 또 다른 생명의 시작일 뿐이다. 유교는 삶과 죽음이 대립적으로 파악될 때, 죽음이 삶의 끝이라는 극단적 공포가 초래된다고 본다. 따라서 유교는 제사라는 공동체의 삶의 의식을 통해 죽음의 공포와 두려움을 극복해 갔던 것이다.

인도 문명에서 불교는 삶과 죽음을 개인의 행위(業)의 소산이라고 본다. 행위는 반드시 그 결과를 낳는다. 이생에 태어난 것은 전생의 나의 행위의 결과이며, 현생의 나의 행위는 내세의 나의 삶을 결정짓는다. 이러한 윤회의 수레바퀴를 벗어나기 위해서는 남에게 베푸는 것, 계율을 지키는 것 등과 같은 세속 윤리를 실천하고, '나'와 '나를 둘러싼 세계'에 대한 올바른 지혜를 갖추어야 하는 것이다.

유럽 문명에서 기독교는 죽음이라는 사태를 끝이라 본다. 끝이 있으면 시작이 있게 마련이다. 이 우주의 시초에 신이 존재한다. 신은 인간뿐만 아니라 우주를 창조한 전지 전능한 존재다. 또 신은 우주를 창조하였을 뿐만 아니라, 우주의 시작과 끝을 주관한다. 따라서 기독교는 죽음의 공포와 두려움을 극복하기 위해서는 절대자인 신에 귀의하고 믿음을 가져야만 한다고 본다. 신에게 복속하고 귀의하게 되면, 죽음이란 더 이상 끝이 아니라 새로운 영생이 되는 것이다. 이처럼 각 문명은 자신의 방식으로 죽음에 대한 두려움과 공포를 극복해 왔음을 알 수 있다.

종교라는 뜻의 'religion'은 '다시(re) 잇다(ligere)'라는 어원에서 유래한 것이다. 성 아우구스티누스는 이것을 "신과 인간의 관계를 이어서 회복한다"라고 이해한다. 따라서 종교는 교회와 성직자를 매개로 신과 인간의 관계를 이어서 회복하는 가르침이다. 이러한 종교관에는 초월적인 유일신 사상이 전제되어 있으며, 아울러 신과 인간, 완전한 하느님의 세계와 불완전한 지상의 세계, 천국과 지옥이라는 이원적 구분이 깔려 있다. 거기에서는 오직 전지 전능하고 유일한 신, 하느님을 믿는 것만이 인간의 궁극적 종교 행위라고 한다. 이는 배타적인 종교관이라 할 수 있다.

초월적 신을 믿는 체계만 종교라고 하는 것은 기독교에 적합한 정의이지 불교와는 거리가 멀다. 왜냐하면 불교는 '나'와 '나를 둘러싼 세계'의 모든 존재는 근원적으로 무아(無我)라고 간주하여 불변의 실체나 전지 전능한 신의 존재를 부정하기 때문이다. 여기에는 삶 속에서 고통을 받고 두려움을 느끼는 개인 자신이야말로 궁극적 구원의 주체자라는 인간 선언이 담겨 있다. 불교가 의타적인 종교가 아니라 자립적인 종교라고 하는 것은 이를 두고 하는 말이다.

그렇다면 고통과 두려움은 왜 생기는가? 우리의 삶을 구성하는 모든 것은 매순간 생겼다가 사라진다. 그러나 우리는 부단히 변화하는 것에 대해 상주하기를 바라는 욕망과 집착을 가지기 때문에 갖가지 고통과 두려움이 생긴다. 이러한 욕망과 집착은 어디서 오는가? 모든 것은 무아(無我)이며 공(空)이다. 하지만 무아인 자기와 공인 세계에 대해, 변하지 않는 자기라든가 불멸의 신과 같은 불변의 실체가 있다고 잘못 생각하는 우리의 근원적 무지 때문에 욕망과 집착이 생기게 된다. 이 근원적 무지를 불교에서는 무명(無明)이라고 하며, 이 무명이 반야의 지혜인 명(明)으로 전환되어야만 두려움과 고통에서 해방된다고 설파한다. 무명에서 명으로의 전환은 삶의 근원적·획기적 전환이며, 그 순간 깨달은 자, 즉 붓다가 되는 것이다. 이러한 점에서 불교는 인류를 초월한 인격신에 대한 신앙과 근본적으로 성격을 달리하며, 또한 진리를 깨달으면 누구라도 붓다가 될 수 있다고 선언하는 대단히 혁명적인 종교임을 알 수 있다. 이상과 같은 이유에서 불교는 인격신의 종교를 의미하는 서양의 'religion'과 다른 종교임을 알 수 있다.

2. 불교의 기본 입장

불교는 불(佛)의 가르침(敎)이다. 불은 산스크리트 어 붓다(buddha)의 음사(音寫)이다. 붓다란 '깨달은 자' '눈을 뜬 자'라는 의미를 지닌 보통 명사다. 당시의 많은 붓다와 구별하기 위해 불교의 개창자인 붓다를 '고타마 붓다'라 부른다. 이 말은 고타마 족의 깨달은 성자라는 의미다. 붓다는 29세에 출가하여 6년간의 기나긴 고행을 접고, 보리수나무 아래 고요히 앉아 명상에 들어가 깨달음을 얻었다. 그는 자신의 깨달음의 내용을 어떻게 말해야 할지 몰라 주저했다고 전해진다.

장님 코끼리 만지기 우화에서 아는 바와 같이 사람들은 누구나 각자가 만져 본 경험의 범위 안에서 코끼리를 묘사한다. 코끼리 다리만 만져 본 장님은 코끼리를 기둥이라 하고, 귀만 만져 본 자는 코끼리를 넓은 보자기와 같다고 말한다. 눈 뜬 사람이 코끼리의 온전한 모습을 말해 주었을 때, 그들은 자신의 경험만이 옳다고 생각하여 그 사람의 말을 들으려 하지 않을 것이다. 이에 붓다가 주저하고 있을 때, 하늘의 신이 내려와 설법을 권하자 마지못해 응했다고 한다.

붓다가 신의 권유로 마지못해 설법에 응했다고 하는 그 깨달음의 내용은 모든 존재의 무상(無常)·고(苦)·무아·공·연기(緣起)라고 하는 진리이다. 이 중에서 가장 중요한 것은 무아 사상과 그 근거인 연기 사상이다. 무아란 모든 존재는 고정 불변의 실체인 아(我)가 없다는 것이며, 연기란 모든 존재는 여러 가지 조건에 의해 생성하고 소멸한다는 것이다. 이러한 무아와 연기 사상은 당시 인도의 사상과 맥을 달리하는 불교 특유의 사상이다.

그렇다면 왜 붓다는 자신의 깨달음을 사람들에게 말하기를 주저했을까? 당시 많은 철학과 종교에서 문제 삼고 있었던 것은 우리가 경험하는 세계, 즉 현상 세계를 넘어 있는 형이상학적 본체 세계였다. 그에 따르면 우리가 경험하는 현상 세계는 마치 신기루처럼 우리의 욕망을 부추길 뿐, 실재하는 것은 아니다. 실재하는 것은 궁극적 본체 세계이기 때문에 이에 대한 탐구야말로 최상의 가치이며, 해탈에 이르는 길이다. 이러한 본체론적 사고가 널리 인정되는 지적 분위기에서 붓다는 자신이 깨달은 비(非)본체론적인 무아설과 연기설이 결코 환영받지 못할 것이라고 생각했기 때문에 주저했던 것이다.

초기 불교 경전에는 이러한 형이상학적 본체 세계에 관한 물음을 열 가지로 정리하여, 그 하나 하나의 질문에 대하여 어떠한 유도나 비방에도 아랑곳하지 않고 붓다는 끝까지 침묵으로 일관하고 있음을 전하고 있다. 그 열 가지 형이상학적 문제를 10무기(無記)라 한다. 무기라는 것은 '기술하거나 설명할 수 없는 것', 즉 '기술하는 것도 설명하는 것도 불가능한 것'을 의미한다. 그것은 다음과 같다.

1. 세계는 시간적으로   1) 무한하다.   2) 유한하다.
                                    3) 무한하기도 하고 유한하기도 하다.
                                    4) 무한하지도 유한하지도 않다.
2. 세계는 공간적으로   5) 무한하다.   6) 유한하다.
3. 영혼과 육체는   7) 동일한 것이다. 8) 별개의 것이다.
4. 여래(如來)는 사후에도   9) 생존한다.   10) 생존하지 않는다.

인간의 이성은 경험을 뛰어넘어 궁극적인 하나의 원리로 다양한 현상 세계를 통일하여 파악하려는 성향이 있다. 즉 인간은 복잡한 현상을 단순한 원리로 환원하여 설명하고자 하는 것이다. 예를 들어 "누가 나를 낳았는가?"라는 질문에 대해 "부모님이 낳았다"는 답만으로 만족하려 하지 않는다. 그래서 부모님은 누가 낳았고, 또 그 부모님을 낳은 부모님은 누가 낳았는가를 계속 묻는다. 그리하여 마침내 근본적으로 모든 인간을 낳은 궁극적 원인이 신이라 주장하는 유신론, 물질이라고 주장하는 유물론, 무(無)라고 주장하는 회의론에 귀착한다. 그런데 다양한 현상 세계를 하나의 원리로 통합하려다 보면, 당연히 경험해 보지 못한 영역에까지 나아가게 마련이다. 경험해 보지 못한 것을 두고 하나의 원리로 설명하게 되면, 상충되는 주장이 나오며, 양쪽 다 옳은 것으로 증명되는 경우가 생긴다.

10무기 가운데 "세계는 시간적으로 무한하다/세계는 시간적으로 유한하다"라는 대립적 명제도 마찬가지다. "세계는 시간적으로 무한하다"고 생각하는 사람은 다음과 같이 주장한다. 즉 어딘가에 시작한 시점이 있다고 한다면, 그 시점 이전에는 시간이 없다고 할 수 없다. 따라서 그 시점 이전에도 시간은 있어야 하기 때문에 세계는 시간적으로 끝이 없다. 그러므로 세계는 영원히 상주·불변한다고 주장한다. 반면 "세계는 시간적으로 유한하다"고 생각하는 사람은 또 이렇게 주장한다. 즉 어딘가에 시작한 시점이 없다면, 시간을 말하고 시간을 재는 것이 불가능하기 때문에 세계는 시간적으로 끝이 있다. 그러므로 세계는 부단히 단멸(斷滅)한다고 주장한다. 이와 같이 상반되는 형이상학적 주장이 모두 옳은 것으로 증명되는 것을 칸트는 이율 배반이라 부른다. 이처럼 인간의 이성이 이율 배반에 빠지는 것은 이성이 경험을 넘어서 단순한 하나의 원리를 추구하기 때문이다.

외교(外敎)에서 불교로 개종한 말룬키야풋타는 그러한 형이상학적 문제가 설명되지 않으면 교단을 떠나 환속하겠다고 선언한다. 이에 대해 붓다는 칸트처럼 엄밀하게 논증하는 대신 10무기가 설명되지 않는 한 불교의 수행에 들어가지 않겠다고 하는 자는 결국 불교를 올바르게 알지 못하고 죽게 될 것이라고 응한다. 또한 10무기와 같은 형이상학적 문제는 우리의 경험을 통해서는 결코 해결할 수 없으며, 설사 그것을 설명한다고 해도 현재의 고통과 두려움을 극복하는 데 전혀 도움을 주지 못한다고 하면서 다음과 같은 비유를 든다.

그것은 마치 독화살을 맞은 청년과 같은 것이다. 그런데 화살을 맞은 청년이 자기를 쏜 사람이 사성 계급 가운데 어느 계급에 속한 사람인지, 이름은 무엇이고, 신장은 얼마나 되며, 피부색은 어떻고, 출신지는 어디며, 독화살을 쏜 활과 화살, 화살에 달린 깃, 화살촉의 종류가 무엇인지 하나하나 밝혀지지 않으면 이 독화살을 빼지 않겠다고 우긴다면, 그것이 밝혀지기도 전에 독은 전신에 퍼져 죽게 될 것이다.

화살을 쏜 사람이 어떤 계급인지, 화살의 종류가 무엇인지, 화살에 칠한 독이 어떤 종류인지를 묻는 것은 무의미한 것이 아니다. 하지만 현재 독화살을 맞아 죽어 가고 있는 상황에서 그러한 질문은 생명을 구하는 데 아무런 도움을 주지 않는 공허한 질문일 뿐이다. 먼저 화살을 뽑고 치료하는 것이 그 순간에는 최선의 행위이다.

결국 붓다가 그와 같은 형이상학적 문제에 대해 답을 하지 않은 이유는 다음과 같다. 먼저 그러한 질문은 우리의 인식이나 경험을 넘어서 있어 우리의 능력으로 해결할 수 없다고 보았기 때문이다. 다음으로 인간의 구체적 경험을 넘어서 추상적 영역에 대한 탐구는 지적 즐거움을 줄 수는 있으나, 그것이 고통스럽고 두려운 현재의 삶을 구원하는 데 아무런 도움을 주지 않기 때문이다. 대개 수행이나 해탈은 모두 우리가 구체적으로 경험할 수 있는 현상 세계의 문제인 데 반해, 형이상(形而上)의 본체 세계는 그런 경험의 세계와 무관하기 때문이다. 이는 "죽음이란 무엇인가?"라는 제자의 질문에 대해 "삶도 모르는데, 어찌 죽음을 알 수 있을까?"라고 대답한 공자의 현실주의 정신과 서로 통한다고 볼 수 있다.

3. 삶은 순간의 연속이자 괴로움 : 무상과 고

일반적으로 종교는 신앙·계율·의례 등의 종교적 신앙 체계만 강조할 뿐, 그것을 이론적으로 설명한 경우는 거의 찾아볼 수 없다. 예컨대 기독교의 경우, "신이 세계를 창조했다"거나 "처녀 마리아가 아기 예수를 잉태했다"고 하는 기독교 교리에 대해 그것이 어떻게 가능한가 하는 인식론적 반성이 일어나면, 모두 허황한 것이 되고 만다. 그래서 기독교는 믿음을 강조한다.

그러나 인도의 거의 모든 종교는 자체의 종교적 신앙 체계를 설명할 수 있는 체계적이며 방대한 이론을 가지고 있다. 그래서 인도인은 앎을 통해 그 궁극적 목적인 고통으로부터의 해탈을 추구한다. 그렇기는 해도 그 이론은 구체적인 경험을 초월한 형이상학적 문제나 불변의 신 존재를 변호하기 위한 호교론적(apologetic) 성격이 강하여 합리성과 객관성을 결여한 경우가 적지 않았다.

불교도 인도의 여타 종교와 마찬가지로 깨달음을 통해 해탈을 추구한다. 하지만 불교는 형이상학적 문제에 관심을 두지 않고, 철저하게 우리가 지각하고 경험하는 현상 세계와 삶의 문제에 대해서만 합리적인 고찰을 한다. 제행무상(諸行無常)·일체개고(一切皆苦)·제법무아(諸法無我)·열반적정(涅槃寂靜)의 사법인(四法印)과 사법인의 기초를 이루고 있는 연기설(緣起說)이 그 이론의 중심을 이룬다.

불교에서는 제행무상·일체개고·제법무아를 삼법인이라 한다. 여기에 열반적정을 더하여 사법인이라 한다. 제행·일체·제법은 '나'와 '나를 둘러싼 세계', 즉 현상 세계이며, 무상·고·무아는 현상 세계의 존재 방식(form)이다. 이는 원시 불교를 대표하는 가장 주요한 테마이다. 여기서 법인이란 불법(佛法; 불교의 가르침)이라는 것을 증명하는 증인(證印), 즉 이것이야말로 불법이라는 것을 증명하는 것이다.

제행무상은 '나'와 '나를 둘러싼 세계'는 현상적 측면에서 보면 변화하며 지속하는 것 같지만, 본질적 측면에서 보면 오직 생멸할 뿐이라는 명제이다. 우리가 현상을 분석할 때, 거기에는 항상 시간이 개입되게 마련이다. 불교에서는 시간을 절대적이고 객관적으로 존재하는 것으로 여기지 않는다. 불교에서는 시간을 법(法)과 법의 관계에서 파생되는 것으로 본다. 법이란 집·나무·사람과 같은 거시적인 결합체를 구성하는 기본적인 단위 요소이다. 법과 법이 관계를 맺을 때 두 가지 양상으로 드러난다. 하나는 변화(change)이며, 다른 하나는 지속(endurance)이다. 변화와 지속은 시간의 내적 특성이다. 그리고 우리가 현상을 분석할 때, 즉 법과 법의 관계 맺음에서 시간 내적인 특성뿐만 아니라 시간을 초월한 법 자체의 생멸이라는 개념을 고려해야 한다.

촛불이 타고 있는 현상을 분석해 보자. 지금 타고 있는 촛불은 우리에게 경험되는 현상이다. 그리고 타고 있는 촛불은 초와 밀랍과 심지로 구성된다. 이 세 가지는 촛불이라는 현상을 구성하고 있는 기본적 요소다. 촛불이 타고 있을 때 불꽃은 지속된다. 그런데 알고 보면 그것은 변함없이 타는 고정 불변의 촛불이 아니라, 시시각각·매순간·찰나 찰나 변하는 불꽃의 연속이다. 그런데 시간이 갈수록 초는 점점 작아져 불꽃이 사그라지는 변화를 우리는 목격한다. 촛불도 점차 사그라져 소멸하듯이 촛불을 구성하는 초와 밀랍과 심지도 결국은 소멸한다. 촛불뿐만 아니다. 뜰 앞에 서 있는 나무는 어제도 오늘도 내일도 똑같은 상태로 있고, 작년에도 올해도 변화하지 않은 것처럼 보인다. 그렇지만 자세히 관찰해 보면, 나이테가 하나 더 늘었거나 주름이 더 깊게 팬 것을 볼 수 있다.

인간 역시 태어나서 청년이 되고, 장년이 되고, 노년이 되어 결국 한줌 흙으로 돌아간다. 그런데 어떤 사람은 20년이 지나도 친구가 자기를 알아본다면, 그것은 '변하지 않고 지속하는 나'가 있기 때문이 아닌가 하고 물을지 모른다. 하지만 사실 알고 보면 그것은 인간의 사고의 산물일 뿐, '변하지 않고 지속하는 나'란 결코 경험되지 않는다. 그것은 친구의 관념 속에 표상으로 남아 있는 자신의 일부분의 특성을 추상화한 것에 불과하다. 사실 '나'라고 하는 존재도 생물학적으로 보면 60조 개의 세포가 순간적으로 생하고 멸하면서 관계를 맺는 무상한 존재에 지나지 않는다. 다만 촛불처럼 생멸의 간격이 너무 짧기 때문에 우리의 눈에는 지속하는 것처럼 보일 뿐이다. 이와 같이 보면 인간과 세계 등 모든 현상은 불교가 주장하는 것 이상으로 무상 자체임을 알 수 있다. 따라서 제행무상은 영원한 진리가 아닐 수 없다.

일체개고는 '나'와 '나를 둘러싼 세계'는 괴로움이라는 명제다. '삶은 곧 괴로움'이라는 것이 불교의 기본적인 현실 인식이다. 불교는 삶의 괴로움과 불안을 사고(四苦)라는 표현으로 정리한다. 사고는 태어난 괴로움, 늙어 가는 괴로움, 병드는 괴로움, 죽어 가는 괴로움이다. 태어남이 곧 괴로움인 것은 과거의 행위로 인해 끊임없이 윤회를 계속하여 미혹의 세계, 고통을 수반하는 세계에 태어난다는 의미이다. 불교는 이러한 삶의 괴로움이 직접적으로 탐욕·성냄·어리석음과 같은 집착으로 인해 생기며, 근원적으로 '나' '나의 것' '불변의 실체'에 대한 잘못된 견해로 인해 확대된다고 본다. 삶이 괴롭다고 하는 것은 결코 염세주의가 아니다. 이는 추호도 의심할 수 없는 인간의 현실 인식이며, 동시에 인생의 문제를 제기하고 이를 해결하기 위한 창구가 되는 것이다. 따라서 우리는 '삶이 곧 괴로움'이라는 현실 인식에서 출발하여 그러한 인식을 보편화하고, 이를 모든 인간의 실존적 진실로 직시할 때 삶의 고통을 넘어설 수 있는 것이다.

그렇다면 불교에서는 왜 비관적·절망적인 느낌을 주는 무상과 고를 교리의 근본 명제로 제시했을까? 그것은 다음과 같다. 첫째, 여러 가지 원인과 조건에 의해 형성된 현상 세계가 끊임없이 변화해 가며 소멸해 간다는 무상과 고(苦)의 가르침을 통해 사람들로 하여금 삶을 진취적이고 능동적으로 살아갈 수 있도록 하기 위함이다. 학교의 열등생이 사회의 우등생으로, 가난한 자가 부자로, 괴로움이 즐거움으로 바뀌는 경우를 우리는 자주 경험한다. 이러한 무상의 경험은 세상이 고정되어 있거나 결정되어 있지 않기 때문에 가능한 것이다. 이처럼 세상은 무상하기 때문에 불만족스러운 자신의 현실을 만족스러운 삶으로 바꿀 수 있는 것이다. 만약 모든 것이 결정되어 있다면, 거기에는 어떠한 희망이나 새로움이 있을 수 없다. 무상하고 고이기 때문에 새로움과 희망을 실현시키기 위해 노력하게 된다.

둘째, 여러 가지 원인과 조건에 의해 형성된 현상 세계가 끊임없이 변화해 가며 소멸해 간다는 무상과 고의 가르침을 통해 사람들로 하여금 해탈을 향한 끊임없는 정진과 수행에 매진할 수 있도록 하기 위함이다. "강물은 두 번 다시 흐르지 않는다"는 말이 있듯이 우리의 삶도 매순간 흘러갈 뿐이다. 내일을 기약할 수 없는 것이 인생이다. 따라서 '지금 여기(now and here)'에서 행하는 자신의 행위에 최선을 다해야 한다. 붓다가 죽음을 앞두고 "모든 것은 실로 무상하다. 게으름 피우지 말고 목적을 완수하기 위해 노력하라"고 제자들에게 한 유언은 이러한 점을 잘 드러내 준다.

4. 실체의 부정 : 무아

제법무아는 '나'와 '나를 둘러싼 세계'에 고정 불변의 실체가 없다는 명제다. 무아는 우파니샤드의 아트만(Ātman: 我로 번역)에 대한 안티테제이다. 아트만은 '나'라고 하는 개체의 중심이 되는 불변하고 불멸하는 정신적 실체인 자아를 의미하지만, 점차 외연이 확장되어 물질에 내재한 불변의 실체까지도 포함하는 개념이다. 그러나 불교는 그와 같은 정신적 실체로서 자아나 물질에 내재한 불변의 실체는 없다고 주장한다. 그런데 불교에서 말하는 '마음'이 자아와 같은 개념은 아닌가 하고 반문할 수도 있다. 하지만 불교는 마음을 항상 변화하고 생기(生起)하자마자 소멸하는 것으로 보

18세기, 작자 미상, 티벳, 채색 만다라.

기 때문에 마음과 자아는 서로 다르다. 붓다 당시의 인도에서는 유물론자나 쾌락주의자는 예외지만, 바라문교의 전통을 계승한 우파니샤드 사상가와 바라문교에 비판적이었던 자유사상가 대다수가 인격의 주체로서 실체인 자아의 존재를 믿었기 때문에 붓다의 자아 부정 사상, 즉 무아 사상은 매우 독특한 것이었다.

그런데 동서 고금을 막론하고 변화하는 현상을 넘어 불변의 실체를 탐구하려는 것은 공통된 사유 양식인 것 같다. 그렇다면 왜 현상 너머의 불변의 실체를 찾으려 하는가? 답은 간단하다. 변화를 변화 자체에서 설명하는 것은 지극히 어렵지만, 불변의 실체를 설정하게 되면 변화하는 현상을 쉽게 기술할 수 있기 때문이다. 과연 누가 '지금 여기'에서 '흐르는 저 푸른 강물'이라는 사태를 불변의 실체 없이 있는 그대로 설명할 수 있을까? 누가 과연 '바람에 휘날리며 떨어지는 이 붉은 꽃잎'의 모습을 불변적 실체 없이 정확하게 설명할 수 있을까?

주어-술어라는 언어 구조 속에 배태되어 있는 실체-속성이라는 사유 구조를 전제하는 실체 철학에 따르면, '흐르는 저 푸른 강물'은 강물을 구성하는 근원적 실체인 물질적 존재의 배열 방식의 차이로 인해 '푸른' 강물로 지각되며 '흐르는' 것으로 감각된다. 마찬가지로 '떨어지는 붉은 꽃잎'이라는 사태도 물질적 존재의 배열 방식이라는 물리적 역학의 관점에서 기술되거나, 전지 전능한 신의 의지의 발현으로 기술되거나, 어떤 우연한 사태로 기술될 뿐이다. 이러한 기술은 정말 단순하고 명석·판명하다. 이는 현상에 대한 공허한 추상적 기술일 뿐, 우리에게 전혀 어떤 구체적 정보를 제공해 주는 것이 없다. 왜 강물이 흐르며, 왜 꽃잎이 떨어지는가에 대한 내적 설명은 어디에서도 찾아볼 수 없기 때문이다.

또한 우리의 상식이나 과학적 입장에 따라 '푸른 강물'이나 '붉은 꽃잎'을 말하지만, 푸른 강물이나 붉은 꽃잎은 '푸름'이나 '붉음'이라는 속성을 정태적으로 지니고 있는 실체가 아니다. 그것은 '푸르게' '붉게', 즉 동적으로 규정되는 과정적 존재이다. 마찬가지로 '푸름'과 '붉음'을 파악하는 인간의 눈을 구성하는 시신경이나 세포도 그것을 하나의 정태적인 성질로 단순히 수용하는 것이 아니라, '푸르게' '붉게' 느끼는 것이다. 여기에는 파악하는 주체 속에 불변하는 실체가 들어갈 여지가 없으며, 파악되는 객체(대상)에도 어떤 속성을 지니고 있는 실체가 없다는 것이다. 이렇게 파악하는 주체와 파악되는 대상에는 불변의 실체가 없다는 주장이 바로 무아 사상의 핵심이다. 따라서 무아 사상은, '나'와 '나를 둘러싼 세계'를 정태적으로 고정시켜 파악하는 실체 철학과 달리 동적인 흐름에서 모든 존재를 설명하고자 하는 실체 부정의 철학이라 할 수 있다.

모든 존재에는 고정 불변의 실체인 아(我)가 없다는 진리를 가장 극명하게 제시하고 있는 경전으로 『무아상경無我相經』이 있다. 『무아상경』의 내용은 다음과 같다. "만약 육체(色)에 고정 불변의 실체인 아가 있다면, 우리의 육체는 병에 걸리지 않고, 또한 육체에 대해 '이렇게 있어라'든가 '이렇게 있지 말아라'고 하는 것이 불가능할 것이다. 그러나 육체는 무아이기 때문에 우리의 육체는 병에 걸리기도 하고, 또한 우리의 육체에 대해 '이렇게 있어라'든가 '이렇게 있지 말아라'고 하는 것이 가능한 것이다" 이어서 우리의 느낌(受)·표상(想)·의지(行)·판단(識)도 무아라는 점을 논하고 있다. 색·수·상·행·식은 인간의 물리적 경험과 정신적 경험을 다섯 가지로 분석한 것으로 불교 용어로는 오온(五蘊)이라 한다. 『무아상경』에서 알 수 있는 것은 경험 과정에서 우리의 경험을 구성하는 요소에는 불변하는 실체가 없다는 것이며, 아울러 불변하는 주체인 자아도 없다는 점이다.

만약 우리의 육체·느낌·표상·의지·판단이라는 경험의 요소 자체에 불변·불멸의 실체가 있다면, 모든 것이 이미 결정되어 버릴 것이다. 그렇게 되면 육체의 병으로부터 자기 자신은 자유로울 수 없으며, 자기의 느낌만 옳다고 하는 편협한 사고에 젖게 되며, 자신의 표상에 붙들리게 되며, 자기의 의지에 구속되며, 자기의 판단을 절대적으로 옳다고 여기고 타인의 판단을 극력 배제해 버리게 될 것이다. 따라서 자기 마음대로 하는 느낌이나 판단에 집착하고 그것에 구속되어 자기를 변화시키려는 노력을 포기해 버릴 것이다.

또한 우리의 상식은 나의 육체·느낌·표상·의지·판단 등과 같이 불변의 '나'를 손쉽게 전제하는 경향이 있다. 그러나 불교에서는 매순간 생멸하는 육체와 느낌 등이 있을 뿐, 불변의 실체인 자아란 없다고 한다. 이러한 비(非)실체적 사고는 자신의 집착을 버리게 하여 자유롭게 하며, 부드럽고 관대한 인간으로 성숙할 수 있게 해줄 것이다. 그러므로 우리의 육체나 느낌 등에 불변의 실체가 없다는 사유는 인간의 자유 의지에 대한 강한 믿음의 발로이며, 또한 삶의 고통을 절대자인 신이나 우연적인 어떤 것에 맡기는 것이 아니라 자신의 삶 속에서 극복해야 하며 또한 극복할 수 있다고 하는 메시지를 담고 있다.

5. '있음'의 철학, '관계'의 철학 : 연기설

초기 경전에는 "일체는 무상이다" "일체는 고이다" "일체는 무아이다"라는 명제를 각기 따로 진술하는 경우도 많지만, 『아함』(인도 북쪽 지방에 전승된 경전)이나 『니카야』(인도 남쪽 지방에 전승된 경전)를 결집하는 시기에 이르면 각 술어의 논리적 관계를 염두에 두면서 체계적으로 종합하여 기술하고 있다. 예컨대 "일체는 무상이다. 무상인 것은 고이다. 고인 것은 무아이다"라는 구절이 앞의 두 경전에 많이 등장한다. 위의 서술은 세 가지 명제로 구성되어 있다. 이 세 명제를 연역적 추론인 삼단논법으로 구성하면 다음과 같다.

대전제 : 일체는 무상이다.
소전제 : 무상(고)인 것은 무아이다.
결 론   : 일체는 무아이다.

여기서 알 수 있는 것은 붓다의 궁극적 주장이 무아라는 점이다. 무상과 고는 무아라는 점을 논증하는 전제이다. 그렇다면 "일체는 무상이다"라는 최초 명제의 전제 또는 근거는 무엇일까? 경전에는 이에 대해 그다지 명료하게 언급되어 있지 않다. 다만 "어떠한 것이라도 모두 무상한 것을 원인으로 하여 생기한다. 무상한 것을 원인으로 하는 것이 어떻게 상주(常住)·불변할 것인가?" 하고 말하고 있을 따름이다. 무상한 것을 원인으로 하고 있기 때문에 무상하다는 것은 동어 반복인 것처럼 들린다. 그러나 이는 결코 무의미한 말이 아니다. 여기에는 "일체는 인과 관계에서 생기한다"라는 사유 방법이 "일체는 무상이다"라는 명제의 근거가 된다는 점이 제시되고 있기 때문이다. 모든 것은 독립하여 자족적으로 존재하는 것이 아니라, 여러 가지 직접적인 원인〔불교에서는 인(因)이라 한다〕과 간접적인 조건〔불교에서는 연(緣)이라 한다〕에 의해 생성되며, 이러한 인과 연이 다하면 일체의 존재는 소멸한다. 모든 존재의 생기(生起)는 인연에 의하고 소멸도 인연에 의할 뿐, 항상 존재하는 것으로서 지속하는 것은 없다는 것이다. 따라서 무상의 근거 또는 전제는 바로 인연, 즉 연기이다.

그렇다면 무상·고·무아와 연기의 관계는 어떠한가? 위의 논의에서 보았듯이 무아의 전제는 무상이며, 무상의 전제는 연기이다. 이는 세 술어의 논리적 관계에 대한 분석이다. 여기에는 각 술어간의 내용상의 연관은 결여되어 있다. 그렇다면 연기와 무상·무아의 내용상의 연관을 어떻게 기술할 수 있을까? 색이 무상이며 고라고 하는 명제는 시간 과정 속에 생멸하는 존재의 존재 방식을 의미하기 때문에 무상과 고는 존재의 시간적 측면을 함의하고 있다고 볼 수 있다. 또한 색이 무아라고 하는 명제는, 물질과 형태를 갖는 것은 불변의 실체나 본체가 없다는 것으로 어떤 변하지 않는 것, 즉 실체를 의미하기 때문에 무아는 존재의 공간적·논리적 측면을 함의하고 있다고 할 수 있다. 그런데 존재의 가장 근원적인 존재 방식이 연기이므로 무상과 고는 연기라는 근원적 존재 방식의 시간적 표현이며, 무아는 연기라는 근원적 존재 방식의 공간적·논리적 표현이다. 따라서 연기는 존재의 시간적·공간적·논리적 존재 방식을 기술하는 개념이다.

이상은 연기와 무상·고·무아의 관계를 설명한 것이지, 연기 자체에 관한 설명은 아니다. 그러면 연기란 무엇인가? 연기란 모든 존재는 독립하여 자족적으로 존재하는 것이 아니라, 여러 조건에 의해서(緣) 생기한다(起)는 것을 말한다. 연기에 대한 전형적인 표현으로 "이것이 있으므로 저것이 있다, 이것이 생(生)하므로 저것이 생한다. 이것이 없으므로 저것이 없다, 이것이 멸(滅)하므로 저것이 멸한다"는 구절이 있다. 불교에서는 그 구절을 두고 '연기의 공식'이라 한다. 이 공식이 의미하는 것은 이것(A)이라는 사건이 저것(B)이라는 사건과 관계를 맺는다는 점이다. A가 B와 관계를 맺는다고 할 때, 그 관계에는 외적 관계와 내적 관계 두 경우가 있다. 이때 A와 B를 이 관계의 관계항(item, 法)이라 한다. A가 B와 관계할 경우 B가 A의 본질을 구성한다면, 이 관계를 A에 있어 내적 관계라 한다. 즉 이것(A)은 완결적 실재·불변의 실체로서 있는 것이 아니라, 다른 것(B)과 관련을 맺으면서 부단히 생성·소멸하는 이것(A)이다. 즉 있는 것(A)이 있는 것(A)이 아니라, 다른 것(B)과 연기 관계를 맺기 때문에 있는 것(A)이다.

돌담 밑 척박한 땅에 민들레가 있고, 그 옆에 강아지똥이 있다. 아무도 거들떠보지 않는 강아지똥이 울자, 민들레는 강아지똥에게 말한다. "강아지똥아! 너는 쓸모 없는 존재가 아니란다. 나는 네가 거름이 되어 주지 않으면, 아름다운 꽃을 피울 수 없단다." 그때 마침 비가 내려 메마른 대지를 사흘 동안 적신다. 강아지똥은 빗물과 함께 자기 자신을 잘게 부수어 민들레 뿌리로 스며들어 간다. 비 갠 다음날 돌담 밑에는 노란 민들레꽃이 아름답게 피어난다. (권정생, 『강아지똥』 중에서)

이 동화에서 보는 바와 같이 민들레꽃(A)은 비에 자디잘게 부수어져 자신의 뿌리 속으로 스며들어 온 강아지똥(B)뿐만 아니라, 비와 바람과 공기와 흙 등에 의해 아름답게 피어날 수 있었던 것이다. 이것이 존재와 존재의 내적 관계의 모습이다. 반면 당구대 위에 놓여 있는 빨간 당구공과 흰 당구공의 상호 접촉과 같은 관계를 외적 관계라 한다. 내적 관계가 본질적·일반적이며, 외적 관계는 현상적·특수적이다. 이러한 내·외적 관계를 포괄해 연기라 한다. 내가 존재한다는 것, 즉 나의 본질은 자연, 부모의 보살핌과 따뜻한 사랑, 친구와 친척의 관심, 이웃 사람의 노동 등이 나에게 스며들어 오면서 구성되는 것일 뿐, 독립·자족의 '나'란 없다.

붓다는 근원적으로 모든 존재는 모든 곳에서 다른 존재와 관계를 맺으면서 생기한다는 연기설을 우리의 삶에 적용한다. 그것이 12연기이다. 12연기는 무명(無明, 무지)⇄행(行, 행위)⇄식(識, 판단)⇄명색(名色, 정신과 육체)⇄육입(六入, 감각 기관)⇄촉(觸, 대상과의 접촉)⇄수(受, 대상에 대한 느낌)⇄애(愛, 욕망)⇄취(取, 집착)⇄유(有, 생존)⇄생(生, 태어남)⇄노사(老死, 늙음과 죽음)이다.

먼저 노사로 대표되는 고통의 원인을 탐구하여 생을 발견하고 같은 탐구를 계속하여 드디어 무명에 이르며, 그리하여 무명에 의해 행이 있고 행에 의해 식이 있고 생에 의해 노사라는 삶의 고통이 있다고 관찰하는 것을 순관(順觀)이라 한다. 역으로 삶의 고통을 멸할 수 있는 원인을 탐구하여 생의 멸을 발견하고 계속하여 무명의 멸에 이르며, 그리하여 무명이 멸함에 의해 행이 멸하고 생에 대한 집착이 멸하여 노사가 멸한다고 역으로 관찰하는 것을 역관(逆觀)이라고 한다. 순관은 현실의 삶을 설명하는 원리이며, 역관은 삶의 고통을 멸하여 해탈로 가는 것을 설명하는 원리이다. 따라서 12연기는 무명, 즉 존재의 무상·고·무아에 대한 무지로 인해 삶의 고통이 생기기 때문에 무명을 멸하면, 삶의 고통도 소멸한다고 하는 논리이다.

붓다는 6년간의 기나긴 고행을 끝내고 보리수나무 아래서 자신이 깨달은 연기의 진리가 모든 존재의 보편적인 존재 방식임을 다음과 같이 피력한다. "연기를 보는 자는 법(진리)을 보고, 법을 보는 자는 연기를 본다. 연기를 보는 자는 법을 보고, 법을 보는 자는 붓다를 본다." 모든 존재는 모든 곳에서 다른 존재와 관계를 맺는다는 연기의 이법(理法)을 올바르게 보는 것이 바로 붓다를 보는 것이며, 동시에 깨달은 자가 되는 것이다.

6. 깨달음에서 해탈로

불교에서는 앎이 곧 해탈이자 열반이다. 앎은 존재에 대한 인식이다. 모든
존재는 무상·고·무아·연기라는 방식으로 존재한다는 것을 있는 그대로
아는 순간 무지와 무명으로 덮여 있는 번뇌·고통의 세계는 사라진다. 따라
서 번뇌가 사라진 바로 그 순간이 열반이며 해탈인 것이다.

그런데 열반을 실현한 세계는 번뇌로 물든 미망(迷妄)의 세계·현상의
세계와 전혀 다르다. 이 미망과 깨달음의 구조를 원인과 결과로 나타낸 네
가지 참다운 진리를 사성제(四聖諦)라 한다. 제(諦)는 진실 또는 진리를
의미한다. 그리고 사성제란 네 가지 성스러운 진리인 고제(苦諦)·집제(集
諦)·멸제(滅諦)·도제(道諦)를 의미한다.

고제란 우리의 삶은 근본적으로 고라고 하는 진리이다. 즉 태어나는 것
도 고이고 늙는 것도 고이며, 병에 걸리는 것도 고이고 죽는 것도 고이며,
미워하는 자와 만나는 것도 고이고 사랑하는 사람과 헤어지는 것도 고이
며, 구하는 것을 얻지 못하는 것도 고이고 심신에 집착하는 것도 고이다.

집제란 고통스러운 현실에는 반드시 그 발생 원인이 있다는 진리이다.
부단히 변화하는 것에 대해 상주하기를 바라는 욕망, 좋아하는 것에 대한
집착 그리고 무상(無常)을 상(常)으로, 고(苦)를 낙(樂)으로, 무아(無我)
를 아(我)라고 잘못 보는 근원적 무지, 즉 무명 등이 고를 발생시키는 원인
이다.

멸제란 고를 멸한 결과로서 해탈의 경지가 존재함을 설파하는 진리이다.
고의 원인인 탐욕과 집착을 남김없이 소멸시킨 후에 열리는 깨달음의 세계
가 해탈이다.

도제란 고를 멸하기 위한 실천 수행을 말한다. 이상과 같은 사성제의 관
계를 간략하게 말하면 집(集)은 미망의 원인이며 고(苦)는 그 결과요, 도
(道)는 깨달음의 원인이며 멸(滅)은 그 결과이다. 이를 도식화하면 다음과
같다.

의사가 환자의 병의 원인을 진단한 다음 병을 치료하는 것과 마찬가지로 붓다는 사제설을 통해 인류의 고통이 발생하는 원인을 발견하고, 그 고통

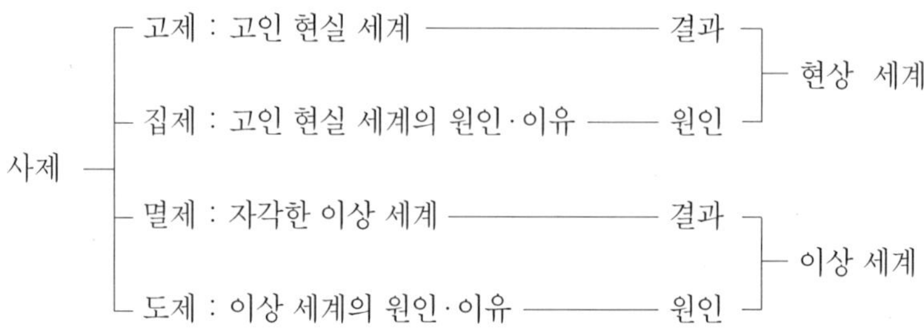

으로부터 벗어날 수 있는 올바른 방법을 가르쳐 주고자 했던 것이다. 이런 면에서 붓다는 인류의 정신적 고통과 고뇌를 치료하는 정신적 의사라 할 수 있을 것이다.

붓다는 인류의 정신적 고통과 고뇌를 해결하는 방안으로 여덟 가지 바른 길, 즉 팔정도(八正道)를 제시한다. 팔정도는 다음과 같다. 나와 세계에 대한 바른 세계관을 의미하는 정견(正見), 올바른 사고 방식을 의미하는 정사유(正思惟), 거짓말과 폭언을 일삼지 않는 올바른 언어 생활을 의미하는 정어(正語), 살생이나 도둑질을 하지 않는 올바른 행위인 정업(正業), 의식주에 대한 절제된 생활을 의미하는 정명(正命), 해탈을 향한 올바른 노력을 의미하는 정정진(正精進), 밖으로 향한 생각을 안으로 모으는 올바른 사려인 정념(正念), 올바른 정신 통일을 의미하는 정정(正定) 등이다. 붓다는 이 여덟 가지의 바른 길을 통해 해탈이라는 궁극적 목적으로 나아가게 하였다.

존재에 대한 올바른 인식과 팔정도라는 바른 실천을 통해 구현하고자 하는 궁극적 목적은 해탈이다. 사법인 가운데 맨 끝의 열반적정은 바로 해탈을 의미한다. 열반은 니르바나(nirvana)의 음사이며, 해탈은 그것을 의역한 것이다. 열반, 곧 해탈이란 번뇌의 구속으로부터 벗어난 고요한 적정의 경지이다. 그러나 '나'와 '나를 둘러싼 세계'는 생멸하는 무상한 존재이다.

끊임없이 변화하고 소멸하는 것에 상주하기를 바라는 욕망 때문에 우리의 마음은 자유롭지 못하고, 갖가지 고통에 시달리게 된다. 이러한 번뇌의 속박으로부터 벗어나 마음이 자유롭게 되는 것이 해탈이며, 무명을 끊고 진리를 발견하여 진리와 하나가 되는 것이 열반이다. 요컨대 해탈, 곧 열반은 구속으로부터 벗어난 영원한 자유의 경지이다.

자유에는 소극적 자유와 적극적 자유가 있다. 번뇌의 구속과 괴로움으로부터 벗어나는 것은 소극적 자유의 실현이며, '아름다움'과 '성스러움'의 실현은 적극적 자유의 실현이다. 소극적 자유의 실현은 '나'의 해탈이다. 우리는 그러한 '나'만의 해탈을 넘어서 번뇌의 구속으로 신음하는 다른 사람의 해탈을 위해 자신을 희생하는 아름답고 성스러운 사람에게서 적극적 자유의 실현을 목격한다. 붓다의 기나긴 구도의 과정은 번뇌의 구속에서 벗어난 아름다운 인간, 성스러운 인간의 실현에 있었던 것이다.

■ 주제어
무상, 고, 무아, (십이)연기, 자아, 사제, 열반, 해탈, 자유

■ 용어 해설
호교론(護敎論) 다른 철학이나 종교로부터 자신의 종교를 변호하기 위한 논의 체계.

오온(五蘊) 인간의 물리적 경험과 정신적 경험을 색·수·상·행·식(色·受·想·行·識)의 다섯 범주로 분석한 것. 색(色)은 물리적으로 경험되는 대상인 색깔과 모양뿐만 아니라, 경험하는 주체인 인간의 육체까지도 포함하는 개념이다. 수·상·행·식은 정신적 경험이다. 수(受)는 대상에 대한 느낌이다. 느낌에는 좋은 느낌과 싫은 느낌, 좋지도 싫지도 않은 느낌이 있다. 상(想)은 막연한 느낌에 대해서 어떤 구체적인 표상을 떠올리는 심리 작용이

다. 행(行)은 의지나 의욕을 지향하는 심리 작용이며, 식(識)은 분석하고 판단하는 심리 작용이다.

법(法) 산스크리트 어 dharma를 번역한 것이다. 진리·교법·가르침의 의미가 있지만, 존재를 구성하는 가장 기본적인 단위 요소라는 의미도 있다. 후자는 불교 특유의 해석이다.

■ 생각해 볼 문제

1) 모든 것이 무상하다는 무상의 진리는 우리에게 염세적 세계관을 심어 주는 것은 아닌가?
2) 불교에서는 사람이 죽어서 다음 세상에 짐승으로 태어나거나 신으로 태어난다고 한다. 그런데 이러한 윤회설은 윤회의 주체가 없다면 성립하기 어려울 것이다. 그렇다면 윤회설은 무아설과 모순되는 것은 아닌가? 불교에서는 이러한 모순을 어떻게 해결하고 있는지 알아보자.
3) 미스코리아 선발 대회가 존폐의 기로에 서 있다. 미인에 대한 기존의 편향된 기준에 대한 사람들의 비판 때문인 것 같다. 그렇다면 아름다움에 대한 절대적인 기준이란 과연 있는가? 또한 아름다움 자체, 추함 자체란 있는 것일까? 이것은 이성적 사고의 산물은 아닌가? 불교의 무상·고·무아 사상을 통해서 비판해 보자.
4) 불교의 해탈과 민주주의 사회에서 가장 중요한 가치인 자유는 어떠한 연관이 있는지 생각해 보자.

■ 참고 문헌

▶장휘옥, 『불교학 개론 강의실 2』(교리편), 장승, 1994.
연기·공·유식 등 불교의 기초 교리를 쉽고 명료하게 서술하고 있는 교리서. 원시 불교에서 부파 불교·대승 불교로 이어지는 불교 교리를 체계적으로 설명해 가는 생동적인 강의 현장을 그대로 옮겼다.

▶수야홍원, 『원시불교』, 김현 옮김, 지학사, 1985.

전문적인 연구서라기보다는 원시 불교에 대한 대중의 이해를 돕기 위해 씌어진 교양서.

▶나카무라 하지메 외, 『바웃드하 불교』, 혜원 옮김, 김영사, 1990.

불교 문헌을 치밀하게 분석하여 불교 사상을 조명하는 책이다. 현재까지의 불교학을 가능한 한 충실히 반영하여 '불교란 무엇인가?'라는 근본적인 물음에 대해 평이한 언어로 설명하고 있는 것이 장점이다.

▶사쿠라베 하지메, 『아비달마의 철학』, 정호영 옮김, 민족사, 1989.

이 책은 부파 불교에 대한 안내서이다. 3부로 구성되어 있다. 1부는 부파 불교 전공자가 알기 쉽게 이론들을 설명하고 있고, 2부는 서양 철학 전공자가 부파 불교를 간략하게 정리하고 있고, 3부는 '인도 사상과 아비달마'에 대한 토론으로 구성되어 있다. 부파 불교를 전체적으로 조망하려는 사람에게 유익한 책이다.

제15장 삶의 지혜로서 유가 사상

1. 생활과 전통의 만남

텔레비전 사극이 안방극장 시청자를 독차지하고 있다. 왕이나 왕비가 역사상 무슨 대단한 일이나 한 것처럼 극을 전개시켜 나가고 있다. 권력 쟁탈 과정이나 신변 잡무를 이야기의 축으로 삼고서 주인공의 인간적인 면을 부각시킴으로써 시청자의 관심을 끌고 있는 듯하다. 최근에는 궁중 여인의 생활을 소재로 한 드라마에 나오는 '상궁'이 멋있다는 이유로 그에게 팬클럽이 생길 정도니 가히 그 인기를 실감할 만하다.

텔레비전 방송사가 경쟁적으로 사극을 방영하는 것이 시청률 경쟁 때문인지는 모르겠다. 그런데 왕이나 왕비의 사소한 애정 행각이나 한 개인의 집요한 출세욕에만 초점을 맞추고 있어서 우리의 역사 의식을 마비시키거나 왜곡시키지나 않을까 심히 우려된다. 그러한 사극을 통해 왜곡된 역사를 되풀이하지 않을 삶의 지혜를 과연 얻을 수 있을까?

극중에 나오는 왕건과 난정 그리고 명성황후의 행각을 생각해 보라. 그 속에서 선한 자와 악한 자를 구별한다는 것은 무의미해 보인다. 권력 획득과 유지를 위해서라면 어떤 일이라도 마다하지 않는 지배자의 모습에서 잔혹하게 탄압만 일삼고, 사회의 당면 문제는 아랑곳하지 않는 반민중적인 특권 의식을 읽을 수 있다.

이처럼 지배자가 민중의 삶을 외면한 채 집요하게 권력 다툼만 할 수 있었던 것은 유교·공자학·주자학이 그런 행위를 정당화해 주는 역할을 일정 부분 해 왔기 때문이다. 그렇다면 우리 사회의 문제를 모두 유교 탓으로 돌려도 괜찮은 것인가? '공자가 죽어야 나라가 산다'느니 '공자의 정신을 되살려야 한다'는 등의 주장이 과연 무엇을 의미하는지 검토해 볼 필요가 있다. 마오쩌뚱의 '문화 혁명'에서 공자 비판 운동이 8억에 달하는 중국인의 생활을 혼란으로 빠뜨린 계기가 되었던 역사적 사실, 후쿠자와 유키치(福澤諭吉)가 유교 비판을 통해 일본의 문명 개화를 주창했던 사실 등도 되새겨 볼 필요가 있다.

공자에게 문제가 있는지 공자를 이용한 자에게 문제가 있는지, 아니면 공자를 이용해서 대중을 호도하는 분위기에 편승한 대중이 문제인지 분명히 짚고 넘어가야 할 것이다. 또한 공자의 가르침이 어떤 이유로 동아시아 지역에서 지배 사상이 되어 많은 사람의 지지를 받았는가 하는 물음도 던져 볼 수 있다. 이는 여러 가지 사정으로 인해 공자의 생각에 동의하는 사회적 공감대가 광범위하게 형성되어 있었기 때문일 것이다. 그리고 그것은 유교 사상 자체가 지닌 영향력 때문이기도 할 것이다.

세계화·정보화 시대라 불리는 오늘날에도 한국인의 생활 전반에 아직도 유교적 서열 의식이 만연해 있다. 이것은 가족 관계·민족 공동체에서 진정한 인간 관계의 본질을 호도하거나 은폐할 수 있다.

사실 '근대'라는 문제와 관련되는 것이라면, 공자와 유교는 반드시 언급하고 넘어가야 하는 일종의 걸림돌이 되어 왔다. 근대 지향적인 것이든 반(反)근대적인 것이든 불문하고, 그러한 논의에서 반드시 유교의 공과를 따져 보아야만 하는 이유도 살펴보아야 할 것이다.

동양인이 근대의 태동과 더불어 자기 정체성, 서양보다 상대적으로 열등한 근거 등을 찾기 시작하면서부터 가장 심각한 비난의 대상이 된 것이 바로 공자 또는 공자교(敎)이다. 공자교란 관혼 상제에서부터 인간의 질서 의식과 우주의 해석에 이르기까지 현실과 아주 깊이 관련되어 있는 문제를 내용과 형식의 측면에서 문제삼은 유교를 두고 하는 말이다. 이를 중국에서는 한대 훈고학·송대 주자학·명대 양명학·청대 고증학 등과 같이 시대별로 구분해서 부르고 있고, 일본에서는 일괄해서 '유학'이라 부른다.

한편으로는 세계화·정보화를 부르짖으며 이전의 삶의 방식을 바꾸어 새로운 유대를 모색하는 듯하면서도, 다른 한편으로는 전통적인 유교의 틀 속에 갇혀 쉽게 자기를 매몰시키거나 개성을 상실하는 양면적인 모습을 보이고 있다. 따라서 유교에 대한 올바른 이해와 비판 없이는 바람직한 미래를 지향하기가 결코 쉽지 않을 듯싶다.

그런 점에서 이제 유교의 발생·특징·변천 과정 등을 알아보고, 그 실체를 규명해 보자.

2. 원시 유교의 형성

유교가 중국이라는 특정 지역과 특정 시대에 한정된 성격을 지니고 있다고는 할 수 없다. 이는 유교가 동아시아의 주요 사상으로서 많은 영향력을 미쳤고, 지금도 그 힘을 발휘하고 있다는 점에서 알 수 있다. 유교가 말도 얼굴도 나라도 다른 사람들의 생활 양식·종교·사상 등을 지배할 수 있었던 것은 누구나 수용할 수 있는 '보편적 성격'을 지니고 있기 때문일 것이다. 동아시아인을 포함한 모든 인류의 사회 생활과 사상 형성을 보편사의 관점에서 그려 보면 다음과 같다.

모계제(母系制) 사회에서 행해졌던 낮은 생산력의 채집 경제가 농경 경제로 변화하여 생산력이 발달하고, 그 과정에서 남성의 역할이 증대함으로써 모계제를 근간으로 편성된 이전의 혈연 공동체 사회에 큰 변화가 일어난다. 이제 농업 생산을 중심으로 부부와 자녀들로 구성된 가족 공동체가 형성되고, 그것이 농업 경영의 단위가 되었다. '남성＝부(夫)'가 생산에서 차지하는 비중이 점차 높아지면서 '남성＝남편'이 가족의 중심적 지위에 서게 되었다. 그뿐만 아니라 남녀간의 안정된 성(性)관계가 이루어져 이전에는 생식을 위한 것 외에는 의미가 없는 것으로 간주되었던 남자의 역할이 바뀌게 되고, 가족이 혈연 관계의 기본 단위가 된다. 그리하여 '남성＝부'는 자식을 모계의 혈통이 아닌 자신의 혈통으로 삼고자 함으로써 모계제 사회의 변신을 요구하게 된다.

가족 안에서 남성의 생산력이 높아지면 높아질수록 그러한 경향은 강하게 나타나고, 마침내 '남성＝부'는 가족의 아버지가 된다. 이러한 변화는 당연히 가족의 연장인 씨족 공동체와 그 연결체인 종족 공동체를 부계제(父系制)로 바꾸어 놓는다. 요컨대 채집 경제에서 농업 경제로 변천하는 과정에서 모계제 혈연 사회가 부계제의 가부장제 혈연 사회로 변해 가는 것이다. 그와 동시에 가부장을 통해 사회가 일원화되고, 그에 따라 인간 행위의 대상인 자연도 일원적인 모습을 띤 것으로 이해하게 된다.

중국의 경우 화북의 황하 유역에 한지(旱地) 농업이 발달하기 시작하자, 반복되는 황하 하류의 대규모 범람을 조절하는 데 소요되는 노동력을 일원화해야 할 필요가 생기게 된다. 이러한 과정을 거쳐 중국 사회는 일원화된다. 춘추전국(春秋戰國) 시기에 형성된 유가 사상은 바로 그와 같은 중국 사회의 변천 과정에서 드러난 인간과 자연에 대한 중국인의 삶의 지혜이며, 최선의 생존 방식이라 할 수 있다.

유교는 공자[孔子 ; 이름은 구(丘), 자는 중니(仲尼), B.C. 552～B.C. 479년]를 시조로 한다. 그의 사상은 『논어 論語』에 잘 나타나 있다. 『논어』에 나타나 있는 공자 사상의 핵심은 '인(仁)'이라는 한 글자에 집약되어 있다. 공자는 자기가 가르치는 바를 오도(吾道), 그의 제자들은 그것을 부자의 도(夫子之道)라 불렀다. 부자의 도는 바로 '인'이었던 것이다. 『논어』 20편의 글 가운데 '인'을 논하는 장(章)은 58개이며, 인(仁)이란 글자는 105번 나온다. 외견상으로도 그 비중이 크다는 것을 알 수 있다. 다음과 같은 구절은 '인'이 공자 사상에서 얼마나 중요한 의미를 지니고 있는지 잘 보여 주고 있다.

선생께서는 부(富)와 귀(貴)는 사람마다 바라는 바이나 정당하게 얻은 것이 아니면 누리지 말아야 하며, 빈(貧)과 천(賤)은 사람마다 싫어하는 바이지만 정당하게 얻은 것이 아닐지라도 기피하지 말아야 한다. 군자(君子)가 인을 버리고서야 어찌 그 이름을 이루겠느냐. 군자는 밥 먹을 동안이라도 인에 어긋나는 일이 없어야 할 것이니, 절박한 때도 인에서 살고, 위태할 때도 인에서 살아야 한다고 말씀하셨다. (『논어』, 「이인」편)

그리고 현실적으로는 '불인(不仁)'이 존재한다고 해도 인은 반드시 지향해야 할 덕목이다. 그래서 다음과 같이 말하고 있다. "선생께서는 '인(仁)이 멀리 있겠느냐, 내가 인을 바라기만 해도 곧 인이 오는 것이다'라고 말씀하셨다." (『논어』, 「이인」편)

그러면 그와 같은 인은 도대체 무엇인가? 『설문해자 說文解字』에서는 "인은 친(親)이다. 이(二)와 인(人)으로 되었다"고 하고, 『예기 禮記』의 「중용 中庸」편에는 "인(仁)이란 인(人)"이라고 하였다. 여기서 인(仁)이란 인간과 인간 사이의 친근한 심정을 의미하고 있음에 틀림없다. 요컨대 보편적 '사랑'을 나타내는 것이다. 어느 사회나 인간에게 요구하는 심정적 윤리가 있게 마련이지만, 인(仁)으로 표현되는 유교의 보편주의적 심정 윤리는 단지 인간과 인간의 친근한 정이라는 차원에 머무르지 않고, 인간이 원래 추구해야 할 '도(道)'를 강조하는 일종의 책임 윤리이다. 『논어』에서 인은 단지 추상적인 보편적 사랑만 말하는 차원에 머무르지 않고, '인(仁) = 도(道)'라는 구체적 내용을 제시하고 있다. 다음 구절을 보자.

어린아이는 (집에) 들어오면 효도하고, (밖에) 나가면 윗사람을 공경하며 행동을 삼가고 신의를 지키며 널리 여러 사람과 사귀되 어진 이와 가까이 해야 할 것이다. 이런 일을 행하고 남은 힘이 있다면, 비로소 글을 배우라. (『논어』, 「이인」편)

유자(有子)가 말하기를 그 사람됨이, 효도하고 공손하면서 웃어른에게 거스르기를 좋아하는 사람은 흔치 않다. 웃어른에게 거스르기를 좋아하지 않으면서 난

폭한 행동을 하는 사람은 아직 없다. 군자는 근본에 힘쓰는 것이니, 근본이 확립되어야 비로소 도(道)가 생기는 것이다. 효도함과 공손함은 바로 인(仁)의 근본이다. (『논어』, 「이인」편)

인이란 친근한 심정을 기초로 해서 널리 사람들을 사랑하는 것이지만, 그러한 심정 윤리는 동시에 인간이라면 마땅히 해야 할 도(道)를 강조하는 책임 윤리이다. 때문에 이 윤리는 구체적인 윤리적 행위를 요구하며, 그 근본이 바로 '효제(孝悌)'의 길이었다.

그렇다면 '효제'란 무엇인가? 효제란 말 그대로 가족(공동체) 내부에 있는 자연적·근원적 정일 뿐만 아니라, 가족 내에서의 상하 관계, 즉 부(父)와 자(子), 형(兄)과 제(弟) 등의 관계를 전제로 하여 자식·동생이 아버지·형에게 봉사·복종해야 한다는 책임 행위이기도 하다. 인이란 이처럼 자식의 부모(家長)에 대한 절대적·무조건적인 사랑, 즉 공순(恭順; 敬)의 정신에 기초를 두고 널리 사람들을 사랑하는 것이다. 바로 그러한 인 개념을 통해 가족 공동체의 가부장제 윤리가 사회로 확산된다.

그러한 공자의 보편주의는 평등한 주체 사이의 사랑이 아니라 가부장제적인 것이다. 여기서 윤리 행위의 주체는 범위가 좁은 가족 공동체 속의 혈연적 상하라는 유대를 통해 결합된 인간이지, 사회적으로 동등한 가치를 인정받는 근대적 인간=주체는 아니다. 물론 유교에서 가족 구성원의 가장에 대한, 특히 자식의 아버지(父)에 대한 공순=효를 중시하지만, 가장=부(父)의 가족 구성원에 대한 자애(慈愛)도 강조한다. 그러나 그것은 동등한 사회적 가치를 인정하는 데서 나온 것은 아니다. 그러므로 유교의 가부장제적 공순이 사회로 확대되어 '널리 사람을 사랑'하는 인(仁)이라는 개념으로 발전할 경우, 인을 가부장제 세계의 정점에 있으며 '부(父)로서의 배려'를 하는 군주(君主)의 덕(德)으로 간주하는 것은 당연할 것이다.

고대 중국에서는 앞서 말한 대로 노동의 일원화를 통해 강력한 군주가 등장하였다. 이러한 사실은 황하 하류 범람을 조절하는 데 실패한 군주는 군주로서 자격을 상실한다는 것을 말해 준다. 이로부터 치수에 실패한 군주는 교체되어야 한다는 '역성 혁명(易姓革命)' 사상이 나오게 된다. 군주의 지위를 지키려면, 다시 말해 역성 혁명의 희생자가 되지 않으려면 혈연적인 서열을 안정시켜야 하고, 이를 위해 스스로 '덕'을 갖추지 않으면 안된다. 또한 그런 군주는 가부장제적인 덕을 가르치고, 뛰어난 인재를 등용하여 사회의 안정을 도모해야 한다. 이처럼 군주는 인(仁)이라는 덕을 지니지 않으면 안 되었는데, 이로부터 나온 것이 바로 유교의 '덕＝문(文)' 사상이다.

사회의 일원화는 필연적으로 자연의 법칙에 대한 인식을 필요로 한다. 중국 역사에서 자연 인식은 정적인 요소론(要素論)과 동적인 운동론(運動論)으로 구성된다. 요소론은 오행(五行)을 골자로 한다. 즉 목(木)·화(火)·토(土)·금(金)·수(水)가 천지 자연을 구성하는 다섯 가지 요소다. 요소론은 '목은 화를 낳고, 화는 토를 낳고……'라는 식으로 운동론과 결합하거나 음양론과 결합하여 법칙적인 자연 인식을 구성하게 된다. 인간과 자연의 물질 대사를 통해 강의 흐름이 강우(降雨)로 변하고, 이는 다시 계절의 순환으로 이어지며, 궁극적으로 하늘(天)이 운행하는 것으로 이해했다.

중국이라는 특수한 자연 속에서 중국인이 행한 생산 활동이 그들 나름대로의 자연 인식을 가능하게 하고, 그를 통해 사회를 조직함으로써 오행론과 같은 자연 인식이 인간·사회에 대한 인식과 동일한 것으로 파악하게 된다. 자연 법칙과 사회 법칙(인간 이성)에 대한 동일시는 이로부터 나온다. 천(天)의 한복판에 초월적 실체인 태극(太極)이 있고, 인간 세계의 정점에 있는 군주를 천자(天子)라 부르고, 그가 다섯 가지 수에 배당된 사회의 여러 질서를 낳는 것으로 간주하는 것도 바로 그러한 동일시에 의한 것이다.

하늘(天)은 법칙이 있음을 말하고 있지만, 그것은 우리 인간의 오전〔五典; 부의(父義)·모자(母慈)·형우(兄友)·제공(弟恭)·자효(子孝)〕에 의한다. 다섯 가지지만 당연히 행하지 않으면 안 된다. 하늘(天)은 예(禮)가 있음을 말하고 있

지만, 그것은 우리 인간의 오례[五禮: 길례(吉禮: 祭祀)·흉례(凶禮: 喪祭)·
빈례(賓禮: 賓客)·군례(軍禮: 軍旅)·가례(嘉禮: 冠婚)]에 의하고 있다. 다섯
가지지만, 서로 다르지 않으면 안 된다. 함께 근엄하고 함께 받들어서 화충(和
衷)해야 한다. 하늘(天)은 덕이 있는 자(有德者)에 명한다. (여기서 우리는) 다
섯 종류의 복식(服飾)으로 오등[五等; 공(公)·후(侯)·백(伯)·자(子)·남
(男)]을 분명히 해야만 한다. 하늘은 (효·예에 따르지 않는) 죄를 벌한다. 여기
서 우리는 다섯 종류의 형벌[五刑: 묵(墨)·의(劓)·비(剕)·궁(宮)·대벽(大
辟)]을 오등(五等)으로 쓰지 않으면 안 된다. 정사를 노력하지 않으면, 아무 소
용이 없게 된다. (『서경』,「고요모」편)

여기서 우리는 오행의 법칙화(法則化) 또는 천상화(天上化)를 통해 모
든 것을 오행 속에 포괄하고, 여기에 일정한 서열을 부여하려고 하는 중국
가부장제 사회의 일원화의 인위적인 관료제적 특징을 발견할 수 있다. 이
러한 일원화는 한(漢) 왕조의 등장과 함께 강화되어 사상의 통합이 급속히
이루어지는데, 이때 유가 사상도 다양한 관련 사상과 지식 분야를 흡수하
여 5경[주역(周易)·시경(詩經)·서경(書經)·예기(禮記)·춘추(春秋)]을
확립하게 된다. 유교를 국교로 삼은 것은 중국의 중심 사상 강화와 함께 획
일적 강제 및 주술화(呪術化)를 병행하여 추진한 것이다. 물론 여기에는
자연과 사회를 더 합목적적이며 규칙적인 것으로 해석함으로써 생활의 안
정은 물론 사회의 평안을 도모하려는 지혜가 엿보인다. 이는 자연에 대한
관찰, 그에 관한 기록·보관이 없었다면 불가능한 일이다. 중국이 문화 대
국으로서 자부심을 갖는 것은 그러한 지혜의 전승을 그 배경으로 삼고 있
기 때문일 것이다.
　그렇지만 거기에는 전통을 무조건 따르고자 하고, 과거의 사례에 의존하
는 상고주의(尙古主義) 역사관이 드러난다는 점 그리고 자연과 인간을 함
께 묶고자 하는 속박과 강제가 있다는 점도 주의해 볼 필요가 있다. 대의와
법칙이라는 명분 아래 개인의 존엄성을 철저히 부정하는 전체주의가 이러

한 지혜의 배후에 도사리고 있다 할 것이다.

3. 신유학(新儒學) 이전 사상의 특징

부계제 사회로 바뀌어 가부장제 공동체가 나타나면, 혈연적 측면뿐만 아니라 농업 공동체라는 자연적 특성도 강화된다. 가족 공동체 성원의 노동의 과실을 사실상 손에 넣은 가부장은 노동이 투하된 토지에 대한 소유도 요구하게 된다. 토지는 원래 종족이나 씨족 구성원 모두의 것이었으며, 사회 구성원 모두에게 공평하게 배분되었다. 이러한 평등을 유지하기 위해 때때로 토지를 할당하기도 했다. 그러나 가부장제 공동체에서 발생하는 잉여를 부(父)가 독점할 수만 있다면, 그의 가문은 마땅히 자기 가문의 토지를 확보하려고 할 것이다. 그리하여 토지의 사유(私有)가 발생한다. 이로부터 가문과 가문 사이에 빈부 격차가 생기게 되고, 혈연 논리에 따라 평등하게 연결되어 있었던 관계가 허물어지게 된다.

씨족을 대표했던 씨족장은 대표자의 지위를 버리고, 이제 지배자로 등장하게 된다. 몰락한 가문의 구성원은 더 강력한 가문에 예속됨으로써 마침내 가내(家內) 노예로까지 전락해 버리고 만다. 이것이 바로 계급 사회의 출현이며, 이로부터 사실상의 노예 지배 체제가 등장하고, 나아가 국가가 성립된다.

거기에는 개인 원리와 함께 개인과 개인을 계약을 통해 맺어 주는 법의 원리가 들어 있다. 이제 사적 소유자는 자기만의 세계를 만들고, 무소유의 피지배자는 노예로서 지배자=사적 소유자의 지배 아래 놓이게 된다. 고대 노예제 사회의 출현은 역사적 필연이었으며, 중국의 경우 노예제는 고대 이후 점점 더 강화되었다.

당대(唐代) 중엽 이후 화북에서의 2년 3모작 보급, 강남(江南) 수도작(水稻作) 농업 지역의 개발을 통한 생산력의 발달, 상품 유통의 고도화 등은 점차 당 왕조의 기초인 균전(均田) 농민을 분해시켰다. 분해된 균전 농

민은 새롭게 전개되어 온 지방의 지주제(地主制) 토지 소유 내에 전호(佃
戶)로서 재편되었다.

한퇴지[韓退之; 이름은 유(愈), 자는 퇴지, 768~824년]의 '원인론(原人
論)'은 평면적 논리에 대항하여 상하의 수직 관계를 강조하는 새로운 인간
관이었다.

> 위에 형성된 자(形於上者)를 하늘(天)이라 하고, 아래로 형성된 자(形於下者)
> 를 땅(地)이라 한다. 그 사이에서 명(命)을 받은 자를 사람(人)이라 한다. ……
> 그 둘 사이에서 명(命)을 받은 이적금수(夷狄禽獸) 모두 사람이다. 그러면 내
> 가 금수를 일러 사람이라 해도 되는가? 아니다. …… 사람의 도(人道)가 무너지
> 면, 이적금수도 그 정(情)을 얻을 수 없다. …… 사람은 이적금수의 주인(主)이
> 며, 주인이면서 이를 무너뜨리면 주인을 위한 도를 얻을 수 없다. (『원인』)

그는 군신 관계를 버리고 부자의 얽매임을 떠나 단지 마음의 고요함만을
구하는 것은 공허한 논의라고 한다. 불교＝현실 부정에서 현실 긍정＝상하
관계로의 시각 전환, 즉 철저한 현실 부정의 시각을 벗어난 한퇴지의 인간
론은 주자에 이르러 집대성된다. 즉 주염계[周濂溪; 이름은 돈이(惇頤),
자는 무숙(茂叔), 염계는 호, 1017~1073년]의 통일된 세계관→장횡거[張
橫渠; 이름은 재(載), 자는 자후(子厚), 횡거는 호, 1020~1077년]의 기론
(氣論)→정호[程顥; 자는 백순(伯淳), 일명 명도(明道) 선생, 제(顥)는 이
름, 1032~1085년]와 정이[程頤; 자는 정숙(正叔), 일명 이천(伊川) 선생,
이(頤)는 이름, 1033~1107년] 형제(이 둘을 모두 일컬어 '二程'이라 함)
의 이론→주자[朱子; 이름은 희(憙), 자는 원회(元晦) 또는 중회(仲晦),
호는 회암(晦庵), 1130~1200년]의 이론.

먼저 장횡거의 기론(氣論)을 보자. 그에 따르면 우주는 '천지(天地)의
색(塞)'인 음양에 의해 다양하게 변화하는 것이요, 이 음양의 '성정(性情)'
으로서의 '건곤(乾坤)'이 우주를 꿰뚫는 원리＝질서다. 이 원리의 내용은

상하(上下) 서열을 시사하고 있다.

천지(天地)의 가득함은 나의 몸이고, 천지의 수(帥)는 나의 성(性)이다. 건(乾)
은 양, 곤(坤)은 음, 천지 사이에 가득해서 인물의 자료로서 체(體)가 된다. 그
때문에 천지의 가득함은 나의 몸이며, 건(乾)은 건(健), 곤(坤)은 순(順)이라
하니, 이것이 천지의 뜻이며, 기(氣)의 수(帥)가 되고, 인물(人物)에 얻어져 성
(性)으로 되는 바이다. 이 때문에 천지의 수(帥)는 나의 성(性)이라고 한다.
(『장자전서』, 「서명」)

여기서 천지의 수(帥; 즉 性)와 천지의 색(塞; 즉 氣)이 주자의 이(理)와
기(氣)에 상응하는 것임을 알 수 있다. 그러나 장횡거가 말하는 세계가 '천
지의 성'과 '기질의 성'에 의해 총괄되지는 않는다. 그의 철학에는 전체적
으로 '태허(太虛)'가 중심에 있고, 이 태허가 위 둘을 포함하고 있다. 즉 그
의 세계는 이기(理氣)로 총괄할 수 있는 양 계기를 아직 분명히 분리하지
않고 오히려 병존시키고 있는 상황이다. 이 점은 "태허는 무형, 기의 본체
(本體)이다" "허와 기를 포함한다" 등과 같이 말하는 데서 단적으로 드러
난다. 이러한 태허론은 불교의 인간론과 자연의 부정에 반대하여 그 긍정
을 나타내는 것이다.
그러나 장횡거의 이론은 존재와 윤리의 단절·비단절의 관계를 철저하게
파악하고 있지 않기 때문에 인간 주체를 상하로 나누는 것에 대한 긍정이
아직 불투명하다.
이정자(二程子)의 이론은 주자의 이론에 등장하는 '이(理)'와 '기(氣)'
의 형태를 거의 갖추고 있지만, 불철저한 면도 있다. 특히 이(理)의 기(氣)
에 대한 근원성에 대해서는 모호하다. 그 점은 "음양(氣)을 떠나서 도(道;
理)는 없다"는 표현에 잘 드러나고 있다. 주자의 경우 이 점은 다음과 같은
구절에 명확하게 드러나 있다. "소위 이(理)는 반드시 이물(二物)이다."
"이(理)가 있고 난 후, 기(氣)가 있다." "아직 천지가 있기 전에는 필경 이

(理)가 있을 뿐이다."

4. 신유학의 등장

중국은 8세기 중엽의 '안사(安史)의 난', 9세기 말엽의 '황소(黃巢)의 난'
을 거치면서 당의 노예제 지배 체제가 몰락하고, 귀족=관료 대신에 지방
의 전호제(佃戶制)를 기반으로 하는 지주가 대두하여 분권적인 봉건 지배
체제가 새롭게 등장하였다. 그러나 전호제 지주는 다시 안팎의 여러 사정
으로 분권적 지배를 관철하지 못하자 통일 권력을 요망하여 스스로 관료가
됨으로써 송(宋) 왕조를 성립시켰다. 그러나 송대의 신관료=사대부층은
북송·남송을 통해 결코 동일한 경제적·사회적 기반 위에 서지 못했다. 사
마광(司馬光)을 중심으로 한 구법당(舊法黨)과 왕안석(王安石)을 중심으
로 한 신법당(新法黨)의 대립은 기반을 달리하는 두 세력의 주도권 쟁탈전
이었다. 화북 한지 농업 생산력의 상대적 저급성 및 전호제의 상대적 후진
성과 강남 수도작 농업의 생산력 우위 및 전호제의 진보성이라는 차이가
왕조 권력을 둘러싼 사회적 기반의 차이점이었다. 신법당과 구법당의 항쟁
은 생산력이 압도적으로 우위에 있던 강남 관료층의 승리로 막이 내려졌
다. 남송은 직접 생산자인 전호의 강한 자립성과 당시 북방 이민족의 외압
등에 의해 전호제 지주의 통일 권력에 더욱 의존하게 되었다. 군주의 권한
은 관료=사대부가 요청하였기 때문에 전제(專制)적이었으나, 그 밑바닥
에 깔려 있는 농노에 대한 인격적 지배의 지향을 숨기면서 요청하였기 때
문에 실제로는 완전히 절대적인 것은 아니었다.

폐하의 마음을 천하의 근본으로 삼는 이유는 무엇이겠습니까? 천하의 일은 변화
무궁하나, 그 단서를 궁구하지 않더라도 모두 폐하의 마음에 의거하지 않는 바
가 없으니 폐하의 마음이 자연의 이치이기 때문입니다. …… 군주의 마음이 바
르면 천하의 일이 모두 바르게 되고, 군주의 마음이 바르지 않으면 천하의 일이

모두 올바를 수 없습니다. (『주자문집』, 권14 「무신봉서」)

이와 같이 주자는 지주와 전호 간의 상하 관계를 바탕에 두고, 그 상하 관계의 근거를 군신간의 절대적인 상하 관계＝명분(名分)에서 구한다. 주자의 명분은 이(理)라는 내재적인 원리로 되어 있으면서도 다른 한편으로는 천리(天理)라고 하는 실체적·초월적 성격을 동시에 지니고 있다.

주자의 명분론은 '사대부와 농노의 신분(分)'과, '군신의 신분'이 봉건적 신분으로 통일되지 못하고 단절되어 있다. 때문에 오히려 확대된 단절의 간격을 메워야 할 혈연적인 상하 관계가 군신간의 상하 관계를 보완하게 된다.

사람을 낳으면서 하늘은 처음부터 인간에게 인·의·예·지의 성품을 부여합니다. 또한 하늘은 군신과 부자의 윤리를 펴고, 사물의 당연한 법칙을 만듭니다. 기질에 치우침이 있고 물욕의 가리움이 있기에 그 성품을 어둡게 하고, 그 윤리를 어지럽히며, 그 법칙을 깨뜨림을 돌이킬 줄을 모릅니다. …… 천하의 일에는 모두 도리가 있습니다. …… 군신 관계에 있는 자에게는 군신의 도리가 있고, 부자 관계에 있는 자에게는 부자의 도리가 있으며, ……크게는 군신으로부터 미미한 사물에 이르기까지 그러한 까닭과 진실로 그래야 할 이유를 알아서 사소한 의심이라도 근절하며, 선을 따르고 악을 멀리하면 티끌만큼의 근심도 없습니다. (『주자문집』, 권14, 「행궁편전진차」)

이는 천하의 이치가 인간 사이의 상하 관계＝신분(分)이라는 점을 나타내고 있다.

마음이 허령한 것과 지각하는 것은 하나일 뿐이지만, 사람의 마음과 도의 마음에 다름이 있는 것은 형기의 사사로움에서 생기거나 성명의 바른 데서 비롯하여 지각되는 바가 같지 않기 때문이다. 그러므로 위태하여 편안하지 아니하거나 미묘하여 보기 어려울 뿐이다. 그러나 사람의 형용이 있는지라 상지(上智)라도 반드시 인심(人心)은 있으며, 성품 또한 반드시 있는 것이다. 또한 하우(下愚)라도 반드시 도심(道心)이 있으니, 두 가지가 마음 가운데 섞여 있어 다스릴 바를 모르면, 위태한 것은 더욱 위태하고 은미한 것은 더욱 은미하여 천리(天理)의 공경함이 마침내 인욕의 사사로움을 이기지 못하게 된다. …… 반드시 도심으로 언제나 일신의 주축을 삼고, 인심으로 매양 천명을 들으면, 위대한 것이 편안해지고 은미한 것이 나타나서 움직임과 고요함, 말과 행동에 과불급(過不及)의 차이가 없을 것이다. (『중용장구』, 「서」)

주자는 '본연의 성(本然之性)'과 '기질의 성(氣質之性)'이 인간성에 내재하는 것으로 파악하여 자신의 '계제(階梯)적 신분 긍정의 논리'를 관철하고자 한다. 또한 주자는 '지주＝봉건적 토지 소유자'로서 가혹할 정도의 엄격한 상하 관계를 설정하는 것을 잊지 않고 있다.

근년 이래 …… 전호(地客)가 지주를 살해하였으나, 유사형(有司刑)을 발의하여 유유의 법(流宥之法)에 따른다. 무릇 사람을 죽인 자를 사형시키지 않고, 사람을 다치게 한 자도 형을 받지 않는다. …… 옥송(獄訟)이 있으면 반드시 먼저 그 존비(尊卑)·상하(上下)·장유(長幼)·친소(親疎)의 분(分)을 논하고, 그 후에 일의 곡직(曲直)을 들어서 무릇 하(下)로서 상(上)을 범하고 비(卑)로서 존(尊)을 능욕한 자는 반드시 형을 내릴 것이다. (『주자문집』, 권14, 「무긴화진차」)

주자는 중국 남송의 봉건적 토지 소유자＝사대부의 입장에서 군신간의 명분을 기본 축으로 하는 사회적·인간적인 관계를 상하(上下) 관계로 확정하고자 하였다. 그러나 중국 봉건 사회의 기저에 있는 직접 생산자＝전호가 이미 독립된 인격으로서의 기초를 지닌 농노로까지 성장했기 때문에 인간 관계를 인간의 공통적·내재적 원리에 따라 파악했다. 때문에 단지 신분의 상하의 절대성을 설명하는 것은 아무런 의미도 가질 수 없다. 인간의 주체성을 추구하면서도 그것을 상하라는 테두리, 즉 봉건적 테두리 안에서 받아들이고자 한다면, 인간의 주체성은 상하의 테두리라는 한계를 지니게 될 것이고, 따라서 진실로 평등한 내재적 원리는 인간의 주체성을 확보할 수 없게 된다. 주자는 인간·자연을 통한 내재적 원리를 추구했지만, 그것을 사대부＝지주의 시각에서 나온 상하의 테두리 안에서 이룩하고자 했기 때문에 그 이법(理性)＝법칙(法則)은 마침내 초월적·실체적 성격을 띨 수밖에 없었다. 요컨대 주자학에는 진보적 특성과 한계점이 동시에 존재하고 있었다고 볼 수 있다.

5. 양명학

명조(明朝)의 전제주의(專制主義)는 중기에 이르러, 그 정치적 모순이 극에 달하였다. 조정에서는 환관의 부패와 살육이 판을 치고, 농촌에서는 대토지 소유제가 진행되면서 농민의 유망이 광범하게 나타났다. 황실 소유지인 황장(皇庄)이 급격히 증대하여 무종(武宗) 초기에 하북에서만 그 수효가 36개소 3만 7,000경에 달하였다. 이에 따라 황족·대관·환관 등의 사유지도 크게 늘어났다. 이들 사유지는 무력한 농민의 토지를 수탈하여 확대한 것인데, 토지를 잃은 농민은 유망하거나 열악한 조건의 소작인으로 전락할 수밖에 없었다. 또 과세를 면해 주는 전지(田地)가 증가함에 따라 과세 대상이 되는 전지는 명조 초기에 비해 반으로 줄었지만, 과세액은 거의 변함이 없었기 때문에 일반 농민의 부담은 배로 증가하였다. 여기에 당 경지에서 유망한 농민들이 빈번한 농민 폭동을 일으킨 것은 당연한 일이었다. 게다가 환관이 득세하여 관직에 나아가기 위해서는 환관에게 뇌물을 바치지 않으면 안 되었고, 그렇게 취직한 관리는 그것을 벌충하기 위해 온갖 명분으로 백성을 수탈했다. 그러한 부담에 견딜 수 없던 농민이 도당을 만들어 반란을 일으켰으며, 이들 세력은 하북(河北)·산동(山東)·하남(河南)·호북(湖北)·호남(湖南) 각지로 확대되었다. 이러한 상황에서 황족 내의 질서도 문란해져 갔다. 이와 같은 명조 체제 위기의 심화는 곧 명조가 중기 이후 질적으로 다른 역사적 변화를 겪고 있었다는 것을 말해 주는 것이기도 하다.

중국 사회는 16세기 이후 이미 지배와 피지배 관계, 즉 지주와 전호 관계가 동요 또는 붕괴되어 가고 있었다. 한편으로는 당대 말 이후 강남에서 현저한 산업의 발전을 가져와 마치 서양의 근대 초를 방불케 하는 상공업의 진흥을 보이면서도, 다른 한편으로는 앞에서 지적한 바와 같은 민란이 빈발하고, 특권적 대지주에 의해 땅을 소유한 중소 지주가 어렵게 되거나 이울어지고, 중인층도 몰락하는 등 체제 모순이 격화되어 명대 사회 체제의 근간인 이갑제(里甲制)가 동요·해체되고 있었다. 예를 들어 왕양명이 46세 때인 1517년의 기록을 보면, 한 마을의 10% 정도의 주민만 의식 충족자일 뿐 30~40%가 빈궁한 가정이었고, 도산한 가정이 50~60%에 이르고 있었다 하니 호광의 농촌 사회의 피폐가 얼마나 극심하였는가를 알 수 있다.

그와 같은 사회의 질적 변화 속에서 전술한 정치·사회적 갈등이 드러났고, 그것은 사대부의 위기 의식을 자극하였다. 그런데 전제 권력의 전횡 그리고 그 필연적 결과인 부패와 표리 일체를 이룬 주자학은 위기 타개는 고사하고 오히려 이를 심화시키는 역할을 했다.

이와 같은 사회의 변화로 주자학은 이제 지배 이데올로기로서 정당성을 상실하고 말았다. 즉 이미 사회의 기본 구조가 변했는데도 주자학은 그러한 변화에 따른 지배와 피지배 구조를 정확하게 파악하지 못하는 한계를 점점 드러내었던 것이다. 그리하여 주자학은 피지배층뿐만 아니라 역사 구조의 재편을 희망하는 지배자에게도 더 이상 자연스러운 것·합리적인 것으로 받아들여질 수 없게 되었다. 이에 왕양명(王陽明; 이름은 수인(守仁), 자는 백안(伯安), 양명(陽明)은 호, 1472~1528년)은 주자학에 회의를 품고 '주자학 비판'을 전개했다. 당시 대표적인 지배자 계층에 속하는 왕양명으로 하여금 학문 성취의 도덕적 충동이라 할 수 있는 경세 의식을 갖게 한 것은 바로 명조 체제의 위기의 심화와 주자학의 한계 노출이었다. 그리고 그러한 상황이 존속·심화될수록 지식인 계급에게 양명학은 강력한 설득력을 지닐 수밖에 없었다. 이 점이 바로 명대 말기에 양명학이 융성할 수 있었던 원인이다.

주자학과 비교할 때 양명학은 더 복잡 다단한 전개 양상을 드러낸다. 다시 말해서 주자학은 주자 사후 거의 그 학풍을 바꾸지 않고 후학에게 전수되었지만, 양명학은 왕양명 사후 온건파부터 과격파에 이르기까지 사분 오열하여 다양한 인재를 배출하면서 청대 초기에 이른다. 이와 같이 "근본을 하나로 하면서도 만 가지로 분화되는(一本而萬殊)" 양명학 전개의 특징은 중국에서뿐만 아니라, 한국과 일본에서도 발견할 수 있다. 예컨대 한국의 '강화학파(江華學派)'나 일본의 '도주학파(藤樹學派)'가 그러하다. 이는 아마도 양명학이 주자학처럼 '변치 않는 일정한 이치(定理)'를 고수하기보다는 기본적으로 구체적인 인간 개개인의 차원에서 마음(良知)의 발휘＝개성의 발휘를 강조한 데서 기인하였다고 볼 수 있다.

그런데 양명학이 순수하게 이론적 차원에서만 주자학의 한계를 반성하면서 등장한 것이라고 볼 수는 없다. 양명학은 양명 개인의 개성적인 이론 구성임과 동시에 앞에서 지적한 바와 같이 명대 중기의 절박한 정치·사회 문제에 대한 해결이라는 보편성과 역사성의 산물이라 할 수 있다. 즉 이전의 질서가 동요·붕괴되어 가고 있고, 그러한 체제 붕괴라는 현실에 대한 인식에서 오는 위기 의식이 양명학의 밑바탕이 되었던 것이다. 또한 거기에는 이전부터 통용되어 오던 세계관에 대한 본질적인 회의가 깔려 있었으며, 법칙이 그 역할을 하기보다는 오히려 인심을 위축시키고 풍속을 타락시켜 민생을 고통스럽게 만드는 현실에서 촉발된 절박한 심정, 즉 위기 의식이 깔려 있었다. 양명의 학설이야말로 바로 그러한 심정에서 촉발된 것이었다.

양명이 위기의 현실로부터 촉발되어 사상을 구성했다는 사실은 심학(心學)의 기본 개념인 '심즉리(心卽理)'라는 주장 속에 잘 드러나 있다. 주자학이 심(心)과 이(理)를 구분하고서 심에는 선악이 혼재하고 있다는 점을 인정하는 반면, 이는 사물에 애초부터 자명한 것으로 존재한다고 봄으로써 모든 인간 행위가 외형적인 것으로 되고 형식주의에 머무르게 하여 결국 위선에 빠지게 한 사실에 대한 위기 의식이 '심즉리'라는 주장에 내재되어 있다.

양명은 의리(義理)란 일정하게 위치나 장소가 정해져 있는 것이 아니라 다함이 없는 무한한 것이요, 미리 하나의 규구(規矩)를 정하기 어려운 것으로 본다. 그래서 본심(本心＝良知)이 납득할 수 없는 선악은 설사 미리 정해져 있는 것이라 해도 참다운 선악이라 볼 수 없다고 한다. 그리하여 심(心)에 중점을 둔 '심즉리'를 제창하였다. 요컨대 본심의 가르침에 따라 선악을 판별할 것을 주장한 것이다. 따라서 양명의 '심즉리'설은 인간의 본심에서 벗어난 행위를 합리화하고 형해화하는 가운데 인간을 폐쇄시키는 주자학의 이관(理觀)이 초래한 결과에 대한 위기 의식에서 나온 것이라 할 수 있다. 그러한 위기 의식이 없었더라면, 심(心)이 곧 이(理)라고 주장할 수 없었을 것이다. 이렇게 본다면 주자의 '치지격물(致知格物)'설은 심에 대립하는 사물의 존재를 인정하고, 그 사물에 이가 있다는 것으로 심과 이를 분리하는 것이기 때문에 잘못된 것이라 볼 수밖에 없다.

양명은 주자의 '격물'설을 비판하고, 자신의 '심즉리'설에 기초를 둔 새로운 '격물'설을 주장했다. 주자는 격물을 천하의 사물에 격(格), 즉 이르는 것(至)이라고 해석했는데, 양명은 이를 두고 어떻게 그 수많은 사물에 격할 수 있는지 반문한다. 또한 주자는 풀 한 포기, 나무 한 그루에도 모두 이(理)가 있다고 했는데, 그것에 어떻게 격할 수 있으며 초목에 격한다고 하더라도 그것으로 어떻게 뜻(意)을 성(誠)하게 할 수 있는지 반문한다. 결국 격물 궁리(窮理)가 어떻게 가능하며, 그것이 설사 가능하다 하더라도 그것과 존심(存心)의 합일이 어떻게 가능하겠느냐는 것이다. 그리고 실제에 있어서 존심과 궁리, 즉 안과 밖·심(心)과 물(物)은 관계가 없고 무의미한 대립자가 된다는 주자의 '격물궁리'설이야말로 심과 이를 서로 관계가 없는 것으로 분리시키는 것이며, 이는 결국 무용한 것을 가지고 놀다가 본심을 잃어버리게 되는 것이라고 양명은 비판한다.

그보다 더 근본적인 불만은 주자의 '격물'설에 따르면 밖에 의존하여 안을 보완할 수밖에 없다는 점에 있다. 즉 주자는 일찍이 심을 주로 하되 객(客)으로 삼아서는 안 된다고 하면서도 그러한 구극자(究極者)·절대자로서 영명(靈明)한 안(內)이 부분적인 외래의 견문에 의해 보충되어 비로소 완전하게 된다고 주장했는데, 양명은 그것이 과연 어떻게 가능한지 비판한다.

'지행합일(知行合一)'론 역시 당시 현실의 위기에서 오는 절박한 심정에 기초를 두고 있다. 그 심정이란 지(知)와 행(行)을 둘로 나누어 생각하면 어느 것도 불가능하게 되어 "결국 죽을 때까지 아무것도 알지 못하고 아무것도 행하지 못하게 되는 현실"에 대한 위기감이었다. 또한 지(知)와 행(行)을 분리함으로써 마음속에 올바르지 못한 것만 수반되지 않는다면 괜찮은 것으로 놓아두게 되었고, 그렇게 함으로써 악(惡)이 수없이 자행되고 있는 현실을 직시하고 난 후에 오는 절실한 심정이다. 그리고 그러한 현실속에서 지식과 학문이 형해화되어 아무런 역할도 하지 못할 뿐만 아니라, 오히려 그러한 현실을 조장하고 있는 것에 대한 위기감이다. 이에 양명은 심(心)에 근원을 두는 지행(知行) 합일(合一)을 주장한 것이다.

그리고 양명은 자신의 '양지(良知)'론에서 인간의 고유한 본성인 친애의 정을 주장하는데, 이 양지는 자기 충족을 의미하는 것이며 천지를 창조하고 만물을 존재하게 하는 것이다. "양지는 하나로서 그 발현하고 충동하는 곳에 바로 충족하고, 전혀 거래하는 일도 없으며, 무엇에 의존하는 일도 없다"고 하거나 "양지는 조화의 정령이다. 이 정령은 하늘을 낳고 땅을 낳고 귀를 성하게 하고 제를 성하게 하는 것으로, 참으로 물(物)과 대립하지 않는 존재"(『전습록』 하)라고 한 것 등은 모두 양지의 특성을 표현한 말이다. 양명은 또한 양지의 특성에 따라 도(道)·천(天)·태허(太虛)·신(神)·기(氣)·정(精) 등으로 나누어 설명하였다.

그리하여 격물치지에서 물(物)을 바르게 하는 주체가 바로 양지이고, 지와 행의 주체도 양지이며, 심즉리(心卽理)의 심과 이는 모두 양지를 달리 표현한 것에 지나지 않는 것으로 보았다. 이러한 '양지'설에서 이는 이학(理學)에서처럼 객관적 정리(定理)로서 또는 주체에 선행하는 것으로서 주체를 촉발하고 실행을 명령하는 것이 아니라, 주체를 충족시키고 자기를 발전시켜 나가는 궤적이다. 결국 치양지(致良知)는 주자에서처럼 외부로 향하여 지식을 확충하고 탐색하는 것이 아니었다. 행위의 주체로서 양지에서 출발하는 양명의 간명한 논리는 주자학의 광대한 체계와 엄격한 형식주의에 싫증이 난 당시 재야 학자나 사대부 계층에게 실로 참신한 것으로 여겨졌을 것이다.

6. 한국과 일본의 유학 사상

한국과 일본은 중국과 공간적 긴밀성으로 인해 오랜 기간 밀접한 관계를 유지해 왔으며, 특히 중국의 선진 문화를 받아들여 자국의 역사 발전에 이용해 왔다. 한국의 경우는 고조선 시대부터 고려 왕조에 이르기까지, 일본의 경우는 야마토(大和) 정권의 수립에서부터 도요토미(豊臣) 정권의 등장에 이르기까지 중국의 유교는 단지 지배 원리·제도·문물의 형태로 수용되었을 뿐, 내면 세계에까지 영향력을 행사하지는 못했다. 물론 일본보다 한국에 더 큰 영향을 미치기는 했지만, 그것이 사회의 근간에까지 미치지 못했다는 점에서는 대동 소이하다고 볼 수 있다.

그러나 지배의 수단 기능을 해 왔던 중국 유교가 조선 왕조와 도쿠가와(德川) 막부가 등장한 봉건 사회로 접어들면서부터 이제 사회의 내면 세계에까지 영향력을 행사하는 새로운 양상을 드러내었다.

한국의 경우 조선 왕조는 중국과 사대 책봉(事大冊封) 관계를 맺음으로써 자국의 안전을 도모하고 지배층의 취약성을 해결함과 동시에 중화의 질서관을 적극 수용하여 중국을 종주국으로 하는 세계관의 개편을 꾀했다.

사회 내부에서는 '주자가례(朱子家禮)'의 보급, 향촌의 질서 개편, 양반층의 기득권 확보 등을 위한 주자학의 교조화를 추진함으로써 주자학이 이제 국가학 또는 국교의 지위를 차지하게 되자, 활발한 학문 탐구는 불가능하게 되었다. 엄격한 신분 질서와 철저한 사·농·공·상(士農工商)의 적용은 사회를 더욱 경직되게 하고, 주자학은 차츰 정쟁과 소모적 비난의 도구로 이용되었다. 특히 중국의 명조(明朝)가 여진족의 청조(淸朝)로 교체되면서 현실과 괴리된 관념적인 존주 사상(尊周思想)이 지배하게 되고, 현실 감각을 잃은 지배층의 고집이 국제 사회에서 통용되지 않자 조선은 마침내 식민지로 전락하는 불행한 사태를 맞게 된다.

우리 사회에서 미신을 타파하고 일관된 삶의 태도로 학문에 힘쓰며, 의리를 중히 여기게 된 데에는 주자학의 공이 크다. 주자학의 영향으로 자신의 몸 관리뿐만 아니라 우주의 질서에 관한 탐구 열기를 드높이게 된 것도 긍정적으로 평가할 수 있을 것이다. 그러나 인간 관계와 세계 질서를 평등한 것으로 파악하지 않고 경직된 사고를 하게 된 것은 주자학이 끼친 나쁜 영향 때문이라고 평가할 수 있다.

일본의 경우 도쿠가와 막부가 관학으로서 주자학을 받아들이기는 했지만, 번학(藩學)으로서 양명학이 유행하기도 했고, 네덜란드에서 들여온 난학(蘭學)이 기술학으로 자리를 잡는가 하면, 일본 전통의 신도(神道) 사상까지 확산되는 등 학문과 사상의 다양성을 지니고 있었다.

바다를 사이에 두었다는 지리상의 특성 때문에 한국과 달리 사대 책봉의 관계를 맺지 않고, 천황제를 중심으로 한 일본의 독자성을 확보함으로써 학문과 사상의 유연성을 유지할 수 있었다고 보아야 할 것이다. 주자학이 관학의 위치를 차지하고 있다고 해도 중화주의에 몰입되지 않고, '일본주의'를 앞세운 실용성이 일본 사회를 이끌어 갔다고 볼 수 있을 것이다.

7. 한국의 문제와 자기 성찰

한국 사회에서 살아가려면 평소 '끈'을 많이 가져야 한다고 한다. 이는 그만큼 우리 사회가 근대 이전 사회의 산물인 지연·학연·혈연 등에 제약을 받고 있다는 말일 것이다. 개인의 능력과 그 계발은 무시되고, 비공개적이고 비합리적인 방식으로 사회가 운영된다면, 개인의 욕구는 부분적으로는 충족될지 모르나 사회 전체의 발전과 번영은 기대하기 어려울 것이다.

최근 호주제 폐지나 동성동본 금혼제 폐지 운동이 사회 운동 차원에서 전개되고 있는가 하면, 다른 한편으로는 가족주의의 연장인 국가주의가 아직도 우리 사회에서 강요되고 있는 실정이다. 한국 사회에서 유림(儒林)이나 종친회(宗親會)가 아직도 정치 세력으로서 힘을 갖고 있다는 사실은 별도로 하더라도, 그와 같은 실정은 우리가 결코 유교로부터 자유롭지 못하다는 점을 대변해 주고 있다. 여기서 우리 사회의 문제가 무엇인지 분명히 드러난다.

'노블레스 오블리제(noblesse oblige)'라는 말이 최근 우리 사회에서 널리 회자되고 있다. 이 말은 유럽 봉건 사회에서 사회 지도층이나 지배 계층인 귀족이 마땅히 행해야 할 책임과 의무를 뜻한다. 오늘날 우리 사회를 지탱하고 있는 정의나 가치관은 무엇일까? 성리학의 '수신(修身)·제가(齊家)·치국(治國)·평천하(平天下)'를 그대로 복원하여 우리의 생활 준칙으로 삼을 수는 없을 것이다. 그렇다고 신자유주의의 시장 논리와 무한 경쟁 논리를 수용할 수도 없을 것이다.

우리 사회가 안고 있는 오래 묵은 과제를 해결하기 위해서는 지식인과 사회 지도층이 자기 성찰을 기반으로 한 삶의 새로운 준거를 마련하는 일이 긴요하다. 반복되는 혼란·타락·도피의 고리를 끊고, 삶의 주인으로 적극 나서기 위해 과거의 지적 유산을 철저히 반성하고, 세계의 새로운 사상적 흐름을 정확하게 파악하여 우리 현실에 맞는 지혜를 구비해야 할 것이다. 유교에 대한 평가는 그러한 과제를 해결하는 하나의 예비 과정일 것이다.

■ **주제어**

원시 유교, 인, 오륜, 가족주의, 효, 신유학, 태극, 이기론, 양명학, 지행 합일

■ **용어 해설**

심정 윤리 인간이 마땅히 지켜야 할 윤리, 특히 마음에 호소해서 당연히 솟아나는 마음가짐을 행위의 준칙으로 삼아야 한다는 윤리관을 가리킨다. 맹자(孟子)가 주장한 사단(四端), 즉 측은지심(惻隱之心)·사양지심(辭讓之心)·수오지심(羞惡之心)·시비지심(是非之心)이 대표적인 기준이 된다.

역성 혁명 장자 상속의 원칙에 따라 왕위를 계승하지 않고, 혈연 계통이 다른 사람이 권력을 장악하여 새로운 왕조를 세우는 것을 말한다. 가부장제 원칙과 권력 찬탈이라는 현실의 괴리를 좁혀 보려는 사상가의 변형 논리다. 공자의 사상이 전국 시기의 변화 무쌍한 정권 변동에 대하여 적절한 해설을 하지 못했기 때문에 맹자가 새로이 들고 나온 해석이라 볼 수 있다.

한전 농법 벼농사는 다량의 물을 필요로 하는데, 중국의 화북 지방에서는 파종해서 싹이 트기까지 물을 대는 것이 용이하지 않으므로 물 없이 씨를 뿌려 벼의 생육을 꾀하는 방법이다. 생산력은 떨어지지만, 불가피하게 채택할 수밖에 없었던 농법이다. 관개 시설이 정비되어 물 확보가 손쉬워지면서 점차 수도작 농법, 특히 이앙법으로 바뀌어 갔지만, 물이 부족한 곳에서는 아직도 이용하고 있다.

개제적 신분 긍정의 논리 전근대 사회에서 사회적 신분으로 인간을 구분하는 방법에는 차별을 사회 제도적 차원에서 분명히 하여 사회 구성원에게 분명히 이를 인식시키는 계서(階序)적 방법이 있다. 이는 유럽의 봉건 사회나 일본의 막부 사회가 확립한 질서이다. 그런데 중국이나 한국의 경우 약간의 차이는 있지만, 대체로 사회 신분의 차이를 명확하게 인식시키기보

다는 혈연적 유대감을 통해 나이 순서에 따라 인간을 구분하는 방법을 채택하고 있는데, 이를 가리키는 말이다. 본질적으로는 봉건 지배가 관철되고 있지만, 현상을 처리하는 방식에서 차이가 있다. 이 차이는 공동체 구성 원리의 차이에서 기인한다. 즉 지배자와 피지배자가 같은 공동체 구성원으로 되어 있는 중국과 한국의 경우에는 개제적 신분 관계가 형성되었고, 유럽이나 일본처럼 지배자는 성에 거주하고 피지배자만으로 공동체를 운영하는 사회에서는 계서적 신분 관계가 형성되었다.

강화학파 조선의 양명학파를 가리키는 것으로, 영남학파나 기호학파처럼 학자들의 출신지에 따라 분류한 것이다. 사상 내용에서도 다른 학파와 차이를 보이고 있다. 하곡(霞谷) 정제두(鄭齊斗; 1649~1736)를 조선 양명학의 시조로 삼고, 그 후손들이 주로 이 학파에 가담했다.

도주학파 일본 양명학자 나카에 도주(中江藤樹; 1608~1648)를 필두로 양명학을 근간으로 해서 사상을 펼쳤던 유학자들을 지칭한다. 쿠마자와 반잔(熊澤蕃山; 1619~1691)과 오오시오 헤이하치로(大鹽平八郎; 1792~1837) 등이 있다.

노블레스 오블리제 중세 유럽의 봉건 사회에서 귀족이라면 마땅히 지켜야 할 책임과 의무를 가리키는 말이다. 신유학에서 말하는 수신·제가·치국·평천하와 연관시켜 생각해 볼 만한 덕목이자 생활 자세이다.

■ 생각해 볼 문제

1) 전통 사상과 현대인의 생활은 어떤 관계가 있는가?

2) 원시 유교 사상에는 중국의 어떤 특성이 포함되어 있는가?

3) 원시 유교와 구별되는 신유학, 특히 주자학의 사상적 특징과 시대적 성격은 무엇인가?

4) 양명학은 주자학의 어떤 점을 비판하고 있고, 새로운 점은 무엇인가?

5) 한국·일본의 전통 사상과 중국 사상은 어떠한 연관성이 있는가?

■ 참고 문헌

▶조셉 니덤, 『중국의 과학과 문명』1·2·3, 이석호 외 옮김, 을유문화사, 1989.

영국의 중국 사가인 저자가 중국의 지리·사상·과학·문물 등 중국을 총체적으로 조망한 책이다. 풍부한 자료와 관련 연구 성과도 망라되어 있어 중국을 이해하는 데 도움이 된다.

▶守本順一郎, 『동양정치사상사연구』, 김수길 옮김, 1985.

유물 사관으로 중국 사상을 본격적으로 다룬 저술이다. 특히 불교와 주자학을 사회 조건에 따른 시대적 특성을 규명함으로써 중국 사상에 내재된 보편성과 특수성을 밝히고 있다.

▶한국철학사상연구회, 『논쟁으로 보는 한국철학』, 예문서원, 1995.

한국 사상을 통사적으로 기술하면서도 구체적인 주제를 설정하여 한국 사상의 특성을 밝히고 있다. 주로 성리학 논쟁을 다루고 있지만, 과거의 사상을 오늘날의 문제와 관련시켜 생각해 보려는 기획 의도가 돋보이는 책이다.

▶이와마 이치유, 『중국정치사상사연구』, 김동기·민혜진 옮김, 동녘, 1993.

양명학을 기점으로 삼아 중국 사상을 고찰한 저술. 송대 주자학 이후 육상산의 심학이 원대 유교를 거쳐 명대 중기의 양명학으로 이어지는 과정을 추적하면서 각 사상의 내용을 논리 정연하게 해부하고 있다. 양명학 이후의 흐름도 가늠할 수 있는 지침서다.

▶守本順一郎, 『일본사상사』, 김석근·이근우 옮김, 이론과실천, 1989.

중국 사상 전공자인 저자가 일본 사상을 평이하게 소개하고 있는 책이다. 특히 일본 사상을 중국과 관련시켜 고찰하면서 그 고유의 특수성을 분석하고, 일본 사상의 변천 과정을 역사 흐름과 연관지어 설명하고 있다.

지은이 소개

전영갑

부산대학교 철학과 졸업. 동 대학원 철학 박사. 독일 하이델베르크 대학 수학. 영국 레딩 대학 연구 교수 역임. 현재 경성대학교 인문학부 교수.

논문 「니콜라이 하르트만에 있어서 도덕적 의무의 문제」(박사), 「미적 가치의 존재론」, 「자유 의지의 존재론적 정초」, 「행위의 심리학적 기초」 등.

저서 『철학』(공저, 이문출판사, 1985)

윤용택

동국대학교 철학과 졸업. 동 대학원 철학 박사. 현재 제주대학교 철학과 교수.

논문 「칸트의 '자유'에 관한 연구」(석사), 「붕게(M. Bunge)의 인과론」(박사), 「인간유전자 조작에 대한 철학적 고찰」, 「인간존엄성의 측면에서 본 인간복제기술의 문제」, 「환경윤리의 한 대안으로서 확장된 공리주의」, 「환경철학의 한 대안으로서 확장된 인간중심주의」, 「생명과학의 발전이 종교에 미칠 영향」 등.

역서 『과학철학입문』(R. 카르납 지음, 서광사, 1993), 『미네르바의 올빼미』(C. J. 본템포·S. J. 오델 엮음, 서광사. 1994)

정상모

부산대학교 철학과 졸업. 동 대학원 석사. 미국 조지아 대학교 박사. 현재 신라대학교 철학과 교수.

논문 「N. 하르트만의 존재론적 미학 연구」(석사), 「An Interrogative Dialogical Model of The Logic of Discovery」(박사), 「발견의 세 가지 의미」, 「발견의 논리」, 「인식 의무」, 「파핏의 상식도덕성」, 「인간게놈프로젝트와 환원주의」 등.

저서 *The Logic of Discovery: An Interrogative Approach to Scientific Inquiry*(Peter Lang, N.Y., 1996), 『논리적 사고의 작은 오솔길』(담론사, 2000)

역서 『논리학 입문』(어빙 코피 지음, 경문사, 1994)

조용현

부산대학교 철학과 졸업. 동 대학원 박사. 현재 인제대학교 인문문화학부(철학 전공) 교수.

논문 「칼 포퍼의 반증원리에 관한 연구」(석사), 「포퍼에 있어서 과학적 지식의 성격과 그 인식론적 기초」(박사), 「근대과학의 운동론에서 공간 개념에 관한 연구」, 「도구, 의식, 언어」, 「합생, 공생, 창발성」, 「세포자동자와 생명의 논리」, 「카우프만의 신의 마음」, 「구멍, 주름 그리고 생명」 등.

저서 『칼 포퍼의 과학철학』(서광사, 1992), 『정신은 어떻게 출현하는가?』(서광사, 1996) 등.

박만준

부산대학교 졸업. 동 대학원 박사. 현재 동의대학교 인문학부 교수.

논문 「욕망과 자유의 변증법」(석사, 박사), 「헤겔에 있어서 인간과 자연」, 「헤겔의 실천 개념」, 「겔렌의 행위이론」, 「하버마스의 문화이론」, 「문화의 기원」 등.

역서 『논리학 입문』(어빙 코피 지음, 공역, 경문사, 2001), 『의식과 신체』
(P. S. 모리스 지음, 서광사, 1993), 『엄밀한 학으로서 철학』(이문출판사,
1987), 『헤겔의 변증법』(형설출판사, 1991), 『하버마스의 사회 사상』(부산
대 출판부, 1999)

김종기

부산대학교 철학과 졸업. 동 대학원 박사. 현재 독일 유학중.

논문 「변증법적 모순의 객관성에 관한 연구」(박사), 「헤겔과 마르크스주
의 변증법 비판을 다시 생각한다」, 「마르크스 변증법에서 모순의 객관성」,
「대립과 모순, 헤겔 모순론의 유물론적 독해를 위하여」, 「데리다 해체주의
속의 칸트주의적 경향 비교」 등.

역서 『마르크스 요강과 헤겔의 논리학』(우찌다 히로시 지음, 문원, 1995),
『모순이란 무엇인가?』(미하엘 볼프 지음, 동녘, 1997) 등.

박준건

부산대학교 철학과 졸업. 동 대학원 철학 박사. 현재 부산대학교 철학과
교수.

논문 「노동의 변증법」, 「생태학적 마르크스주의에 관한 연구」, 「생태 문제
에 관한 마르크스주의 독해와 그 한계」, 「통일 시대의 환경 철학」, 「심층
생태론과 생태적 욕망에 관한 연구」 등.

저서 『인문학과 생태학』(공저, 백의, 2001)

역서 『마르크스주의와 생태학』(라이너 그룬트만 지음, 공역, 동녘, 1995)

이안나

부산대학교 철학과 졸업. 계명대학교 여성학 석사. 현재 해군사관학교, 동
아대학교 여성학 강사.

논문 「한국 페미니스트비평연구-90년대 여성소설을 중심으로」 등.

이찬훈

부산대학교 철학과 졸업. 동 대학원 철학 박사. 현재 인제대학교 인문문화
학부(철학 전공) 교수.

논문 「칼 마르크스의 사회과학방법에 관한 연구」(박사), 「마르크스가 본
인간과 자연」, 「역사 법칙과 역사적 설명」, 「문화 연구와 이데올로기론」,
「후기 자본주의 사회의 문화와 이데올로기」, 「욕망과 현대 대중 문화」, 「현
대 사회 구조와 주체성」, 「현대 대중 문화와 주체성」 등.

역서 『소크라테스에서 사르트르까지』(T. Z. 래빈 지음, 공역, 동녘, 1992),
『사회적 실천, 자연 그리고 변증법』(W. 코바르치크 지음, 공역, 동녘,
1992)

문현병

충남대학교 철학과 졸업. 부산대학교 대학원 철학 석사. 충남대학교 대학
원 철학 박사. 현재 신라대학교 철학과 교수.

논문 「쁘띠 부르주아 이데올로기로서 비판이론의 한국적 수용」, 「프랑크
푸르트 학파의 사회철학에서 문화비판」, 「정보통신문화와 주체성-예비적
고찰」, 「정보화와 소외」, 「정보통신문화와 주체성」, 「대중지배로서 문화산
업」, 「마르쿠제의 생물학적 혁명」, 「현대사회와 문화산업」 등.

저서 『프랑크푸르트학파의 사회비판이론』(동녘, 1993)

역서 『소크라테스에서 사르트르까지』(T. Z. 래빈 지음, 공역, 동녘, 1992),
『소비에트 마르크스주의 : 비판적 분석』(H. 마르쿠제 지음, 동녘, 2000)

김현돈

부산대학교 철학과 졸업. 동 대학원 철학 박사. 현재 제주대학교 인문대학
철학과 교수.

논문 「게오르그 루카치의 미학이론에 관한 연구」(석사), 「현실주의 미학
이론에 관한 연구-게오르그 루카치를 중심으로」(박사), 「미학적 범주로서

의 전형성과 총체성」, 「포스트모더니즘의 정신사적 배경」, 「모더니즘과 포
스트모더니즘에 관한 비판적 검토」, 「예술모방설과 예술표현설에 관한 비
교 연구」, 「숭고와 아방가르드, 그리고 포스트모더니즘」 등.
저서 『세계화 시대의 사회·문화의식』(공저, 집문당, 1997)

이부현

광주가톨릭대학교 신학부 졸업. 부산대학교 철학 석사·박사. 현재 부산가
톨릭대학교 철학 담당 교수.
논문 「청년 헤겔 연구」(석사), 「헤겔의 종교철학 연구」(박사), 「칸트와 셸
링의 자연 철학」, 「헤겔 철학의 체계론적 지반은 무엇인가?」, 「신과 근대
형이상학」, 「플로티노스와 자연」, 「마이스터 에크하르트의 독일어 설교들
에 나타난 주요 주제」 등.
저서 『이성과 종교』(박사 학위 논문 「헤겔의 종교철학 연구」를 재수정)
역서 『사회적 실천, 자연 그리고 변증법』(W. 코바르치크 지음, 공역, 동녘,
1992), 『소크라테스에서 사르트르까지』(T. Z. 래빈 지음, 공역, 동녘, 1994)
등.

이성희

부산대학교 철학과 졸업. 동 대학원 철학 박사. 현재 한국해양대학교 강사.
논문 「노자철학에 있어서의 '반(反)'과 '약(弱)'에 관한 연구」(석사), 「장
자 철학의 실재관 연구—심미적 성격을 중심으로」(박사), 「장자(莊子)의
해체적 전략」, 「장자(莊子)의 실재론」, 「장자(莊子) 철학의 미학적 구조」,
「장자 철학의 기론적(氣論的) 토대」 등.
저서 『돌아오지 않는 것에 관하여』(고려원, 1996), 『안개 속의 일박』(전
망, 2001)

권서용

부산대학교 철학과 졸업. 동 대학원 철학과 박사 과정 수료. 현재 부산대학교, 신라대학교, 인제대학교에서 동양철학 강의.

논문 「원시불교의 오온설 연구」(석사)

김동기

부산대학교 철학과 졸업. 일본 오카야마(岡山) 대학 법학 석사, 리츠메이칸(立命館) 대학 문학 박사. 현재 동의대학교 강사.

논문 「막번체제와 일본주자학」, 「근현대 직전의 일본유학」, 「이왕학의 사상적 특질」 등.

학술총서 28

상생의 철학

초판 1쇄 인쇄일 / 2001년 8월 25일
초판 1쇄 발행일 / 2001년 8월 31일

엮은이 / 문현병·박준건·이찬훈·권서용
펴낸이 / 이건복
펴낸곳 / 도서출판 동녘

(122-831) 서울특별시 은평구 녹번동 118-20
등록 제 9-107호 1980년 3월 25일
전화 영업(代)/ 358-6164, 편집(代)/ 358-6480
팩시밀리 / 358-6715
homepage http://www.dongnyok.com
e-mail dongnyok@chollian.net

ISBN 89-7297-436-6 03100